C000241010

ISBN 978-0-260-50248-3
PIBN 10952453

FB &c Ltd, Dalton House, 60 Windsor Avenue, London, SW19 2RR.
Company number 08720141. Registered in England and Wales.

For support please visit www.forgottenbooks.com

L'ANNÉE LITTÉRAIRE.

ANNÉE M. DCC. LXXVIII.

Par M. FRÉRON.

Parcere personis, dicere de vitiis. MART.

TOME SEPTIEME.

A PARIS,
Chez MÉRIGOT le jeune, Libraire, Quai des Augustins, au coin de la rue Pavée.

M. DCC. LXXVIII.

L'ANNÉE LITTÉRAIRE.

LETTRE I.

Le Paradis perdu, Poëme de Milton, *traduit en vers François par M.* Beaulaton ; 2 *volumes in-8°. A Montargis, de l'imprimerie de* Cl. le Quatre, *Imprimeur de la Ville & du College, & à Paris, chez* Esprit, *au Palais royal.*

Le Paradis perdu eſt un de ces ouvrages de génie qui étonnent également par les beautés ſublimes qu'on y voit briller, & par les extravagances groſſières qui le défigurent ; c'eſt le fruit d'une imagination vive & hardie, mais ſauvage & biſarre, que le goût éclaire rarement & qui n'eſt point guidée par les préceptes de l'art. *Milton* avoit reçu de la nature le talent le plus rare & le plus heureux pour la poësie ; mais, dans un siècle barbare, & chez un peuple dont les mœurs étoient encore féroces, ce talent ne fut point cultivé & perfectionné par ces lumières & ce jugement délicat qu'on ne peut acquérir que dans une société polie. Ce fut au sein du fanatisme & dans l'horreur des guerres civiles qui désolerent l'Angleterre sous le règne de *Charles I* que *Milton* composa son poëme ; les lettres cependant étoient alors très-florissantes en Italie : le *Tasse* avoit déja publié sa *Jerusalem délivrée*, le meilleur poëme épique dont les modernes s'honorent, mais l'Angleterre étoit encore couverte des ténèbres de la barbarie. En proie aux troubles & aux factions, déchirée par une foule de sectes rivales, elle ne s'occupoit que de controverse, & *Milton* lui-même a composé plusieurs ouvrages polémiques de cette espèce, absolument oubliés aujourd'hui.

Le *Paradis perdu* choque tous les

principes de l'épopée. L'action d'un poëme épique doit être grande & illustre ; l'action du *Paradis perdu* est fort éloignée d'avoir ces qualités. C'est la désobéissance du premier homme, qui, séduit par sa femme, mange du fruit défendu ; rien n'est moins grand, ni moins illustre qu'une pareille action. Le héros de l'épopée doit exciter l'admiration par ses vertus, le héros du *Paradis perdu* excite l'indignation & la pitié par sa foiblesse. Ceux qui prétendent que *Satan* est le véritable héros du *Paradis perdu* ne justifient pas *Milton* ; car un pareil héros n'a que des vices odieux, & les ruses qu'il employe pour tromper une femme ne sont pas des exploits fort héroïques ; d'ailleurs le diable est un héros très-extraordinaire pour un poëme épique. Le merveilleux, il est vrai, est l'ame de l'épopée, mais il ne doit servir qu'à donner plus d'éclat & d'importance aux faits naturels qui sont le sujet principal du poëme. Dans le *Paradis perdu*, le merveilleux est prodigué, le poëte n'offre presque jamais aux yeux de ses lecteurs que des diables & des anges. L'action qui se passe entre les deux acteurs principaux n'a pas l'étendue nécessaire pour un poëme épique; c'est une foiblesse, une erreur d'un moment, plus convenable à la marche vive & serrée du drame, qu'au vaste récit de l'épopée. Cette action est médiocrement intéressante, parce qu'il y a dans son développement très peu d'incidens & de situations, & sur-tout parce qu'elle est d'un ordre surnaturel. Aux yeux de la foi, la faute du premier homme & ses suites funestes ont une importance & un intérêt dont rien n'approche ; mais des yeux profanes n'y voient qu'une femme vaine & curieuse, qui se laisse séduire par un serpent & séduit à son tour son mari. L'intérêt poëtique doit être fondé sur la nature & non sur la religion, parce que les hommes sont toujours plus vivement affectés des objets sensibles que des idées abstraites & surnaturelles.

De la foi d'un chrétien les mystères terribles
D'ornemens égayés ne sont point susceptibles,

L'Evangile à l'esprit n'offre de tous côtés,
Que pénitence à faire & tourmens mérités.
* . . . .
Et quel objet enfin à présenter aux yeux,
Que le diable toujours hurlant contre les cieux?

Tous ces dieux éclos du cerveau des anciens poëtes, qui avoient chacun leurs attributs & leurs fonctions, & auxquels les payens attachoient une idée claire & distincte, avoient bien plus de charmes & d'agrémens dans un poëme que *Belzebuth*, *Moloch*, *Uriel*, & les autres êtres de cette nature, qui nous sont parfaitement inconnus.

Milton avoit d'abord dessein de composer une tragédie sur la chute d'*Adam*, & ce sujet, plus propre à l'épopée, à cause du merveilleux qui en est la base, ne fournissoit cependant que la matière d'un drame; mais à mesure que l'auteur travailloit, la sphère de ses idées s'aggrandissoit considérablement, & sa tragédie devint un poëme épique, où l'on apperçoit toujours des traces du premier plan; car la partie dramatique l'emporte ſur la narration, & le long récit des faits, qui ſont en très-petit nombre, eſt abſolument noyé dans une foule de longs diſcours. Malgré ſes défauts, le *Paradis perdu* eſt un ouvrage immortel parce qu'il renferme des beautés d'un ordre ſupérieur, & que l'abſurdité des fictions y eſt rachetée par des traits ſublimes. Lorſqu'il parut, on ne rendit point juſtice à ſon mérite, l'auteur eut bien de la peine à trouver un libraire qui voulût l'imprimer; ce poëme, depuis ſi vanté, reſta long-temps dans la pouſſière, confondu avec ces productions médiocres qui meurent en naiſſant. Enfin, un heureux haſard vint venger la mémoire de *Milton*, & ouvrir les yeux de l'Angleterre. Le comte *de Dorſet* trouva un jour le *Paradis perdu* dans la boutique d'un libraire; il l'emporte & le lit: frappé des beautés neuves & originales qu'il y découvre, il envoye le livre au poëte *Driden*, qui s'écrie, dans l'enthouſiaſme d'une première lecture, que cet ouvrage efface tous les chef-d'œuvres des anciens & des modernes.

Le ſuffrage de *Dryden* ramène les eſprits, & par une révolution ſoudaine, ce poëme auparavant inconnu & mépriſé, eſt marqué du ſceau de l'immortalité, & devient l'objet de l'admiration publique. C'eſt ainſi que le haſard fit reconnoître les beautés d'*Athalie*, pièce long-temps dédaignée, qui fait aujourd'hui l'ornement de notre ſcene.

Nous avions déja deux traductions en proſe du *Paradis perdu*, l'une de M. *Dupré de Saint-Maur*, l'autre, de *Racine* le fils. M. *Beaulaton* vient de nous en donner une nouvelle en vers françois; la hardieſſe de ſon entrepriſe mérite les plus grands éloges, mais elle demandoit un talent ſupérieur. La poëſie françoiſe eſt aſſervie à des règles ſi gênantes & ſi ſévères, notre langue eſt ſi pauvre en expreſſions nobles, nos vers alexandrins ont une marche ſi monotone & ſi fatigante, qu'il eſt extrêmement difficile de ſoutenir l'attention du lecteur dans un poëme de longue haleine. Si malgré le coloris d'un ſtyle très-brillant, malgré l'intérêt nationnal le plus vif, on peut à peine lire de ſuite deux chants de la *Henriade*, quel talent ne faut-il pas pour faire ſupporter la traduction en vers d'un poëme étranger, dont le fonds eſt peu intéreſſant, & qui n'eſt ſoutenu que par des beautés de détail toujours bien plus foibles dans la copie que dans l'original! Quoique le *Paradis perdu* ſoit connu & apprécié depuis long-temps, il ne ſera point inutile de jetter un nouveau coup-d'œil ſur ce poëme, d'obſerver les défauts énormes qui le défigurent, & les grands traits qui lui aſſurent un rang parmi les ouvrages de génie.

CHANT Ier. L'ouverture offre un tableau fier & terrible, digne du pinceau de *Michel-Ange. Satan*, foudroyé par la main de Dieu, & précipité avec les compagnons de ſa révolte dans un gouffre de flammes, promène de ſombres regards ſur cette mer brûlante. Sa diſgrace n'a pu abattre ſon courage ni dompter ſon orgueil; il ne reſpire que la vengeance, & ſa haine impuiſſante s'exhale en blaſphêmes affreux contre le ciel. A la vue de *Belzébuth*, l'émule de sa gloire & l'un des principaux chefs de la révolte, il s'écrie:

Est-ce toi?.. Voilà donc ce chérubin altier,
Qui, d'un trône brillant immortel *héritier*,
Protégeoit l'empirée *à l'ombre* de ses aîles.
Naguères, de saints nœuds & de justes querelles
A des périls communs enchaînoient notre sort,
La peine nous rassemble *aux portes de la mort*.
Quel étoit notre éclat! & quelle est notre honte!
Il triomphe: son foudre est le dieu qui nous dompte;
Et que pouvoient *des bras surpris & mal armés*
Contre ses premiers feux *en silence allumés*?
Cependant & ce foudre & *ce brûlant orage*
Peuvent bien sur mon front *imprimer leur outrage*,
Mais ils n'étouffent point dans ce cœur ulcéré
Un ressentiment vif trop long-temps dévoré;
Ils nourrissent encor *au milieu des allarmes*
Cette même valeur qui rangea sous mes armes
Mille esprits irrités contre des fers nouveaux,
D'un superbe tyran audacieux rivaux.

S'il eut un vain triomphe, *il nous laiſſa l'offenſé*,
La haine qui peut tout, la ſoif de la vengeance,
Et le fier déſeſpoir qui commande au malheur.

Ce diſcours a une force & une énergie admirable dans l'original. Le caractère de *Satan* s'y montre tout entier.

Satan, ranimé par le deſir de venger ſa honte, fait entendre ſa voix terrible aux compagnons de ſes infortunes épars ſur ce lac enflammé. A ce ſignal, ils s'élancent tous du ſein de l'abîme, & marchent ſous la conduite de leur général. *Satan*, qui remarque leur triſteſſe, s'aviſe, pour les égayer, de faire jouer de la flûte. L'expédient réuſſit, & dès qu'ils entendent le ſon de cet inſtrument, tous les diables ſe mettent à danſer.

La flûte fend les airs & ſes brillans accords
Mettent en mouvement cet innombrable corps,
Leurs pas ſont meſurés ſur le mode dorique. . .
. . . .
Aux accords animés des voix & des muſettes
Que ſurmonte le bruit des cors & des trompettes.

Un palais magnifique tout brillant d'or & de diamans sort tout à coup de terre; c'est le lieu où doit se tenir le conseil des démons; mais comme ils sont en très-grand nombre, & que le palais, quelque vaste qu'il soit, ne pourroit les contenir tous, s'ils conservoient leur taille ordinaire,

Des géants raccourcis la hauteur décroissante
Fuit, s'abaisse, descend à la taille des nains.

Il n'y a que les diables du bas étage qui éprouvent cette métamorphose & ceux du premier ordre restent sous leur forme naturelle. Quelque pitoyables que soient de pareilles fictions, le célèbre *Adisson* les regarde comme des inventions admirables. Mais son zèle pour la gloire de la patrie l'aveugloit, sans doute. M. *de Voltaire*, dans son *Essai sur le poëme épique*, se moque avec raison de ce merveilleux outré qui excite l'enthousiasme de l'auteur de *Caton*. » Comment, dit à ce sujet le traducteur » dans une note, comment deux » hommes d'un goût aussi sûr & aussi

» exercé ont-ils pu être d'un senti-
» ment aussi contradictoire sur le même
» sujet ?

Je ne décide point entre Genève *&* Rome.

L'application de ce vers est-elle heureuse ? & d'ailleurs, quand il s'agit d'un point si facile à décider, est-il permis de rester neutre ? On doit aussi condamner, dans ce premier chant, un long & inutile dénombrement que fait le poëte des principaux démons; il pouvoit s'épargner la peine de tracer le caractère de ces esprits aëriens qui ne doivent point agir dans le poëme. Enfin, ce chant, comme tous les autres, contient trop de descriptions & de discours, & point assez de récits & de faits.

CHANT II. La troupe infernale tient ses états généraux. On délibère si l'on doit employer la ruse ou la force contre le roi du ciel. *Moloch*, guerrier bouillant & féroce, parle le premier en ces termes :

Les armes sont mes droits, *je ne connus jamais,*
Je dédaigne la ruse & ses obliques traits,

Son eſpoir eſt douteux, ſa lenteur eſt perfide.
Nous faudra-t'il encore *aux jeux d'un art timide*
Conſumer un temps fait pour venger nos revers ?
Nous faudra-t'il, chargés de ces indignes fers,
Habiter loin des cieux un ſéjour de triſteſſe,
Noir cachot du tyran, fort de notre foibleſſe ?
Non, des enfers plutôt épuiſant l'arſenal,
Livrons à l'empyrée un aſſaut général,
Et forçant *de ſes tours les brillans édifices,*
Armons-nous contre lui de nos propres ſupplices.

Bélial, qui eſt un diable petit-maître, adreſſe à l'aſſemblée un diſcours inſinuant & flatteur pour lui perſuader de ſe tenir tranquille. L'avare *Mammone* conſeille aux démons de s'amuſer à exploiter les mines d'or que la terre renferme dans ſon ſein. Ces lâches avis ſont reçus avec un applaudiſſement général. *Belzébuth*, indigné, ſe lève, & reproche à ſes compagnons la baſſeſſe de leurs ſentimens ; il leur propoſe de ſe venger de l'ennemi commun, non par la force ouverte, qui ne leur réuſſiroit pas, mais par l'artifice, en eſſayant de ſéduire & de corrompre l'homme créé par Dieu pour hériter des biens qu'ils ont perdus & devenu l'objet des faveurs céleſtes. Tous approuvent ce parti, il ne s'agit que de trouver quelqu'un qui veuille ſe charger de l'exécution. *Satan* voyant que perſonne ne ſe préſente, déclare qu'il va s'expoſer lui-même à tous les dangers de cette entrepriſe. Il part pour aller à la découverte de ce monde nouveau habité par *Adam*. Dans ſon abſence les diables déſœuvrés employent leur loiſir à différentes occupations, chacun ſuivant ſon goût. Les uns s'amuſent à courir, ou à monter à cheval, les autres déracinent les montagnes : ceux-ci chantent ſur la lyre leurs exploits & leurs malheurs : ceux-là tiennent des conférences philoſophiques. Cependant *Satan* arrive à la porte des enfers ; il y trouve deux monſtres hideux, le péché & la mort. Ce dernier veut s'oppoſer au paſſage de *Satan*. La querelle s'engage, ils ſont prêts à ſe battre, lorſque le péché accourt pour les ſéparer ; ce monſtre féminin ſe fait connoître pour la fille de *Satan*, & lui apprend que de ſon commerce inceſtueux avec elle eſt né un fils qui ſe nomme la mort, & que c'eſt ce fils contre lequel il va combattre. *Satan*, étonné de trouver un fils & une fille qu'il ne connoiſſoit pas, s'appaiſe & s'attendrit.

Il ſent un nouveau trouble, il adoucit ſa voix;
Et ſur lui la nature a repris tous ſes droits.
Ma fille, que ce nom pour mon cœur a de charmes!
Qu'il m'eſt doux, en des lieux où ſiègent les allarmes,
De retrouver un fils ſi cher à nos amours,
Nos amours, qui jadis eurent de ſi beaux jours.

Vous ſentez, Monſieur, tout le pathétique d'une pareille reconnoiſſance. *Satan* s'élance vers les enfers, mais n'étant point aſſez ſoutenu par ſes aîles, il tombe dans le vuide, & de-là ſe précipite

Dans un marais fangeux,
De terre & d'eau croupie *aſſemblage orageux*;
Là *Satan empêtré* s'ouvre à peine un paſſage,
Et ſur le ſol impur *ſe traîne, vole, nage*,

Tel qu'un griffon hardi dans sa course emporté,
Sur un rocher aride, un mont inhabité,
Poursuit le ravisseur qui trompant sa prudence
A pillé le trésor commis à sa défense ;
Tel Satan, à travers vaux, monts, rocs, bois, lacs, prés,
Fait route de la tête & des mains & des pieds,
Marche, vole, bondit, plonge, serpente, nage.

Il va consulter le cahos & la nuit sur le chemin qu'il doit suivre, &, muni de leurs avis, il continue sa route escorté du péché & de la mort. Ce chant est celui qui renferme le plus de fictions absurdes & inintelligibles. Les Anglois amoureux des allégories trouvent dans ces endroits-là des beautés qui nous échappent ; croiroit-on que l'évêque *Atterburi* vante la fable dégoûtante du péché & de la mort, comme un effort de génie plus étonnant que toutes les inventions d'*Homère* & de *Virgile* ?

Le troisième chant s'ouvre par un morceau très-éloquent, où le poëte aveugle déplore le malheur qui le prive de la lumière ; il introduit ensuite le Père éternel qui s'entretient avec ſon fils des grands myſtères de l'incarnation, de la rédemption ; de-là il revient à *Satan* ; cet ennemi du genre humain voyage toujours dans les ſphères céleſtes ; là il rencontre ſur ſon paſſage le chérubin *Uriel ;* & alors ſe transformant en ange de lumière, il lui demande quel eſt le lieu que l'homme habite. *Uriel* trompé par ce déguiſement, lui montre de loin le paradis terreſtre. Ce chant eſt foible & ennuyeux, il eſt auſſi défiguré par des idées extravagantes & biſarres ; par exemple, *Milton* en parlant des vaſtes régions du vuide qui n'étoient point encore habitées lors du voyage de *Satan*, dit que depuis elles furent remplies par des fantômes ſans nombre. Il y place ceux qui ſont aveuglés par un faux zèle, les hypocrites, les avortons, les monſtres, les géans, les philoſophes préſomptueux tels qu'*Empédocle*, enfin, en bon proteſtant, il y donne un rang diſtingué aux pelerins & aux moines.

Chant IV. Arrivé près du jardin d'Eden, *Satan* franchit le mur,

Tel un loup furieux *que force la famine*,
A chercher hors des bois le meurtre & la rapine;
Obſerve le moment *où loin de la maiſon*,
Un berger, *ſur la foi d'une mince cloiſon*,
Laiſſe errer au haſard ſes brebis bondiſſantes,
Et s'élance au milieu de *leurs troupes bêlantes*;
Tel un voleur avide & que la ſoif de l'or
Attache nuit & jour au larcin d'un tréſor,
D'un argus inquiet trompe la vigilance,
Et des verroux oiſifs fruſtrant la prévoyance,
A ſon butin ſe fraie un paſſage imprévu,
Tel Satan dans Eden entre ſans être vu.

La deſcription du paradis terreſtre & des mœurs innocentes d'*Adam* & d'*Eve* eſt un morceau charmant qui a fait la fortune du poëme. A la vue des beautés de ce riant ſéjour & du bonheur dont jouiſſent ſes habitans, *Satan* eſt dévoré par l'envie. Il s'approche d'*Adam* & d'*Eve* confondus dans la foule des animaux qui les environnent, il entend *Adam* dire à ſon épouſe, que Dieu les puniroit de mort s'ils oſoient manger du fruit de l'arbre de la ſcience, & ſe promet bien de profiter de ce ſecret important; cependant les anges commis à la garde du jardin d'Eden, avertis par *Uriel* de l'irruption de *Satan*, le poursuivent de tous côtés & lui donnent la chaſſe.

CHANTS V & VI. Dieu envoye *Raphaël* pour inſtruire *Adam* du danger qui le menace. L'ange eſt très-bien reçu, on lui préſente un repas champêtre auquel il fait honneur, au grand étonnement d'*Adam* qui croyoit que les anges ne mangeoient pas. Pendant le feſtin *Raphaël* raconte à ſes hôtes toute l'hiſtoire de la guerre des bons & des mauvais anges; récit plutôt burleſque que merveilleux, & ſur-tout beaucoup trop long. Les rébelles d'abord vaincus s'aviſent de fabriquer du canon, & avec le ſecours de leur artillerie ils font un horrible carnage des bons anges, qui pour ſe défendre font pleuvoir ſur la tête de leurs ennemis une grêle de montagnes; enfin le fils de Dieu s'avance lui-même en perſonne armé de la foudre, & précipite au fond de l'abîme *Satan* & ſes coupables légions. *Milton* a imité les longs diſcours d'*Homère*, ce qui ne contribue pas à rendre sa narration intéressante.

CHANT VII. *Raphaël* avoit assez parlé pour avoir besoin de repos; cependant pressé par les questions d'*Adam*, il lui raconte encore, presque sans reprendre haleine, toute l'histoire de la création. Il y a dans ce récit de beaux détails & d'admirables morceaux de poësie descriptive.

Ici le front armé naissoit un fier taureau,
Là, du sol entrouvert, *laborieux berceau*,
A mi-corps, un lion d'orgueilleuse criniere,
Délivroit par anneaux sa croupe prisonniere,
. . . .
Non moins impétueux le léopard & l'ourse,
S'élançoient en frappant la terre dans leur course,
La terre sur le dos en glebes se dressoit,
Leur dos péniblement loin d'eux la repoussoit,
Le cerf haussa le bois de sa tête rameuse,
L'éléphant déroula sa masse paresseuse;
Voisin vif & léger du colosse nouveau,
L'agneau bêlant jaillit tel qu'un jeune arbrisseau.

Parmi ces rejettons d'une tige feconde ,
Le crocodile *neutre* entre la terre & l'onde ,
Habita tour à tour l'un & l'autre élément.

CHANT VIII Pour reconnoître la complaiſance de *Raphaël*, *Adam* lui raconte à ſon tour l'hiſtoire de ſa création particulière , les ſenſations qu'il éprouva au moment de ſa naiſſance , la conduite du Créateur à ſon égard , & ſur-tout la manière dont il lui donna une compagne.

J'étois où tu me vois par un ſonge emporté ;
Lorſque ce même Dieu tira de mon côté
Une côte de ſang encor chaude & fumante ,
Large étoit l'ouverture : une chair renaiſſante
De la plaie auſſi-tôt approcha les parois ;
La côte cependant ſe paitrit ſous ſes doigts ,
Et bientôt j'en vis naitre une aimable figure,

Des critiques ont blâmé la narration qui occupe le ſecond & le troiſième livre de l'Enéïde comme trop longue & retardant trop la marche de l'action ; cependant cette narration eſt intéreſſante , liée avec le ſujet principal ; elle ſe trouve dans les premiers livres du poëme, où l'on ſouffre plus volontiers de pareilles digreſſions. Que diroient-ils donc de ces récits qui occupent preſque quatre chants entiers au milieu du poëme, & qui ne ſont nullement néceſſaires ?

CHANT IX. Le lecteur eſt ici amplement dédommagé de l'ennui que lui ont cauſé les narrations précédentes : tout l'intérêt de ce poëme eſt, à proprement parler, renfermé dans ce ſeul chant. *Satan* malgré la vigilance des eſprits céleſtes chargés de la garde du jardin d'Eden, *Satan* trouve le moyen d'y rentrer, & s'introduiſant dans le corps du ſerpent, il attend l'occaſion favorable d'exécuter ſon funeſte projet. Le jour commençoit à paroître, *Eve* propoſe à ſon époux de partager leurs travaux, & de cultiver chacun une partie différente du jardin. *Adam* témoigne beaucoup de répugnance à la laiſſer ſeule. Un noir preſſentiment l'agite, il craint que ſon épouſe, privée de ſon ſecours, ne ſoit pas capable de réſiſter à cet ennemi inconnu dont on l'a averti de ſe défier. *Eve* regarde

cette

cette crainte comme une injure, elle s'indigne de paroître aux yeux de son époux, si foible & si aisée à vaincre; enfin elle fait tant par ses caresses & ses importunités qu'*Adam*, quoiqu'à regret, lui permet d'aller seule où elle voudra. *Eve* satisfaite & se croyant, en cas d'attaque, bien sure de la victoire, se rend sous des berceaux de fleurs qu'elle prenoit soin de cultiver. *Satan* sous la forme de serpent, la rencontre & lui adresse d'abord un compliment très-flatteur sur sa beauté. *Eve* étonnée d'entendre parler un serpent, lui demande la cause de ce prodige. Le traître lui répond qu'il doit cet avantage aux fruits d'un arbre merveilleux qui est dans ce jardin.

D'abord *bas* & rempant, je paissois l'herbe tendre
Comme ces vils troupeaux, *n'osant plus rien prétendre.*

. . . .

Lorsqu'un jour égaré *sous une ombre inconnue*,
Un arbre merveilleux de loin frappa ma vue;

Ses fruits étoient *empreints d'un ſuave incarnat,*
Que de l'or animoit le rayonnant éclat.
J'avançois ébloui de leur riche peinture,
Quand la plus douce odeur du ſein de la verdure
Vint ſe gliſſer encor dans mes ſens embaumés.
Les parfums ſavoureux du fenouil exprimés,
Ni les mammelons frais d'une mère géniſſe,
Dont le folâtre élève oublia l'orifice,
N'eurent jamais pour moi ces charmes *attirans.*
L'appétit & la ſoif impérieux tyrans,
Que de ces fruits voiſins irritoit la préſence,
Entraînèrent bientôt ma vive impatience,
Autour du tronc mouſſeux *je roulai mes anneaux,*
A peine votre main atteindroit ſes rameaux.

. . . .

Moi, je grimpai ſur l'arbre & dans mes heureux flancs,
De la tige fertile engloutis les préſens.

. . . .

A peine de ces ſucs *je me fus engorgé,*
Que je ne ſais comment je me ſentis changé.
Le jour de la raiſon vint luire dans mon ame,
Ma voix s'organiſa *pour en peindre la flamme,*
Et ſous les mêmes traits j'eus un être nouveau.

Eve trop crédule prie le ſerpent de la conduire à cet arbre merveilleux ; mais lorſqu'elle l'apperçoit, elle reconnoît auſſi-tôt que c'eſt l'arbre de la ſcience dont Dieu lui a interdit les fruits & refuſe abſolument d'en manger. Alors avec une adreſſe diabolique le ſerpent s'efforce de lui faire ſentir l'injuſtice & la cruauté d'une pareille défenſe. Il lui perſuade que ſi elle mangeoit de ces fruits, elle deviendroit ſemblable à Dieu même, & que c'eſt par une ſecrette jalouſie que Dieu lui a défendu d'y toucher. *Eve* entraînée & par les diſcours du ſerpent & par la beauté du fruit qui eſt devant ſes yeux, y porte la main & le mange. Auſſi-tôt une joie tumultueuſe, mêlée cependant de quelques remords, agite ſes ſens & trouble ſa raiſon. Elle retourne vers *Adam* & le preſſe de manger du même fruit, afin qu'ils puiſſent jouir tous deux des avantages de la divinité. *Adam* réſiſte quelque temps, mais enfin ſéduit par les charmes de ſon épouſe, il mange la fatale pomme. Dans ce moment une paſſion groſſiere & brutale ſuccède dans leurs cœurs à cet amour innocent & tranquille qui jusqu'alors avoit fait le charme de leurs jours.

Adam jette sur Eve un regard impudique,
Eve au desir charnel rèpond d'un œil lubrique.

Saisis d'une ivresse mutuelle ils se retirent tous deux au fond d'un berceau ;

Là, plein de son amour, insensible aux remords;
Le couple criminel s'épuise en longs transports.
Bientôt un lourd sommeil, enfant de leur ivresse,
Vint des époux lassés surprendre la molesse.

Le réveil dissipe bientôt cette illusion flatteuse; ils reconnoissent leur faute, & se font l'un à l'autre les plus vifs reproches. Ce chant est le plus agréable de tout le poëme, parce qu'on y trouve de l'action, de l'intérêt, & que le merveilleux n'y est employé que pour mettre en jeu les passions naturelles : mais aussi le poëme est fini après ce chant, les trois autres languissent & sont de pur remplissage. Dès que *Satan* a triomphé du premier homme & l'a engagé à violer l'ordre de Dieu, l'action principale est terminée ; le lecteur sait déjà quelles doivent être les suites de cette désobéissance, & les détails dans lesquels entre le poëte Anglois, quoique très-beaux & très-riches d'images & de poësie, fatiguent & ennuient parce qu'ils sont superflus.

Omne supervacuum pleno de pectore manet.

CHANT X. Dieu descend dans le paradis terrestre, fait paroître devant lui les coupables & leur prononce leur arrêt. *Satan* retourne aux enfers & rencontre le péché & la mort prêts à partir pour aller s'informer des nouvelles de leur père ; il leur annonce sa victoire, & aussi-tôt ils se mettent en chemin pour aller prendre possession de la terre. *Satan* rend compte à ses compagnons assemblés du succès de son entreprise ; au lieu des applaudissements qu'il croit mériter, il s'entend siffler ; il regarde & voit tous les diables changés en serpens ; lui-même éprouve la même métamorphose. Auprès-d'eux s'élève un arbre couvert de fruits semblables à ceux qui ont tenté *Eve*. Les nouveaux ſerpens, que la faim & la ſoif dévorent, ſe jettent ſur l'arbre; mais *le fruit hypocrite* trompe leur impatience. Au lieu de cette ſaveur agréable qu'ils croyoient y trouver,

Une cendre importune agace leur goſier,
Et broye entre leurs dents ſon ſuc dur & groſſier.

. . . .

Ils paitriſſent en vain cet aliment maſſif,
Et leur bouche ſe tord en accès convulſif.

Cependant la mort & le péché entrent dans les jardins d'Eden. Le cours de la nature eſt changé.

On croit même que Dieu, de la terre excentrique,
A l'axe vertical, inclina l'axe oblique;
Un bras laborieux TORDIT *avec effort*
Du globe déplacé le pénible ſupport.

Le chant eſt terminé par de longues lamentations d'*Adam* & d'*Eve*.

CHANT XI. *Michel* chaſſe *Adam* du paradis terreſtre, & le conduit ſur une montagne où il lui révèle ſes deſtins, ceux de ſa poſtérité, & lui fait voir tout ce qui doit se passer dans le monde jusqu'au déluge. Mais avant d'offrir à ses yeux ce mystérieux spectacle,

D'un doigt victorieux il (*Michel*) dissipe la
nue
Que le fruit homicide épaissit sur sa vue,
Abreuve ses ressorts d'élixirs immortels
Que la source de vie impregne de ses sels;
Le collyre céleste humecte la rétine.

Pendant que sur la montagne *Adam* contemple ces tableaux intéressans, *Eve*, dont la curiosité auroit été très-flattée d'une pareille vue, dort dans la plaine. L'ange avoit *fermé sa paupière incertaine*, & la raison qu'il en donne à *Adam* est admirable.

Tu dormois lorsque Dieu la tira de tes flancs,
Qu'elle dorme aujourd'hui *quand tu lis dans*
les temps.

CHANT XII. L'ange dévoile aux yeux d'*Adam* les évenemens principaux de l'histoire depuis le déluge jusqu'à la mort de Jésus-Christ & à l'établissement de la religion chrétienne.

Telle est, Monsieur, la marche du *Paradis perdu.* L'abus du merveilleux, le défaut d'action & d'intérêt, voilà les reproches essentiels qu'on peut faire à *Milton*; mais le caractère fier & terrible de *Satan*, la description d'*Eden*, la peinture des mœurs innocentes de nos premiers parens, & la poësie des détails assurent l'immortalité à cet ouvrage.

A l'égard de la traduction, vous avez pu juger de son mérite par les différens morceaux que j'ai mis sous vos yeux. Cependant le style de l'auteur a quelquefois l'énergie de l'original, il rend avec précision les pensées sublimes de *Milton.* Ces deux vers sur l'enfer me paroissent très-beaux.

Lieux fermés pour toujours aux douceurs de
la paix,
L'espoir, qui luit par-tout, n'y pénétra jamais.

Le quatrième chant est un de ceux que M. *Beaulaton* semble avoir le plus soigné. Peut-être aussi doit-il le degré de perfection qu'il y a mis à la richesse même des détails qu'il avoit à peindre? Voici un morceau de poësie descriptive plein de grace & d'harmonie.

Une grotte champêtre, au bord d'un clair
ruisseau,
Dans le sein des zéphirs enfonce son berceau;
Là des mets préparés par la simple nature
Contentent les besoins sur un lit de verdure;
Les fruits des arbrisseaux, inclinés sous leurs
doigts,
Sollicitent les sens embarrassés du choix;
Ils en pressent le suc, & l'écorce inutile
Dans son tissu léger fixe l'onde mobile.

M. *Beaulaton* a rendu avec un égal succès les sentimens de tendresse que la présence d'*Adam* inspire à son épouse.

Ma gloire est d'obéir, ma fin est de te plaire;
Le temps auprès de toi fuit d'une aîle légère,
Et le jour s'embellit de tes divins attraits;
J'aime le souffle pur d'un matin doux & frais,
Et des chantres *aîlés* la naissante harmonie.
Le soleil plaît encore à mon ame ravie,

Lorſqu'il ouvre ſon œil ſur ces monts colorés ;
Et fait briller des fleurs les calices dorés ;
Quand des larmes du ciel la terre eſt arroſée,
Je goûte le parfum qu'exhale la roſée.
L'air embaumé du ſoir vient rafraîchir mes ſens.
La nuit verſe à longs traits ſon ombre dans nos champs,
Un cortège nombreux annonce ſa préſence,
Et des ſons enchanteurs ſuſpendent ſon ſilence,
Ces ſpectacles ſi doux & ſi nouveaux pour moi,
Toi ſeul me les rends chers, ils ne ſont rien ſans toi.

Il faut avouer, Monſieur, que ces vers ont une élégance & un nombre qu'on trouve rarement aujourd'hui dans les productions rimées de nos jeunes poëtes. Ils doivent être un motif d'encouragement pour M. *Beaulaton* ; le projet ſeul de traduire *Milton* en vers annonce un courage peu commun, & la manière dont pluſieurs détails ſont exprimés, un talent eſtimable.

Je ſuis, &c.

LETTRE II.

Discours prononcé dans l'Académie de Saint-Pétersbourg le 29 décembre 1776, par M. de Domaschneff, *gentilhomme de la Chambre de l'Impératrice ; & directeur de l'Académie, traduit du Russe, avec cette épigraphe :*

. . . . Lorsqu'un héros tout brillant de vertus
Un *Solon* dans Athène, & dans Rome un *Titus*,
Vient faire aux nations adorer son empire,
Sous ses heureuses loix l'historien respire;
Comme un dieu bienfaisant il le montre aux humains.

MARMONTEL.

J'AI eu, il n'y a pas long-temps, occasion de vous parler du progrès des sciences & des lettres en Russie ; Voici, Monsieur, un ouvrage qui vous mettra plus à portée de saisir le génie de cette nation, de juger de son goût, de calculer ses connoissances, de connoître le degré de perfection de ses arts, & d'entrevoir tout ce qu'elle pourra être un jour. C'eſt un diſcours prononcé dans ſa première académie. Il renferme l'éloge hiſtorique de l'impératrice qui dirige aujourd'hui avec tant de ſageſſe les rênes de ce vaſte empire. L'éloge d'une ſouveraine encore vivante pourroit être ſuſpect s'il ne rouloit ſur des faits dont l'Europe eſt témoin. Heureux les peuples qui pourront ainſi célébrer leurs ſouverains, ſans craindre pour leurs orateurs les reproches d'adulation ! Quelle vaſte matière à offrir au philoſophe qui veut connoître les hommes & les cauſes de la proſpérité des empires ! quelles lumières ! quels exemples pour les politiques & les légiſlateurs ! quels modèles pour les ſouverains qui veulent étudier l'art difficile de rendre les peuples heureux ! ils ſont ſi rares ces modèles, qu'on ne peut trop s'empreſſer de les leur faire remarquer.

Tous les orateurs, & ſur-tout les nôtres, apprendront par cet éloge la manière de peindre avec vérité leurs héros, & de ne donner à la vertu que les caractères qui lui ſont propres; ils n'y trouveront ni ces phrases pesamment compassées, ni ces comparaisons plus obscures que la chose même, ni cette affectation d'expressions scientifiques; ils n'y verront pas non plus des assertions hardies, des critiques sanglantes, des sarcasmes, des ironies, des plaisanteries bisarrement entremêlées de phrases pleureuses. L'orateur, pénétré de la dignité de son sujet, parcourt d'un pas majestueux sa longue & brillante carrière ; si d'une main il répand des fleurs sur les objets qu'il rencontre, il n'exprime point de l'autre les sucs meurtriers de la cigue ; si sa marche devient quelquefois plus rapide, plus impétueuse, il ne la doit point aux tourmens de l'esprit, & à des sentimens factices ; c'est son génie que la grandeur des objets élève, c'est son ame que les vertus de son héroïne émeuvent, agitent, enflamment.

Je me hâte, Monsieur, d'entrer dans les détails de ce discours intéressant ; je vais suivre l'orateur pas à pas afin de vous le faire mieux connoître.

Il débute par louer sa compagnie de

s'occuper de tout ce qui tend à faire le bonheur des hommes, & à les rendre meilleurs ; il leur montre que parmi cette foule d'arts & de sciences qu'ils embrassent, un des plus difficile, & un de ceux qui doit le plus intéresser, c'est l'histoire.

» L'histoire, quelle carrière plus » intéressante, plus vaste, plus utile, » & plus épineuse à la fois ! Les » loix physiques sont *éternelles & im-* » *muables*, vous le savez ; mais les » causes morales dans leur enchaîne- » ment fortuit & bisarre, mais leurs » effets souvent aussi équivoques que » ces causes, & qui *pourtant* influent » si puissamment sur la destinée des » hommes, que souvent ils la décident, » que sont-ils ? Un cahos presque im- » pénétrable à l'œil humain, une » énigme presque inexplicable pour » lui. Je ne crains point de le dire, » les événemens moraux, par la va- » riété infinie de leurs combinaisons, » présentent des résultats si subitement » offerts, si promptement effacés par » une autre *série* d'évenemens, que si » la vigilance la plus attentive, la plus

» continue, ne les ſurprenoit dans ce » paſſage inſtantané, ſouvent les plus » grandes vérités, les découvertes in» téreſſantes au genre humain, demeu» reroient perdues pour les races » futures. . . . . Elle tient, » ſans contredit, parmi les connoiſ» ſances humaines, un rang diſtingué » par ſes agrémens & ſes avantages. » Mais pour qu'elle acquierre ce degré » d'intérêt & d'utilité, il faut que la » chaîne des faits qui la compoſe ſoit » formée par un philoſophe; il faut » que ſon œil pénétrant & actif s'é» lance à travers une nuit épaiſſe d'é» venemens de toute eſpèce, de faits » confus & variés, qu'elle faſſe naître » le jour où les ténèbres régnoient. Il » faut que ſon eſprit planant ſur la » ſurface des temps & des âges, il » ſache y ſaiſir les époques principales, » y diſtinguer les événemens primitifs » & pour ainſi dire originels, dont » tous les autres découlent. Il faut » enfin que rapprochant les ſeconds » des premiers, il expoſe leurs rap» ports, leur deſcendance, leur filia» tion; qu'il les ſuive dans les com-

» binaisons différentes qu'ils peuvent » avoir entr'eux ; qu'il développe leur » influence sur ceux même qui paroissent en dépendre le moins ». Parmi les *êtres* que les philosophes devront d'abord fixer ce sont, dit-il, sans contredit, les rois & les grands, parce qu'ils sont les premiers moteurs des événemens; de même, quand ils chercheront les principales époques du monde, ils doivent spécialement arrêter leurs regards sur celles de leur patrie, sur celles qui les touchent le plus près, & qui ont agi immédiatement sur eux. » Je sens » que la modestie de notre auguste » souveraine pourra souffrir de ce » projet ; mais si l'histoire n'est autre » chose que la mesure & l'apprécia» tion des talens & des vertus de ceux » qui nous gouvernent, comment en » *développant les sources* du bonheur » des Russes, ne pas nommer la main » bienfaisante qui les a découvertes » la première, qui les fait découler » sur nous ? Il est défendu d'être flat» teur, sans doute, mais il ne fut ja» mais permis d'être ingrat ». Quoique l'orateur n'ait adopté aucune division, cependant il paroît avoir pris pour fondement de son discours deux principes : *la sureté*, & *la propriété*. » Ils » deviendront, dit-il, la règle de ma » marche, comme ils sont la base de » notre bonheur ».

L'orateur peint ensuite son héroïne jettant un coup-d'œil sur la vaste étendue de son empire, y appercevant cette multitude d'impôts, les uns sur des objets de première nécessité ; les autres, sur ceux d'aisance & de luxe ; y pénétrant le cahos des loix ; y démêlant celles qui tendent au bonheur de ses sujets de celles qui en sont un obstacle ; & ensuite examinant les moyens qui pourront rendre son empire un jour redoutable à ses dangereux voisins. Déja elle commence cette heureuse révolution en arrêtant les brigandages des monopoleurs, & en diminuant le prix du sel, matière dont l'usage général répandoit le bienfait sur toutes les classes de ses sujets. Il la montre ensuite rassemblant ses guerriers les plus expérimentés pour réformer l'art de la guerre, en établir les règles, en fixer les principes, en faciliter les opérations, en simplifier les évolutions. Il passe à la marine qu'elle créa, pour ainsi dire, & qu'elle sut rendre en peu de temps si formidable. » Les vents soufflent, » les flots en courroux semblent ap- » porter ces blocs mouvans qui vont » être suspendus sur leurs abîmes, » cette forêt de mâts qui va repeupler » nos mers. *Catherine* accourt, elle » gravit hardiment sur leurs bords, » elle brave l'élément où ils sont lan- » cés ; cet élément fougueux & ter- » rible dont la surface est le principe » & le théâtre de leur existence, » comme son sein est souvent celui de » leur destruction. Que dis-je? il de- » viendra celui de leur gloire & du » triomphe de Catherine; son intrépi- » dité a passé dans l'ame des chefs » qui les commandent, des fiers Argo- » nautes qui doivent les guider, & » *Chesme* publiera mieux que tout » l'art oratoire la grandeur des travaux » de cette *Amphitrite* nouvelle ».

Mais la paix que ses victoires lui ont

méritée, dont ses nombreuses armées & ses flottes formidables lui garantissent le maintien, lui laisse le temps de réformer la législation de son empire. » Un déluge de loix » avoit inondé la Russie, les juges » & les plaideurs en étoient éga- » lement accablés, leur nombre ex- » cessif, loin de favoriser les opéra- » tions de la justice, n'avoit fait que » les retarder. C'étoit une machine » trop compliquée dans ses ressorts, » pour n'être pas sans cesse arrêtée » dans ses mouvemens ; la justice se » traînoit plutôt qu'elle ne marchoit ; » elle entamoit tout, ne finissoit rien ; » & il existoit des procès, que les » descendans de ceux qui les avoient » intentés ne poursuivoient que pour » en laisser la charge à leurs nou- » veaux descendans ». La chicane, comme on voit, ce monstre cruel qui brise les chaînes des coupables, qui en forge aux innocens, qui dévore des familles, qui mine, qui prépare la destruction des états, avoit prolongé ses sentiers obliques jusques dans les glaces du nord. Puisse l'exemple de *Catherine* inſpirer à tous les ſouverains la noble émulation de pourſuivre, d'étouffer cette hidre à cent têtes ! La Czarine, non contente d'augmenter le nombre des magiſtrats, d'aſſigner leurs fonctions, de diſtinguer, de claſſer les différens procès, remonte au principe du mal même. Les poſſeſſions étoient la ſource de ces diſſentions ; elle conçoit le hardi projet de faire meſurer toutes les propriétés de ſes ſujets. Ce plan eſt en effet exécuté avec tant d'intelligence, tant de préciſion, qu'on peut aujourd'hui connoître l'étendue & la qualité des terres de chaque propriétaire de ce vaſte empire. Le fruit de cette opération immenſe, à peine concevable, rétablit la concorde entre les agriculteurs, & les campagnes ſe fertiliſent ſous leurs mains laborieuſes. Cette opération tenoit à une autre auſſi étendue & plus difficile, c'étoit le dénombrement de ſes peuples, tenté tant de fois avec des dépenſes prodigieuſes, mais toujours inutilement. La ſeule confiance qu'elle a inſpirée à ſes peuples écarte tous les obſtacles ; ſes ſujets perſuadés qu'elle ne tend qu'à augmenter leur bonheur, s'empreſſent d'aller s'inſcrire : elle va plus loin ; ces loix qu'elle avoit déjà entrepris de reformer, elle entreprend de les refondre en entier, & de donner un code nouveau. Aſſez bienfaiſante pour concevoir ce projet, elle n'eſt point aſſez préſomptueuſe pour vouloir l'exécuter ſeule ; elle raſſemble, pour y concourir, les députés de toutes ſes provinces & les chefs de tous ſes peuples ; elle examine, diſcute avec eux les intérêts de chaque contrée, de chaque cité, de chaque individu. Seroit-il poſſible, qu'avec des vues auſſi élevées, avec des précautions auſſi ſages, elle ne fût parvenue à former un code qui aſſurât la félicité de ſes ſujets. Les ſouverains qui veulent vraiment le bonheur de leurs peuples réuſſiſſent toujours. Si on juge du détail de ces loix par l'eſprit qu'elles preſentent, quelle idée n'en doit-on pas avoir ! Les morceaux que l'orateur a placés dans ſon diſcours annoncent les vues les plus grandes, ils respirent la sensibilité patriotique, donnent à l'homme un caractère de dignité qui tend à le faire respecter de ceux même qui ont la puissance en main. » *Faites que les lumières se répandent par tout, & deviennent générales; que les hommes craignent les loix, & ne craignent qu'elles; faites que les loix favorisent moins les differens ordres de citoyens, que leur universalité, & que dans toute l'étendue d'un état, il n'y ait aucun lieu qui en soit indépendant* ».

» *Un citoyen, quel qu'il soit, possesseur ou cultivateur, ouvrier ou marchand, consommateur oisif ou contribuant par son travail aux objets de consommation, maître ou sujet, c'est un homme: ce mot dit tout; ce mot seul impose à ceux qui gouvernent, la loi de subvenir à ses besoins; ce mot suffit pour leur suggérer d'y satisfaire* ».

O France, sous un monarque qui a déja mérité le titre de *bienfaisant*, ne dois-tu pas aussi espérer de voir abroger ou changer cette législation, que nous ont transmis des peuples si différens de climats & de principes, & distans de nous de près de 20 siecles! Ne verras-tu pas dans ces jours heureux anéantir ces nombreuses coutumes si bisarres, si discordantes entr'elles, monumens trop durables de l'ignorance & de la barbarie de nos pères! Des peuples qui n'ont qu'un même amour pour leur souverain, doivent-ils être gouvernés par des loix différentes?

Tant de grandes choses conçues & exécutées par *Catherine* pour le bonheur de ses sujets, excitent leur sensibilité & leur reconnoissance, ils viennent en foule la décorer solemnellement des titres augustes de *sage*, de *grande*, de *mère*. La réponse que lui dicte sa modestie l'en rend encore plus digne. » *Dieu seul est sage, Dieu seul est* » *grand; il n'appartient à aucune de* » *ses foibles créatures de vouloir partager* » *ces deux attributs avec lui: & quant* » *au titre de mère de la patrie, si ma* » *vocation est de le remplir, ce sera à* » *la postérité à juger si j'en suis digne* ».

» Quelles paroles, Messieurs! s'é» crie l'orateur, quels sentimens!

» Resterons-nous au-dessous d'une » générosité si héroïque ? Ne défen» drons-nous pas nos droits devant » une souveraine qui nous abandonne » tous les siens ? Ah ! si elle nous » donne à la fois le précepte & » l'exemple, si elle nous accable pour » ainsi dire de bienfaits & de vertus, » nous enviera-t'elle une vertu unique » qui nous reste, la sensibilité ; un seul » sentiment, la reconnoissance ? *Elle » en appelle à la postérité*, c'est elle » qu'elle veut pour juge, eh, bien ! » appellons nous-mêmes à ce juge » intègre ; déposons dans son sein les » hauts faits de son règne. Il viendra » un temps, sans doute, où contem» plant avec transport les miracles qu'il » a produits, cette postérité gémira » de n'en être que le juge, & de n'en » avoir pas été le témoin ». Quelle chaleur ! quelle sensibilité dans cette tirade ! N'y voit-on pas une ame émue par la reconnoissance, qui s'exhale, qui s'épanche ? Tous les titres que l'orgueil invente, que l'adulation prodigue équivalent-ils au bonheur d'être ainsi loué ? L'orateur continue

à

à rappeller les différens établissemens faits par la Czarine ; les uns destinés à élever la jeunesse pour la marine, pour le génie, pour le service de terre ; d'autres à former à la vertu, dans les classes des nobles & des bourgeois, un sèxe dont les charmes semblent lui prêter de nouveaux agrémens ; d'autres pour conserver l'existence à ces êtres naissans que l'indigence ou la honte font abandonner. Outre les marques distinctives qu'elle établit en faveur de ceux qui ont versé leur sang pour la patrie, elle pourvoit encore à leur subsistance & à celle de leurs familles. Les étrangers même éprouvent les effets de sa bonté ; accueillis par elle, ils peuplent & cultivent des déserts immenses.

» Quelle heureuse métamorphose s'o-
» père tout-à-coup ! Attirés par la
» renommée de *Catherine* de nombreux
» colons arrivent de toutes parts ; ils
» peuplent, ils inondent ces régions
» incultes & sauvages ; ils en font dis-
» paroître l'horreur, la stérilité, l'intem-
» périe ; ils les changent en un séjour
» d'abondance, de salubrité & d'agré-

» mens. Sous leurs mains laborieuſes » les marais ſe transforment en » prairies, les lacs bourbeux en des » champs fertiles, les bois ſont ou» verts, les eaux ſtagnantes trouvent » des iſſues, & forment une infinité de » ruiſſeaux qui portent au loin la fer» tilité. De robuſtes taureaux creu» ſent la terre, pour y dépoſer les » ſemences qui aſſurent la ſubſiſtance » à leurs conducteurs & à eux-mêmes; » les monſtres voraces diſparoiſſent, » & d'inombrables troupeaux cou» vrent les campagnes. *Sous leurs mains » laborieuſes* enfin s'élèvent des fermes, » des métairies ſans nombre, des villa» ges & des hameaux, aſyles de la paix, » de l'abondance & du bonheur.

» Voilà de ces conquêtes, ſans » doute, qu'on peut dire faites ſur le » cahos, ... Des ſources du » Volga juſqu'à ſon embouchure, l'air » retentit du nom de *Catherine*; par» tout il eſt frappé des bénédictions » qu'on lui donne, des vœux qu'on » adreſſe au ciel pour ſes jours ». L'orateur revient enſuite repréſenter ſon héroïne victorieuſe de ſes ennemis, étendant ſon commerce chez tous les peuples du monde, & ouvrant à ses flottes toutes les mers.

» Quel œil assez rapide a pu suivre » nos drapeaux & nos pavillons dans » le cours de leurs exploits ? Signaux » constans de la victoire, on vit les » uns flotter en Crimée, sur les bords » de la mer noire, sur les monts Caucases, derriere le Niester, le Bug » & le Danube ; les autres, on les vit » se déployer à la face de toutes les » puissances de l'Europe, dominer » sur la méditerranée, y protéger le » commerce de tous les peuples, y » réprimer les perturbateurs éternels » de leur navigation. Epoque mémorable & presque inouie ! cette mer » infestée depuis tant de siècles de » forbans avides, de corsaires féroces, » de monstres altérés de sang & de » rapines, cesse enfin d'être une lice » ouverte au meurtre, à la rapacité ; » & sous la protection imposante de » nos pavillons, elle reprend sa première destination, celle de servir de » théâtre & d'entrepôt au commerce » de toutes les belles contrées qu'elle » partage & qu'elle baigne de ses » flots ».

L'Impératrice profite de ces brillans ſuccès pour faire rendre la liberté à pluſieurs nations barbareſques, & pour dégager la Georgie d'un impôt auſſi outrageant pour l'humanité qu'onéreux pour elle ; celui de payer à la Porte un tribut de garçons & de filles. Elle fait auſſi rétablir en Turquie d'anciennes égliſes détruites & en fait rebâtir de nouvelles. La Porte de plus eſt forcée de lui jurer les plus grands égards pour le chriſtianiſme & pour ſes miniſtres. Après que l'orateur a parcouru tous ces objets intéreſſans, il vient en montrer d'autres qui ne le ſont pas moins, ce ſont les ſciences & les arts. D'abord il s'attache à prouver leur néceſſité, leur utilité pour le bonheur des hommes & pour la grandeur des empires, il montre que c'eſt à eux à qui ils doivent leur encouragement dans l'agriculture, leurs flottes nombreuſes répandues dans toutes les mers, leurs cités ſi riches, ſi opulentes, leurs victoires, leurs triomphes ſur leurs ennemis, leur influence dans le ſiſtême de la balance de l'Europe ; de là il rappelle tout ce que *Catherine* a fait pour eux. Des navigateurs envoyés pour découvrir des terres inconnues, des astronomes répandus en différentes contrées pour faire des observations, des naturalistes, des physiciens qui vont étudier, examiner les productions, les phénomènes de la Russie, des académies établies, & d'autres à qui on accorde de nouvelles prérogatives. » Tout n'est pas » encore fait pour le génie ; la » *Minerve*, qui l'encourage, élève de » nouveau sa voix, & des voyageurs » philosophes se partagent la Russie, » des *Plines* nouveaux embrassent » toute l'étendue de son empire. La » nature & la qualité des élémens, » les propriétés de l'air, de la terre » & des eaux, tout est soumis à leur » examen, tout est développé par » leur analyse. Missionnaires de la » nature, ils découvrent aux peuples » toutes les merveilles qu'elle recèle, » tous les trésors qu'elle enserre, » tous les biens & tous les soulagemens qu'elle a mis à leur portée. Ici » ils combattent leurs préjugés, ils » détruisent leurs erreurs par des

» leçons savantes; là, ils guérissent
» leurs maux par la connoissance de
» plusieurs plantes salubres qu'ils leur
» indiquent, & de plusieurs sucs aussi
» balsamiques que souverains qu'ils
» leur apprennent à en tirer. Ici ils
» épurent, ils rectifient le cours des
» eaux; là, ils donnent plus de jeu,
» plus de ressort à l'air, & à la
» terre plus d'aisance & de faci-
» lité, en multipliant les voies de
» communication. Par-tout où ils
» passent, ils laissent des traces aussi
» lumineuses que bienfaisantes; ils
» étendent en tout sens les acquisi-
» tions de l'homme sur la nature,
» & la forcent par-tout de rendre
» hommage au génie ». Un des régle-
mens qui fera le plus d'honneur à
l'humanité de l'Impératrice, & qui
seul suffiroit pour rendre à jamais sa
mémoire précieuse, c'est d'avoir ôté
à ses sujets le droit de vendre ou
d'aliéner leur liberté. Un autre porte
sur-tout le caractère de grandeur dont
tout ce qu'elle fait a toujours l'empreinte: elle a fait consacrer par la
religion un jour où tout l'empire en
deuil offre dans les temples des sacri-

fices pour les héros morts en défendant la patrie ; ce ſpectacle touchant ne rappelle-t'il point ces temps où les premiers orateurs du monde rappelloient à la ſenſible Athènes les héros qui s'étoient ſacrifiés pour elle ?

Dans tout ce que je vous ai rapporté de ce diſcours, je ne me flatte point, Monſieur, d'en avoir extrait tout ce qui pouvoit être intéreſſant, il faudroit pour cela rapporter le diſcours entier ; mais je vous l'ai fait, je crois, aſſez connoître pour vous montrer que ſi la patrie de l'orateur eſt au-deſſus de beaucoup d'autres nations par ſa puiſſance & par ſon étendue, elle les égale, ou les égalera bientôt, & peut-être même les ſurpaſſera par ſa ſageſſe & par ſes progrès dans les ſciences & les arts. Ce diſcours, envisagé comme ouvrage d'éloquence, feroit honneur aux meilleurs plumes de notre ſiècle ; il eſt plein d'élévation, de dignité & de chaleur. Vous l'admirerez encore plus quand vous ſaurez que celui qui l'a prononcé s'eſt bien diſtingué dans les guerres qu'a eu à ſoutenir ſa ſouveraine, qu'à la tête de la première académie de ſa nation. Qu'il eſt glorieux pour *Catherine* de recevoir des lauriers d'une main qui ſait auſſi en moiſſonner !

Il eſt bien malheureux que nos charlatans philoſophes aillent répandre leur jargon métaphyſique juſques dans la Ruſſie, & corrompre le goût naturel de ce peuple, qui, ſi l'on en juge par ce diſcours, nous offriroit bientôt des modèles d'éloquence, s'il ne ſe livroit qu'aux impreſſions de ſon génie. Vous avez vu avec quelle vérité, quelle éloquence s'exprime M. *de Domaſchneff* quand il ne ſuit d'autres guides que ſon eſprit & ſon cœur; pourquoi faut-il qu'il ſe ſoit quelquefois égaré en voulant marcher ſur les traces de nos orateurs philoſophes? voyez ſurtout quel galimathias dans le début : « Lorſque l'eſprit humain s'iſole des » paſſions tumultueuſes qui pourroient » le diſtraire, & qu'oubliant les *inté-* » *rêts individuels*, il s'attache à *l'inté-* » *rêt général de ſon eſpèce, qui eſt la* » *vérité*; lorſqu'il ſe tranſporte en » idée dans ces régions immenſes,

» que le *génie a conquises sur le cahos*, » lorsqu'il apperçoit ces loix éternelles de l'harmonie, du mouvement, &c. comme autant *d'êtres de la* » *création du génie*, alors guidé par » ces *traînées de lumière* que les esprits supérieurs ont laissées sur leurs » traces, il s'élance après eux dans la » même carrière, & le desir d'augmenter la *masse de la raison générale* » l'embrasant à son tour, il fait un » vœu solemnel de *la suivre dans toute* » *l'étendue de la nature*, & *de faire* » *hommage de ses découvertes au bonheur* » *de l'univers* ». Pourquoi faut-il que le souffle glacial de la philosophie aille ralentir les feux d'un génie que les glaces du nord n'ont pu éteindre ?

Le peu de connoissance qu'on a en général de la langue de ces peuples éloignés ne nous permet pas de juger si le traducteur a su faire passer dans notre langue toutes les beautés de l'original, ou si quelquefois même il ne s'élève pas au-dessus. Son style, comme vous avez pu le remarquer, est pur & harmonieux ; rien n'y annonce la contrainte d'une traduction.

Les endroits de ſentimens ſont exprimés avec force & avec énergie. Vous avez probablement préſumé que ce traducteur avoit été élevé parmi nous & familiariſé avec notre langue ; qu'il devoit en connoître parfaitement le génie & les beautés, & qu'il devoit être exercé à l'écrire. Vous ſerez encore étonné, Monſieur, quand je vous apprendrai qu'il n'eſt dans la littérature que ce que l'on appelle un *amateur*, qu'il eſt né, qu'il a été élevé dans les climats où domine *Catherine II* ; qu'il eſt un des grands qui font l'ornement de cette brillante cour. Je le nommerai malgré le voile dont s'enveloppe ſa modeſtie. C'eſt M. *le comte de Stroganolf*, ce ſeigneur, qui depuis quelques années ſe fait admirer dans cette capitale par ſon goût pour les lettres & les beaux arts, par ſon aménité & ſes égards pour tous ceux qui s'y diſtinguent. Je ſerai ſûrement l'organe du public en me plaignant qu'il n'ait fait tirer qu'un petit nombre d'exemplaires de cet ouvrage, pour les envoyer dans ſa patrie, ou pour les diſtribuer à quelques amis. Pourquoi priver notre nation d'une production où elle retrouve une partie des beautés de sa langue. Pourquoi ne lui pas laisser ce monument de la grandeur & de la sagesse de la législation du Nord ? Le bonheur de la Russie est il un objet indifférent pour les François? Quoiqu'ils ne soient pas de ces *cosmopolites* que la philosophie moderne veut former, ils n'en éprouvent pas moins le sentiment d'une bienveillance universelle.

Je suis, &c.

LETTRE III.

Essai sur la Musique, deux volumes in-4°, ornés d'un grand nombre de figures & de chansons ; proposé par souscription.

Il suffit de nommer l'auteur de cet *Essai sur la Musique*, pour assurer d'avance le succès de l'ouvrage ; c'est M. *de la Borde*, ce compositeur si agréable, cet amateur si éclairé de l'art auquel il a consacré ses talens. Il n'est personne qui ne connoisse les productions charmantes dont l'opéra comique & le grand opéra sont redevables à son génie fécond & flexible. Ses chansons, recueillies par lui-même en trois volumes sont entre les mains de tout le monde & font les délices des sociétés. Au talent de la composition, au goût le plus sûr & le plus délicat, il joint une théorie lumineuse ; que de présages en faveur de l'*Essai sur la Musique* dont il vient de publier le *Prospectus ?* Il ne pouvoit paroître dans des circonstances plus intéressantes. Le goût de la musique répandu presque universellement, la différence des opinions, la nouveauté des spectacles que l'on nous donne depuis quelque temps, ont rendu plus nécessaires que jamais les connoissances que cet art exige dans ceux qui en veulent juger sans partialité.

On verra dans cet ouvrage combien est peu fondée l'opinion avantageuse qu'on a encore de la musique des anciens, & l'admiration que l'on conserve encore pour les prétendus miracles qu'elle a opérés ; l'auteur sera l'historien de la vérité, il prouvera que la musique vocale des anciens n'étoit qu'une simple mélodie ; & que l'instrumentale, ainsi que leurs chœurs, ne consistoit qu'à accompagner le chant à l'unisson & à l'octave, ce qui devoit produire une monotonie insoutenable. M. *de la Borde* assure, & nous pouvons l'en croire, que la musique, telle que nous l'exécutons de nos jours, & qui consiste essentiellement dans l'art du contrepoint, n'a existé que vers le onzième siècle.

Le plan de l'ouvrage est vaste, & la division heureuse ; il sera divisé en cinq livres, qui le seront eux-mêmes par chapitres. Dans le premier livre, M. *de la Borde* donnera une idée de la musique en général, de sa division, de la division de la musique instrumentale ou pratique ; il remontera jusqu'aux temps les plus reculés pour faire voir son antiquité ; il suivra ses progrès & ses révolutions avant & après le déluge ; il caractérisera la musique de tous les peuples anciens, Chaldéens, Egyptiens, Grecs, Romains ; il passera ensuite à l'Italie moderne, à la musique des Gaulois,

& donnera l'explication des lignes & caractères de la musique ancienne, depuis les Gaulois jusqu'à nous. Le vingt-quatrième & dernier chapitre de ce premier livre traitera de la musique & des instrumens des Chinois.

Le second livre contiendra une notice des vies & des ouvrages de tous les poëtes musiciens, Grecs & Romains, des musiciens de ces deux peuples, & de tous les poëtes lyriques & des compositeurs Italiens & François, ainsi que des auteurs qui ont écrit sur la musique, &c. &c.

Le troisième livre renfermera un traité de composition à l'usage des gens du monde, pour les mettre à portée d'entendre cette matière abstraite par elle-même, & quelquefois fort embrouillée par les gens de l'art. M. *de la Borde*, qui est toujours empressé de rendre hommage à la vérité, excepte, avec raison, de cette classe quelques ouvrages excellens sur la musique, auxquels il donne de justes éloges.

Le quatrième livre comprendra l'histoire des chansons, depuis celles des anciens jusqu'aux nôtres. Personne n'étoit plus capable que M. *de la Borde* d'en faire un choix approuvé par le goût ; il est quelques airs qui remontent jusqu'aux temps des troubadours, & ils ont été déchiffrés. On trouvera aussi dans le même livre plusieurs exemples de la musique des Grecs, qui pourront être exécutés à quatre parties.

Le cinquième & dernier livre ne le cédera point aux autres en agrément & en utilité. Il renfermera l'histoire de tous les instrumens de musique connus depuis deux mille ans. Il sera orné d'estampes faites avec soin, qui représenteront tous les instrumens, & enseigneront à les monter & à les accorder. Enfin on n'a rien négligé pour rendre cet essai digne du public.

Tous les littérateurs & les amateurs doivent de la reconnoissance à M. *de la Borde*, pour les peines immenses, & les frais considérables qu'entraînera cet ouvrage. Vous devez voir par la substance du plan que j'ai mis sous vos yeux, que M. *de la Borde* a envisagé la musique sous une multitude de rapports, qu'il est nécessaire de réunir, si l'on veut se former de cet art une idée complette & satisfaisante. Son ouvrage ne laissera rien à desirer sur cet objet, & deviendra un livre de première nécessité, un livre classique aussi utile au littérateur qu'au musicien. On ne sauroit donc donner trop d'éloges au zèle de M. *de la Borde*; on ne sauroit trop le presser de mettre la dernière main à un ouvrage aussi important, & d'en gratifier le public avide de jouir du fruit de ses veilles, de ses recherches, de son goût & de ses réflexions.

Conditions de la Souscription.

Il y aura deux volumes *in*-4°, ornés de figures, & d'un grand nombre de chansons à quatre parties ; & pour la commodité de ceux qui voudront les exécuter, on joindra à chaque exemplaire quatre parties séparées de ces chansons.

Les deux volumes & les quatre parties séparées, coûteront aux souscripteurs la somme de 48 liv. dont un *louis* en souscrivant, & un *louis* en recevant l'ouvrage, au plus tard à Pâques prochain, & peut-être beaucoup plutôt.

Ceux qui n'auront pas souscrit payeront *72 liv.* & il ne sera tiré que très-peu d'exemplaires par de-là le nombre nécessaire pour remplir les souscriptions.

On pourra souscrire pour la France jusqu'au premier novembre prochain, & pour l'étranger, jusqu'au premier décembre suivant. Ceux qui souscriront pour douze exmplaires, auront le treizième sans payer.

A Rome, chez M. *Le Fevre de Revel*, chez M. *Digne*, Consul de France.

A Londres, chez M. *Swinton* & compagnie, éditeur du Courrier de l'Europe.

Aux Deux-Ponts, à l'Imprimerie Ducale.

Et à Paris, chez MM. *Née & Masquelier*, graveurs, rue des Francs-Bourgeois, Place Saint-Michel; M. *de la Fosse*, graveur, rue du Petit-Carousél. M. *Ruault*, libraire, rue de la Harpe.

Je suis, &c.

Indications des Nouveautés dans les Sciences, la Littérature & les Arts.

Traité des Maladies du Cœur, par M. de Senac, *premier Médecin du Roi, en deux volumes in-12 ; prix en feuilles 5 liv. chez* Barbou, *imprimeur-libraire, rue des Mathurins.*

L'éloge de cet ouvrage feroit superflu ; il suffit de nommer son auteur. Ce *Traité des Maladies du Cœur* est la partie médicinale du grand ouvrage de M. *de Senac*, en deux volumes, dont la seconde édition, tout-à-fait différente de la première, a paru l'année dernière, & a été aussi bien accueillie que la précédente l'avoit été, sur-tout des étrangers. Ce n'en est pas un extrait, cette partie est complette ; c'est le sixième livre du *Traité de la Structure du Cœur*, imprimé séparément, comme étant d'un usage plus fréquent aux médecins praticiens. Ce n'est pas que le *Traité de la Structure du Cœur* ne répande beaucoup de lumières sur cet organe, nécessaires sans doute aux praticiens. La partie anatomique y eſt ſupérieurement traitée. L'hiſtoire critique de ce ſavant médecin eſt très-curieuſe & très-intéreſſante.

L'ouvrage que je vous annonce, prenant le cœur dès ſa formation, pour en expliquer toute la ſtructure, ſes uſages, ſes mouvemens; entrant dans l'explication des cauſes de ſa contraction & de ſa dilatation, ainſi que de ſes diverſités ſuivant les âges, &c. devient indiſpenſable pour les preuves de la théorie, comme pour celles de la pratique, & doit néceſſairement procurer de nouvelles idées à tout médecin jaloux de ſa profeſſion, & par conſéquent du bien public.

Cet ouvrage eſt rempli de toute l'érudition que les matières exigent pour être plus avantageuſement préſentées. La correction du ſtyle & la pureté de la diction ajoutent encore au mérite réel d'un livre dogmatique, où la préciſion & la clarté ſont ſi néceſſaires.

AVIS.

Le ſieur *Palomba*, profeſſeur en

France, depuis 27 ans, & auteur de la Grammaire Italienne intitulée : *Abrégé de la langue Toscane*, & du *Choix de poésies Italiennes & Françoises*, ainsi que du *Secrétaire de banque Espagnol & François*, touchant le commerce, ouvrira le 9 du mois de novembre prochain, deux cours de langues, un pour l'Italien, & l'autre pour l'Espagnol. Le premier commencera les Lundi, Mercredi & Vendredi à cinq heures du soir ; & le second, les Mardi, Jeudi & Samedi à pareille heure. Après avoir donné les règles fondamentales, pour concevoir avec aisance le principe de chaque langue en particulier, il y aura une lecture & explication de livre, tant en prose qu'en poësie. Ceux qui voudront lui faire l'honneur d'y assister pour apprendre ces langues, sont priés de venir s'inscrire chez lui, hôtel de la Fautrière, rue de l'ancienne Comédie Françoise, fauxbourg Saint-Germain.

On trouve chez lui les livres mentionnés ci-dessus.

Son cours de langue Espagnole

ſera exécuté ſur des principes bien clairs, d'une nouvelle méthode compoſée par lui, & qu'il n'a pas encore fait imprimer.

Le ſieur *Palomba* va & continue toujours de donner des leçons en ville.

Le Marchand d'orviétan, eſtampe d'environ quinze pouces de haut ſur dix-neuf de large, gravée d'après *Carle du Jardin* par M. *David*. A Paris chez l'auteur, rue des Noyers, vis-à-vis celle des Rats, prix 12 livres.

J'ai toujours ſaiſi avec empreſſement, Monſieur, l'occaſion de rendre hommage aux talens des plus célèbres artiſtes, & pour mettre le lecteur en état d'apprécier le mérite de leurs productions, je me ſuis promis d'en faire l'analyſe. Des gens de l'art, en différens genres, ont bien voulu m'aider de leurs lumières, & le public a daigné confirmer leurs jugemens; mais autant il eſt agréable de payer au vrai mérite le tribut d'éloges, qui eſt ſa plus digne récompenſe, autant il eſt néceſſaire de démaſquer le charlatanisme qui cherche à usurper les suffrages & à abuser de la confiance des amateurs par la jactance & la présomption. Lorsqu'un tableau représente un fait peu connu ou un sujet compliqué, & qu'il semble exiger une description, rien de plus naturel que de la faire pour en donner une idée; mais on doit sur-tout se tenir en garde contre les détails minucieux, les amplifications puériles, les exagérations ridicules; c'est le reproche qu'on pourroit peut-être faire à M. *David* au sujet d'un tableau de *Carle du Jardin* * qu'il vient de graver.

Il représente une troupe de paysans s'occupant à regarder des charlatans; l'un d'eux, sous le masque & l'habit d'arlequin, pince une guitarre; un autre vêtu en scaramouche, & monté sur un théâtre ambulant, paroît haranguer les spectateurs; si vous desi-

* *Carle du Jardin* fut élevé de *Berghem*. On reconnoît dans ses tableaux la touche spirituelle, l'harmonie & le ton de couleur de son maître. Il puisa en Italie la correction & le bon goût qu'on remarque dans ses ouvrages. Il étoit né à Amsterdam, vers l'année 1640, & mourut à Venise en 1674.

rez, Monſieur, un plus grand détail, vous pourriez conſulter une deſcription de ſept mortelles pages que M. *David* diſtribue depuis environ deux ans, vous y verrez des choſes curieuſes; un *ſinge*, par exemple, *faiſant maintes & maintes gambades;* quoique dans le tableau il ſoit tranquillement aſſis ſur un bâton. Vous y verrez encore *combien l'imagination poëtique du peintre eſt féconde & ſage tout-à-la-fois, avec quelle adreſſe il a ſçu obſerver l'unité de temps, de lieu & du ſujet au milieu d'une foule d'objets, &c.*

Ne s'imagineroit-on pas qu'il eſt queſtion d'une des ſublimes compoſitions de *Raphaël* ou de *Rubens*? Non, Monſieur, on veut parler de cinq ou ſix figures de payſans placées ſur ce que l'auteur appelle le *troiſième plan*, quoiqu'il n'y ait pas beaucoup de plans dans les figures.

Que diriez-vous encore *d'un mulet & d'un âne, qui font naître ſur les lèvres du ſpectateur un ſouris malin?* Je vous avoue que je ne le ſuis pas aſſez pour entendre cette fineſſe; mais je m'apperçois que ce ſeroit abuſer de votre patience que de vous entretenir plus long-temps de cette *description verbeuse* & de *tous les lieux communs du charlatanisme.*

Quoi qu'il en soit, ce tableau de *Carle du Jardin* est connu des amateurs pour un chef-d'œuvre de ce maître, & M. *David a mis tous ses soins à se pénétrer du même esprit, du même feu, du même caractère qui règne dans l'original de* CARLE DU JARDIN, *il espère*, modestement, *que ce sujet, aussi supérieurement exécuté qu'heureusement rendu par son burin, déjà exercé & même* APPLAUDI, *méritera une place dans le cabinet & les porte-feuilles des gens de goût.*

Cette planche paroît être exécutée toute au burin; mais pour graver l'histoire en ce genre il faut avoir en partage quelque étincelle du feu qui dirigeoit le burin des *Vostermans*, des *Edelincks*, & autres maîtres de cette classe, autrement on s'expose à faire, avec un *prospectus*, *le Marchand d'orviétan.*

L'ANNÉE LITTÉRAIRE.

LETTRE IV.

Shakespeare, traduit de l'Anglois, dédié au Roi par M. le Tourneur, *tome quatrième. A Paris, chez l'auteur, rue de Tournon, & chez* Merigot *le jeune, libraire, quai des Augustins, au coin de la rue Pavée.*

Les ouvrages inspirés par le génie, quelques défauts qui les défigurent, ont toujours un grand avantage sur les productions froides & polies de l'esprit; ils offrent des idées neuves & originales, des traits hardis & sublimes; on y rencontre par-tout des traces d'une imagination libre & vigoureuse, qui crée, qui invente, &

s'élance au-delà des bornes prescrites. Des beautés de ce genre rachètent bien des absurdités, & sont beaucoup plus utiles au progrès de l'art, que ces écrits médiocres, qui n'ont d'autre mérite qu'une forme régulière, un tour élégant & délicat. Une seule scène de *Shakespeare* éclaire plus un artiste que cette foule de tragédies, où toutes les règles sont observées scrupuleusement, hors la plus essentielle, qui est d'intéresser & de plaire. Je ne prétends pas justifier les irrégularités monstrueuses du poëte Anglois; mais ses pièces, quelques bisarres qu'elles soient, présentent aux écrivains qui ont plus de goût que d'invention, un répertoire immense de caractères & de situations vraiment tragiques. Ces matériaux précieux mis en œuvre par une main habile pourroient enrichir notre théâtre, dans un temps, sur-tout, où nos auteurs dramatiques se plaignent qu'ils sont venus trop tard, & que tous les sujets sont épuisés. La traduction de *Shakespeare* envisagée sous ce point de vue a donc un objet d'une utilité très-considénable, & peut être regardée comme une ressource contre la stérilité, & la disette, qui affligent depuis long-temps la scène Françoise.

Le tome quatrième contient deux tragédies : *Cymbeline* & *Romeo & Juliette*. Je vais, Monsieur, vous tracer une esquisse de ces deux pièces, observant toujours de vous faire remarquer & les grands traits qui appartiennent au génie de *Shakespeare*, & les extravagances qu'on peut rejetter sur la grossièreté de son siècle.

Cymbeline est un roman absolument dépourvu de vraisemblance, mais dans cette foule d'événemens incroyables, & qui n'ont entr'eux aucune liaison, on distingue des scènes intéressantes & des caractères dessinés avec vérité.

ACTE Ier. *Leonatus Posthumus*, chevalier Breton, d'une famille noble, mais pauvre & déchue de son ancienne splendeur, a gagné par son mérite le cœur d'*Imogene* fille de *Cymbeline*, roi de la Grande Bretagne, qui s'est unie avec lui par des nœuds secrets. *Cymbeline* qui destinoit *Imogene* à *Cloten*, fils de la reine sa seconde femme, est indigné lorsqu'il apprend ce mariage clandestin, & bannit *Posthumus* de ses états. *Posthumus* part emportant les regrets de toute la cour, & se retire à Rome chez son ami *Philario.* La tendresse de ces deux époux éclate dans leurs adieux.

POSTHUMUS *à Imogene.*

Quand nous passerions à nous dire adieu tout le temps qui nous reste encore à vivre, la douleur de nous séparer ne feroit qu'augmenter de plus en plus .... adieu.

IMOGENE.

Eh demeure. Un moment; quand tu monterois à cheval uniquement pour aller respirer l'air des environs, cet adieu seroit encore trop court. — Vois, mon ami, ce diamant me vient de ma mère; prends-le, mon bien-aimé, mais gardes-le jusqu'à ce que tu épouses une autre femme, après qu'*Imogene* sera morte.

POSTHUMUS.

Quoi ? quoi ? une autre femme ? dieux bienfaisans ! accordez-moi seulement de posséder celle-ci qui est à moi, & si j'en cherche une autre après elle, repoussez-moi de ses embrassemens avec le bras de la mort. (*Il met le diamant à son doigt.*) Reste, reste à cette place tant que le sentiment & la vie pourront t'y conserver. (*à Imogene*) Et vous, la plus tendre, la plus belle des femmes, vous qui n'avez reçu que moi en échange de vous, à votre perte immense, c'est donc encore moi qui gagnerai sur vous dans le troc des plus légères bagatelles. Pour l'amour de moi, portez ceci, c'est un lien d'amour, je veux moi-même en enchaîner cette belle main.

Après le départ de *Posthumus*, *Pisanio*, son confident, vient rendre compte à la princesse des dernières paroles de son maître. Il y a aussi dans cette scène plusieurs traits qui peignent vivement l'amour d'*Imogene* pour son époux. » J'aurois voulu,

» dit-elle, briſer les fibres de mes yeux » dans leurs efforts pour le voir plus » long-temps, juſqu'à ce qu'il fût devenu dans l'éloignement plus petit » qu'un atôme; oui, mes regards l'auroient ſuivi, juſqu'à ce que de la » groſſeur d'une inſecte imperceptible, » il ſe fût tout à fait évanoui dans l'air, » & alors j'aurois détourné mes yeux » & pleuré...... Je ne lui ai point » fait mes adieux; j'avois tant de » choſes tendres à lui dire! Avant que » j'aie pu lui dire comme je ſongerois à lui à certaines heures; quelles » penſées, quels ſouvenirs j'aurois, » tantôt l'un, tantôt l'autre; avant que » j'aye pu lui faire jurer qu'aucune » femme d'Italie ne lui feroit jamais » trahir mon amour & ſon honneur; » lui recommander de ſonger au point » du jour, à midi, à minuit, à s'unir » à moi dans nos prières; (car alors » je ſuis dans les cieux pour lui) avant » que j'aie pu lui donner le dernier » baiſer du départ que j'aurois placé » entre deux mots charmans, mon » père ſurvient, & comme le ſouffle » tyrannique du Nord tue les fleurs

» dans le bouton, sa présence glace » sur nos lèvres toutes les tendresses » qui étoient près d'en éclorre ».

La scène change & représente une salle de la maison de *Philario* à Rome: on y voit *Posthumus* s'entretenir avec *Philario* & *Jachimo*, seigneurs Italiens. La conversation tombe sur les femmes, les Italiens vantent le mérite & surtout la fidélité des dames de leur pays; *Posthumus* prétend qu'il n'y a point en Italie, ni dans tout le monde, de femme plus vertueuse qu'*Imogene*; *Jachimo* piqué offre de parier dix mille ducats contre le diamant de *Posthumus* qu'il triomphera de la vertu de cette *Imogene* tant vantée. Le pari est accepté. *Jachimo* part pour l'Angleterre & se présente devant *Imogene* avec des lettres de recommandation que lui a données *Posthumus*. Il essaye d'abord de la séduire par des flatteries, & de lui rendre suspecte la fidélité de son époux par les plus noires calomnies; voyant que tous ses artifices n'ont aucun succès, il prie *Imogene* de garder dans son appartement pendant une nuit un coffre rempli de vases &

de bijoux très-précieux que *Posthumus* & quelques seigneurs Italiens l'ont chargé d'acheter pour en faire présent à l'empereur ; *Imogene* y consent.

ACTE II. *Jachimo* enfermé dans le coffre, s'introduit dans l'appartement d'*Imogene* ; il en sort lorsqu'elle est endormie, & note exactement sur ses tablettes tous les meubles qui décorent la chambre ; il détache le bracelet de la princesse, & remarque sur-tout une étoile à cinq rayons qu'elle a sur le sein gauche. Muni de ces connoissances, le perfide s'en retourne à Rome, & persuade à *Posthumus* que sa femme est infidèle, en lui montrant son bracelet, & en lui racontant des particularités dont il ne pouvoit être instruit naturellement par aucune autre voie. Cette scène est très-intéressante. *Posthumus* au désespoir, se répand en invectives sanglantes & même grossières contre les femmes ; il tient à peu-près le même langage que l'*Hyppolite* d'*Euripide*. » L'homme » ne pourroit-il trouver un moyen de » se reproduire sans le concours de la » femme ? Nul ne peut se flatter d'être

» né légitime, & ce respectable mortel
» que je nommois mon père, qui sait
» où il étoit lorsque je fus formé?...
» Oh! vengeance, vengeance! La
» perfide, souvent elle mettoit un
» frein à mes légitimes ardeurs; elle
» imploroit l'abstinence avec une pu-
» deur si pleine de graces, que dans
» ces instans sa vue seule eût réchauffé
» le vieux *Saturne*. Je la croyois chaste
» & pure comme la neige nouvelle
» qui n'a point encore senti l'atteinte
» du soleil. Oh! démons des enfers!
» Un *Jachimo*, un basanné! dans
» l'espace d'une heure.... Peut-être
» en moins de temps & dès la pre-
» mière entrevue....... Oh! si la
» nature avoit marié dans ma per-
» sonne les facultés des deux sexes!
» Car l'homme n'a point en lui ces
» penchans pour le vice, & j'affirme
» qu'ils viennent tous de la femme. Se
» fait-il un mensonge, il vient de la
» femme; quelque flatterie, elle est
» d'elle; quelque perfidie, c'est encore
» d'elle. Les pensées luxurieuses, la
» vengeance, l'ambition, l'orgueil,
» les dédains, les caprices, la médi-

» ſance, l'inconſtance, enfin tous les » vices qui ont un nom & que l'enfer » connoît viennent de la femme en tout » ou en partie; oui, tous, &c. ». Il y a dans ces deux premiers actes quelques ſcènes d'un bas comique où le prince *Clotert* développe ſon caractère féroce & ſtupide; mais les traits groſſiers que *Shakeſpeare* employe pour le peindre ſervent du moins à faire reſſortir davantage le mérite de *Poſthumus* ſon rival.

ACTE III. *Lucius*, ambaſſadeur Romain, vient de la part d'*Auguſte*, ſommer *Cymbeline*, de payer le tribut de trois mille pièces d'or impoſé à l'Angleterre par *Jules Céſar*. Sur le refus du roi il lui déclare la guerre. *Piſanio* remet à *Imogene* une lettre de *Poſthumus*, dans laquelle il lui marque qu'il eſt en Cambrie au havre de Milford, & cette tendre épouſe prend auſſi-tôt la réſolution de l'aller joindre. La ſcène change & repréſente une forêt; on voit ſortir d'une caverne un vieillard avec deux jeunes gens. Le vieillard nommé *Bellarius*, injuſtement exilé par *Cymbeline*, vit depuis plusieurs années dans cette forêt ; les deux jeunes gens sont les deux fils de *Cymbeline*, *Guiderius* & *Arviragus*, que *Bellarius* pour se venger a ravis à leur père dès le berceau, & qu'il a élevés dans cette forêt : quoique toujours éloignés du monde, ils ne connoissent que la caverne qui leur sert de retraite & les animaux sauvages qu'ils s'amusent à poursuivre dans la forêt ; cependant *Bellarius* les entretient des dangers de la grandeur, des intrigues des cours, des injustices qu'il a éprouvées. Ennuyés de ce discours auquel ils ne comprennent rien, les deux jeunes gens laissent moraliser le vieillard & partent pour la chasse ; *Bellarius* les suit après un long monologue où il instruit les spectateurs de la qualité & du sort de ses élèves. *Imogene* arrive avec *Pisanio* & se plaint de la longueur du chemin. Alors *Pisanio* lui montre une lettre qu'il a reçue de *Posthumius*, dans laquelle il lui ordonne de poignarder son épouse en punition de son infidélité. Après quelques plaintes très-vives, *Imogene* s'écrie : « Viens, *Pisanio*, sois fidèle à » ton maître, & quand tu le reverras, » atteste lui mon obéissance; vois, c'est » moi qui tire ton épée moi-même : » prends-la de ma main, ouvre ce » cœur, asyle innocent de mon amour, » ne crains rien, il n'y reste plus d'autre » sentiment que le désespoir : ton maî- » tre n'y habite plus, lui qui en étoit » l'unique trésor ». *Pisanio* témoigne beaucoup d'horreur pour une pareille proposition, il conseille à *Imogene* de se déguiser en page & de demander de l'emploi à l'ambassadeur Romain qui est près de s'en retourner, & qui lui fournira l'occasion de revoir & de désabuser son époux. On revient au palais de *Cymbeline*, où *Cloten* désespéré de la fuite d'*Imogene* s'apprête à marcher sur ses traces, revêtu d'un des habits de *Posthumus* ; il s'imagine trouver ce rival avec sa maîtresse à Milford sur une fausse confidence que lui a faite *Pisanio* pour lui donner le change : tout occupé de ses projets de vengeance ; « Je veux, dit il, re- » vêtu de cet habit même abuser d'elle, » & d'abord le tuer, lui, sous les yeux

» de sa belle : elle verra alors ma va-
» leur, & après ses mépris, ce sera
» pour elle un tourment. Lui ainsi gis-
» sant sur la terre, après ma harangue
» d'insulte finie sur son cadavre, &
» lorsque ma passion sera rassasiée
» d'elle, alors je vous la fais revenir à
» la cour, & la fais marcher à pieds
» devant moi, &c. ». Le théâtre représente encore la forêt. *Imogene* paroît
sous l'habit d'un jeune homme ; accablée de lassitude & pressée par la faim
elle entre dans la caverne qui sert de
retraite à *Bellarius*. Ce vieillard &
les deux jeunes gens qui reviennent
de la chasse sont fort surpris de trouver un étranger dans leur caverne.
Imogene prie d'excuser sa hardiesse. Sa
douceur & ses graces font une vive
impression sur le cœur des deux jeunes
gens qui lui témoignent la plus tendre amitié.

ACTE IV. Le développement de la
tendresse des deux jeunes sauvages
pour leur nouvel hôte occupe agréablement les premières scènes de cet
acte. *Cloten* en poursuivant *Imogene*,
passe par la forêt & rencontre *Guide-*

rius, à qui il dit des injures; on en vient aux mains & il est tué. Les jeunes princes en rentrant dans leur caverne trouvent *Imogene* sans mouvement & sans connoissance. Elle avoit pris pour ranimer ses forces quelques gouttes d'un certain breuvage que *Pisanio* lui avoit donné, comme un cordial excellent. *Pisanio* l'avoit reçu de la reine, qui lui en avoit vanté la vertu. Cette injuste marâtre étoit persuadée que cet elixir étoit un poison violent qui la délivreroit bientôt de *Pisanio* & d'*Imogene* : mais elle avoit été trompée elle même par son médecin, qui, soupçonnant ses mauvaises intentions, lui avoit donné pour du poison une liqueur soporifique, qui plongeoit ceux qui en buvoient dans une léthargie profonde, semblable à la mort. *Guiderius* & *Arviragus* répandent des fleurs sur le corps d'*Imogene*, qu'ils regardent comme morte; ils placent à côté le tronc informe de *Cloten* à qui *Guiderius* a coupé la tête; après ce pieux office ils se retirent. *Imogene* revient de son assoupissement, & le premier objet qui s'offre à ses yeux est un corps sans tête, revêtu des habits de *Posthumus* ; elle s'imagine que c'est le corps de son époux, & se livre à la plus vive douleur. Dans ce moment *Lucius*, général Romain, passe à la tête d'un gros d'officiers. *Imogene* lui montre ce corps qu'elle dit être celui de son maître assassiné dans cette forêt. Touché de ses larmes & de sa beauté, *Lucius* la reçoit à son service, & pour la consoler, il fait rendre les honneurs funèbres au cadavre de *Cloten* ; *Guiderius* & *Arviragus*, qui ont vu passer des soldats dans la forêt, & qui ont entendu le bruit des armes, saisis tout-à-coup d'une ardeur martiale, prennent le parti de quitter leur solitude, malgré les instances de *Bellarius*, pour acquérir de la gloire dans les combats.

ACTE V. Il y a beaucoup de mouvement & de fracas militaire dans le commencement de cet acte. Les Romains livrent bataille aux Bretons. Ceux-ci sont d'abord vaincus, & le roi même est fait prisonnier ; mais *Bellarius*, *Guiderius* & *Arviragus* l'arque dans cette tragédie, comme dans tous les ouvrages de *Shakeſpeare*, des ſcènes d'une extravagance originale; telle eſt celle de *Poſthumus* avec le geolier qui vient le chercher pour le conduire devant le roi.

LE GÉOLIER.

Un gibet eſt le mot, mon cher, ſi vous êtes prêt pour cela, vous êtes au point qu'il faut.

POSTHUMUS.

Si je puis ainſi repaître agréablement la vue des ſpectateurs, la victime aura payé ſon écot.

LE GEOLIER.

C'eſt-là un compte qui vous coûte cher, l'ami, mais il y a une conſolation, c'eſt que vous n'aurez plus de dettes à payer, plus d'écots de taverne, qui, s'ils ſervent d'abord à vous mettre en joie, vous attriſtent ſouvent au départ. Vous y entrez affamé, vous en ſortez ivre & chancelant. Vous êtes fâché d'avoir trop payé & vous l'êtes encore d'avoir trop reçu. La bourse & le cerveau tous deux vuides ; le cerveau trop pesant à force d'être léger, & la bourse trop légère parce qu'on l'a soulagée de son poids. Oh, vous allez être délivré de toutes ces contradictions. La charité d'une obole de chanvre vous acquitte mille dettes en un tour de main, vous n'aurez plus d'autre compte ; c'est une décharge & du passé & de l'avenir, votre tête servira de plume, de registre & de comptoir, & votre quittance est au bout, &c.

Roméo & Juliette. ACTE Ier. Cette pièce est fondée en partie sur l'inimitié qui règnoit entre les *Montaigu* & les *Capulets*, deux familles considérables de Vérone. L'exposition est d'une adresse & d'une vérité singulière, quoiqu'on y remarque d'ailleurs plusieurs traits du plus bas comique. Les domestiques de *Montaigu* prennent querelle dans la rue avec ceux des *Capulets*. *Benvolio* & *Tybalt*, l'un *Mon-*

taigu & l'autre *Capulet*, accourent pour les séparer ; mais à l'aspect l'un de l'autre, leur haine s'enflamme & ils se battent eux-mêmes. Le peuple s'assemble autour des combattans, le vieux *Montaigu* & le vieux *Capulet* arrivent, chacun de leur côté, avec leurs femmes. Le prince de Vérone, instruit de ce désordre, se rend sur le champ de bataille, & après avoir vivement reproché aux *Montaigu* & aux *Capulets* leurs haines & leurs inimitiés mutuelles, qui occasionnoient chaque jour des troubles & des meurtres dans la ville, il leur défend sous les plus grièves peines d'en venir désormais aux voies de fait. *Montaigu* reste sur la scène avec sa femme & *Benvolio*. Il s'inquiette de ne pas voir son fils *Roméo*. La mélancolie de ce jeune homme, qui depuis quelque temps cherche la solitude, excite de fâcheux soupçons dans le cœur du père. *Benvolio* se charge de découvrir la cause de cette tristesse, & en effet *Roméo* lui avoue qu'il est amoureux, mais il ne lui dit pas qu'il aime *Juliette*, fille unique de *Capulet*. Une fête que le

vieux *Capulet* donne à ses amis fournit à *Roméo* une occasion favorable de voir sa maitresse; il s'introduit masqué dans la maison de *Capulet*, & il a un entretien avec *Juliette*, qui conçoit pour lui le plus tendre amour. *Tybalt*, neveu de *Capulet*, reconnoît *Romeo* & veut fondre sur lui; mais le vieux *Capulet* arrête ce fougueux transport, & ne permet pas qu'on viole les droits de l'hospitalité. On remarque, Monsieur, dans la cinquième scène de cet acte des traits d'un comique si singulier que vous serez bien aise d'en avoir quelque idée. La mère de *Juliette* interroge la nourrice sur l'âge de sa fille, & la nourrice, naturellement très-bavarde, lui répond ainsi. « Je gage-
» rois quatorze de mes dents (& à
» mon grand chagrin il faut dire qu'il ne
» m'en reste plus que quatre,) qu'elle
» n'a pas encore quatorze ans.... Le
» soir du premier août, *Juliette* aura
» ses quatorze ans, elle les aura, sûr:
» je me le rappelle à merveille. Il y a
» à présent onze ans depuis le trem-
» blement de terre & elle étoit déjà
» sevrée. Jamais je ne l'oublierai. De

dans l'après-midi au monastère des Franciscains, chez le père *Laurence* son confesseur, qui recevra leur foi & leur donnera la bénédiction nuptiale; qu'après cette cérémonie, *Roméo* s'introduira toutes les nuits, à l'aide d'une échelle de corde, dans la chambre de son épouse. La nourrice va porter cette réponse à *Juliette*. Cette tendre amante ne manque pas de se rendre chez l'officieux Franciscain qui la marie avec *Roméo*.

ACTE III. Le théâtre représente une rue de Vérone. *Benvolio* & *Mercutio* paroissent avec leur suite. Ce *Mercutio* est aussi de la famille des *Montaigu*. Il a plu à *Shakespeare* d'en faire une espèce de bouffon, un mauvais plaisant, dont tous les discours sont semés de pointes & d'équivoques. Les Anglois aiment beaucoup les caractères de cette espèce. Ces deux gentilhommes se font mutuellement des reproches sur leur humeur querelleuse. » Toi, dit *Mercutio* à son ami, » tu te prendrois de querelle avec un » homme pour un poil de plus ou » moins que toi à la barbe, ou parce qu'il

» qu'il casseroit des noisettes, & que » tu as les yeux couleur de noisettes. » Ta tête est pleine comme l'œuf de » rixes & de querelles, & cependant » elle devroit être épuisée, après » toutes celles qui en sont écloses. » N'as-tu pas cherché dispute à un » homme sur ce qu'il toussoit dans la » rue, parce que cela éveilloit ton » chien qui dormoit au soleil; à un » artisan, parce qu'il portoit son habit » neuf avant les fêtes de Pâques; à un » autre encore, parce qu'un vieux » ruban nouoit ses souliers neufs ». Plusieurs *Capulets* passent dans la rue, & à leur tête le bouillant *Tybalt*, qui prend querelle avec *Mercutio*; tous deux tirent l'épée. *Roméo* qui survient s'efforce en vain de les séparer; *Mercutio* reçoit un coup mortel, & dans ce moment même conserve toujours son caractère plaisant. Vous en jugerez par sa réponse à *Roméo* qui lui représente que sa blessure n'est pas dangereuse. » Non, dit *Mercutio*, elle » n'est pas aussi profonde qu'un puits, » ni aussi large que le portail d'une

» églife, mais elle eft paffable, elle » fera fon effet ; viens demain matin » demander de mes nouvelles, & tu » me trouveras un homme fort férieux. » Je fuis poivré, j'en réponds, & je » puis dire adieu à ce monde. Com» ment? un bravache, un faquin, un » lâche, qui ne combat que par règles » d'arithmétiques, bleffer ainfi un » homme à mort »! *Roméo*, à qui l'on vient annoncer un inftant après la mort de *Mercutio* flotte entre le defir de venger fon ami, & la crainte d'offenfer *Juliette* en fe battant contre fon coufin ; dans ce moment *Tybalt* revient tout furieux & infulte *Roméo*. Alors ce jeune homme n'écoutant plus que fon honneur outragé, fond fur *Tybalt*, lui plonge fon épée dans le fein, & prend la fuite. Ce meurtre excite un grand tumulte dans Vérone. Le prince arrive avec les *Montaigus* & les *Capulets* ; & après avoir pris connoiffance de l'affaire, bannit *Roméo* de la ville. Cet infortuné jeune homme fe retire chez le père *Laurence*, & fait éclater en fa préfence toutes les fureurs d'un amant réduit au désespoir. La nourrice de *Juliette* vient lui apporter un anneau de la part de sa maîtresse, & lui dire de ne pas manquer de l'aller voir cette nuit : en effet *Roméo* s'introduit dans la chambre de *Juliette*; tandis que ces deux époux se font les derniers adieux, le père de *Juliette* conclud son mariage avec le comte *Pâris*, & la cérémonie doit se faire dans deux jours. A peine *Roméo* est-il parti que lady *Capulet* entre dans la chambre de sa fille, & lui fait part des résolutions de son père. *Juliette* témoigne beaucoup de répugnance pour l'époux qu'on lui propose. Le vieux *Capulet* irrité de sa résistance s'emporte contre elle assez grossièrement. *Juliette* désolée prend le parti d'aller trouver le père *Laurence* qui est homme de bon conseil.

ACTE IV. *Juliette* se rend au monastère; elle expose au père *Laurence* la situation critique où elle se trouve, & proteste qu'elle est prête à tout faire pour conserver sa foi à *Roméo*. Le bon religieux lui donne un breuvage dont l'effet eſt de glacer tous les eſprits de la vie, & de plonger dans un ſommeil profond qui reſſemble à la mort. Buvez, lui dit-il, cette liqueur, la veille du jour fatal, le ſoir en vous couchant : le lendemain on vous croira morte ; vous ſerez apportée à ce monaſtère, & placée dans le tombeau de vos ancêtres. J'aurai ſoin de donner avis de ce ſtratagême à *Roméo* qui eſt à Mantoue ; il viendra vous chercher la nuit ſuivante, & vous ſortirez tous deux de la ville. *Juliette* approuve cet expédient ; mais au moment de prendre le breuvage, elle éprouve des terreurs qu'elle exprime très-naturellement dans un beau monologue dont voici quelques traits. » Si après que je ſerai » dépoſée dans le tombeau, j'allois » me réveiller avant le temps où » *Roméo* doit venir pour me délivrer... » O idée pleine d'épouvante ! ne ſe» rois-je pas alors ſuffoquée ſous cette » voute dont la ſombre entrée ne » reçoit aucun air ſalutaire. — Ou ſi » je ſuis vivante, n'eſt-il pas vraiſem-

» blable que l'horrible idée de la » mort & de la nuit dans ces profon- » deurs souterraines, où depuis plu- » sieurs siècles sont entassés les osse- » mens de mes ancêtres, où gît *Tybalt* » tout sanglant & encore tout frais » dans son drap funéraire, où l'on dit » que les spectres viennent s'assembler » à certaines heures de la nuit.... » Hélas! hélas! n'est-il pas probable » que moi trop tôt éveillée dans ces » lieux infectés au milieu des gémis- » semens des spectres, qui, dit-on, » entendus des mortels, leur font » perdre la raison.....». Le desir de se conserver à *Roméo* l'emporte sur ces réflexions funestes. Le lendemain, jour destiné pour son mariage, on la trouve étendue sur son lit toute habillée, sans mouvement & sans vie. La joie se change en deuil; au lieu des fêtes de l'hyménée, on prépare une pompe funèbre.

ACTE V. Les funérailles de *Juliette* qui se font avec beaucoup de magnificence, occupent la première scène. De-là le spectateur est transporté à

Mantoue. *Roméo* y apprend la mort de *Juliette*. Le religieux que le père *Laurence* avoit dépêché pour lui donner avis du ſtratagême n'avoit pu partir. Ainſi *Roméo*, perſuadé que ſon épouſe n'eſt plus, & réſolu de ne pas lui ſurvivre, ſe rend au tombeau de *Juliette* muni d'une phiole pleine du poiſon le plus violent. La ſcène change & repréſente un ſouterrein, lieu de la ſépulture des *Capulets*. On y voit entrer d'abord le comte *Pâris*, qui vient répandre des fleurs à la porte du monument qui renferme ſa maîtreſſe. *Roméo* paroît enſuite vêtu de noir, la tête nue, & les cheveux épars; il eſt armé d'un poignard & d'une épée; ſon domeſtique *Balthazar* le précede avec un flambeau & un lévier de fer. Au bruit qu'il fait en entrant, *Pâris* ſe retire & ſe cache derrière le caveau. *Roméo* à grands coups de lévier s'efforce de briſer la porte du monument. *Pâris* s'approche, & reconnoiſſant *Roméo*, qu'il croit venu pour inſulter aux cendres des *Capulets*, il s'avance vers lui en criant : » lâche proſcrit, je te ſaiſis » & t'arrête ; obéis & ſuis-moi, car il » faut que tu meures ». *Roméo* lui répond avec le ton du déſeſpoir : » oui, » il le faut, & c'eſt pour mourir que » je ſuis ici. Jeune homme, ne tente » point un homme déſeſpéré ; fuis de » ce lieu & laiſſe-moi. Vois tous ces » morts, & que leur vue t'épouvante. » Je t'en conjure, jeune homme, ne » charge point ma tête d'un autre » crime. Par le ciel, je t'aime plus » que moi-même, car je viens ici » armé contre mes jours. Ne m'arrête » plus, va-t'en, & dis que la pitié » d'un furieux t'a commandé de fuir ». Le traducteur remarque que M. *Garrick* jouoit cet endroit d'une manière inimitable. *Pâris* s'obſtine & *Roméo* l'étend mort à ſes pieds. Puis il enfonce la porte du monument, & ſe jette à genoux devant la bière de *Juliette*. Après l'avoir contemplée quelque temps, il boit le poiſon, & ſe panche ſur ſon corps pour l'embraſſer. En ce moment *Juliette* ſe réveille & regarde autour d'elle d'un air effaré, elle reconnoît *Roméo* ; mais à peine ces amans commencent-ils à jouir du plaisir de se revoir, que le poison agit sur *Roméo* ; il lutte quelque temps contre la douleur, & après des convulsions horribles, il expire. *Juliette* embrasse le corps de son amant. En vain le père *Laurence* qui survient la presse de sortir du tombeau, elle ne lui répond que par des menaces & des reproches. Enfin lorsqu'elle entend le bruit de la garde que le page de *Pâris* est allé cherché, elle se frappe de plusieurs coups de poignard, & se précipite sur le corps de *Roméo*. La garde arrive ; au même instant, le prince de Vérone, *Capulet* & *Montaigu* entrent dans le monument. Ces malheureux pères, frappés de cet affreux spectacle, maudissent leurs divisions fatales & se reconcilient.

Cette tragédie est une de celles que le peuple de *Londres* revoit avec le plus de plaisir. Ce n'est pas qu'elle soit exempte des défauts ordinaires qui gâtent les ouvrages de *Shakespeare*. Le lieu de la scène change à chaque inſtant ; il n'y a point de liaiſons entre les ſcènes ; les incidens ſont accumulés ſans ordre & ſans vraiſemblance; le dialogue eſt farci de quolibets, de pointes triviales, de mauvais jeux de mots, le plus bas comique s'y trouve mêlé par-tout avec le tragique ; mais tous ces défauts ſont couverts en quelque ſorte par le vif intérêt & le grand pathétique qui règne dans cette pièce. M. *Ducis* a tranſporté ce ſujet ſur notre théâtre avec quelque ſuccès. Il s'eſt adroitement ſervi d'un morceau admirable du *Dante*, pour donner plus d'énergie à la haine des *Montaigus* & des *Capulets* ; mais la délicateſſe des ſpectateurs françois l'a contraint d'affoiblir la cataſtrophe.

Je ſuis, &c.

LETTRE V.

IL ne se passe pas de jour, Monsieur, qu'il ne pleuve chez moi des paquets énormes de lettres concernant l'illustre M. *de la Harpe*. La plupart ne méritent pas que je vous les envoye, & je saisis même cette occasion pour supplier les nombreux amis de M. *de la Harpe* de me donner ainsi qu'à lui un peu de relâche, & d'envoyer à d'autres Journalistes les réflexions qu'inspirent ses talens, sa modestie, sa candeur & sa bonne-foi. J'excepte de ce nombre la lettre que M. le marquis *de Villeneuve* vient de m'adresser au sujet des fausses imputations dont M. *de la Harpe* a tenté de flétrir la mémoire de *Piron*, & qu'il a consignées dans un volume de ses œuvres. Cette lettre venge d'une manière victorieuse l'auteur de la *Métromanie*. Dans le temps que je suis occupé à *juger le juge*, comme dit plaisamment M. le marquis *de Villeneuve*, il est intéressant de rassembler tous les traits qui peuvent servir à le caractériser.

Lettre à l'Auteur de l'Année Littéraire.

Ce 20 Septembre 1778.

Perſonne ne s'attendoit, Monſieur, au ſoin *vraiment remarquable* que M. *de la Harpe* a pris de tirer des catacombes du *Mercure* & des charniers de ſon *Journal de Politique & de Littérature*, les divers jugemens qu'il a rendus ſur divers ouvrages, pour les enterrer une ſeconde fois dans la volumineuſe collection de ſes œuvres; mais quand on connoît le caractère doux & poli de ce journaliſte académicien; quand on a tant de preuves de la profondeur de ſon érudition, de la ſureté de ſon goût, & de ſon impartialité; quand tout le monde convient enfin de ſon honnêteté & même de ſa modeſtie, il me ſemble que ce léger mouvement d'amour-propre & d'entrailles de père, pour ſes productions, eſt bien légitime & bien pardonnable. Qui peut lui ſavoir mauvais gré de les avoir changé de ſépulture pour les réunir dans un ſeul & même ombeau, où, par la ſuite, les enfans de son génie feront déposés en naissant *, avec tous les honneurs funèbres dus à une famille aussi glorieuse ?

Quoi qu'il en soit, Monsieur, & quelque respect que l'on doive aux morts, je ne puis me dispenser de rappeller, pour un moment, à la mémoire des vivans, la production la plus injuste & la plus malhonnête de M. *de la Harpe*, je veux parler du prétendu jugement qu'il a porté dans son Journal de Littérature des œuvres complettes d'*Alexis Piron*. J'ai été, je vous l'avoue, très-surpris de retrouver cette sotte & ridicule Dia-

* M. de la Harpe *ayant annoncé de bonne heure quelque talent* (l'auteur parlant de lui-même) *a été condamné à ne montrer que bien tard ce qu'il en avoit.* Et *quoiqu'il n'ait jamais eu ces soins paternels dont tant d'autres caressent leurs écrits, il est tout surpris de se voir en six volumes.* Mais *il a sous ses mains paternelles la plus grande partie, & sans comparaison la plus importante* des ouvrages qu'il a enfantés ; & afin que le Public puisse jouir de ce qu'il donnera par la suite, il a soin d'avertir qu'il fera imprimer ces nouvelles productions du même format que ses Œuvres pour les réunir dans ce tombeau érigé à la famille. Pref. tom. 1, pag. vij.

tribe occupant une place considérable dans le sixième volume de la collection des œuvres de ce redoutable & judicieux journaliste, sur-tout après l'indignation qu'elle excita lorsqu'elle parut.

Je ne m'amuserai point à en relever la partialité, la grossièreté & les mauvaises plaisanteries ; mais seulement la mauvaise foi avec laquelle il a osé avancer, en jugeant les ouvrages d'un homme de génie tel que *Piron*, que ce poëte *savoit très-peu de latin* *.

Il est plaisant, néanmoins, de voir la manière dont il s'y prend pour jetter, sur feu *Piron*, ce vernis d'ignorance si peu vraisemblable. A l'entendre déclamer, à le voir prendre à témoin tous ses lecteurs de l'horrible méchanceté des épigrammes de ce poëte lancées contre *Voltaire*, vous diriez qu'il est en effet saisi de la plus juste indignation ; mais s'il étoit permis de douter de la bonté du cœur & de la reconnoissance de M. *de la Harpe* après toutes les preuves qu'il en a

* Voyez tom. vj, pag. 307 des Œuvres de M. *de la H.*

données, on ſeroit tenté de croire qu'il s'eſt plu à rapporter preſque toutes ces épigrammes, pour les mettre malignement ſous les yeux de ſon maître, alors encore vivant, & auquel il envoyoit régulièrement ſon journal. Ce qui fonde ce doute, c'eſt la diſcrétion avec laquelle ce journaliſte prive ſes lecteurs *d'une douzaine d'épigrammes* faites *contre lui*, qu'il a trouvées *parmi les gaîtés poſthumes de Piron*, en diſant* : *Je ne pouſſerai pas la vanité juſqu'à les rapporter ; elles ſont trop mauvaiſes, je puis l'affirmer en conſcience.* Plaiſante affirmation ; Mais qu'en peut-on conclure, ſinon qu'il a trouvé bonnes celles dont *Voltaire* étoit l'objet, puiſqu'il a pris la peine de les copier, de choiſir même les plus piquantes, pour *amuſer* ſes lecteurs aux dépens de ſon maître ? Eh ! quoi ! La plume ne devoit-elle pas cent fois lui tomber des mains, plutôt que de ſe ſervir de ſon *Journal* pour éterniſer (car ſon Journal ſera immortel comme lui) pour éterniſer, dis-je, les traits ſatiriques d'un ignorant tel que *Piron* ! Il eſt donc d'au-

* Tom. vj, pag. 314.

tant plus probable que M. *de la Harpe* a eu l'intention de mortifier le patriarche de Ferney, en donnant, par la voie multipliée de ſon Journal, un nouveau cours *à la brutale groſſièreté* de ces épigrammes; qu'il dit en propres termes, que *cela peut d'ailleurs amuſer les curieux qui n'auront pas lu la collection* *.

Voici, Monſieur, celle entr'autres qui donne lieu à M. *de la Harpe* de taxer *Piron* de *ſavoir très-peu de latin.*

De toi ſeul on dira, crois le fait très-certain,
Ce que toi ſeul tu dis avec audace,
D'*Homère*, de *Milton*, de *Virgile* & du *Taſſe*,
Sans entendre Toſcan, Grec, Anglois, ni Latin.
On dira donc en ſomme, y joignant l'arrogance,
Sujets ratés, clinquant, babil, extravagance.

« On *peut faire*, dit M. *de la Harpe*, » *des épigrammes contre M. de Voltaire*, » (quel blaſphême & quel aveu pour » un diſciple!) mais il n'y a pas d'eſprit » à le donner à-peu-près pour un ſot. » Il n'y en a pas non plus à dire » qu'il ne *ſait* pas le latin, ni l'ita-

* Tom. vj, pag. 305.

» lien, ni l'anglois.... ſur-tout quand » ON *ſait* que celui qui parloit ainſi » *ſavoit* très peu de latin, & pas un » mot d'italien ni d'anglois ».

Si ON avoit voulu jetter les yeux ſur la préface de la Métromanie, où *Piron* s'eſt ſi bien peint, en faiſant l'abrégé de ſa vie, Monſieur ON auroit vu que ce poëte y parle de l'enthouſiaſme que lui inſpiroient les grands modèles de l'antiquité grecque & latine, lorſqu'il n'étoit encore qu'écolier : or cet enthouſiaſme, loin de ſe refroidir dans l'âge mûr, n'a fait que s'accroître & ſe fortifier par l'étude que *Piron* n'a ceſſé de faire de ces excellens modèles. Il ſavoit par cœur *Horace*, *Virgile*, & les plus beaux morceaux d'*Homère*. Il ſe nourriſſoit de la lecture des poëtes tragiques Grecs. Moi qui l'ai connu particulièrement, & qui le voyois ſouvent, je l'ai trouvé plus d'une fois, avant qu'il eût tout-à fait perdu la vue, occupé à traduire la *Médée* d'*Euripide*. Cette traduction a été achevée, & elle a dû ſe trouver parmi les papiers qu'il a laiſſes à M. *Rigoley de Juvigny* ſon ami & ſon éditeur. M. *Imbert* qui a vengé la mémoire de cet illustre poëte, avec autant de goût & de solidité que d'esprit & de politesse, des traits grossiers de M. *de la Harpe*, peut rendre à cet égard le même témoignage que moi.

Si cela ne suffit pas pour convaincre le savant Monsieur ON, ouvrons la préface de *Calisthène*, où *Piron* s'exprime ainsi : « Voici maintenant le sujet de » ma tragédie, tel que me l'a présenté » *Justin*, lib. xv, cap. iij. *Quippe cum* » *Alexander magnus Callistenem philo-* » *sophum*, *&c.* ». Il rapporte en entier le passage latin & en donne tout de suite la traduction. Cela suppose que *Piron* lisoit les auteurs Latins dans le texte : or on ne lit le texte que lorsqu'on l'entend, & il faut en effet l'entendre, pour en tirer des matériaux propres à construire une tragédie ou un ouvrage quelconque : il faut aussi, pour le traduire, posséder parfaitement la langue originale ; donc *Piron* savoit très-bien le latin, puisqu'il lisoit les auteurs de l'ancienne Rome dans le texte pur, & qu'il y cherchoit des sujets de tragédies. Je défie M. *de la Harpe* de dire qu'il a puisé dans de pareilles sources *Timoléon*, *Pharamond*, *Barnevelt*, les *Barmécides*, chef-d'œuvres qui *seuls le recommanderont à la postérité*, indépendamment de ceux que son génie fécond nous promet encore.

ON *peut faire*, comme vous voyez, une très-sotte & très-injuste critique des *Œuvres de Piron ; mais il n'y a pas d'esprit* à les traiter de *détestables ordures*, de *brutales grossièretés*, de *dégoûtantes injures*, de *chiffons*, de *rapsodies*, *&c. &c. &c. sur-tout quand* le journaliste est convaincu que ses *détestables*, ses *grossières*, ses *injurieuses* Diatribes ont révolté tous les honnêtes gens contre lui. *Il n'y a pas d'esprit à donner* Piron *à-peu-près* pour un ignorant, *sachant très-peu de latin*, *quand il est notoire que celui qui parle ainsi* est le traducteur de *Suetone*. Enfin *il n'y a pas d'esprit non plus*, mais beaucoup de mauvaise foi à ne voir, comme M. *de la Harpe*, dans les *Œuvres de Piron*, *qu'un misérable fatras sous lequel on ensevelit la Métromanie*, *seul monument qui recommande à la postérité éclairée la mémoire de Piron*, quand celui qui voit & parle ainsi, ose présenter au public, en six gros volumes *in-8°*. de plus de 500 pages chacun, un véritable & *misérable fatras sous lequel est enseveli Warvick*, foible avorton, *monument* éphémère, qui a *recommandé*, pour un temps, M. *de la Harpe* à l'indulgence du public, mais qui ne le recommandera certainement pas à la *postérité éclairée*.

Quant à la langue *Italienne*, le reproche que M. *de la Harpe* fait à *Piron* de n'en *savoir* pas un mot, est trop fort. Je *sais* (pour me servir des mêmes expressions de cet académicien) que *Piron savoit* assez d'italien pour traduire l'*Arioste* ou le *Tasse* à-peu-près comme M. *de la Harpe* a traduit *Suétone*. Or, en ce sens, je passe condamnation sur l'assertion du journaliste, auquel je me rappelle qu'on a, je ne dis pas reproché, mais prouvé, je ne sais à propos de quelle traduction du *Dante*, qu'il ne *savoit pas un mot d'italien*. S'il le falloit, je me rangerois bien du côté de *celui qui parle ainsi*; & je gage que M. *de la Harpe* n'en seroit que plus fier sans en savoir mieux pour cela la langue Italienne.

A l'égard de la langue Angloiſe, je conviens de bonne foi que *Piron* ne la ſavoit pas, & que je ne lui ai jamais même entendu prononcer pendant plus de trente ans que je l'ai connu, ces trois mots ſi communs : *How do you!*

Permettez-moi, Monſieur, de relever encore un petit menſonge officieux que je trouve dans l'extrait de M. *de la Harpe* *, & qui n'eſt qu'une ſuite du menſonge du feu patriarche de Ferney conſigné dans le Mercure de France, à l'occaſion d'une certaine épitre de *Piron* au comte de *Saint-Florentin*, où il rappelle à ce miniſtre un propos injurieux que tint contre lui *Voltaire* au roi de Pruſſe, qui lui demandoit : *Quel homme eſt-ce donc que ce* Piron? *il me paroît drôle : je voudrois le voir*; & que *Voltaire* répondit : *Fi, Sire, c'eſt un homme ſans mœurs!* Je ne diſcuterai pas ſi le propos eſt vrai ou non ; je ſais ſeulement qu'un homme de lettres qui étoit préſent, & qui vit encore, l'entendit & le manda ſur le champ à *Piron* avec toutes les circonſtances. Mais comment M.

* Tome vj, pag. 303.

de la H. prétend-il prouver que M. *de Voltaire* n'a pas pu dire à la fois *une méchanceté & une ſottiſe*, & que ce propos eſt hors de toute vraiſemblance? C'eſt par une lettre de huit lignes envoyée clandeſtinement à M. *de la H.*, avec ordre de l'inſérer auſſi ſans aucune ſuſcription dans le *Mercure*; cette lettre ne contient autre choſe, ſinon que *Voltaire n'avoit jamais connu* Piron; *qu'il l'avoit vu deux ou trois fois en ſa vie, & qu'il ne connoiſſoit pas davantage ſon éditeur.* Oh! pour le coup, j'en appelle à M. *de la Harpe* lui-même. *Voltaire* ne connoiſſoit pas *Piron*; ne l'avoit vu que deux ou trois fois dans ſa vie? Mais le voyage de Bruxelles, où ils paſſèrent au moins un mois enſemble, où ils ſe virent dans les mêmes maiſons, avec le grand & malheureux *Rouſſeau*, époque de la haine invétérée qui envenima le cœur de *Voltaire* juſqu'au tombeau contre le plus grand & le ſeul poëte lyrique qui ait paru, depuis *Pindare & Horace*, ce voyage, dis-je, n'a-t-il pas ſuffi à M. *de Voltaire*, pour faire connoiſſance avec *Piron*? Ils ſe voyoient preſque tous les jours à dîner ou à ſouper chez les perſonnes les plus recommandables de la ville, chez les plus grands ſeigneurs ; & ſi *Voltaire* avoit voulu dire la vérité, il auroit avoué que *Piron* l'emporta toujours ſur lui, par le brillant, par la gaîté, & par la ſupériorité de ſon eſprit dans les converſations qu'on entamoit exprès pour mettre aux priſes ces deux hommes ſinguliers & ſi curieux à entendre parler. *Voltaire* ne connoiſſoit pas *Piron* ? Mais le tour ſanglant qu'il lui joua auprès de la marquiſe *de Mimeure** pour lui faire perdre ſa protection & ſes bontés ; la manière indécente & hardie dont il récita à cette dame, malgré les ordres qu'elle lui donna de ſe taire, l'écrit ſcandaleux dont *Piron* fut coupable un moment, pour prouver à la marquiſe que c'étoit *un homme ſans mœurs* ; tout cela ne prouve-t'il pas, non-ſeulement que *Voltaire* avoit vu *Piron* plus de *deux ou trois fois* en ſa vie ; mais qu'il peut avoir tenu le propos injurieux dont l'accuſe *Piron* ? Pourquoi d'ailleurs

* Voyez la vie de *Piron*, tome 1 de ſes Œuvres, pag. 51 de l'édition *in*-8°.

Voltaire n'a-t'il pas réfuté le fait qui s'est passé chez Madame *de Mimeure?* Pourquoi n'a-t'il pas nié la lettre qu'il écrivit à *Piron* pour se rendre chez *la Motte*, au moment où *Piron* alloit donner aux comédiens François sa tragédie de *Callisthène*, & que *Voltaire* leur préparoit *Brutus*? Ce fait est tout au long dans la vie de *Piron*. Pourquoi, &c. Pourquoi, &c. &c. *.

Ce ne sont point, Monsieur, des bagatelles que je relève ici. L'usage de M. *de la H.* ainsi que de ses semblables, est de semer au hasard dans quelque recoin de leurs ouvrages des faits hasardés, pour humilier ou pour perdre à la longue leurs ennemis. Leurs écrits, me direz-vous, périront: j'en conviens; mais, Monsieur, la tradition reste. Les descendans de M. *de la H.*, ses adhérans, ses échos, répéteront de bouche en bouche: *Piron ne savoit pas le latin: Voltaire ne connoissoit pas Piron.* Ces propos si souvent répétés prendront d'abord un air de vraisemblance & finiront par être réputés vrais. Il faut donc dès-à-

* Voyez la vie de *Piron*, tome 1 de ses Œuvres, pag. 76.

présent couper le fil de la tradition, & *affirmer en conſcience* à la poſtérité, 1°. que *dans la douzaine d'épigrammes* que M. *de la H. a comptés contre lui dans les gaîtés poſthumes de Piron*, & qu'il *affirme en conſcience être toutes mauvaiſes*, il y en a au moins dix de bonnes, & dont il auroit pu *amuſer* ſes lecteurs à ſes dépens.* 2°. Que

* Voici deux de ces épigrammes qu'il n'eſt pas étonnant que M. *de la Harpe* ait trouvé mauvaiſes.

Clément, laiſſe aboyer *la Harpe*,
Qu'il ſe jacte & déprime autrui,
Qu'il taille, tranche, coupe, écharpe,
C'eſt à lui ſeul qu'il aura nui.
Les lecteurs excédés d'ennui
Le mépriſent autant qu'il s'aime;
Que peut-on faire contre lui
De pis que ce qu'il fait lui-même?

La ſeconde, plus préciſe, fut faite à l'occaſion de l'arrêt du Parlement qui ſupprima l'article de la diatribe inſérée par M. *de la Harpe* dans le Mercure, & ſur le prix d'éloquence qu'il remporta le même jour à l'académie françoiſe.

La Harpe, joyeux & chagrin,
Vante & pleure ſa deſtinée;
Il eſt couronné le matin,
Et fouetté l'après-dînée.

Voltaire

Voltaire connoiſſoit *Piron* particulièrement. 3°. Que *Piron* n'étoit rien moins qu'un ignorant, & qu'il ſavoit beaucoup mieux le latin que le traducteur de *Suétone*.

Il eſt aiſé de juger, Monſieur, d'après ce que je viens de rapporter de la diatribe de M. *de la H.* que la haine l'a emporté ſur la juſtice & ſur la vérité, & qu'il n'a eu d'autre but que de nuire à la mémoire de *Piron*. N'eſt-ce pas là ce qu'on appelle le coup de pied de l'âne au lion mort; car tant que *Piron* a vécu, M. *de la H.* a été muet.

On doit rire pourtant de cet écrivain, qui croit de bonne foi *que ſa plume eſt la lance d'Argail*, & *de l'importance qu'il a miſe à tous les chiffons qui compoſent ſes rapſodies* en 6 gros volumes; & encore nous prévient-il que ce n'eſt pas tout, & *que la partie ſans comparaiſon la plus importante eſt & ſera peut-être long-temps ſous ſes mains paternelles*. Ainſi ſoit-il. Comme M. *de la H.* eſt encore aſſez jeune, jugez, Monſieur, par la volumineuſe collection de ſes œuvres, pour peu que cet illuſtre académicien vive âge d'homme, ce que nous devons attendre de la fécondité de ſes veilles? à moins que le charme ſecret du fauteuil académique n'agiſſe enfin ſur lui, & ne l'endorme de manière à ne faire plus qu'un ſomme : alors,

Plus n'en aurez proſe ni madrigal.

Mais qu'il vive, qu'il meure ou qu'il dorme, ce qui eſt à peu près égal pour ſa gloire, il nous aura toujours enrichi d'une partie des tréſors de ſon génie, dont il nous fera ſans doute une modeſte & brillante analyſe dans le nouveau *Mercure*, enrichi de ſes judicieux & profonds extraits, & de ces leçons immortelles de goût qu'il n'apppartient qu'à lui ſeul de donner.

Pardonnez, Monſieur, la longueur de cette lettre au motif qui me l'a fait écrire. *Piron* devoit être vengé des attaques d'un prétendu bel-eſprit philoſophe, & c'étoit à ſon éditeur, & de plus ſon ami, à le venger. Il avoit ſi beau jeu, ſans s'écarter du ton honnête & décent qui règne dans ſes écrits ! Je ne chercherai point à pénétrer les raiſons de ſon ſilence ; mais, moi, qui n'ai pas les mêmes raiſons, la patience m'a échappée à la vue de la collection des œuvres de M. *de la H.* ſur-tout lorſque j'y ai retrouvé cette miſérable diatribe dans laquelle il déchire un homme de génie qui eſt mort, & qui de ſon vivant le faiſoit trembler.

Vous pouvez, Monſieur, ſi vous le jugez à propos, inſérer cette lettre dans vos feuilles, ſans craindre que M. *de la H.* me reproche jamais d'avoir été dîner chez lui. Je vous jure *qu'à peine l'ai-je vu deux ou trois fois en ma vie*, & que je ne le connois que par ſes œuvres.

J'ai l'honneur d'être avec la plus ſincère eſtime,

Monſieur,

Votre très-humble, & très-obéiſſant ſerviteur,

Le Marquis DE VILLENEUVE.

LETTRE VI.

Commencement du seizième chant de l'Iliade, sujet proposé par l'Académie Françoise pour le prix de poësie de l'année 1778, traduit par M. le Marquis de Villette. *A Paris, de l'Imprimerie de* Demonville, *imprimeur-libraire de l'Académie Françoise, rue Saint-Severin, aux armes de Dombes.*

QUAND je gémissois sur la complaisance excessive de l'Académie françoise qui depuis long-temps couronnoit des pièces indignes de cet honneur, on m'accusoit, Monsieur, de chercher à flétrir les lauriers des triomphateurs académiques ; le suffrage de cette illustre compagnie répondoit, disoit-on, assez à mes injustes censures. Mais enfin voici que l'Académie vient, quoiqu'un peu tard, reconnoître elle-même la justice de mes critiques ; elle a déclaré cette année que si dans les concours précédens elle a gratifié du prix des *pièces foibles*, c'étoit uniquement dans la vue d'encourager les candidats & de les exciter à produire des ouvrages plus dignes du docte lycée. Ses vœux n'ont pas été remplis; elle s'est enfin armée d'une rigueur salutaire, & n'a point accordé de prix. Mais sa bonté naturelle s'est bientôt réveillée; dans les concours les plus heureux, elle n'avoit jusqu'ici distingué que trois ou quatre pièces. Dans le dernier, si foible de son aveu, elle a trouvé six ouvrages dignes d'une mention honorable. Il est vrai que dans ce nombre, il y en avoit dont les auteurs ne pouvoient être au moins frustrés de cette foible consolation.

M. le marquis *de Villette* est un des *heureux enfans de la victoire* dont l'Académie a distingué *dans la presse le front naissant, marqué du sceau divin*, & qu'elle a cru devoir animer par ces sublimes paroles :

Notre voix t'encourage & te crie, AVANCEZ *.

Ce suffrage si flatteur a déterminé l'au-

* Conseils à un jeune poëte, vers couronné.

teur à publier sa pièce. C'eût été pour le public une perte réelle, si une sévérité déplacée de l'Académie nous avoit privé d'un ouvrage aussi curieux. La traduction en vers n'est pas cependant ce qu'il y a de plus remarquable dans cette brochure. C'est une prétendue traduction littérale en prose qui mérite les plus grands éloges, & sur laquelle je m'arrêterai principalement. Il n'est pas jusqu'au titre même de ce petit chef-d'œuvre qui ne soit infiniment précieux. *Traduction littérale de la* RAPSODIE *de l'Iliade, intitulée Patroclée.* Quelle justesse, quel génie dans cette dénomination de *rapsodie* donnée au seizième livre de l'*Iliade.* M. le marquis a cependant la modestie d'avouer que cette sublime épithète n'est pas de son invention ; il l'a trouvée, dit-il, dans une ancienne édition de l'*Iliade* *;

* Il est bien malheureux pour la beauté & l'importance de cette découverte que le mot Ῥαψωδίας n'ait pas le même sens en grec que *rapsodie* en françois. Le mot grec ne signifie autre chose que *petit poëme*, ou *morceau de poësie*, & ne fait pas naître l'idée odieuse que les François ont attaché au mot *rapsodie.*

mais c'eſt beaucoup de l'avoir reſſuſcité ; c'eſt une preuve tout-à-la-fois de ſon érudition, de ſon bon goût, & de ſon courage ; car enfin n'en falloit-il pas pour oſer dire en face à l'académie, même en recherchant ſon ſuffrage, que le morceau qu'elle avoit propoſé de traduire comme un modèle, n'eſt en effet qu'une RAPSODIE ?

L'admirable idée, Monſieur, que de traduire du grec mot pour mot en françois, & ſur-tout de conſerver dans la traduction françoiſe les tours, le génie de la langue grecque. C'eſt là le vrai moyen d'apprécier *Homère* à ſa juſte valeur. Dans l'élégante traduction en proſe de M. *le Brun*, ou même dans les beaux vers de M. le marquis *de Villette*, *Homère* ne paroît ſi riche que parce qu'il eſt paré des dépouilles d'autrui ; c'eſt en le voyant à nud & dans la traduction littérale qu'on voit s'évanouir ce fantôme d'une réputation malheureuſement conſolidée par l'admiration ſtupide de trente ſiècles. En effet, ſi lorſqu'*Homère* appelle *Achille* Ποδ ωκης, on va traduire *Achille aux pieds légers*, cette qualification ne paroîtra pas ridicule; mais; mais si avec l'ingénieux marquis on dit: *Achille puissant des pieds*, c'est le comble de l'absurdité. Si quand *Achille* dit: Πατροκλε τερειν κατα δακρυον ειςεις, on traduit, *Patrocle, tu as la foiblesse de pleurer*, cela paroîtra peut-être assez passable; mais si imitant le génie de M. *de Villette*, on écrit *Patrocle, tu répands des larmes* MOLLES, alors chacun sent tout le ridicule des *rapsodies* d'*Homère*. Mais pour faire mieux connoître toute l'importance de cette traduction, comparons-lui un morceau entier d'une traduction non littérale. M. *le Brun*, par exemple, fidèle traducteur, mais élégant écrivain, rend ainsi le commencement du seizième livre. » Tandis que la flotte » est en proie à la fureur des combats, » *Patrocle* arrive auprès d'*Achille*. Un » torrent de larmes coule de ses yeux. » Telle on voit une source jaillir du » sein d'un rocher. Le héros s'attendrit » à sa vue. *Cher ami*, lui dit-il, pour-» quoi ces pleurs qui déshonorent ton » courage? Tu as la foiblesse d'un

» enfant, &c. ». En lisant ces phrases, on est vraiment tenté de croire que cet *Homère* n'étoit pas tout à fait sot ; mais si vous voulez vous guérir de ce préjugé, lisez-moi la traduction littérale. » C'est ainsi qu'ils combattoient » autour des vaisseaux, garnis de bancs » de rameurs. Mais *Patrocle* étoit au- » près d'*Achille* pasteur des peuples, » pleurant à chaudes larmes, comme » une fontaine *noire*, qui du haut d'un » rocher répand son eau *noire*. Le » divin *Achille*, *puissant* des pieds, » eut *pitié* de lui ; & *élevant la voix* » *avec des paroles qui avoient des aîles*, » lui dit, *Patrocle*, pourquoi, sem- » blable à une petite fille, répands-tu » des larmes *molles* » ?

Peut-on, je vous le demande, s'empêcher, en lisant cette charmante traduction, de gémir sur l'aveuglement stupide de l'univers entier, qui depuis trois mille ans admire de pareilles *rapsodies* ? Graces soient rendues au génie qui va changer ce culte superstitieux en un mépris aussi profond qu'éclairé.

Cependant, il faut être juste, on

ne peut s'empêcher de faire un reproche à M. le marquis *de Villette.* Sans doute, ne croyant pas encore le siècle assez mûr pour une vérité si contraire à toutes les idées reçues, il n'a pas osé représenter *Homère* aussi ridicule qu'il l'est en effet. En conséquence il lui prête à tout moment une infinité de jolies choses qui sont de son invention & auxquelles *Homère* n'a jamais songé ; ensorte que cette traduction n'est rien moins que *littérale*, malgré les promesses fastueuses du titre. Par exemple, *Homère* dit, Ἠέ τιν' ἀγγελίην Φθίης ἐξέκλυες οἶος, ce qui veut dire en latin, *an aliquem nuntium ex* Phthia *audivisti solus ?* Et en françois, *avez-vous appris quelque nouvelle de Phthie?* parce que le verbe latin *audire* veut dire *apprendre* aussi bien qu'*écouter*, & le substantif *nuntius*, signifie également *nouvelle* & *messager*; mais M. le marquis *de Villette* a cru devoir traduire *as-tu écouté quelque messager de Phthie ?* Et ne croyez pas qu'ignorant le latin, comme le grec, il ait été trompé par la traduction latine, & que la double signification d'*audire* & de *nuntius* lui ait échappé. Ceux qui le connoissent savent combien ce soupçon seroit injurieux. Non, c'est commisération pour *Homère* & ses admirateurs : *As-tu appris quelque nouvelle de Phthie*, eût été, à son gré, une phrase trop commune & trop triviale. Pour embellir son modèle, il a mis, *as-tu écouté quelque messager de Phthie ?* Mais c'est la moindre des obligations que lui a le maussade chantre d'*Achille*.

Homère dit plus bas : Ἐξαύδα, μὴ κεῦθε νόῳ, ἵνα εἴδομεν ἄμφω, littéralement, *parle, ne cache rien dans ton esprit, afin que nous sachions tous deux*, sous-entendu, *les malheurs communs ;* ou suivant la traduction *non-littérale* de M. *le Brun*. *Parle, épanche dans le sein de ton ami un secret qu'il doit partager ;* mais tout cela eût été trop simple ; & toujours dans la vue d'embellir *Homère*, M. *de Villette* traduit : *Parle, ne me cache rien, NOUS NE SOMMES QUE NOUS DEUX*. Ce qui est, en conscience, trop joli pour *Homère ;* mais voici quelque chose de plus admirable encore.

Patrocle dit à *Achille* : » Donne-» moi ton armure ; les Troyens abu-» sés croiront revoir *Achille*, ils » fuiront & laisseront respirer nos » guerriers accablés ». Ou plus littéralement, *peut-être croyant, à cause de la ressemblance, que c'est toi, les Troyens quitteront le combat, & les enfans mavortiens* (c'est-à-dire *belliqueux*) *des Grecs respireront* ; mais M. le marquis *de Villette* traduit, *& les enfans des Grecs respireront devant Mars*. Des jaloux, des méchans diront que M. le marquis *de Villette* ayant vu dans le grec αρηιοι, & dans le latin *mavortii*, ne sachant trop ce que l'un & l'autre signifioit, mais seulement que c'étoit quelque chose de relatif à *Mars*, a mis au hasard, *respireront devant Mars* : mais moi qui sais combien est profonde sa littérature grecque & latine, je soutiens que s'il s'éloigne du texte, c'est que n'osant montrer *Homère* dans toute sa nudité, il a cru devoir lui prêter la charmante expression, *respireront devant Mars*. Voici encore un exemple bien frappant des embellissemens que M. *de*

Villette a eu l'indulgence de fournir à la *rapsodie d'Homère*.

Le poëte grec dit en parlant d'*Ajax :* Ο δ' αριστερον ωμον εκαμνεν εμπεδον αιεν εχων σακος αιολον, ce qui veut dire mot à mot en latin : *Ille verò sinistro humero delassabatur firmiter usque tenendo scutum varium ;* & en françois : *Mais il étoit fatigué de l'épaule gauche, parce qu'il tenoit toujours son bouclier ;* ou plus élégamment : *Son épaule fléchissoit sous le poids du bouclier qu'il ne vouloit pas abandonner*. Celà n'est pas absolument mal ainsi ; mais voyez comme la pensée d'*Homère* est enjolivée dans la traduction, soi-disant littérale. *Il repoussoit les traits ennemis de l'épaule gauche, tenant toujours d'une main ferme son bouclier*. *Homère* ne dit point qu'il tenoit *son bouclier de la main*, parce qu'en effet les anciens attachoient le bouclier par des courroies qui prenoient à l'épaule & descendoient le long du bras ; mais qu'est-ce que cela fait ? Il y a tant d'esprit à dire, *qu'Ajax repoussoit les traits de l'ennemi avec l'épaule gauche, quoiqu'il tînt son bouclier de la main*, qu'*Homère* n'a pu que gagner beaucoup à ce changement.

Mais voici le morceau où le traducteur s'eſt plu ſur-tout à orner ſon original. « *Achille* fit prendre les *armes*
» à ſes Mirmidons, allant par toutes
» les tentes avec des *armes*. Ils étoient
» comme des loups..... *exerçant* une
» grande force dans leurs entrailles;
» qui mangent un cerf *aux grandes an-*
» *douillées*; ils s'en vont en troupe,
» *d'une fontaine aux eaux noires*, boire
» d'une eau *noire*.... *Leur poitrine eſt*
» *intrépide*, &c. ».

Que de beautés qui ne ſont dues qu'au génie du traducteur! D'abord cette répétition, *fit prendre les armes; allant avec des armes*, n'eſt point dans *Homère*, & vous conviendrez qu'elle a une grace infinie. Enſuite, *exerçant une grande force dans leurs entrailles*, eſt d'une élégance qui ſurpaſſe celle d'*Homère*, qui dit ſimplement τοῖσιν τε περὶ φρεσὶν ἄσπετος ἀλκή; c'eſt-à-dire en latin, *quibus in præcordiis magnum robur* dont les entrailles ſont vigoureuſes; ce qui n'aproche pas, *d'exercer une grande force dans les entrailles*. *Aux grandes-andouillées*, ſur-tout est charmant; aussi est-il de l'invention de M. le marquis. *Homère* dit κεραοὺς *cornutum, au grand bois.* *Homère* dit que ces loups *courent pour boire dans une fontaine, &c.* Mais comme le traducteur latin a mis *vadunt à fonte hausturi aquam*, M. *de Villette* a cru qu'il seroit plus joli de rapporter *à fonte* à *vadunt* qu'à *hausturi*, & il traduit, *ils vont, d'une fontaine noire, boire des eaux noires*; en vérité, il y a plus de génie dans cette transposition que dans tout le poëme d'*Homère*. Il n'y en a pas moins dans la *poitrine intrépide*; enfin *Homère* dit qu'*Achille* pressoit par ses exhortations & les coursiers & les soldats armés de boucliers ἀνέρας ἀσπιδιώτας la figure n'a point paru à M. *de Villette* assez hardie, & pour couronner dignement une si belle œuvre, il a trouvé qu'il seroit bien plus beau & plus touchant de faire adresser une pathétique exhortation aux boucliers eux-mêmes, & il traduit, *les exhortant, eux, leurs chevaux & leurs* BOUCLIERS.

Ne croyez pas, Monsieur, que je vous aie rapporté tous les endroits où le traducteur s'est plu a défigurer son original. C'est par-tout le même ton, le même esprit; mais parlons à présent sérieusement. Quel a donc pu être le but d'une pareille turlupinade? M. le marquis *de Villette* s'est-il flatté que sa frêle autorité suffiroit pour renverser le trône sur lequel est assis depuis trois mille ans *Homère*, le prince des poëtes? ou bien auroit-il voulu faire parade d'une profonde connoissance de la langue Grecque? Si tel fut son motif, il s'est cruellement trompé. Aussi bien des gens croient reconnoître dans cette bouffonerie & le génie de M. *de Voltaire* & la haine qui l'animoit contre tous les grands hommes dont la gloire pouvoit éclipser la sienne. Dans le court & malheureux séjour qu'il a fait chez M. le marquis *de Villette*, il étoit dévoré d'une secrette jalousie à la vue de l'honneur dont l'Académie combloit *Homère*, en proposant un morceau de l'*Iliade* à traduire; il aura voulu, dit-on, se venger de cet honneur fait à un rival odieux; il n'aura pu rien imaginer de mieux pour satisfaire ce sentiment, & détourner en même temps l'Académie de propoſer à l'avenir de ſemblables traductions, que de tourner en ridicule le morceau même qu'elle avoit choiſi comme un chef-d'œuvre ; il aura dicté, & M. *de Villette*, ſecrétaire pendant ſa vie, ſe ſera fait ſon éditeur, après ſa triſte mort. Cette généalogie de cette parodie bouffonne n'a rien d'incroyable ; mais n'eſt-il pas poſſible auſſi que M. *de Villette* ait trouvé dans ce cœur qu'il s'eſt approprié *, & cette haine invétérée de tous les grands hommes, & le fiel qui en diſtilloit ſans ceſſe. En voyant ce cœur ulcéré par la gloire des autres, M. *de Villette* a cru, ſans doute, devoir immoler celle d'*Homère* aux mânes déſolés de ſon malheureux ami, & par un trait plus admirable encore de généroſité, ſacrifiant ſon

* A la mort de M. *de Voltaire*, M. le marquis *de Villette*, par droit d'hoſpitalité, s'eſt emparé du cœur précieux de ce grand homme. Mais des parens chicaneurs n'ont pas trouvé ce titre bien légitime ; ils ont réclamé le cœur par une lettre imprimée dans les papiers publics.

amour-propre, il aura consenti d'imprimer une seconde traduction en vers, dans laquelle *Homère* n'est pas moins maltraité que dans la prétendue traduction littérale en prose. En voici un échantillon, par lequel vous pourrez juger du reste; car tout est de la même force.

Tandis que les héros, *défenseurs du Scamandre*,
Mettoient la Grèce en fuite, & *ses vaisseaux en cendres*,
Patrocle aux pieds d'*Achille apportoit* ses douleurs.
Ses yeux étoient *baignés* de deux *ruisseaux* de pleurs.
Il éclate en sanglots. Le fils de la déesse,
D'un regard *dédaigneux* contemple sa foiblesse.
Mais dans son fier courroux, respectant l'amitié,
Indigné de ses pleurs, attendri de pitié:
« Quoi, c'est l'ami d'*Achille*! il *m'apporte des larmes*.
» N'est-il qu'un foible enfant, dont la mère *en allarmes*,
» *En pleurant avec lui, le serre entre ses bras?*
» *Est-ce avec des sanglots qu'on revient des combats*,

» Que peux-tu regretter ? *tes parens*, *ni mon père*
» N'ont point de leurs vieux ans terminé la carrière :
» *Alors*, *certes*, *alors* ma juste piété
» Egaleroit *du moins* ta sensibilité.
» Qui pleure-tu, *dis-moi* ? &c.

Patrocle lui répond d'une voix lamentable :

» *Grand & cruel* Achille, Achille *inexorable* ?
» *Malheur* à qui seroit, *dans ce mortel effroi*,
» *Dans ce malheur* public, aussi *ferme* que toi.
» *Crois-moi*, voilà le temps où les grands cœurs pardonnent.
» *A quel affreux loisir tes chagrins s'abandonnent* !
» A perdre *tes amis*, quels dieux t'ont animé ?

. . . .

» Non, la tendre *Thétis* n'a point formé ton cœur,
» *Ce cœur que j'implorois & qui me fait horreur*,
» Qui dédaigne *Patrocle* & qui hait sa patrie.
» Les Autans déchainés, les vagues en furie,
» T'ont formé, t'ont vomi dans des antres affreux,
» *Pour être plus terrible & plus funeste qu'eux.*
» *Pardonne*, *j'en dis trop*, &c.

C'est *ainsi* qu'il parloit ; *ainsi* par *sa vertu* ;
Il ébranle un courroux de pitié combattu,
Il l'assiége, il le presse. Ah ! malheureux, arrête.
Hélas, tu ne vois point ce que le ciel t'apprête.
Ta vertu te trompoit, tu courois au trépas.
Achille cependant ne le rebutoit pas ;
Mais dans sa bonté même éclatoit sa colère.

Pardonnez, j'en dis trop ; il n'en faut pas tant pour vous convaincre de ce que j'ai avancé, que cette pièce ne paroît avoir été faite que pour jetter un vernis de ridicule sur l'ouvrage d'*Homère*. Vous me dispenserez même, je crois, de faire une critique sérieuse des vers que j'ai cités. Faites cependant bien attention aux *défenseurs du Scamandre*, comme qui diroit, *défenseur de la Seine*, *aux yeux* BAIGNÉS *de deux* RUISSEAUX *de larmes ; aux douleurs*, *aux larmes que* Patrocle *apporte à* Achille ; *aux chagrins qui s'abandonnent à un affreux loisir ; aux courroux combattu de pitié*, *qu'on assiège*, *qu'on presse*, *qu'on ébranle* ; à ce bon *Achille qui ne rebutoit pas* Patrocle, *mais dont la colère éclatoit même dans sa bonté ; à ce cœur qu'on implore & qui fait horreur ; à ces Autans qui vomissent* Achille *pour être plus funeste & plus terrible qu'eux ;* n'oubliez pas cette touchante sensibilité, *tes amis*, *tes parens*, *mon père*, *&c.* mais sur-tout n'oubliez jamais cette demande comiquement niaise :

Est-ce avec des sanglots qu'on revient des combats.

Cette demande n'est pas plus dans *Homère* que les exhortations aux boucliers, & me paroît de la même force de génie.

En conscience, Monsieur, ne pensez-vous pas comme moi, que l'académie, puisqu'elle étoit dans son année de rigueur, pouvoit, sans craindre de blesser la justice, se dispenser de faire une *mention honorable* de cette pièce, & ne pas exposer l'auteur à se targuer d'un *suffrage si flatteur*, & si trompeur. Cependant, il y a des gens qui prétendent que ce n'est pas sans dessein qu'on a voulu familiariser le public avec le nom de M. le marquis *de Villette*, & qui tirent un bon augure de cette distinction honorable. On espère que doublement inspiré par l'amitié, il offrira l'année prochaine à l'académie une apothéose de *Voltaire* qui le rendra digne d'aller s'asseoir au rang des immortels. Il est juste que l'hôte du *Jupiter* de l'Encyclopédie soit reçu dans l'olympe.

Je suis, &c.

Indications des Nouveautés dans les Sciences, la Littérature & les Arts.

Séance publique de la Société des antiquités de Cassel, tenue le 15 Août 1778.

La Société avoit proposé pour sujet du prix, l'éloge de M. *Winkelman*, dans lequel on fera entrer le point où il a trouvé la science des antiquités, & à quel point il l'a laissée. Le discours qui avoit pour devise :

Et dubitamus adhuc virtutem extendere factis ?

a été couronné. L'auteur est M. *Heyne*, professeur d'éloquence dans l'université de Goettingue, & conseiller aulique de S. M. B.

Après la lecture de l'éloge, on a entendu un mémoire sur quelque monnoye du moyen âge, par M. le baron *de Gunderode*, conseiller de régence à Marlsruhe. M. l'abbé *Collignon* a lu des fragmens de quelques lettres de *Leibnitz*, trouvées dans les archives de la sérénissime maison de Hesse-Rothenbourg. L'éloge de M. *de Voltaire*, membre honoraire de la Société, par M. *de Luchet*, secrétaire perpétuel, a terminé la séance.

La Société propose pour l'année 1779, la question suivante : Quel rapport y avoit-il entre la religion des peuples du nord & celle des peuples Germaniques, depuis *Jules César* jusqu'à *Charlemagne*, question propre à éclaircir la mythologie Germanique ?

Les discours peuvent être écrits en françois, en allemand, en italien ou en latin. Le prix se distribuera le seize du mois d'août de l'année 1779. Ceux qui voudront concourir, doivent adresser leurs discours à M. le marquis *de Luchet*, conseiller privé de légation, sécrétaire perpétuel à Cassel. Ils ne seront reçus que jusqu'au premier mai prochain.

Les auteurs mettront, suivant la coutume, leurs noms dans un billet cacheté, avec la même devise qui sera à la fin de l'ouvrage.

Correspondance dramatique, par M. le chevalier Ducoudrai, *tom. 2. A Paris, chez* Ruault, *libraire, rue de la Harpe.*

Vénus pélerine, comédie épisodique, en un acte & en prose, mêlée de chants & de danses, par M. le chevalier Ducoudrai. *A Paris, chez* Desventes, *libraire, quai de Gesvres, &* Esprit, *libraire, au Palais royal.*

Ces deux productions nouvelles, sorties de la plume féconde de l'inimitable M. *Duçoudrai*, sont dignes en tout du génie connu de leur auteur. Je n'y trouve à reprendre que l'épigraphe. La modestie de l'auteur lui a fait prendre pour devise, *laudatur ab his, culpatur ab illis.* Pour qu'elle soit juste, il en faut retrancher la moitié.

L'ANNÉE
LITTÉRAIRE.

LETTRE VII.

Eloge de M. de Voltaire *par M.* Palissot. *A Londres, & se trouve à Paris chez* Jean-François Bastien, *libraire, rue du Petit-Lion.*

Les grands écrivains qui ont illustré le règne de *Louis XIV* travailloient pour la postérité plus encore que pour leur siècle ; voilà pourquoi ils n'ont pas reçu pendant leur vie des honneurs proportionnés à leur mérite. Leurs contemporains jouissoient de leurs ouvrages immortels, sans en bien connoître tout le prix. On ne leur a point donné ces marques publiques d'enthousiasme & de fanatisme que de véritables chef-d'œuvres peuvent excuſer, mais qu'ils excitent rarement. Il faut en excepter le *Cid* qui fit une impreſſion étonnante ſur les eſprits, & par la nouveauté du genre & par l'intérêt du ſujet qui flattoit un des préjugés les plus chers à la nation Françoiſe; mais les pièces de *Molière* & de *Racine*, qui ſont ce qu'il y a de plus parfait dans l'art dramatique, ne furent jamais honorées de ces acclamations convulſives, de ces applaudiſſemens forcénés, qu'on a depuis prodigué à des ouvrages bien inférieurs. La raiſon en eſt ſenſible, les beautés de *Racine* & de *Molière*, toutes fondées ſur la nature & ſur la vérité, ne pouvoient être bien ſenties que par des connoiſſeurs, toujours en très-petit nombre dans tous les temps: leurs ſucceſſeurs, avec des beautés moins parfaites, mais plus ſaillantes & plus à la mode, ont enchanté la multitude toujours portée à préférer le brillant au ſolide.

C'eſt pour l'ordinaire dans la diſette des vrais talens que le public fait éclater avec le plus de fureur ces transports d'une admiration excessive, pour les auteurs qui semblent le consoler de ses pertes & lui retracer les grands hommes du siècle précédent. Athènes & Rome nous fournissent des exemples de cette manie; *Démetrius de Phalere* eut plus de succès que *Démosthène*, & *Séneque* fut plus applaudi de ses contemporains que *Cicéron*: le mérite des anciens qui s'augmente avec le temps aux yeux des vrais connoisseurs, s'affoiblit & se perd aux yeux du vulgaire avide de nouveautés. C'est alors qu'on se passionne pour de faux brillans & des ornemens frivoles avec beaucoup plus d'emportement que pour des beautés réelles dont le sentiment est toujours plus paisible parce qu'il est plus réfléchi. Jamais homme ne s'est plus enivré de cet encens, si flatteur pour les poëtes, que M. *de Voltaire*; jamais écrivain n'a été comblé, pendant sa vie, de plus d'honneurs & de gloire: presque tous ses ouvrages ont été accueillis avec une espèce de fureur ; il étoit devenu l'idole des François & des étrangers ; son nom voloit de bouche en bouche d'un bout de l'Europe à l'autre ; il est le premier homme de lettres à qui l'on ait érigé une statue en France. *Corneille* vit, sur la fin de sa vie, sa gloire presque éclipsée par ses dernières pièces. Les foibles productions dont M. *de Voltaire* fatiguoit depuis long-temps le public ne lui ont rien fait perdre de sa réputation ; au contraire, on a fait publiquement son apothéose sur le théâtre de la nation, le jour même qu'on représentoit une pièce très-médiocre de sa façon. Paris retentit encore de ces louanges perfides & meurtrières dont on a accablé sa vieillesse, & qui sans doute ont accéléré sa mort. Dans ce moment de fermentation générale, rien n'étoit plus inutile qu'un éloge de M. *de Voltaire*, si l'on n'a prétendu que le louer ; si au contraire, sous le nom d'éloge, on a voulu donner un jugement qui fixe l'idée qu'on doit se former de cet homme singulier ; cette entreprise est trop précipitée.

Juſqu'ici on a pu ſoupçonner peut-être qu'un parti puiſſant & nombreux dont M. *de Voltaire* étoit le chef, contribuoit beaucoup à ſa célébrité, & augmentoit conſidérablement le nombre de ſes admirateurs; il faut attendre que cet engouement ſe diſſipe; il faut que la poſtérité imprime ſon ſceau aux ouvrages de M. *de Voltaire*, & qu'il s'écoule au moins un demi-ſiècle avant de le juger définitivement.

On ſera peut-être étonné que M. *Paliſſot* témoigne un zèle ſi empreſſé pour la gloire du maître dont il a ſi cruellement battu la livrée; mais ſans vouloir pénétrer les motifs qui l'ont engagé à compoſer cet éloge, examinons l'ouvrage en lui-même. L'auteur affiche d'abord la plus grande impartialité; il ſe propoſe d'écarter également & les éloges donnés par l'adulation & les ſatires prodiguées par la haine, pour ne s'attacher qu'à ce qui caractériſe ſon héros; mais il oublie bientôt ſa promeſſe, & quelques lignes après, il appelle M. *de Voltaire, un homme unique, tel que les siècles précédens n'en avoient point encore vu, & tel que les siècles postérieurs n'en reverront peut-être amais*. Ces qualifications fastueuses sentent un peu trop l'adulation, &, dans tout le cours de l'éloge, le panégyriste ne dit rien d'assez fort pour les justifier. Avant d'entrer en matière, il s'arrête un moment sur cette foule *de singularités brillantes* qui ont distingué l'existence de M. *de Voltaire* dans l'ordre physique & moral. Parmi les singularités physiques, il compte l'heureuse organisation de M. *de Voltaire*, sa vieillesse saine & robuste, l'art avec lequel il a su faire valoir son argent; tant mieux pour M. *de Voltaire* s'il s'est bien porté, & s'il s'est enrichi; mais combien d'hommes ont joui de ces avantages singuliers sans en être plus estimables! Il cite comme une singularité morale cette multitude incroyable d'ouvrages en tout genre sortis de la plume de M. *de Voltaire*, depuis *Œdipe* jusqu'à *Irène*. Cette singularité n'est pas encore fort honorable pour M. *de Voltaire*; elle prouve qu'il avoit la folle ambition d'aspirer à la monarchie universelle de l'empire des lettres. Sa gloire seroit plus solide & plus durable, si ses productions eussent été moins variées, moins rapides & plus soignées.

Le panégyriste examine ensuite plus en détail le mérite littéraire de M. *de Voltaire*, & le considère d'abord comme poëte épique. Il prétend que la *Henriade* est le meilleur poëme épique que nous ayons en notre langue, & ce n'est pas beaucoup dire, puisqu'il prétend en même-temps que c'est le seul. Il avoue cependant que » cet ouvrage a dû se ressentir de la » jeunesse de l'auteur, que s'il en eût » conçu le plan dans un âge plus mûr, » l'ordonnance en eût été plus riche » & plus imposante, que l'antithèse y » seroit plus ménagée ; qu'au lieu de » se borner à des portraits d'un coloris » brillant, l'auteur eût peint ses per- » sonnages d'une manière plus grande » en les faisant agir ; qu'il eût moins » négligé la partie dramatique, & » donné par conséquent plus d'intérêt

» à son poëme ». Il résulte de ces aveux que la *Henriade*, à laquelle l'auteur a travaillé toute sa vie, n'est cependant encore qu'un ouvrage d'écolier, parsemé d'ornemens frivoles, & de beautés plus brillantes que solides ; que le principal mérite de ce poëme consiste dans le style, & que ce style même est défiguré par des antithèses continuelles, & par une monotonie si fatigante que ses plus intrépides admirateurs n'en peuvent lire, sans bâiller, deux chants de suite ; enfin, que M. *de Voltaire*, en qualité de poëte épique, est fort au-dessous d'*Homère*, de *Virgile* & du *Tasse*. En effet, quand on vient à penser que *Virgile*, qui avoit pour le moins autant de génie que l'auteur de la *Henriade*, a composé son poëme dans toute la vigueur de l'âge & du talent, & après onze années d'un travail pénible, l'a laissé imparfait, qu'elle idée peut-on avoir du croquis informe d'un jeune homme, qui, pour son coup d'essai, fabrique à la hâte un poëme épique en moins de temps que *Racine* n'en mettoit à verſifier une tragédie ? Je ne vois point d'ouvrage qui reſſemble mieux à la *Henriade* que la *Pharſale* de *Lucain*, avec cette différence qu'il y a plus de nerf & de profondeur dans la *Pharſale*, plus d'élégance & de délicateſſe dans la *Henriade* ; il s'en faut donc bien que M. *de Voltaire* ne ſoit dans l'épopée un homme *rare & unique*.

Il s'eſt acquis plus de gloire au théâtre ; c'eſt vraiment là ſa partie brillante, & ſa réputation la plus ſolide eſt fondée ſur quatre ou cinq tragédies qui ſont effectivement fort belles. Mais écoutons ce que penſe M. *Paliſſot* du mérite de M. *de Voltaire* conſidéré comme poëte tragique. » M. *de Voltaire* n'a fait aucun chef-» d'œuvre qui puiſſe être comparé en » ſon entier aux chef-d'œuvres de » *Racine*. Ses plans manquent en gé-» néral de cette régularité & de cette » ſageſſe qu'on admire dans ceux de » notre *Euripide*. Les parties en ſont » moins heureuſement enchaînées ; il » a fondé quelquefois ſes grands effets

» sur de trop petits moyens. Il a donné » le dangereux exemple des maximes » trop prodiguées, des beautés dé- » placées, qui laissent voir trop sou- » vent le poëte à la place de ses » personnages; c'est à lui enfin que les » vrais connoisseurs assigneront l'é- » poque de la décadence naissante de » l'art. . . . . Nous devons répéter » pour l'honneur de l'art que tous ces » succès si multipliés de M. *de Voltaire* » ne lui laissent que la première place » après *Racine*. Si son théâtre est plus » varié, si ses situations paroissent quel- » quefois plus déchirantes que celles » de son illustre prédécesseur, il ne » doit ces avantages du moment qu'à » des invraisemblances que le goût de » *Racine* ne se fût jamais permises. On » voit qu'il a sacrifié à l'effet, qu'il » s'est livré dans ses plans à un mer- » veilleux trop recherché, trop roma- » nesque, & qu'il n'a point été assez » sévère sur le choix de ses moyens » dramatiques. On voit, en un mot, » qu'il ne doit cette apparence de su- » périorité qu'à des fautes contre l'art

» même, fautes qui ſeront exagérées » par des imitateurs qui n'auront pas » ſon génie, & qui entraîneront enfin » la corruption du goût & la déca- » dence entière du théâtre ». Ce jugement fait beaucoup d'honneur au goût & à la critique de M. *Paliſſot*. Perſonne n'a ſaiſi avec plus de fineſſe & de préciſion les véritables défauts qui défigurent le théâtre de M. *de Voltaire*; perſonne n'a mieux fait ſentir le danger même de ſes beautés. Nous n'ajouterons rien à ſes réflexions qui nous paroiſſent très-juſtes & très-ſenſées; mais nous aurions deſiré qu'il eût mieux ſoutenu ce ton d'impartialité. Après avoir dit nettement que M. *de Voltaire* ne s'eſt point élevé juſqu'à la hauteur du génie de *Corneille*, qu'il n'a point atteint la perfection de *Racine*, il ſemble vouloir le mettre de niveau avec ces deux grands hommes, & cela, pour avoir rempli ſes tragédies de maximes philoſophiques. Il prétend que c'eſt en faiſant de ſes perſonnages autant de philoſophes, que M. *de Voltaire* s'eſt créé des routes nou-

velles. Le panégyrifte auroit-il donc oublié qu'il vient de blâmer, avec beaucoup de raifon, ces fentences & ce vain étalage de philofophie ? On diroit que M. *Paliffot*, effrayé du coup mortel qu'il vient de porter à la réputation de fon *homme unique*, cherche à guérir la bleffure qu'il a faite ; il fe tourmente pour concilier l'éloge avec la critique, & fon embarras paroît tout entier dans le tour équivoque & forcé dont il fe fert pour établir une efpèce d'égalité entre *Corneille*, *Racine* & M. *de Voltaire*. » Si le caractère do-
» minant du premier de ces poëtes,
» dit-il, lui affure la première place
» aux yeux de ceux à qui les maximes
» d'état & de politique paroiffent ce
» qu'il y a de plus impofant chez les
» hommes ; fi le fecond doit l'empor-
» ter au jugement des ames fenfibles
» qui fe plaifent dans la peinture des
» grandes paffions dont elles ont
» éprouvé les orages, il nous femble
» que M. *de Voltaire* doit plaire davan-
» tage à celles qu'une philofophie
» douce & tendre intéreffe plus vive-

» ment au bonheur de l'humanité, & » qu'enfin il est plus qu'aucun de ses » deux rivaux le poëte des philo- » sophes ». Ces réflexions ne sont que du galimathias tout pur. Ceux qui n'estimeront *Corneille* qu'à cause des maximes d'état répandues dans ses pièces, en jugeront très-mal, parce que la politique est fort déplacée dans une tragédie ; ceux qui donneront la préférence à M. *de Voltaire* parce qu'il a farci ses pièces de sentences philosophiques, ne jugeront pas mieux, parce que la philosophie est aussi déplacée que la politique dans une tragédie. Tenons-nous en donc au premier avis de M. *Palissot*, qui, sans contredit, est le meilleur, & concluons que ce n'est pas encore dans l'art dramatique que M. *de Voltaire* s'est montré cet *homme unique & rare*, *tel qu'on n'en a jamais vu*, *& qu'on n'en verra jamais*, puisqu'après tout il n'occupe que la troisième place.

Voici enfin, Monsieur, un genre dans lequel M. *de Voltaire* est vraiment supérieur, du moins au jugement de

M. *Paliſſot*, & ce genre, vous ne l'auriez jamais deviné, c'eſt l'hiſtoire. On ſait que M. *de Voltaire*, écrivain élégant, conteur agréable, a conſulté dans ſes ouvrages hiſtoriques ſon imagination plus que la vérité, qu'il veut toujours juger les événemens au lieu de les ſoumettre au jugement du lecteur, que ſon ton eſt trop léger & trop tranchant, qu'il s'épuiſe en réflexions malignes ou haſardées, qu'il altère ou dénature les faits pour donner lieu à des plaiſanteries & à des ſatires; que ſon ſtyle, d'ailleurs très-piquant, n'a pas toujours la nobleſſe & la gravité qui conviennent à l'hiſtoire; en un mot, qu'il eſt bien plus jaloux de briller & d'amuſer que d'inſtruire. Cela n'empêche pas que M. *Paliſſot* ne le regarde comme le modèle des hiſtoriens. Il le loue ſurtout d'avoir opéré une grande révolution dans l'hiſtoire, & de l'avoir perfectionnée par la philoſophie; comme ſi M. *de Voltaire* étoit le premier qui eût montré l'influence de l'opinion ſur les malheurs de la terre,

& qui eût fait des recherches ſur les loix, les uſages & les mœurs des nations, ſur les progrès des ſciences & des arts ! Enfin, il prétend que M. *de Voltaire* eſt un hiſtorien, non-ſeulement agréable & intéreſſant, mais encore profond, inſtructif & véridique. Vous allez, Monſieur, vous récrier contre cette aſſertion ; mais M. *Paliſſot* a la preuve en main, il eſt muni d'une pièce déciſive & triomphante ; c'eſt un certificat du célèbre *Robertſon* qui déclare que, dans ſon introduction à l'hiſtoire de *Charles V*, *il n'a pu s'appuyer de l'autorité de M.* de Voltaire *pour confirmer aucun point obſcur ou douteux, parce que cet auteur n'a point cité les ſources & les livres originaux où il a puiſé, mais que s'il eût pris cette précaution, pluſieurs de ſes lecteurs, qui ne le regardent que comme un écrivain agréable & intéreſſant, verroient en lui un hiſtorien ſavant & profond.* M. *Paliſſot* prend bonnement cette honnêteté & cette politeſſe de M. *Robertſon* comme une caution & un ſûr garant de l'exactitude & de la fidélité hiſtorique de M. *de Voltaire* ; au lieu qu'elle ſemble inſinuer le contraire ; car cette négligence à citer les originaux eſt très-ſuſpecte. D'ailleurs, cette-foule d'erreurs relevées par MM. *Larcher*, *Guenée*, *Nonotte*, & une infinité d'autres, eſt une preuve convaincante qui doit prévaloir ſur un ſimple compliment.

Parmi les titres littéraires, M. *Paliſſot* ne compte point ſes comédies, & il a raiſon ; c'eſt une choſe remarquable qu'un écrivain qui n'a fait que plaiſanter toute ſa vie, n'ait jamais pu faire une comédie ſupportable dans le genre plaiſant. Le panégyriſte ne fait auſſi nulle mention des opéras & des odes de M. *de Voltaire*, & l'on ſent bien pourquoi ; il ne dit qu'un mot de ſes petits romans, très-ingénieux ſans doute, mais qui n'ont pas le naturel & la gaîté franche qui diſtinguent ceux d'*Hamilton* : il parle en pluſieurs endroits, & avec éloge de la *Pucelle* ; pour l'honneur même de ſon héros, il devoit garder le ſilence ſur un ouvrage de cette nature ; il y a une grande différence entre la *Pucelle* & le poëme de l'*Arioste* auquel M. *Palissot* la compare. Supérieur pour l'élégance du style & la poësie des détails, l'Italien a sur le François un autre avantage inestimable, c'est de n'avoir pas besoin pour amuser ses lecteurs de leur présenter des tableaux obscènes, & de flatter la corruption de leurs cœurs pour obtenir leurs suffrages. M. *Palissot* auroit pu s'étendre davantage sur les pièces fugitives de M. *de Voltaire*; c'est le genre où il a le plus excellé; il l'emporte infiniment sur *Chaulieu* par l'esprit, l'élégance & la correction; mais ce dernier, dans son style négligé, a bien plus de sentiment & de graces naturelles.

Après avoir envisagé M. *de Voltaire* par le côté le plus brillant, M. *Palissot* ne déguise pas ses foiblesses; il avoue que cet homme accablé de gloire, mais qui croyoit n'en avoir jamais assez, aimoit l'adulation & recevoit avec complaisance l'encens le moins délicat & le moins flatteur; que sa reconnoiſſance alloit juſqu'à prodiguer de grands éloges à des hommes très-médiocres. Il blâme les ſatires ſanglantes & les inveſtives atroces que M. *de Voltaire* s'eſt permiſes contre un grand nombre d'écrivains ; mais il prétend qu'elles lui ſont échappées dans le premier mouvement de la colère, & qu'il faut les attribuer à la fougue & à la violence d'un caractère ardent qui l'entraînoit malgré lui. Il eſt aſſez difficile de ſe perſuader que M. *de Voltaire*, qui a déchiré conſtamment, & même après leur mort, pluſieurs hommes de mérite, qui, pour ſe venger des plus légères critiques, a compoſé des ouvrages de longue haleine, ait été réellement emporté par un premier mouvement. D'ailleurs, quand cette excuſe ſeroit ſolide & fondée, il ſeroit toujours très-ſurprenant qu'un homme avec un cœur droit & avec une ame honnête, pût vomir, même dans les premiers tranſports de la colère, les injures affreuſes & dégoûtantes, les infamies, les horreurs de toute eſpèce qui trop ſouvent ont ſouillé les écrits de M. *de Voltaire*.

Dans ce qui concerne la religion, M. *Paliſſot* abandonne prudemment la cauſe de ſon héros. Cependant il s'imagine qu'en criant ſans ceſſe contre le fanatiſme, il a beaucoup ſervi la religion, même ſans le vouloir; il veut qu'on lui ſache gré de ſes déclamations éternelles & malignes contre quelques abus que les paſſions des hommes ont introduits dans la religion, & qu'il cherche toujours à confondre avec la religion même. Après avoir paſſé condamnation ſur cet article, le panégyriſte eſſaye de détruire certains vieux préjugés peu favorables à M. *de Voltaire*. La voix publique lui a reproché la légéreté, l'avarice, la méchanceté; M. *Paliſſot* ſoutient au contraire avec une intrépidité peu commune que perſonne peut-être n'a pouſſé plus loin les vertus oppoſées. Pour preuve de ſa conſtance, il cite deux anciens amis que M. *de Voltaire* a conſervés toute ſa vie, & ces amis ſont des gens de la première qualité, contre lesquels M. *de Voltaire* se fâchoit rarement, parce qu'ils flattoient sa vanité; pour garant de son humanité & de la bonté de son cœur, M. *Palissot* allègue ses actes innombrables de bienfaisance, les services qu'il a rendus aux *Calas*, aux *Sirven*, aux *Montbailly*, &c. & pour dissiper le soupçon d'avarice, il produit des libéralités excessives, sur-tout envers plusieurs libraires qu'il a enrichis, bien loin de les ruiner, comme on l'avoit cru jusqu'à ce jour. Nous ne contredirons point le panégyriste sur tous ces articles, notre dessein n'est pas de troubler la cendre d'un homme célèbre par ses talens. La critique juste & honnête ne doit s'étendre que sur les ouvrages, & non sur la personne.

Que M. *de Voltaire* ait eu des défauts, il a payé en cela le tribut ordinaire à l'humanité; nous ne chercherons point à les relever avec malignité pour flétrir sa mémoire; mais la même circonspection qui nous éloigne de la satire nous fait aussi condamner les louanges indiscrettes & même dangereuses qu'on voudroit prodiguer à un homme qui a plus besoin d'indulgence qu'il ne mérite d'éloges. Qu'on loue les grands hommes qui ont rendu des services importants à l'état & aux lettres; c'est un devoir, c'est le tribut légitime de la reconnoissance publique; mais quels sont les avantages que M. *de Voltaire* a procurés à la société? Il a eu de grands talens, mais quel usage en a-t'il fait? D'abord, il n'a enrichi la littérature d'aucun de ces chefs-d'œuvres de l'art faits pour servir de modèles. De l'aveu même de M. *Palissot*, il a beaucoup contribué à la décadence du goût; plus brillant que solide dans tous ses écrits, il a donné l'exemple si funeste de ces beautés déplacées qui lui ont mieux réussi que des beautés plus vraies & plus sévères. La précipitation même avec laquelle il a composé tous ses ouvrages, prouve qu'il n'aspiroit qu'aux applaudissemens du moment; c'est lui qui a introduit dans la république des lettres cet art pernicieux d'étendre sa réputation par le moyen de l'intrigue & des prôneurs, cet eſprit de parti ſi contraire au bon goût, ce trafic honteux d'éloges donnés & reçus mutuellement. Enfin, il peut être regardé comme le fondateur d'une ſecte nombreuſe, qui travaille ſans relâche à détruire les vrais principes de la littérature & de la morale ; à ces titres, quels éloges mérite M. *de Voltaire*, conſidéré comme homme de lettres ? Maintenant ſi nous l'enviſageons comme citoyen, le trouverons-nous plus eſtimable ? Quel ravage, quel bouleverſement n'ont pas cauſé dans la ſociété, ces livres ſcandaleux où il s'efforce de ridiculiſer ce qu'il y a de plus ſaint & de plus ſacré parmi les hommes ! Quand la vérité de la religion ne ſeroit pas démontrée comme elle l'eſt par les preuves les plus évidentes, il faudroit toujours la conſerver & la reſpecter comme le frein du vice, la ſauve-garde des mœurs & le lien le plus ferme de la ſociété civile. Si M. *de Voltaire* eût aſſez eſtimé le public pour lui parler raiſon, il ne ſeroit pas ſi dangereux, moins de gens le liroient; on pourroit le réfuter invinciblement; mais c'eſt par des quolibets, des plaiſanteries & des ſarcaſmes qu'il a attaqué la religion: ces livres amuſans, devenus par là à la portée de tout le monde, ont fait circuler rapidement le poiſon dans toutes les claſſes de l'état, & ſurtout dans celle des jeunes gens, des femmes & des ignorans, où il a fait & fera toujours un grand nombre de proſélites. Vous voyez, Monſieur, qu'il ne convient guères après cela d'accabler M. *de Voltaire* de louanges qui contribuent à augmenter le danger de ſes écrits; il faut plutôt, en reconnoiſſant les rares talens qu'il avoit reçu de la nature, le plaindre d'en avoir abuſé.

Quant à l'ouvrage de M. *Paliſſot*, vous y trouverez quelques réflexions fines & juſtes ſur le caractère de M. *de Voltaire*; mais en général cet éloge eſt très-ſuperficiel, la matière y eſt à peine effleurée, il ſemble que l'auteur ne l'ait compoſé que dans la vue d'être chargé de l'édition des Œuvres de M. *de Voltaire*, comme il le fait assez entrevoir dans une de ses notes. Ce qui vous choquera le plus, c'est un mélange fort bisarre de flatteries & de vérités, de louanges outrées & de critiques qui les démentent; M. *Palissot* a cru par là se ménager adroitement entre les deux partis; mais sa politique l'a trompé. Les amis de M. *de Voltaire* n'approuveront point les terribles aveux qui échappent quelquefois à la candeur du panégyriste; les amis du bon goût & de la religion seront indignés des épithètes fastueuses prodiguées à M. *de Voltaire*, comme au plus grand homme qui ait jamais existé: ainsi M. *Palissot*, pour avoir voulu contenter tout le monde, ne plaira à personne, si ce n'est à lui-même.

Je suis, &c.

LETTRE

LETTRE VIII.

Eloge de M. le maréchal du Muy, *par M.* de Tresséol. *A Paris, chez* Barrois *le jeune, libraire, quai des Augustins, près le pont Saint-Michel.*

L'ACADÉMIE de Marseille avoit proposé l'éloge du maréchal *du Muy* pour sujet du prix d'éloquence qu'elle devoit distribuer le 25 août 1778. M. *de Tresséol* n'a pas eu l'ambition de concourir : content de répandre quelques fleurs sur la tombe de son protecteur, il a demandé, dès le mois de mai dernier, la permission d'imprimer son discours. Il ne faut donc pas s'attendre, Monsieur, à trouver dans cet éloge cette exaltation, ces grands mots, cette bouffissure qui forment, en général *, le caractère distinctif des

* Je dis, en général, parce que je distingue dans ces éloges celui de M *le Tourneur* qui a remporté le prix de Marseille, & qui est exempt de ce défaut. Je vous rendrai compte incessamment de cet éloge intéressant.

éloges académiques. Un récit simple & vrai des plus belles actions de son héros, récit semé de réflexions également sages & spirituelles, tel est le genre d'éloge que l'auteur a cru devoir substituer aux pompeuses exagérations de nos candidats académiques.

Ce discours débute par une pensée qui dans les circonstances présentes pourra être contestée. » Lorsqu'une » société patriotique, dit l'auteur, » propose l'éloge d'un citoyen, elle a » jugé ce citoyen vertueux; elle ne » demande que la vérité ». Pour que cette maxime fût d'une vérité générale, il faudroit dire, ou que l'académie françoise n'est pas une *société patriotique*, ou qu'elle a pu juger *Voltaire un citoyen vertueux*. Mais ne seroit-il pas également injuste, & de prétendre que l'auteur de la *Pucelle* & de l'*Epitre à Uranie*, &c. &c. fût un *citoyen vertueux*, & de refuser la qualité de *patriotique* à une société dont toutes les veilles sont consacrées à l'instruction & au bonheur de l'humanité, à la destruction de la *tyrannie* & de la *superstition*, dont tous les écrits ne parlent que d'*humanité*, de *bienfaisance*, de *tolérance* ? L'auteur avance encore que toute société qui propose un éloge *ne demande que la vérité*. Je suis persuadé que l'académie ne *demande pas la vérité toute entière*, & qu'elle dispense ses candidats de parler des haines avilissantes, des calomnies atroces, des ordures, des blasphêmes, qui ont souillé la gloire de son idole. La pensée de M. *de Tresséol* doit donc être modifiée. Il dit plutôt ce qui devroit être que ce qui est en effet.

Il y a plus de justesse dans les réflexions suivantes : « Si la sagesse nous » prescrit de choisir le modèle le plus » constamment & le plus généralement bon & facile à imiter, le modèle qui présente à tous, dans toutes » les circonstances de la vie, les instructions les plus pures & les plus » utiles, nous préférerons l'excellent » homme au grand homme, celui qui » *fit* toujours le bien que nous pourrions *faire*, à celui qui *fit* quelquefois de grandes choses qu'il n'est

» donné qu'à peu de personnages
» de pouvoir *faire*. Nous porterons
» avec empressement notre tribut à
» l'homme........ dont les qualités
» moins brillantes que solides, moins
» sublimes que précieuses, toujours
» agissantes, toujours appliquées à la
» pratique du bien, souvent plus pé-
» nible que ces efforts extraordinaires,
» mais passagers, qui tendent au grand,
» excitoient, avec le respect & l'ad-
» miration, le desir & l'espérance de
» les imiter; à l'homme qui, sur tous
» les théâtres, fut toujours le même,
» toujours lui-même; pur & incor-
» ruptible au milieu de la corruption;
» austère & rigide au milieu de la
» licence; droit & simple au milieu
» de l'intrigue;........ à l'homme
» qui mérita les récompenses sans les
» rechercher; qui, en voyant venir à
» lui la faveur, auroit considéré du
» même œil la disgrace; qui pou-
» voit être trahi par la fortune, sans
» qu'il se trahît lui-même, qui, &c.

M. *de Tresséol* a rassemblé ici avec beaucoup d'art tous les traits qui caractérisent son héros, & qu'il doit développer dans la suite de son discours.

Je ne m'attacherai pas à faire une analyse exacte des actions du maréchal, parce que je dois y revenir en parlant de l'éloge fait par M. *le Tourneur*. Je m'arrêterai seulement à quelques endroits qui vous feront connoître la manière simple & naturelle, mais en même-temps élégante de M. *de Tresséol*. » La guerre de 1734, » entreprise pour soutenir l'élection de » *Stanislas* au trône de Pologne, lui » ouvre l'école pratique, où l'instruc- » tion coûte si cher à l'humanité, & » où l'homme sensible pleure sur les » progrès qu'il ambitionne. Ces peines » sont les seules qu'il trouvera dans » cette dure école. Il les supportera » comme des peines inséparables de » son état, & avec lesquelles s'achetent » les avantages qu'il se promet ». Vous devez applaudir à la sensibilité, ainsi qu'à la finesse de cette phrase, *où l'homme sensible pleure sur les progrès qu'il ambitionne.*

Un trait bien honorable à la mémoire du maréchal *du Muy*, & dont M. *de Tresséol* a bien profité, c'est le témoignage que lui rendit le maréchal *de Saxe.* » M. le dauphin desire attacher » M. *du Muy* à sa personne en qualité » de Menin. Mais un concurrent très- » redoutable s'élève. Il suffit de le » nommer ; c'est M. le comte *de Saxe* » qui demande cette place pour un » de ses amis. Nous balançons entre » l'un & l'autre ; ce redoutable con- » current ne balancera pas ; il rendra » un noble hommage à l'amitié & à » la vertu. Dès qu'il est informé du » dessein & du choix de M. le dau- » phin : *Je ne veux pas*, dit-il, *faire à* » *ce prince le tort de le priver de la* » *société d'un homme aussi vertueux que* » *le chevalier* du Muy, *& qui peut de-* » *venir très-utile à la France* ». Si ce témoignage étoit flatteur pour M. *du Muy*, il ne fait pas moins d'honneur à la noble générosité du comte *de Saxe*.

La piété constante du maréchal *du Muy* est bien peinte dans l'ouvrage de M. *de Tresséol*, & appuyée sur des faits décisifs. » L'étiquette veut que

» les Menins accompagnent le prince » aux ſpectacles. M. *du Muy* qui ne » croit pas qu'il lui ſoit permis d'y » aſſiſter, demande à être diſpenſé de » cette obligation, & l'obtient. *Telles* » *sont les graces qu'il ſollicite* ». Cette réflexion jettée comme au haſard & en paſſant, eſt pleine de ſens & dit plus que le grand échaffaudage de paroles dont ſe ſeroit ſervi pour exprimer la même idée un orateur académique.

L'exactitude, preſque ſcrupuleuſe aux yeux des hommes mondains, de M. *du Muy*, fut ſoumiſe à de plus rudes épreuves encore; parce qu'il n'eut pas toujours le bonheur de rencontrer des princes qui, comme M. le dauphin, connoiſſoient toute la ſévérité, & ſavoient reſpecter l'autorité de la religion catholique. Obligé, en qualité de commandant d'une province, de conduire juſqu'aux bords de la ſcène un prince proteſtant, il lui repréſenta reſpectueuſement les devoirs que lui impoſoit ſa croyance. Un autre prince, pareillement proteſtant, qu'il avoit l'honneur de recevoir à sa table, s'étonna de n'y voir servir que du maigre un vendredi; M. *du Muy* lui répondit en ces termes : » Ma loi s'observe exactement dans » ma maison. Si j'avois le malheur d'y » manquer quelquefois, je l'observe- » rois plus particulièrement aujour- » d'hui que j'ai l'honneur d'avoir un » illustre prince pour témoin & pour » censeur de ma conduite. Les Anglois » suivent fidèlement leur loi ; par res- » pect pour vous-même, je ne don- » nerois pas le scandale d'un mauvais » catholique qui ose violer la sienne » jusqu'en votre présence ».

Le discours de M. *de Tresséol* est rempli de pareilles anecdotes, toutes curieuses & peu connues, qui augmentent beaucoup l'intérêt de sa diction.

La défaite de M. *du Muy* à *Warbourg* étoit un endroit délicat pour son panégyriste ; c'est un des morceaux qui m'a fait le plus de plaisir dans ce discours. » La guerre de 1755 l'enlève » encore à ces heureux loisirs. Il va sur

» la scène attirer les regards, & courir avec les dangers du soldat, les risques du commandement. Ici, la fortune l'attend pour éprouver son ame. Il est blessé à *Crévelt*; il est battu à *Warbourg* : oui, nous le répétons, il est battu; mais, & l'équité veut que nous le disions hautement & avec sincérité, sa défaite n'eût pas diminué la gloire du plus grand capitaine; sa retraite l'auroit soutenue; sa manière de supporter la disgrace l'auroit rehaussée. Celui qui prévoit l'événement, & qui veut l'éviter, n'en est pas responsable. L'avis de M. *du Muy* étoit de s'éloigner de l'ennemi, son devoir fut de combattre. Qu'auroit pu le plus grand homme de guerre à la tête de dix-huit mille hommes contre une armée de quarante mille déjà triomphante? Vaincre, c'eût été tout ensemble un prodige de génie & un miracle de la fortune; il auroit pu être vaincu sans honte. C'étoient-là les forces que M. *du Muy* commandoit, & celles que lui opposoit l'ennemi. Le

» plus habile général eût-il triomphé
» des élémens & dissipé un brouillard
» épais ; ou vu, à travers ce brouil-
» lard impénétrable, la marche & les
» manœuvres de l'ennemi ? M. *du Muy*
» essuya ce terrible contre-temps.
» Qu'eût pu faire, vaincu, le plus
» grand capitaine ? Sauver le reste de
» ses troupes, & se retirer en défiant
» la victoire même de les entamer ;
» M. *du Muy* le fit. Comment un hé-
» ros vertueux & chrétien eût-il sou-
» tenu ce revers ! Il se fût humilié
» devant Dieu, & il eût, avec rési-
» gnation, attendu la justice de la part
» de ceux qui la lui devoient : telle fut
» la conduite de M. *du Muy*. Après
» l'avoir vengé, n'écoutons donc pas
» les cris de l'injustice, de l'envie,
» de la haine ; il eut trop de vertus
» pour n'être pas en butte à leurs
» traits ; écoutons-le lui-même.
» Avant l'action dont il prévoyoit
» l'événement, il disoit à un de ses
» amis : *Il faut que vous & moi, nous*
» *périssions ici*. Il fallut qu'il se con-
» servât pour le salut de ses troupes,

» Après l'action, il écrivit au chef » de l'armée : *ce malheur ne doit être » imputé qu'aux forces supérieures de » l'ennemi, & peut-être à mes fautes. » Comme un événement semblable, s'il » étoit répété, seroit funeste à l'état dont » le bien seul fait l'objet de mes vœux, » je vous prie de donner le commande» ment à quelqu'autre qui s'en acquit» tera mieux que moi* ». Paroles sublimes qui prouvent & le zèle & la modestie de M. *du Muy*. Cependant cette malheureuse affaire, loin de lui nuire, *lui fit au contraire beaucoup d'honneur*, comme lui écrivoit M. le dauphin. Elle n'empêcha pas que *Louis XV* ne le regardât dans la suite comme un des hommes les plus propres à rendre son ancien lustre au ministère de la guerre. Sa modestie le porta à refuser une place si brillante. Le jeune monarque qui rend la France si puissante au dehors, si paisible au dedans, ne crut pas non plus à son avénement au trône, pouvoir confier à des mains plus sures une partie de son autorité. Dès que le choix du roi lui est connu, il répond : *j'ai pu ne pas consentir au choix de* Louis XV, *mais je dois obéir à la volonté du fils de M. le dauphin.* Il faut lire dans cet éloge le détail des heureuses réformes que M. *du Muy* opéra dans le militaire, & de celles qu'il méditoit. Je ne m'arrête qu'à ce qui concerne son équité. » Empressé à tout connoître, » comme il n'y avoit point pour lui » de détail ignoré dans cette partie de » l'administration, il n'y avoit point » aussi de mérite obscur. Instruit des » services de chacun, les sollicita» tions étoient inutiles ; chacun avoit » sa destination marquée. Quant à ce » qu'on appelle des graces, il n'en » auroit point accordé ; la justice n'en » fait pas, elle ne peut pas être libérale » du bien public. Il n'y avoit point » auprès de lui d'autre protection que » les services. L'amitié n'étoit pas une » recommandation, si elle n'avoit des » titres particuliers. On auroit pu » même le croire ingrat, car le senti» ment de la reconnoissance ne déter» mina jamais ses décisions. Etoit-ce

» au ministre de la guerre à acquitter
» les obligations du comte *du Muy* » ?

Un ministère qui donnoit de si belles espérances ne fut pas de longue durée. Une maladie cruelle força le maréchal *du Muy* à subir une opération dangereuse. » Sa résolution est prise de se
» soumettre à une opération mortelle.
» *Sire*, dit-il au roi, *je ne demande à*
» *votre majesté que trois semaines pour*
» *être tout entier à mon devoir ou dans*
» *le tombeau*. L'appareil est dressé,
» mais il ne s'effraye pas. Maître de
» lui-même, jusqu'à dérober à la
» tendresse soupçonneuse & clair-
» voyante d'une épouse chérie le mo-
» ment du danger, il assiste à la messe
» avant que de s'étendre sur le lit
» de douleur ; il est dès long-temps
» préparé à une mort chrétienne.
» *Depuis trente-huit ans*, dit-il, *je ne me*
» *suis pas couché une seule fois sans être*
» *prêt à paroître devant Dieu*. L'instant
» critique approche, sans qu'il éprouve
» un mouvement de crainte. Qu'est-ce
» que le courage qui, dans l'efferves-
» cence, affronte sur un champ de

» bataille la mort ſans la conſidérer ;
» ou parce qu'il la voit entourée des
» rayons de la gloire, au prix de ce
» courage froid qui, d'un œil ferme,
» enviſage la mort dans toute ſon
» horreur, & ſe place tranquillement
» ſous ſa faulx ? Enfin, l'inſtrument
» fatal déchire M. *du Muy* ; mais, ô
» douleur ! la pierre ſe briſe ſous la
» main la plus habile ; tout frémit au-
» tour de lui des ſouffrances auxquelles
» il eſt condamné, lui ſeul paroît iné-
» branlable. *Ne craignez pas*, s'écrie-t-il,
» *de me faire ſouffrir, je ſuis né pour cela.*
» O réſignation héroïque ! Les tour-
» mens redoublent ; pas un cri, pas
» une plainte, ou s'il lui échappe une
» plainte, elle n'eſt que de tendreſſe :
» *Ah ! je croyois rendre heureuſe une digne*
» *épouſe, & je vais la laiſſer déſolée.*
» Dans la crainte de frapper de ter-
» reur cette tendre épouſe, il fait de
» nouveaux efforts pour étouffer ſa
» douleur ; mais elle briſe ſon cœur,
» & la nature s'épuiſe. Plus de reſ-
» ſources ; dans la dernière criſe, il
» reçoit les derniers ſacremens, il
» meurt ».

Les deux premières anecdotes ne sont pas ici racontées dans toute l'exactitude possible. M. *du Muy* dit à notre jeune monarque, *dans trois semaines je serai aux pieds de votre majesté ou à ceux de son auguste père.* Ce qui est bien plus délicat. L'humilité chrétienne dont il faisoit profession ne lui eût pas permis de dire qu'il étoit *toujours prêt à paroître devant Dieu.* Ce propos a été tenu par son confesseur. Ces deux anecdotes ont été déjà rétablies dans l'*Année littéraire*, an. 1776, tom. 1, N° 1. Je ne m'y arrête pas davantage.

Cet éloge est l'effusion d'un cœur sensible & vertueux. Il seroit à souhaiter que toutes les académies offrissent de pareils sujets, & que tous les héros rencontrassent de pareils panégyristes. Vous ne trouverez ici ni exagération dans les faits, ni enflure dans le style. Une noble simplicité, qui n'exclud ni l'élégance, ni la force quand elle est nécessaire, caractérise ce panégyrique ; cependant comme l'auteur étoit empressé de répandre au dehors les sentimens dont son cœur

des mains habiles, de la force, des graces & de l'harmonie; quel agrément n'est-ce pas d'ailleurs, pour un lecteur, même frivole, que de trouver rassemblées, dans un même ouvrage, une foule de pièces tendres ou naïves, mais toujours piquantes, & que certainement il n'auroit point eu le courage d'aller déterrer, dans les massifs manuscrits de la bibliothèque du Roi? C'est donc un plaisir nouveau, dont on est redevable au goût & à l'activité des éditeurs; mais si à ces services ils ajoutent celui de faire connoître, par une vie aussi exacte que bien écrite, chaque auteur dont ils régénèrent les productions; si leur sagacité ne laisse point échapper de leurs écrits des passages dont ils peuvent tirer quelque induction historique, sans les rapprocher entre eux, sans les commenter, sans les lier aux évènemens du temps auxquels ils peuvent avoir quelque rapport; s'ils prennent le soin de nous donner la signification de plusieurs mots surannés, qu'on ne pourroit entendre sans le secours d'un dictionnaire, quelles obligations ne leur avez-vous pas, & quels encouragemens ne mérite pas leur travail ? Tel est exactement, Monsieur, le plan que se sont tracé les éditeurs des Annales poëtiques, & qu'ils exécutent avec un zèle infatiguable, & un succès mérité.

Le premier poëte qu'ils offrent à nos regards, dans ce second volume, se nomme *Guillaume-Alexis*; il n'est guères connu, mais il mérite de l'être. Il écrivoit dans le quatorzième siècle; sa vie n'a rien de remarquable; il étoit ecclésiastique, & ses ouvrages, loin de ressembler à ceux de ses confrères de ce temps-là, respirent tous la décence & la piété. Le style en est vif & animé, & ce qui met le comble à son éloge, c'est que notre divin *la Fontaine* faisoit cas de ce poëte. Ce portrait de l'avare justifieroit, s'il en étoit besoin, l'estime de notre fabuliste.

L'homme convoiteux est hâtif
A ravir, à donner tardif.
Il sait bien les gens refuser,
Et est habile à s'excuser.

S'il donne rien, tôt s'en repent;
Pour perdu, tient ce qu'il despend;
Ses écus sans cesse il manie;
En autre livre il n'étudie.
Soir & matin compte & recompte,
Pour savoir que son trésor monte;
Il soupire : toujours escoute
S'il vient rien; toujours est en doute.
Il n'a cure de payer rien;
S'on lui demande, il perd maintien;
Il donne, mais c'est pour gagner,
Et ne gagne pas pour donner,
Large il est là où il n'a droit;
Par ses propres biens est estroit;
Pour donner a la main couverte,
Et pour prendre l'a bien ouverte.

Quelle précision? quelle vérité? Chaque vers est un coup de pinceau qui ajoute à celui qui le précède; les anxiétés de l'avare, ses sentimens les plus secrets, tout est rendu d'après nature; *ses écus sans cesse il manie*, *en autre livre il n'étudie*, est un vers charmant; les deux derniers, *pour donner à la main couverte*, *& pour prendre l'a bien ouverte*, renferment une image pittoresque & une chûte épigrammatique.

Un autre ecclésiastique, nommé *Coquillart*, bien différent d'*Alexis* pour le talent & l'emploi qu'il en faisoit, versifioit dans le même temps, des pièces d'un ton fort libre ; la gaîté les caractérise, mais trop de simplicité les dépare : la bouteille est la Muse qui l'inspire, & presque toujours l'objet de ses chants ; aussi lui avoit-on donné, de son vivant, le surnom de *Composeur gaillard*. Après lui paroît *Octavien de Saint-Gelais*, écrivain plus fécond & bien meilleur poëte que *Coquillart*. La maison dont il sortoit étoit ancienne & illustrée. Il étudia au collège de *Sainte-Barbe*. Ses parens vouloient qu'il embrassât l'état ecclésiastique ; mais les fleurs de la poësie avoient plus de charmes pour lui que les ronces de la théologie ; quelques vers qu'il fit à la louange de *Charles VIII* lui valurent l'évêché d'*Angoulême*. Sa conduite avoit été, jusqu'à cette époque, très-voluptueuse, & il n'en changea point ; mais au moins il s'occupa du soin d'enrichir ſon diocèſe, & de réparer les bâtimens de ſon égliſe. Il mourut à l'âge de trente-ſix ans. Vous jugerez de la manière de ce poëte par ces vers d'une ballade:

On m'a donné le bruit & renommée
D'avoir été grandement amoureux,
Le temps paſſé, d'une qu'on m'a nommée.
On n'en ſait rien; ils jugent tous par eux.
Qu'ils ſachent donc que point ne ſuis de ceux
Leſquels, aimant, ne ſont aimés de dame;
S'el ne me veut, auſſi je ne la veux;
Ce m'eſt tout un: Monſieur vaut bien Madame.

Je ne veux pas que de moi ſoit blâmée;
Mais la veux bien honorer en tous lieux.
Gracieuſe eſt, & en beauté famée,
Et le maintien très-friſque & très-joyeux;
Mais s'elle croit que ſois ſi glorieux
Que tant je l'aime, nenni, j'en aurois blâme;
Car qui ne m'aime, comme je fais, ou mieux,
Ce m'eſt tout un, Monſieur vaut bien Madame.

Ce dernier vers forme tout le ſel

de cette ballade, & il faut avouer qu'il revient bien naturellement à la fin de chaque couplet; il y règne d'ailleurs un certain ton de fanfaronade, qui, loin d'être déplacé, fait le charme de cette bagatelle. Un petit quatrain du même auteur est d'une piquante précision.

Bonnes gens, j'ai perdu ma dame;
Qui la trouvera, sur mon ame,
Combien qu'elle soit belle & bonne,
De très-grand cœur je la lui donne.

Paroissent ensuite deux poëtes dont les ouvrages sont à-peu-près aussi inconnus que leur personne; l'un est *André de la Vigne*, & l'autre *Roger de Collerie*. Le premier fut secrétaire d'*Anne de Bretagne*, reine de France; plusieurs de ses pièces furent attribuées à *Octavien de Saint-Gelais*, & les éditeurs restituent à *André de la Vigne* les richesses dont il avoit été si injustement dépouillé; les triolets, les rondeaux, les ballades, sont les genres de poësie qu'*André de la Vigne* a le plus cultivés; le second, *Roger de Collerie*, fut prêtre, & mourut dans le quinzième siècle. C'étoit un bon épicurien, d'une humeur fort gaie, & ne saisissant presque jamais un sujet que du côté plaisant. Son épitaphe, composée par lui-même, mérite d'être lue.

On peut dater du moment que *Jean Marot* a pris la plume, le troisième siècle de la poësie Françoise ; ce *Jean Marot* étoit le père de *Clément Marot*, si justement célèbre par les graces & la gentillesse de son esprit. Rien n'est plus impartial que le jugement porté par les éditeurs sur les poësies de *Jean Marot* ; ils remarquent qu'il est le premier poëte qui ait donné dans notre langue l'idée du style héroïque, & qu'il écrivoit avec énergie ; cependant ils ne dissimulent point ses défauts ; ils lui reprochent, avec raison, un abus excessif des proverbes, une négligence extrême de la rime ; mais ils observent que ces fautes lui sont communes avec tous les poëtes de son temps. Il fut valet de garde-robe de *François I. Jean Marot* mourut en 1523, âgé de soixante ans, & emportant,

tant, par ses qualités personnelles, le regret de tous les honnêtes gens. Il excelloit dans le rondeau. Vous jugerez de son talent pour cette sorte de poësie, par celui-ci qui est intitulé, *En amour argent fait tout.*

Au fait d'amour, beau parler n'a plus lieu ;
Car sans argent vous parlez en Hébreu ;
Et fussiez-vous le plus beau fils du monde,
Il faut foncer, ou je veux qu'on me tonde,
Si vous mettez jamais pied à l'estrieu.

Beau dire avez dame, par la corbieu !
Je suis à vous, corps & biens, rente & jeu ;
Sans dire, tiens, tout cela rien n'abonde,
Au fait d'amour.

Mais quoique soit, si Gauthier ou Mathieu
Veut avancer, s'il ne frappe au milieu
De leur harnois, je veux qu'en enfer fonde ;
Car en effet, soit noire, blanche ou blonde,
Il faut argent pour commencer le jeu
Au fait d'amour.

Le retour de la Paix, petit poëme héroïque du même auteur, est plein de nobleſſe ; la penſée & l'expreſſion de ces quatre vers me paroiſſent ſublimes ; c'eſt la *Paix*, qui en parlant du dieu *Mars*, les adreſſe à *Jupiter*.

Or eſt ainſi que *Mars*, dieu très-puiſſant,
Plus que jamais va ſon nom accroiſſant,
Et tellement qu'il détient ſous ſes mains,
Comme ſujets, tous les ſiècles humains.

Marguerite de Navarre, ſœur de *François I*, connue ſi avantageuſement dans la littérature par ſes Contes en proſe, prouve ici qu'elle n'excelloit pas moins lorſqu'elle écrivoit en vers ; ceux que les éditeurs des Annales poëtiques ont recueillis de cette princeſſe, feroient dignes des meilleurs poëtes de ſon temps, de *Clément Marot* lui-même. « Sa poëſie eſt vive & ſpi- » rituelle ; elle a de l'imagination dans » l'enſemble & de l'eſprit dans les » détails ».

Cette princeſſe aimoit tendrement ſon frère *François I* ; c'eſt elle qui, dans le temps qu'il étoit détenu priſonnier à la cour de Madrid, après la cruelle journée de Pavie, alla le redemander à *Charles V*, & le ramena dans ses états ; pendant la maladie qui termina les jours de *François I*, elle adressoit sans cesse des vœux au Ciel pour la conservation de jours aussi précieux ; elle a consigné les sentimens de tendresse, de crainte & d'espoir qu'elle éprouvoit pour son frère, dans des vers qu'on ne peut encore lire aujourd'hui sans être attendri jusqu'aux larmes. Vous me saurez gré, Monsieur, de les mettre sous vos yeux ; c'est une prière à Dieu.

Rendez tout un peuple content,
O vous, notre seule espérance ;
Dieu ! celui que vous aimez tant,
Est en maladie & souffrance ;
En vous seul, il a mis sa fiance.
Hélas ! c'est votre roi David ;
Car de vous a vraie science :
Vous vivez en lui, tant qu'il vit.

. . . .

Je regarde de tout côté
Pour voir s'il n'arrive personne ;

Priant la céleſte bonté,
Que la ſanté à mon roi donne ;
Quand nul ne vois, l'œil j'abandonne
A pleurer, puis ſur le papier,
Un peu de ma douleur j'ordonne.
Voilà mon douloureux métier.

Il faut lire, Monſieur, dans le recueil même un petit poëme de *Marguerite de Navarre*, intitulé *les Nymphes de Diane* ; intérêt dans le fond du ſujet, imagination dans les détails, richeſſe de rimes, tout s'y trouve réuni ; je ne crois pas qu'il ſoit poſſible de mettre plus de graces dans une narration.

François I eſt moins connu par ſa qualité de poëte que par ſon titre de reſtaurateur des lettres ; il faiſoit cependant des vers agréables. On a retenu l'épitaphe d'*Agnès Sorel* & celle de la fameuſe *Laure*, compoſées par ce prince, elles ont été imprimées dans preſque tous les recueils de poëſies ; mais c'étoit à-peu-près à quoi ſe réduiſoient toutes les pièces qu'on connoiſſoit de ce roi poëte ; vous en trouverez ici de nouvelles, parmi leſquelles vous diſtinguerez ce huitain.

Celle qui fut de beauté ſi louable,
Que pour ſa garde elle avoit une armée,
A autre plus qu'à vous ne fut ſemblable,
Ni de *Pâris*, ſon ami, mieux aimée,
Que de chacun vous êtes eſtimée :
Mais il y a différence d'un point ;
Car à bon droit elle a été blâmée
De trop aimer & vous de n'aimer point.

Nous voilà arrivés à *Clément Marot*, ce poëte ſi élégant, ſi ingénieux, ſi naïf. Avant de vous entretenir de quelques-unes de ſes pièces, permettez-moi de jetter un coup-d'œil ſur quelques particularités de ſa vie, elle eſt intéreſſante, & les éditeurs en ont fait un morceau très-curieux. Ils réfutent le ſentiment de l'abbé *Goujet*, qui a relegué dans la claſſe des romans la paſſion que *Marguerite de Navarre* avoit inſpirée à notre poëte, & qu'elle éprouvoit elle-même pour lui. Rien ne paroît aujourd'hui plus démontré que la vérité de cette intrigue. Les pièces que *Marot* écrivoit à *Marguerite de Navarre*, & dans lesquelles il exprimoit son amour en termes assez clairs, les réponses que lui faisoit cette princesse, tout confirme le sentiment des éditeurs : il suffit pour s'en convaincre de parcourir les poësies de *Marot* ; il avoit aimé auparavant la fameuse *Diane de Poitiers* qui ne rejetta point ses vœux ; mais après deux ans de soupirs, d'hommages de la part de *Marot*, elle écouta plus favorablement ceux d'*Henri II*, alors dauphin. *Marot* ne put dissimuler son ressentiment, & il se permit des pièces satiriques contre *Diane de Poitiers* qui n'eut pas la noblesse de lui pardonner. Au contraire, elle devint sa plus mortelle ennemie, & lui suscita mille persécutions. Elle le taxa d'héréfie, & il fut emprisonné, d'abord au Châtelet, ensuite à Chartres ; les muses charmoient les rigueurs de sa captivité ; c'est pendant sa détention qu'il retoucha le roman de la *Rose* ; il fallut, pour sortir de prison, qu'il attendît le retour de

François I, qui étoit aussi prisonnier à la cour de *Madrid*. Je vous exhorte, Monsieur, à lire dans ce volume le récit de ses autres aventures. Il mourut à *Turin*, âgé environ de quarante-neuf ans. » Il fut plus spirituel que » savant dans ses écrits, plus aimable » que sage dans sa conduite. Sa vie » est un mélange de gloire & d'infor- » tune ... L'enjouement & la naïveté » sont le caractère distinctif de sa » poësie ».

Les poësies de *Clément Marot* occupent elles seules plus de la moitié de ce volume; il n'est aucun amateur qui n'ait lu quelques-unes de ses pièces; c'est pour cette raison que je me contenterai de vous citer l'épigramme suivante, qui est un modèle dans son genre.

Monsieur l'abbé & Monsieur son valet
Sont faits égaux tous deux comme de cire;
L'un est grand fou, l'autre petit follet;
L'un veut railler, l'autre gaudir & rire:
L'un boit du bon, l'autre ne boit du pire;

Mais un débât un ſoir entr'eux s'émeut ;
Car maître abbé toute la nuit ne veut
Eſtre ſans vin, que ſans ſecours ne meure,
Et ſon valet jamais dormir ne peut,
Tandis qu'au pot une goutte en demeure.

Quelle élégante préciſion ! Le grand *Rouſſeau* eſt le ſeul parmi les modernes qui ait ſaiſi ce *faire* original.

Si vous voulez trouver des graces naïves, un ſentiment exquis, liſez, Monſieur, le petit poëme de *Léandre & Héro* que *Marot* a imité des Grecs ; il paroît ici avec des coupures & des changemens que *Marot* lui-même approuveroit s'il revenoit parmi nous. Il eſt certain qu'elles donnent au récit beaucoup de rapidité, & par conſéquent beaucoup plus d'intérêt. Je paſſe ſous ſilence une foule d'autres pièces charmantes telles que l'épître à *Lyon Jamet*, l'*Epitre au roi*, *pour avoir été dérobé*, &c. &c. Les bornes de ces feuilles s'oppoſent au deſir que j'aurois de vous les citer. Tout ce qu'on a recueilli de *Marot*, dans les annales poëtiques, mérite d'être-lu.

Le volume est terminé par une pièce de *Jean Marot*, fils du précédent, mais qui n'a passé à la postérité qu'à la faveur du nom de son père, & par une notice exacte & raisonnée des principaux auteurs dont on n'a point recueilli de poësies. J'oubliois de vous dire que cet ouvrage est enrichi d'un portrait du poëte qui est censé le meilleur dans chaque volume. Il suffit de nommer M. *Gaucher* pour avoir une idée de la perfection que son burin savant & moëlleux donne aux têtes qu'il est chargé de graver.

Je suis, &c.

LETTRE X.

*Nouveau choix des Fables d'*Esope *, avec la version latine, & l'explication des mots en François, divisé en trois parties, pour les classes de Sixième, de Cinquième & de Quatrième ; troisième édition, par M.* le Roy *, professeur émérite de rhétorique en l'Université de Paris, au Collège du Cardinal-le-Moine, chez* Barbou *, rue des Mathurins.*

JUSTEMENT ou injustement on se plaindra toujours des livres élémentaires ; mais on aura toujours raison d'encourager ceux qui se livrent à un travail aussi difficile & aussi rebutant. Je ne puis entrer dans l'examen de quantité d'essais, qui ont paru depuis quelque temps. Mais je crois pouvoir assurer que les élémens & les principes de la langue Grecque appliqués aux fables d'*Esope* que vient de donner, au nom de l'Université, M. *le Roy*, professeur émérite de rhétorique au Cardinal-le-Moine, feront pour les commençants & pour d'autres plus avancés, de l'utilité la plus grande. Je m'en rapporterois volontiers à son expérience. Ecoutons-le : » On a osé annoncer » que les Universités n'ont produit » aucun bon livre élémentaire ; en » voici un. Qu'on l'examine avec la » plus grande sévérité, & qu'on nous » dise enfin, s'il y a une méthode » plus courte, plus claire & plus » certaine. Le secret en est très-simple, » il ne s'agit que de résoudre les mots » contractés, & de les rappeller aux » principes les plus généraux ; moyen » unique de connoître la langue dans » sa naissance, de la suivre dans ses » changemens, & de remonter à la » source des dialectes : un avantage » inappréciable, c'est de pouvoir, » après peu de jours, commencer » l'explication, & de n'avoir besoin » d'aucun autre livre pour acquérir, » en moins de six mois, une connois- » sance dejà très-approfondie ». L'auteur se plaint, dans cet avertissement, de ce qu'on l'a comme forcé à donner une nouvelle édition de ses Fables, sans y joindre ses principes, c'est ce qui l'oblige d'insister sur le besoin qu'en ont les enfans. « Nous espérons » donc, ajoute-t-il, que le public une » fois instruit, voudra que les prin» cipes soient joints aux Fables, qu'ils » ne fassent qu'un même volume, afin » que les enfans puissent les consul» ter, autant qu'ils en auront besoin. » Qu'ils sachent donc ce premier livre » élémentaire, ne fut-ce que l'extrait » destiné à un sixième, & nous ne les » verrons plus en rhétorique ignorer » encore les terminaisons & les figu» ratives, en un mot ils feront en six » mois, & sans aucune peine, ce que » le dégoût & l'ennui les empêche de » faire en six ans ».

Il est certain que c'est aux grammaires trop compliquées & au temps, beaucoup trop long, que l'on tient les enfans sur les premiers principes, qu'il faut attribuer l'aversion que les écoliers ont généralement pour le grec. Croira-t-on que dans le siècle d'*Homère*, les Grecs donnassent à leurs enfans une grammaire avec dix déclinaisons, treize conjugaisons, un traité sur les différences des dialectes, joint à une prosodie ? Pour les accens & les enclitiques, comment en auroient-ils parlé, ils n'en avoient pas même de soupçon ? Ne doutons pas que leur méthode ne fût la plus simple possible, & que celle qui en approche le plus ne soit la meilleure ; si vous jettez les yeux sur ces élémens, vous ne trouverez que ce qui est de première nécessité, & ce que des sixièmes peuvent entendre facilement. Dans le recueil complet il y a ce qu'il faut de syntaxe. Vous ne regretterez pas de parcourir les notes sur les Fables, on sent que l'auteur auroit voulu comparer & les trois langues & les trois fabulistes ; du moins il fait entendre aux maîtres que les enfans n'en seroient pas tout-à-fait incapables, si l'on a soin de leur bien faire sentir l'énergie des mots dans chaque langue, & le rapport ou la différence de leurs tours. Rien de plus propre à faire naître le goût dès les premières classes.

On fait un reproche à l'auteur d'avoir trop facilité l'application de vingt Fables de la troisième partie; il faut, dit-on, que les jeunes gens essayent leurs forces, qu'ils s'accoutument à préparer, &c. Il semble, ajoute-t-on, qu'un index auroit suffi, ou les racines Grecques, pour leur éviter la peine de recourir au dictionnaire; je laisse ceci aux réflexions de l'auteur : mais je puis l'assurer que son ouvrage sera un bien général; il doit devenir une méthode universelle; il sera enfin possible que dans les provinces le grec soit poussé avec autant de succès que dans la capitale; les maîtres pourront l'apprendre à leurs écoliers sans aucune peine, si le recueil des Fables peut leur procurer une provision de près de deux mille mots sans le secours du dictionnaire; que ne feront-ils pas dès que M. *Le Roy* nous aura donné les recueils pour la troisième, la seconde & la rhétorique qu'il semble nous promettre? C'eſt à quoi nous l'exhortons très-fort pour le bien des lettres & l'avancement des amateurs d'une langue, à laquelle nous devons tant de lumières.

Je ſuis, &c.

Lettre à M. Fréron.

JE vous prie, Monſieur, de vouloir bien inſérer dans votre Journal les remarques que je viens de faire ſur les débris d'un ancien temple qui a exiſté ſur la pente occidentale de la montagne de Montmartre, & dont je n'ai point parlé dans mes mémoires ſur la manière de bâtir des anciens.

Les hiſtoriens qui ont fait mention de ce temple ont dit, & entre autres *Abbon*, qu'il étoit conſacré à *Mars*, & ont nommé cette montagne *Mons Martis*. Leur ſentiment eſt fondé ſur le rapport de *Grégoire de Tours*, qui dit que nos rois de la première race ſe montroient au peuple une fois l'an, le premier jour de mars ou de mai, dans la plaine qui est au nord de cette montagne, & qu'on nommoit alors *le champ de Mars*. D'autres historiens, tels que *Hylduin*, ont dit que ce temple étoit dédié à *Mercure*, & que sur le refus que fit saint *Denis*, de même que ses compagnons saint *Augustin* & saint *Eleuthere*, d'encenser cette fausse divinité; ils furent décolés au lieu où l'on a construit depuis la chapelle des Martyrs. Ceux-ci ont nommé cette montagne *Mons Mercurii*, *Mons Martirum*.

Il est dit dans le recueil des Antiquités de Paris de *Pierre Bonfons*, augmenté par *Jacques du Breul*, & imprimé en 1608, que le temple de *Mercure*, dont il existe une partie des murailles, étoit à l'opposite de la chapelle des Martyrs sur le revers de la montagne, du côté de l'occident. Ce lieu est actuellement nommé par les habitans *le Veau d'or*, & l'on y voit encore deux fortes masses de murailles d'environ neuf pieds de longueur sur cinq de largeur & à-peu-près six de hauteur, & dont la construction est la même que celle des bains de *Julien l'Apostat*, qu'on voit à Paris, rue de la Harpe. Ce temple, dont on ignore l'origine, ainsi qu'un bâtiment qui y étoit joint & qui, suivant les historiens, avoit été construit de la manière la plus solide, fut renversé l'an 944, par un orage furieux, dit *Flodoart* en sa Chronique, qui déracina les arbres & les vignes & qui ébranla ces anciens monumens jusques dans leurs fondemens. Les deux parties de murailles encore existantes sont penchées vers le nord ; le lit des pierres forme une inclinaison parallèle au terrein, ce qui peut faire juger que ces monumens, construits sur la pente occidentale de la montagne, coulèrent sur un banc de glaise qui règne dans cette partie, puisqu'on le retrouve dans les cavités des environs, & s'écroulèrent en perdant leur à plomb, après avoir glissé sur cette terre grasse & inclinée qui fut amollie par l'affluence des eaux qui se précipitèrent du haut de la montagne.

Ces restes de murailles ressemblent à des bases d'éperons ou d'arcsboutans; leur conſtruction juſqu'à la hauteur d'environ quatre pieds eſt en pierres de meulières liées enſemble avec un mortier de chaux & de ſable; on trouve enſuite un lit de trois rangs de carreaux ou briques cuites au four, qui ont treize pouces un quart de longueur, ſur dix pouces un quart de largeur, & environ cinq quarts de pouces d'épaiſſeur; ces carreaux ou briques, qui ont une dureté extrême, ſont joints enſemble avec un mortier d'un demi-pouce d'épaiſſeur, compoſé avec de la poudre de pierres, du ſable & de la chaux, & dans lequel on a confondu des fragmens de cailloux ou de pierres dures: ſur ce lit de briques il ne reſte que quinze à ſeize pouces de maçonnerie, en pierres meulières, ainſi que je viens de l'expliquer. Enfin on voit ſur la partie horiſontale de ces murailles, que le mortier & les pierres ſont également encroûtés par les injures de l'air, & qu'au midi comme au couchant, il y a quelques parties d'enduits qui ont été faits avec un mortier de poudre de pierres, de ciment & de chaux. Ainſi on remarquera dans ces ruines trois mortiers différens, qui depuis plus de huit cents ans que ce temple a été renverſé, ont réſiſté horiſontalement & latéralement aux pluies & aux gelées, & qui ſont exactement les mêmes que j'ai indiqués dans mes mémoires ſur la manière de bâtir des anciens.

Si l'on compare les briques dont nous nous ſervons avec celles qui ont été employées dans la conſtruction de ce temple, on conviendra que nous ignorons à cet égard les procédés de nos ancêtres, & qu'il ſeroit bien avantageux que nous puſſions les imiter. Les briques qu'on remarque dans les bains de *Julien l'Apoſtat* ont le volume de nos briques ordinaires, celles au contraire qu'on trouve dans les débris de ce temple ſont environ de moitié plus longues & plus larges, & de moitié moins épaiſſes, ce qui peut faire croire que la conſtruction de ce temple eſt beaucoup plus ancienne, & le peu d'épaiſſeur de ces briques ſemble indiquer la difficulté qu'il y auroit eu à leur procurer une dureté égale intérieurement & extérieurement si elles eussent eu une épaisseur considérable.

Les artistes qui prendront la peine d'examiner ces débris, de même que ce qui reste de l'ancien aqueduc d'Arcueil, reconnoîtront la différence qu'il y a entre nos mortiers de construction & ceux que les Gaulois ont employés, & ils conviendront, sans doute, que si celui qu'on trouve dans les parties de murs existantes du temple de *Mercure* a résisté aux injures de l'air depuis l'an 944 qu'il y est exposé, à plus forte raison un même mortier dont on feroit une terrasse & qu'on garantiroit des pluies & des gelées jusqu'à ce qu'il fût parfaitement durci, devroit opposer une plus forte résistance, étant battu & massivé comme faisoient les anciens pour ce genre d'ouvrage, & comme font encore les Indiens Malabares.

Personne n'a l'honneur d'être plus parfaitement, Monsieur, votre très-humble & très-obéissant serviteur,

DE LA FAYE.

Indications des Nouveautés dans les Sciences, la Littérature & les Arts.

Lettre de M. Lafont, *chirurgien du Roi en sa grande prévôté, à MM. les rédacteurs du Journal de Médecine* *.

Vous avez bien raison, Messieurs, de ne pas craindre qu'on vous *prête l'intention de me faire directement de la peine :* tous vos jugemens sont dictés par l'équité. L'article qui me concerne dans votre Journal de ce mois en est une preuve.

J'ai parlé avec éloge de l'excellent ouvrage de M. *Astruc* sur les maladies vénériennes, j'ai loué l'élégance de sa latinité : de-là vous concluez obligeamment *que ce jugement ne vous permet pas de me regarder comme l'auteur d'un imprimé* ** qui paroît sous mon nom :

* *Nota.* Cette lettre ayant été mutilée dans le Journal de Paris, l'auteur nous a priés de l'insérer dans ces feuilles, telle qu'il l'avoit envoyée, & qu'elle a été réellement écrite.

** Cet imprimé a pour titre : *Idées sur les causes & le traitement des maladies vénériennes, confirmées par quelques observations intéres-*

mais pourrois-je vous demander quelle preuve vous avez que je ne ſuis pas juge compétent en fait de latinité? Cependant, c'eſt un ſi foible mérite de ſavoir une langue qu'on ne parle dans aucun pays de l'univers, que ce n'eſt en vérité pas la peine de vous détromper à ce ſujet. Suppoſons donc qu'à cet égard je n'ai loué M. *Aſtruc* que ſur parole, ne ſuis-je pas en cela l'écho de toute l'Europe, & oſeriez-vous bien démentir les éloges que je lui donne?

Au reſte, livré tout entier à l'exercice de l'art de guérir, je n'ai jamais eu aſſez de loiſir pour cultiver la littérature, je ſuis là deſſus ſans prétentions. Je n'ai pas diſſimulé à mes amis que j'avois communiqué mes idées &

ſantes, *&c.* & il ſe trouve à Paris, chez l'auteur, rue Mauconſeil, & chez *Valade*, libraire, rue Saint-Jacques. Le ſpécifique de M. *la Font* ne paroît pas devoir être confondu dans la foule des autres remèdes. On en a fait des épreuves publiques en 1773, par ordre du gouvernement, & huit procès-verbaux des commiſſaires de la Faculté, nommés à cet effet, en ont conſtaté le ſuccès.

mes obſervations à un homme de lettres à qui je ſuis redevable de l'ordre & du ſtyle qui règne dans mon ouvrage ; ce n'eſt là que la bordure du tableau : le fonds m'appartient tout entier ; & combien d'auteurs ne pourroient pas en dire autant ?

Mais qu'importe au public que je ſois l'auteur de mon ouvrage ou non ? Ce qui l'intéreſſe, c'eſt de ſavoir ſi cet écrit contient quelque vérité utile. En qualité de journaliſtes, votre devoir étoit de l'éclairer là-deſſus ; mais pour cela, il eût fallu prendre la peine d'examiner, d'analiſer, de diſcuter mes idées, & probablement vous n'aimez pas les diſcuſſions ; auſſi prenez-vous une route bien plus commode. Vous prononcez, du ton le plus leſte, que ma brochure ne contient *qu'un jargon arrangé pour donner le change au public, & pour faire valoir mon remède*. Voilà bien ce qu'on appelle juger *ſur l'étiquette du ſac !* Vous n'auriez certainement pas haſardé une déciſion auſſi peu réfléchie, ſi vous aviez ſu que l'efficacité de ce même *remède est authentiquement* attestée *par les Petit, les Doulcet*, les *Maloet*, *les* [illegible]*, les Moreau*, les *Sabatier*, *en un mot par* tout ce qu'il y a de *plus célèbre* parmi les gens de l'art *de cette capitale*. Doit-on être taxé *de tromper* le public, lorsqu'on a de *tels garans*! De pareils suffrages sont *bien* propres à me consoler de l'in*justice* de votre critique.

P. S. Mon écrivain, dont vous vantez l'*adresse à masquer la charlatanerie*, & qui n'en a pas moins pour *la* démasquer, me charge de vous dire qu'il ne sauroit mieux reconnoître les éloges que vous daignez accorder à ses talens, qu'en vous offrant de les employer en votre faveur. Il se flatte qu'il ne lui seroit pas impossible de ressusciter certaines pillules toniques, qui, depuis si long-temps, sont ensevelies dans l'oubli le plus profond.

L'ANNÉE LITTÉRAIRE.

LETTRE XI.

Œuvres de M. de la Harpe, *de l'Académie françoise, nouvellement recueillies, 6 volumes in-8°. A Paris, chez* Pissot, *libraire, quai des Augustins. Troisième extrait, tom. second.*

C'EST pour la dernière fois, Monsieur, que je vous entretiens de la nouvelle édition des Œuvres de M. *de la Harpe*. Vous êtes, sans doute, fatigué de voir reparoître si souvent sur la scène un auteur, moins célèbre par ses talens, que par ses démêlés & ses querelles littéraires. Quoiqu'il ait supprimé prudemment quelques-unes de ses pièces les plus médiocres, dans le dessein, comme il le dit lui-même; de couper les vivres à ses ennemis, les six gros volumes de sa nouvelle collection n'offrent encore que trop de matière à la critique. J'aurois desiré, Monsieur, pouvoir vous épargner l'ennui que doit causer nécessairement l'examen de tant d'ouvrages peu intéressans; mais M. *de la Harpe* ne cesse de crier à l'injustice; il se plaint amèrement de la haine & de l'acharnement de ses envieux, qui, malgré les chef-d'œuvres sortis de sa plume, s'obstinent encore à lui refuser le titre de grand homme. Il falloit donc, pour juger ce grand procès, mettre les pièces sur le bureau; c'est-à-dire, examiner scrupuleusement les productions sur lesquelles M. *de la Harpe* fonde sa réputation. Vous savez à quoi vous en tenir sur le talent de M. *de la Harpe* pour l'éloquence & la poésie dramatique, je vais vous présenter un essai de son style dans le genre épique; c'est une traduction de la *Pharsale* de *Luçain*, dont l'auteur n'offre encore au public que deux chants pour sonder son goût, & savoir s'il doit risquer le reste. Il eût été sans doute à desirer, pour l'honneur des lettres, qu'un poëte qui s'est exercé avec tant de succès dans presque tous les genres, depuis l'héroïde jusqu'à la tragédie, eût aussi fait éclorre de son cerveau fécond un poëme épique, au lieu de se borner modestement à la traduction d'un ouvrage aussi médiocre & d'aussi mauvais goût que la *Pharsale* : d'ailleurs, les désagremens que lui a causés sa version de *Suétone* auroient dû le dégoûter pour jamais du travail ingrat & pénible de traducteur, & l'avertir que la nature l'avoit fait pour être un écrivain original ; mais le desir de faire connoître au public les beautés de *Lucain*, qui étoient déjà suffisamment connues, l'a emporté sur toutes ces considérations.

Cette traduction est précédée d'une énorme préface, où vous trouverez des réflexions assez justes sur le style de *Lucain* & le mérite qui lui est propre. Ces réflexions sont appuyées d'exemples bien choisis. M. *de la Harpe* auroit dû se contenter de les citer en latin, & ne pas se donner la peine de les traduire en vers françois. Ces traductions qui sont foibles & fort inférieures au texte, défigurent un peu ce morceau de critique d'ailleurs estimable. Voici, Monsieur, le début de cette préface. Il est remarquable par un ton d'égoïsme & d'importance tout-à-fait plaisant. » J'ai commencé » par écrire contre *Lucain*, & je tra» duis la *Pharsale*. Est-ce une contra» diction dans mes principes ? Est-ce un » changement dans mes idées ? Est-ce » une réparation que je veux faire à ses » mânes ? Je dois rendre compte de mes » raisons & de mes desseins ». Ne croiroit-on pas entendre un grand ministre dévoiler les secrets importans de sa politique ? Que M. *de la Harpe* traduise bien *Lucain*, & le public le tiendra quitte des raisons qui l'ont engagé à le critiquer & à le traduire ; qu'il fasse de bons vers, & l'on s'embarrassera peu s'il s'est contredit dans ses principes, si ses idées ont changé. Quant à la réparation dont il parle, ceux qui liront avec des yeux éclairés cette traduction de *Lucain*, la regarderont plutôt comme une nouvelle insulte faite à sa mémoire. Au reste, cette morgue & cette emphase ridicule n'empêchent pas que M. *de la Harpe* n'ait bien saisi & apprécié les beautés & les défauts du poëte latin.

Lucain est dans la classe de ces écrivains philosophes qui corrompirent à Rome le bon goût du siècle d'*Auguste*; il opéra dans la poësie la même révolution que *Sénèque* dans l'éloquence; tous deux nés avec de grands talens, mais plus jaloux d'acquérir de la gloire que de la mériter, substituèrent à l'urbanité romaine l'affectation & l'enflure espagnole. Avant l'âge ou *Virgile* avoit composé ses églogues, *Lucain* entreprit un poëme épique; il se garda bien de prendre pour modèle l'*Enéide*, dont il désespéra d'atteindre les beautés vraies & solides. Elevé dans les cris de l'école, nourri d'hyperboles, de déclamations & de sentences, il porta dans l'épopée le vain étalage & le pompeux galimathias des rhéteurs de son temps; ses vers étincelans de portraits, d'antithèses, de maximes hardies, de pensées fines & souvent gigantesques, enchanterent les Romains, dégoûtés des graces naturelles de *Virgile*. La jeunesse de l'auteur contribuoit encore à augmenter l'admiration publique; & la facilité incroyable avec laquelle il composoit, presqu'en se jouant, une foule de petites pièces ingénieuses & piquantes, le faisoit regarder comme une espèce de prodige. Son poëme d'*Orphée*, qui fut couronné en plein théâtre dans des jeux publics, étoit un *impromptu* qui coûta moins de temps à l'auteur, que le poëme sur la bataille de Fontenoi n'en a coûté à M. *de Voltaire*. La gloire & les succès de *Lucain* excitèrent l'envie de *Néron*, qui avoit l'ambition ridicule d'être le plus grand poëte de son empire, &, pour écarter sûrement un rival incommode, il lui défendit de faire des vers. *Lucain* ne put digérer un si sanglant outrage; plus irrité que la comtesse *de Pimbêche*, à qui l'on a défendu de plaider, il entra dans la conjuration de *Pison*, qui fut découverte. Le malheureux auteur de la *Pharsale*, martyr de son goût pour la poësie, fut contraint de ſe faire ouvrir les veines à vingt-ſept ans. Son génie précoce avoit déja enfanté à cet âge un grand nombre d'ouvrages de différens genres, dont il ne nous reſte que le meilleur & le plus eſtimé, qui eſt la *Pharſale*. Il ne faut pas douter que les enthouſiaſtes de *Lucain*, liſant dès lors dans l'avenir, n'aient publié que ſon poëme ſeroit mis un jour par la poſtérité à côté & même au-deſſus de l'*Enéide*; ils ne ſe ſont pas trompés tout-à-fait, nous avons vu s'élever de nos jours un apôtre de *Lucain*, qui n'a pas balancé à le mettre de niveau avec *Virgile*; nous avons vu l'Académie en corps couronner la pièce où ce jugement & pluſieurs autres auſſi abſurdes étoient conſignés, & lui donner la préférence ſur deux pièces bien plus eſtimables par le fonds des choſes & le mérite des penſées; mais il faut dire auſſi, pour la gloire de notre ſiècle, & pour celle de M. *de la Harpe*, que cet auteur, ſans être arrêté par un vain reſpect pour les ſuffrages de l'Académie, & pour la réputation de M. *Marmontel*, cria au ſacrilège, avec l'enthousiasme de la jeunesse, & combattit avec tant de succès, qu'il força le chevalier de *Lucain* de faire réparation d'honneur à *Virgile*. M. *Marmontel*, vaincu dans cette dispute littéraire, a expliqué depuis ses idées de manière à ne laisser aucun doute sur la pureté de ses principes, dans la préface d'une traduction de la *Pharsale*, abrégée & écrite en prose. M. *de la Harpe*, qui trouve cette prose fort bonne, auroit pu se dispenser de nous donner ses vers, où il ne fait le plus souvent que délayer & affoiblir les pensées de *Lucain*. L'auteur de la *Pharsale*, dont le principal mérite consiste dans l'énergie & la précision des idées, beaucoup plus que dans les sentimens & dans les images, & qui, au jugement de *Quintilien*, est plutôt orateur que poëte, ne perd rien & gagne souvent beaucoup à être traduit en prose. Vous n'en douterez point, Monsieur, lorsque je vous aurai cité quelques exemples de la traduction en vers de M. *de la Harpe*.

La proposition du sujet dans un poëme épique, doit être sur-tout claire & nette, exprimée d'un ſtyle précis & correct ; reconnoiſſez-vous ces qualités dans les vers ſuivans ?

Une immenſe carrière eſt ouverte à mes pas.
Je veux ſuivre le cours de ces fameux débats.
Comment s'eſt allumée une coupable guerre ?
Quel pouvoir a produit les troubles de la terre ?
Le ſort, le ſort jaloux d'abaiſſer les grandeurs,
Qui marque tôt ou tard un terme à ſes faveurs,
Qui fit toute puiſſance & fragile & bornée,
Rome enfin par ſon poids à ſa chûte entraînée.

Il y a de l'embarras, de l'obſcurité & de l'incorrection dans les quatre derniers vers. Cette répétition *le ſort* eſt une cheville. A cette queſtion, *quel pouvoir a produit les troubles de la terre*, il n'eſt pas exact de répondre que *c'eſt le ſort*, encore moins que c'eſt *Rome entraînée à ſa chute*, parce que *le ſort* & *Rome* ne ſont pas un pouvoir. Le traducteur qui ſe pique d'abréger *Lucain*, employe trois vers foibles & plats pour rendre ce que l'original exprime très-bien preſque dans un ſeul vers.

Invida fatorum series summis que negatum
Stare diù.

Les portraits des deux rivaux, *César* & *Pompée*, sont tracés par *Lucain* avec une fierté & une vigueur de pinceau qui lui est propre. Mais la touche foible & incertaine de M. *de la Harpe* leur a fait perdre presque tout leur coloris.

Pompée avec chagrin voit ses travaux passés;
Par de plus grands exploits *tout prêts* d'être effacés,
Par dix ans de travaux la Gaule assujettie,
Semble faire oublier le vainqueur de l'Asie;
Et des braves Gaulois le hardi conquérant,
Pour la seconde place est désormais trop grand.
De leurs prétentions la guerre enfin va naître;
L'un ne veut point d'égal, & l'autre point de maître.
Le fer doit décider, & ces rivaux fameux
D'un suffrage imposant s'autorisent tous deux,
Les Dieux sont pour César & Caton *suit* Pompée.

Cette expression *tout prêts* est peu poëtique. *La Gaule assujettie* & *le conquérant des Gaulois*, répétition foible

& vicieuſe de la même idée qui ne ſe trouve pas dans *Lucain* ; à cela près, ces premiers vers ont de la correction & de l'élégance.

De leurs prétentions la guerre enfin va naître.

Vers plat, qui ne ſert qu'à la rime.

L'un ne veut point d'égal & l'autre point de maître.

eſt, ſans contredit, le meilleur vers de la tirade, quoique *maître* ne ſoit pas ici une expreſſion bien juſte pour déſigner un citoyen plus puiſſant qu'un autre ; mais ce vers n'appartient pas à M. *de la Harpe*, qui ne s'eſt pas fait un ſcrupule de le copier mot à mot dans *Brebeuf*. C'eſt auſſi dans la même ſource qu'il a pris ce vers :

Les Dieux ſont pour *Céſar*, & *Caton* ſuit *Pompée.*

En y faiſant un léger changement. *Brebeuf* a dit :

Les Dieux ſervent *Céſar*, mais *Caton* ſuit *Pompée.*

Ce plagiat eſt d'autant plus honteux que le copiſte a donné tête baiſſée dans une erreur groſſière de ſon modèle qu'il auroit dû réformer. Les deux traducteurs ont fait un énorme contreſens, & font dire à *Lucain* la plus grande ſottiſe. En effet, lorſque la guerre civile éclata entre *Céſar* & *Pompée*, on ne ſçavoit encore pour lequel des deux partis les Dieux ſe déclareroient; aucun des deux rivaux ne pouvoit donc s'autoriſer du ſuffrage des Dieux: auſſi n'eſt-ce pas là la penſée de *Lucain*.

Quis juſtius induit arma
Scire nefas; magno ſe judice quiſque tuetur:
Victrix cauſa diis placuit, ſed victa Catoni.

Ce qui ſignifie littéralement, *il eſt impoſſible de ſavoir lequel des deux prit les armes avec plus de juſtice; chacun peut s'appuyer d'un ſuffrage impoſant. Si les Dieux ont favoriſé le parti des vainqueurs, Caton a ſuivi le parti des vaincus.* Cette penſée eſt plus ſolide que brillante, comme l'a remarqué le père *Bouhours*, parce que le ſuccès n'eſt pas toujours la marque du bon droit, & que les Dieux laiſſant ſouvent agir les cauſes ſecondes, c'eſt le plus habile & non le plus juſte, qui l'emporte ; mais elle a du moins quelque choſe de hardi & de frappant, en ce qu'elle oppoſe le ſuffrage de *Caton* à celui des Dieux. C'eſt d'après l'événement que *Lucain* s'exprime ainſi, au lieu que M. *de la Harpe* ſuppoſe qu'avant la guerre civile, *Céſar* s'autoriſoit du ſuffrage des Dieux, & *Pompée* de celui de *Caton*, ce qui eſt abſurde & ridicule ; car le parti de *Pompée*, qui étoit celui de la république & de la liberté, ſe flattoit ſur-tout d'avoir pour lui les Dieux. Quand on ſe mêle de traduire, il faut d'abord entendre ſon auteur. Les bévues échappées au traducteur de *Suétone* auroient dû rendre plus attentif & plus réſervé le traducteur de *Lucain*. Il falloit qu'il conſultât le bon ſens & le texte latin beaucoup plus que *Brebeuf*.

Voici, Monſieur, la ſuite de la comparaiſon entre *Céſar* & *Pompée*.

L'un contre l'autre enfin *prêts à tirer l'épée*.

Dans le champ du combat ils n'entroient pas
égaux.
Pompée oublia trop la guerre & *les travaux*,
La voix de ses flatteurs endormit sa vieillesse ;
De la faveur publique *il savoura l'ivresse*,
Et livré tout entier aux vains amusemens,
Aux jeux de son théâtre, aux applaudissemens,
Il n'a plus les élans de cette ardeur guerrière,
Ce besoin d'ajouter à sa gloire première ;
Et fier de son pouvoir, *sans crainte & sans*
soupçon,
Il vieillit en repos, à l'ombre d'un grand nom.

Rien de plus foible & de plus lâche que cette paraphrase. Le traducteur ne fait que noyer dans un déluge de mots les pensées nerveuses de *Lucain*. *Tirer l'épée*, expression qui n'est pas assez noble, & que M. *de la Harpe* a empruntée de *Brebeuf*. On ne dit point *entrer dans le champ du combat*. Le vers suivant est terminé d'une manière platte & misérable par ce mot vague & inutile *les travaux*, qui n'est amené que par la rime. *Savourer l'ivresse*, terme impropre.

Et livré tout entier aux vains amusemens,
Aux jeux de son théâtre, aux applaudissemens.

Amplification traînante du latin *plausuque sui gaudere theatri.* Il n'y a ni élégance ni correction dans ce vers :

Il n'a plus les élans de cette ardeur guerriere.

Qu'est-ce qu'*avoir les élans d'une ardeur? Sans crainte & sans soupçon*, hémistiche oiseux & parasite. Ces quatre derniers vers ne paroîtront qu'une espèce de galimathias, si on les compare à ceux de *Lucain* qui sont énergiques & précis.

Nec reparare novas vires, multumque priori
Credere fortunæ stat magni nominis umbra.

Voici maintenant, Monsieur, le portrait de *César* barbouillé par la main de M. *de la Harpe*.

César a plus qu'un nom, plus que sa renommée;
Il n'est point de repos pour cette ame enflammée.
Attaquer & combattre, & vaincre & se venger,
Oser tout, ne rien craindre, & ne rien ménager;
Tel est César. Ardent, terrible, infatigable,
De gloire & de succès toujours insatiable,

Plus il obtient des Dieux, plus il demande encor ;
Rien ne remplit ses vœux, ne borne son essor,
L'obstacle & le danger plaisent à son courage,
Et c'est par des débris qu'il marque son passage.

Je vous ai déja fait remarquer, Monsieur, que le traducteur étoit sujet à se tromper sur le sens de son original. Il pouvoit peut-être rejetter sur *Brebeuf* la première bévue que j'ai relevée ; mais en voici une autre non moins grossière qui lui appartient en propre, & où il est tombé malgré l'autorité de *Brebeuf*. Vous la trouverez dans ces vers :

César a plus qu'un nom, plus que sa renommée,
Il n'est point de repos pour cette ame enflammée.

Je ne dis rien du défaut de liaison qu'on apperçoit dans ces deux vers isolés & décousus, qui ne semblent pas faits pour aller ensemble ; mais le premier renferme un contre-sens formel. Voici le texte :

Sed non in Cæsare tantum
Nomen erat nec fama ducis.

Ce qui signifie que *César* n'avoit pas

encore une réputation auſſi brillante, & ne paſſoit pas pour un auſſi grand capitaine que *Pompée*. M. *de la Harpe* s'eſt imaginé que *tantum* ſe prenoit là pour un adverbe, & ſignifioit *ſeulement*.

Attaquer & combattre, & vaincre & ſe venger,
Oſer tout, ne rien craindre & ne rien menager.
Tel eſt *Céſar*.

Cette définition de *Céſar* eſt tout-à-fait groteſque. Rien de plus plaiſant que cette foule d'infinitifs entaſſés qui ſignifient preſque tous la même choſe & qui ſont autant de chevilles. *Oſer tout, ne rien craindre, ne rien ménager*; & puis *Céſar* qui eſt tout cela; *Céſar* qui eſt *attaquer & combattre, vaincre & ſe venger*, il n'y a point dans *Brebeuf* d'exemples d'un ridicule plus complet.

Plus il obtient des Dieux, plus il demande encor.

Vers pillé que M. *de la Harpe* a traveſti pour déguiſer ſon larcin, & qui même eſt meilleur dans *Brebeuf*.

Plus le deſtin lui donne, & plus il lui demande.

Ce n'eſt pas là tout-à-fait la penſée de *Lucain*, qui dit que *Céſar*, toujours avide de nouveaux ſuccès, force en quelque ſorte les dieux par ſon activité à favoriſer ſes entrepriſes. Tel eſt le ſens de ce vers.

Succeſſus urgere ſuos inſtare favori
Numinis.

Sens que ne paroît pas avoir entendu M. *de la Harpe*, qui r'habille *Brebeuf* au lieu de traduire *Lucain*.

Rien ne remplit ſes vœux, ne borne ſon eſſor.

eſt un vers de rempliſſage, une répétion foible & vicieuſe.

L'obſtacle & le danger plaiſent à ſon courage.

Imitation platte & languiſſante de ce vers.

Impellens quidquid ſibi ſumma petenti
Obſtaret.

Quand on oppoſe à ces pléonaſmes, à ces vers chevillés, à cette proſe lourde & embarraſſée, les vers pleins, vigoureux & précis de l'original, où il n'y a pas un mot inutile, où chaque expression présente une idée ; on sent combien M. *de la Harpe* s'aveugloit sur son talent poëtique, lorsqu'il s'imaginoit que sa traduction étoit propre à faire connoître les beautés de *Lucain*.

César, après avoir passé le Rubicon, vient, pendant la nuit, fondre sur Rimini ; ses soldats arborent l'aigle romaine dans la place publique, & font entendre le son de la trompette.

A ce bruit menaçant qui l'arrache au sommeil,
Le citoyen, *frappé d'un sinistre réveil*,
Saisit le fer oisif qui *pend à ses murailles*,
Et qui depuis long-temps n'a point vu les batailles ;
Il prend son javelot que *la paix a rouillé*,
Et son casque terni *par le temps dépouillé*.
Mais dès qu'il voit *César* & les aigles romaines,
Il s'arrête, son sang est glacé dans ses veines,
Il gémit, *mais tout bas*, & renferme en son cœur
Sa surprise muette & sa morne terreur.

Ces vers, qui ont quelque harmonie, & dont la coupe est assez heureuse, préſentent, lorſqu'on les examine de près, une foule d'incorrections & de façons de parler plutôt barbares que poetiques. Qu'eſt-ce qu'un citoyen *frappé d'un réveil*? Que ſignifie ce fer *qui pend aux murailles*? Eſt-ce aux murailles de la ville? Le texte porte *ſacris affixa penatibus*. *Brebeuf* a traduit plus fidèlement & même plus élégamment.

Et chacun redemande aux temples de ſes
Dieux
Des armes que la rouille a preſque dévorées,
Et qu'une longue paix leur avoit conſacrées.

Que dites-vous, Monſieur, de ce *javelot rouillé par la paix*, de caſque *dépouillé par le temps*, de ces hommes qui *gémiſſent tout bas*, &c.

Je ſais qu'on ne doit point chercher dans une traduction libre, & dans une imitation en vers, cette exactitude ſcrupuleuſe d'un interprète fidèle qui s'aſſervit à tous les mots de ſon texte, mais quelque liberté que ſe donne le traducteur, il faut du moins qu'il rende le ſens & les penſées de l'auteur qu'il imite, il faut sur-tout qu'il ne le défigure pas par des absurdités choquantes ; qu'il ne le calomnie pas auprès de ceux qui n'entendent pas la langue originale. C'est ce qui arrive fréquemment à M. *de la Harpe*, qui n'ayant qu'une connoissance très-médiocre du latin, a cependant eu trop de confiance dans ses lumières, & ne s'est pas donné la peine d'étudier un peu le texte d'un auteur que son extrême précision rend quelquefois difficile. Ne mettez donc pas, Monsieur, sur le compte de *Lucain* plusieurs idées fausses & bisarres, dont M. *de la Harpe* est le créateur. Par exemple, dans un long discours que *César* adresse à ses soldats, il reproche à *Pompée*, entr'autres choses,

D'avoir affamé Rome afin de l'asservir.

Il est certain que si *Lucain* avoit effectivement mis un tel reproche dans la bouche de *César* ; il se seroit rendu ridicule aux yeux de tous les romains instruits. Dans quelle histoire M. *de la Harpe* a-t-il jamais lu que *Pompée* ait affamé Rome ? Je conçois qu'il a pu être embarrassé du sens de ces mots, *ac jussam servire famem*; il n'avoit qu'à consulter *Brebeuf* qui lui en eût donné l'interprétation. Est-il possible qu'un académicien aussi estimé que *M. de la Harpe* n'ait pas su qu'il s'agit ici du pouvoir extraordinaire dont *Pompée* fut revêtu pour faire la guerre aux pirates, pouvoir dont il fut en quelque sorte redevable à la disette que les brigandages de ces corsaires avoient occasionnée dans Rome ? Le peuple fut alors contraint par la famine de donner à *Pompée* une autorité beaucoup trop étendue pour un citoyen. C'est ce que *Lucain* exprime d'une manière très-énergique en disant : *ac jussam servire famem.* Mais rien n'est plus plaisant que de supposer que c'étoit *Pompée*, qui affamoit Rome afin de l'asservir, tandis que la famine étoit causée par les pirates.

Après le récit de la bataille de *Pharsale*, *Lucain* fait des réflexions douloureuses sur les suites funestes de la victoire de *César* qui a ravi la liberté, non-seulement aux Romains, qui exiſtoient alors, mais encore à leurs deſcendans ; il ſe plaint de la deſtinée qui le punit lui & ſes contemporains de la lâcheté de leurs ancêtres, qui défendirent mal la cauſe commune dans les plaines de *Pharſale* ; & dans un enthouſiaſme vraîment républicain, il s'écrie : *ô fortune, ſi tu voulois nous donner un maître, tu devois donc auſſi nous donner la guerre : ſi dominam dabas & bella dediſſes* ; c'eſt-à dire, avant de nous ravir la liberté, il falloit nous donner l'occaſion de la défendre par les armes ; ſi nous euſſions été vaincus, nous n'aurions attribué notre eſclavage qu'à notre lâcheté. Cette penſée eſt étrangement défigurée & tout-à-fait méconnoiſſable dans la traduction de M. *de la Harpe*.

Fortune des Romains,
Qui pour la ſervitude aujourd'hui nous fais naître,
Rends-nous la guerre *encor, elle vaut mieux qu'un maître.*

On voit qu'il s'eſt encore égaré ici ſur les pas de *Brebeuf* qui dit :

Dieux puiſſans qui veillez au bonheur de la
terre,
Ou briſez nos liens, ou rendez-nous la guerre.

Cette dernière verſion, quoique foible & peu exacte, me paroît préférable à celle de M. *de la Harpe*; du moins elle n'eſt pas défigurée par ce mot *encore*, qui, joint avec le verbe *rendre*, forme un pléonaſme ridicule, & par cette idée fauſſe & biſarre que *la guerre vaut mieux qu'un maître.*

La plus conſidérable & la plus groſſière de toutes les bévues échappées à M. *de la Harpe*, eſt celle qui termine & couronne en quelque ſorte d'une manière glorieuſe cet échantillon de traduction. A la fin du ſeptième livre de la *Pharſale*, *Lucain* apoſtrophe la Theſſalie deux fois arroſée du ſang Romain. Si tu étois, dit-il, le ſeul endroit de l'univers qui eût ſervi de théâtre à nos fureurs, tu ſerois aujourd'hui un ſéjour déſert & abhorré de tous les mortels, jamais aucun nocher n'eût relâché dans tes ports; le laboureur n'eût jamais cultivé tes champs devenus le tombeau des Romains, &c.

Romains, &c. Mais les combats ſanglans que les Romains ſe ſont livrés en Eſpagne, en Sicile, à Modène & à Leucate, ne nous permettent pas de rien reprocher à la Theſſalie. Voilà, Monſieur, la penſée de *Lucain* clairement expoſée, vous allez voir comment M. *de la Harpe* a bouleverſé tout ce paſſage. Il a imaginé qu'il ſeroit plus vif & plus poëtique de ſe répandre en imprécations contre la Theſſalie.

Fatale Theſſalie, ah! terre infortunée.....

. . . .

. . . .

Ah! que jamais nocher, accueilli dans tes ports,
N'oſe attacher ſon ancre à tes funeſtes bords;
Qu'il craigne en abordant de trouver ſur tes rives,
Et des ſpectres errans, & des urnes plaintives,
Que jamais le paſteur n'aille avec ſes troupeaux
Profaner le gazon qui croît ſur nos tombeaux;
Qu'au fond de tes vallons religieux & ſombres,
Couverts de monumens habités par des ombres,

Jamais le laboureur ne creuse des sillons,
Où du sang des Romains germeroient les
moissons.

Luçain se seroit fait siffler de ses compatriotes, si, près d'un siècle après la bataille de *Pharsale*, il se fût amusé, dans sa fureur poëtique, à souhaiter que la Thessalie, alors peuplée & florissante, eût été changée en une affreuse solitude. Il est vrai que M. *de la Harpe*, après avoir épuisé sa mauvaise humeur sur la Thessalie, s'adoucit un peu, & convient qu'elle n'est pas plus coupable que les autres provinces où les Romains se sont pareillement égorgés; mais ce correctif ne sauve pas le ridicule de ces longues & inutiles imprécations. Ce n'est pas corriger *Lucain* que d'altérer ainsi ses idées; & l'auteur de la *Pharsale* a lieu de se plaindre que M. *de la Harpe* lui prête ainsi son esprit & sa manière de penser; car il ne peut que perdre à cet échange.

Le principal mérite de *Lucain* est la vigueur & la précision du style; le défaut capital du traducteur est la foiblesse & la prolixité. On trouve quelquefois chez ce dernier des morceaux écrits avec assez de correction & d'élégance, mais presque toujours le texte latin se trouve étouffé sous des périphrases verbeuses, la force & l'énergie des pensées de *Lucain* s'évapore dans des vers lâches & vuides. D'un côté, M. *de la Harpe* retranche à *Lucain* des déclamations & des détails inutiles, de l'autre, en allongeant ses beaux endroits, il semble lui rendre ce qu'il lui a ôté, & *Lucain*, quoiqu'abrégé par son traducteur, n'en devient ni plus court ni meilleur. S'il a quelques défauts de moins, il perd presque toutes ses beautés. Il falloit, pour traduire heureusement *Lucain*, le style mâle & fier de *Corneille*. M. *de la Harpe* s'est donc engagé dans une entreprise au-dessus de ses forces & peu propre à lui faire honneur ; & d'après un pareil essai, ce qu'il peut faire de mieux, c'est de renfermer prudemment dans son porte feuille les autres chants de la *Pharsale*.

En repassant sur la foule des productions de toute espèce qui remplissent les ſix volumes de la collection de M. *de la Harpe*, je ne vois que *Warwick*, quelques tirades de *Mélanie*, & certains dignes d'être offerts au public, Par morceaux de littérature qui fuſſent quelle fatalité un auteur qui a tant écrit a-t-il écrit ſi peu de bonnes choſes ? C'eſt parce qu'il n'a point connu le genre auquel il étoit propre, & qu'il a conſulté ſon goût plus que ſon talent. Il s'eſt mis dans la tête qu'il étoit poëte & orateur ; il s'eſt efforcé de le perſuader au public, qui s'eſt obſtiné à n'en rien croire. En effet, il eſt abſolument dépourvu de ce feu créateur qui doit animer l'éloquence & la poëſie. Il y a dans tous ſes ouvrages un froid radical qui les tue ; mais je crois que M. *de la Harpe* pouvoit être un bon littérateur. Il a du goût, de l'eſprit & des connoiſſances ; il écrit aſſez bien en proſe quand la morgue & la prétention qui lui ſont ſi ordinaires, ne défigurent point ſon ſtyle. Sans doute qu'il n'aura pas trouvé les ſuccès en ce genre aſſez brillans pour lui. Si cela eſt, il a payé bien cher ſon ambition. Pluſieurs académiciens, avec le seul titre de littérateur, ont joui, & jouissent encore de la considération publique, tandis que M. *de la Harpe*, qui a fait tant de tragédies, tant de discours, tant d'épitres, tant de petits poëmes, se voit encore bien loin de cette gloire dont il s'étoit flatté. On peut dire même que le public n'a pas eu pour lui la même indulgence que pour tant d'autres auteurs qui ne valoient pas mieux. On ne lui a point pardonné sa médiocrité ; on a même poussé la rigueur jusqu'à lui refuser toute espèce de talent, & ce malheureux préjugé a fait tant de progrès, que tout le monde aujourd'hui, sans respect pour le mérite réel de M. *de la Harpe*, se croit en droit de rire à ses dépens. Grande leçon pour les jeunes auteurs, & qui doit les avertir, avant de se livrer à un genre, de consulter plutôt leur esprit & leurs forces que leur vanité & leur ambition.

Je suis, &c.

LETTRE XII.

Eloge de M. le maréchal du Muy, *qui a remporté le prix au jugement de l'Académie de Marseille, le 25 août 1778, par M.* le Tourneur. *A Paris, chez l'auteur, rue de Tournon, & chez* Merigot *le jeune, libraire, quai des Augustins, au coin de la rue Pavée.*

Si les éloges publics n'étoient consacrés qu'à l'amusement, on pourroit présenter à l'émulation des candidats académiques les panégyriques de ces hommes célèbres dont les qualités plus brillantes que solides, dont les actions plus éclatantes qu'utiles, peuvent cependant enflammer l'imagination des jeunes orateurs. Mais si le but des éloges est, comme on n'en peut douter, d'offrir des modèles à la vertu plus encore qu'à l'éloquence, il me semble qu'une société de vrais sages ne devroit jamais décerner ce tribut de louanges qu'à des hommes que la vertu réclame, & sur lesquels la religion n'a point à gémir. C'est le principe qui a dirigé sans doute l'Académie de Marseille dans le choix du modèle qu'elle vouloit présenter à l'admiration publique ; ce choix lui fait honneur & méritoit assurément l'encens délicat que l'orateur, dans son exorde, fait brûler à sa gloire.

Après avoir tracé le portrait du vrai sage, M. *le Tourneur* ajoute: » tel » fut l'homme vertueux & rare dont » vous voulez honorer la mémoire, » hommes justes & éclairés qui savez » l'apprécier ! Ce choix vous honore » vous-mêmes; il prouve que vous » n'avez point dégénéré de vos an- » cêtres, que vous n'êtes point déchus » de ces temps de splendeur, où Rome » encore maîtresse du monde se van- » toit de leur amitié fidèle, les distin- » guoit de toutes les nations qu'elle » traitoit de barbares, ne nommoit » jamais Marseille sans un éloge de ses » mœurs & de ses études, & respec- » toit encore chez vos ayeux des » vertus qu'elle avoit perdues. Vous » méritez encore aujourd'hui le même

» tribut de justice & de louange que
» leur paya *Tacite*, dans ce monu-
» ment simple & immortel qu'il a con-
» sacré à la gloire de son beau-père,
» l'illustre & vertueux élève de votre
» ville fameuse. Que n'ai-je ses pin-
» ceaux énergiques & profonds, pour
» peindre aussi un nouvel *Agricola*, né
» sous votre ciel & l'ami d'un second
» *Germanicus* »! Il est difficile de trouver quelque chose de plus adroit & de plus heureux que l'application du morceau de *Tacite* sur la ville de Marseille, & la comparaison de M. *du Muy* & de feu Mgr le dauphin avec *Agricola* & *Germanicus*.

L'orateur a cru devoir secouer le joug des divisions ; il retrace les vertus de son héros dans l'ordre même où les avoit rédigées un guerrier sensible & lettré *, qui, pour soulager sa douleur, s'étoit plu à recueillir tous les traits connus d'un oncle si cher à sa tendresse.

* M. le marquis *de Crequy*, qui a épousé la fille de M. le marquis *du Muy*, frère aîné du maréchal.

M. *le Tourneur* passe légerement sur les premières études & les premières campagnes du jeune *du Muy*. » La » paix le ramène dans la capitale ; il » est dans la fleur de la jeunesse, avec » un cœur sensible, une imagination » vive, un esprit plein de graces & » de gaité ! Que d'écueils pour une » jeune ame sur qui les passions vont » secouer de toutes parts leurs dan- » gereuses étincelles ! Que d'*Armides* » enchanteresses ! Que de vices déli- » cats & parés de fleurs tendent leurs » pièges sous ses pas & tentent de le » corrompre ! Mais déjà les semences » de la vertu ont jetté dans son cœur » de profondes racines ; déjà sa raison » combat & maîtrise ses passions. » Dans notre siècle & dans la profes- » sion des armes, au milieu de la » contagion des exemples, *du Muy* a » des mœurs, *du Muy* conservera sa » jeunesse exemte de remords ; & si » son cœur sensible doit un jour céder » au penchant de l'amour, il atten- » dra que la vertu lui en nomme » l'objet, & que le temps en épure » la flamme ».

Vous conviendrez qu'il eſt difficile de louer d'une manière plus délicate & plus vraie. L'éloge de la digne compagne de M. *du Muy* ne pouvoit être amené d'une manière plus naturelle.

Pour ſe préſerver de la corruption des mœurs, le jeune *du Muy* court chercher dans la retraite & le travail un aſyle contre les dangers de ſon âge & de ſon état. Il acquiert une foule de connoiſſances qui ajoutent encore aux graces naturelles de ſon eſprit; » car il ne faut pas voir » en lui un de ces hommes nés ſérieux » & mélancoliques que la nature a » privés des dons de plaire, délaiſſés » dans la ſolitude par la ſociété qui » les fuit, & que le vice ſemble dé» daigner & abandonner à la vertu .... » S'il fut le *Caton* de ſon ſiècle, il n'en » mérita pas moins ce titre ſi recher» ché de nos jours, & qu'on oſe pré» férer à la vertu même, le titre » d'homme aimable. Celui d'homme » juſte étoit plus cher à ſon cœur ». Suit une anecdote qui donne une haute idée de ſa juſtice. Une étincelle, tombée par haſard de la main d'un de ſes valets, embraſe la ferme d'un laboureur; *du Muy* en fait conſtruire une autre, & donne au fermier ce qui lui reſte d'or. C'eſt, comme le dit ſagement M. *le Tourneur*, après avoir développé les circonſtances qui augmentent le mérite de cette action, c'eſt par de pareils traits *qu'il faut ſaiſir & juger l'homme, & qu'on peut calçuler la force de ſa vertu.* Vous remarquerez comme cette anecdote, ſi diſparate de ce qui précède, a été amenée par cette tranſition ſi ſimple, *celui d'homme juſte étoit plus cher à ſon cœur.* Ce que je vous fait remarquer, parce que j'ai vu avec étonnement que tous les faits, quoiqu'en grand nombre, rapportés dans cet éloge, ſont tous amenés, enchaînés ſans affectation, on diroit preſque ſans art, ce qui en eſt le comble.

Quand la vertu ne ſe dément point dans les occaſions obſcures, dont je viens de parler; on peut être bien sûr qu'elle ſera à l'épreuve des plus grands ſacrifices, & qu'elle ſaura donner à l'ame cette élévation qui forme les héros. « Auſſi je ne ſuis point étonné

» de retrouver *du Muy* à Crevel, ren-
» versé sur la poussière, & baigné
» dans son sang; relevé par ses soldats,
» combattant encore & sauvant les
» derniers bataillons de notre armée;
» sa valeur est la plus vulgaire de ses
» vertus, & cette gloire, toute belle
» qu'elle est, lui est commune avec
» mille guerriers. C'est à Varbourg
» qu'il faut considérer *du Muy*; c'est
» au milieu des revers que son ame va
» montrer sa grandeur & s'élever au-
» dessus de la foule des héros ».

L'orateur rassemble tous les traits qui, pour la première fois, illustrent la défaite de son héros. Il avoit prévu l'impossibilité de vaincre une armée, plus forte du double que la sienne, située avantageusement, commandée par *Ferdinand*, qu'il suffit de nommer. Le vainqueur ne peut entamer notre armée dans sa retraite, & retournant sur-le-champ de bataille, en comptant les soldats qu'il a perdus, reste étonné d'avoir vaincu. Cependant *du Muy* a la modestie sublime de *n'attribuer ses malheurs qu'à ses fautes*; il pousse l'héroïsme jusqu'à ne daigner pas même

envoyer à la cour d'apologie de sa conduite ; il laisse l'envie triompher ; mais il n'est pas assez lâche pour accuser un guerrier recommandable, que les intriguans de la cour veulent perdre ; il ne demande qu'un emploi subalterne, puisque nos armes ont essuyé quelque revers quand il commandoit en chef ; on lui offre le commandement de l'Alsace, enlevé au général, que l'envie est parvenue à faire disgracier ; mais ne craignez pas qu'il *accepte la dépouille* d'un héros. « Où puisoit-il, dit M. *le*
» *Tourneur*, cette morale sublime, si
» étrangère dans les camps, si nou-
» velle dans les cours ; cette hauteur
» d'ame qui l'élevoit au-dessus des
» passions les plus chères aux guer-
» riers, & le mettoit sans effort au
» niveau des actions les plus héroïques
» & des sacrifices les plus extraordi-
» naires ; ce courage moral, toujours
» tranquille, toujours égal, qui n'é-
» toit point chez lui un accès, un élan
» passager, mais un état habituel, une
» force constante, agissant plus ou

» moins, ſelon la foibleſſe ou la puiſ-
» ſance de l'obſtacle qu'il falloit vain-
» cre? Il les devoit à l'union intime
» de la raiſon & de la religion.

» Il n'eſt point ton héros, philoſo-
» phie inſenſée, fille de l'orgueil &
» de l'impiété, qui n'élèves la raiſon
» que pour la précipiter, te vantes de
» tout approfondir pour tout détruire;
» qui voudroit anéantir le Dieu qui
» ſoutient l'homme au-deſſus du
» néant, ou du moins l'exiler de ſon
» propre ouvrage, & le condamner
» à une eſpèce d'inaction & de ſom-
» meil éternel: chimère auſſi cruelle
» qu'impie, qui laiſſant l'homme au
» milieu de l'univers, comme dans
» une ſolitude immenſe, en fait un
» être abandonné, qui agit ſans mo-
» tif, vit au haſard & meurt ſans
» eſpoir..... *Du Muy* penſoit que le
» téméraire qui tente d'ébranler cette
» colonne ſacrée, eſt un inſenſé qui
» veut s'écraſer lui-même ſous le
» temple qu'il renverſe; que la reli-
» gion néceſſaire au peuple; à cette
» foule nombreuſe qui ſe trouve dès

» le berceau opprimée par la nature,
» & condamnée à lutter toute sa vie
» contre les besoins, est un frein plus
» nécessaire peut-être aux grands &
» aux rois; & que le sage doit frémir
» à la seule idée que la religion s'étei-
» gne dans le cœur de ces maîtres de
» la terre, qui ne se verroient plus
» alors que comme les tyrans néces-
» saires d'un troupeau de victimes
» dévouées par la fatalité à leurs ca-
» prices & à leurs plaisirs ».

Ce portrait de la philosophie nouvelle est plein de force & de chaleur; il paroît neuf, quoique le fond des idées ait été mille fois employé: mais à quoi pense M. *le Tourneur* d'aller attaquer la *philosophie*; il sera puni. M. *d'Alembert*, roi du Mercure, & qui s'est réservé le département *des éloges*, ne parlera pas de celui du maréchal *du Muy*; il est vrai que celui de *du Quesnai* est bien autrement intéressant. Le moyen qu'on aille souiller le Mercure de toutes ces puérilités *superstitieuses* que rapporte M. *le Tourneur*, pour prouver que

M. *du Muy*, disciple docile & constant des loix du christianisme, ne se permit jamais de les enfreindre; de bonne foi, est-ce dans le siècle de la philosophie qu'on doit traiter de pareilles matières dans un éloge académique ? Il faut que l'académie de Marseille, qui a osé couronner celui-ci, ait fait bien peu de progrès dans la philosophie. Je rougis moi-même de m'appesantir sur ces détails religieux, & c'est beaucoup que d'oser renvoyer à l'ouvrage de M. *le Tourneur* ceux que le spectacle d'un guerrier, d'un homme de cour, pratiquant la religion en grand & sans petitesse, peut réjouir. Honteux de vous avoir si long-temps entretenu de religion, je me hâte de vous parler du spectacle si touchant & si nouveau dans les cours, de l'union intime, de l'amitié tendre qui rapprochoit M. *du Muy* de feu Mgr le Dauphin. Voyez dans l'éloge les principes de cette union, ses progrès, ses suites. « Ligue sublime » & sacrée, s'écrie l'éloquent orateur, » de deux ames vertueuses qui prépa-

» roient ensemble le bonheur d'une » génération ! Que ne pouvons-nous » révéler leurs secrets entretiens sur » les dangers auxquels les passions ex- » posent les rois ! Combien de fois ils » se sont promis l'un à l'autre d'être » fidèles à la vérité & à leurs sages » principes ! Combien de vœux que le » Ciel seul entendoit, pour le bon- » heur d'un peuple qui, malgré sa » légèreté, éprouve toute la constance » & toute la tendresse de l'amour » filial pour ses rois, & qui se livre si » promptement à l'enthousiasme de la » vertu, dès qu'une main souveraine » & chérie en ranime la flamme qui » n'est jamais éteinte dans son cœur ».

Mgr le Dauphin vouloit connoître les forces & les besoins d'un royaume que la nature l'appelloit à gouverner. Il crut ne pouvoir s'adresser à personne plus en état de remplir ses vues avec autant de zèle & d'intelligence que M. *du Muy*; il revenoit déposer aux pieds du prince ce trésor d'observations en tout genre & de mémoires utiles qu'il avoit recueillis. « Il goû-

» toit le plaiſir de lui montrer par
» tout un royaume plein de force &
» de reſſources, & une nation qui
» bénit toujours le nom de ſes rois &
» ne les accuſe jamais de ſes maux;
» lorſqu'il lui fallut tout-à-coup ſe
» préparer avec elle au plus grand,
» au plus inattendu des malheurs.
» Hélas! la France & lui étoient bien
» loin de prévoir, que la Providence
» avoit choiſi le fils plutôt que le
» père pour la rendre heureuſe! Quel
» deuil la couvrit dans ces jours de
» calamité! Quel deuil plus profond
» encore attriſta le cœur de *du Muy*,
» ſpectateur de ce long combat de la
» jeuneſſe & de la mort; lui qui voyoit
» plus que perſonne toute l'étendue
» de notre perte! Son ame, toute
» forte qu'elle étoit, n'eût pu, ſans le
» ſecours de la religion, ſoutenir le
» douloureux ſpectacle de ſon auguſte
» ami, perdant par degré ſous ſes yeux
» les forces & la vie; ſans l'eſpérance
» d'une vie immortelle, il n'eût pu
» ſoutenir les approches du moment
» de leur ſéparation violente. (Encore

de la religion ! ah ! quel petit esprit). » Il ne peut se familiariser avec l'idée » de survivre à un prince qu'il a si » tendrement aimé, dont il connoît » toutes les pensées & les vertus ».

Du Muy étoit prêt à suivre son auguste ami dans le tombeau, si c'eût été le décret du Tout-Puissant ; car mourir n'étoit pour lui, comme il le disoit lui-même, que la dernière action de sa vie : mais il a promis au Dauphin mourant de vivre, & d'aider de ses conseils & de ses lumières les augustes fils de ce grand prince. Il sera fidèle à sa promesse ; mais avant d'approcher du trône une grande épreuve l'attend. Des officiers distingués, aveuglés par un sentiment de jalousie & de haine contre leurs supérieurs, se sont oubliés au point de les calomnier & de les accuser d'odieuses concussions sur le malheureux soldat. *Du Muy* est chargé de les juger. Les passions frémissent autour de lui, il n'entend que la voix de la justice, s'expose à tout, & rétablit la discipline énervée par un acte salutaire de

rigueur. « Reſtez dans l'obſcurité des
» conditions privées, ames molles &
» faciles, qui, voulant le bien, n'avez
» pas le courage néceſſaire pour l'ac-
» complir. Si vous aimez l'état, n'ap-
» prochez jamais du conſeil des rois
» & ne vous chargez point de l'auto-
» rité publique. Dès qu'il s'agit de
» gouverner les hommes & de les for-
» cer à vouloir, pour leur bonheur,
» ce que veulent la juſtice & les loix,
» il faut une ame forte qui, s'élevant
» au-deſſus des ménagemens & des
» vaines bienſéances, ſache ſe dé-
» pouiller de la fauſſe pudeur qui ſa-
» crifie l'état au particulier, ſoumet la
» conſcience à la crainte des reſſenti-
» mens, & ſe fait un tarif de rigueur
» ou d'indulgence ſuivant les rangs &
» les fortunes ; une lâche bonté ruine
» & perd l'état, comme une *improbité*
» hardie & décidée ».

Un ſi grand caractère éprouvé par ſoixante années de travaux & de ſacrifices, eſt digne de faire entendre la vérité aux rois, ſur-tout à un jeune prince qui ne deſire rien tant que de la connoître. Vous verrez avec plaisir & un certain étonnement, dans cet éloge, le détail des principes d'administration, des projets & des opérations de cet excellent ministre, qui, comme l'auguste prince qui l'avoit admis dans les secrets de son cœur, n'a pas été assez connu pendant sa vie. Je ne vous parlerai que de son équité, de son inflexible justice dans la distribution des faveurs. L'amitié même, parée des graces & des attraits d'un sexe redoutable pour l'homme juste, sollicite en vain une exception unique pour le neveu d'un guerrier qu'il aime, & qui a bien mérité de la patrie (M. *de Broglie*). *Du Muy* étouffe le penchant de son cœur & n'écoute que sa justice. *Je suis bien aise*, dit-il à son amie, *que vous m'ayez fait cette demande ; quand on saura que je vous ai refusée, personne n'osera plus me demander une grace injuste.* Paroles charmantes, qui prouvent les graces de son esprit ainsi que la fermeté de son cœur.

Vous avez pu juger par les différens morceaux que j'ai pris au hasard dans cet éloge, du mérite de la diction, car elle est parfaitement soutenue. Je vais vous citer cependant encore la peroraison toute entière, qui est d'une étendue suffisante pour ne laisser aucun doute sur le talent de M. *le Tourneur.*

» *Du Muy* sera pleuré long-temps » dans ses terres, où une foule d'ha» bitans pauvres voyoient tous les » ans les moissons croître pour eux » dans ses domaines, où l'orphelin a » perdu en lui un second père, où » *du Muy* partageoit avec ses vassaux » le fardeau imposé sur eux pour les » besoins de l'état. Retraites obscu» res, asyles de l'indigence, & vous, » pasteurs, dépositaires de la charité » publique, répandus dans la Flandre » & dans la capitale, vous seuls con» noissez le cours silencieux & caché » de ses largesses ! C'est dans votre » sein que s'ensevelit cette partie pré» cieuse de l'histoire de cet homme de » bien, qui n'a eu que l'Eternel & » vous pour témoins. Combien de

» pieuſes libéralités ſa main inviſible » déroboit encore à vos yeux ! Com» bien de jeunes vertus il a ſauvées » du vice où les expoſoit la misère ! » Combien de familles honnêtes & » infortunées fleuriſſoient aux yeux de » la ſociété, ſoutenues par ſes ſecours » ignorés ! Et vous, braves guerriers, » qui reſtés ſans fortune & ſans em» ploi, étiez réduits à pleurer la paix » comme votre calamité particulière, » vous, pour qui *du Muy* s'étoit » chargé de ſolliciter les gratifications » dues à vos ſervices & néceſſaires à » vos beſoins, apprenez un ſecret que » votre reconnoiſſance ignore en» core ; il eſt permis de le révéler » ſur ſa tombe ; apprenez que ſa bien» faiſance acquitta ſeule envers vous » la dette de l'état, & qu'il vous » trompa par un généreux menſonge, » en vous cachant le refus qu'il avoit » eſſuyé & que ſa main répara.

» Vertueux *du Muy*, homme de » bien, c'eſt ſous ce titre que ton » nom ſera conſacré dans les faſtes » de notre hiſtoire : il ſuivra chez

» nos derniers neveux, dans une
» éternelle société, le nom du prince
» à qui tu fus dévoué : ta mémoire
» sera toujours chère à son auguste
» fils, que tu as servi trop peu de
» temps; mais ton ame immortelle
» le sert encore auprès de l'Être su-
» prême. Oui, du haut des cieux où
» tu as rejoint son auguste père, tu
» t'intéresses toujours avec lui au
» bonheur de la France; tous deux
» vous continuez d'inspirer le cœur
» du jeune roi, qui nous promet le
» règne des mœurs, des loix & de
» la religion; tous deux vous con-
» templez d'un regard satisfait les
» transports naissans de la nation,
» dans l'espérance prochaine d'un
» heritier qui rassemble les vertus de
» l'ayeul & du père. Si le Ciel dai-
» gne l'accorder à nos vœux, nous
» n'aurons plus qu'une prière à lui
» adresser sur son berceau; nous lui
» demanderons encore un sage tel
» que *du Muy* pour former sa jeu-
» nesse, & un trône toujours entouré
» de ministres qui lui ressemblent.

Voilà, Monsieur, la peroraison que l'auteur d'une petite brochure qui se débite *gratis* sans doute, chez *Manori*, & qui remplit parfaitement son titre*, n'a pas eu honte de dire écrite *en style de capucin*. Jugez de la bonne foi de l'*Aristarque*. C'est sans doute un des athlètes académiques qui a voulu se venger de la préférence qu'a obtenue & méritée la pièce de M. *le Tourneur*. Le critique jaloux pousse ses recherches jusqu'à compter les *que* & les *qui* rassemblés dans quelques phrases, & pour rendre plus sensible ce grand défaut, il rapproche plusieurs phrases, qui, dans le discours, sont séparées. A l'aide de cette petite ruse, l'incorrection de M. *le Tourneur* devient plus saillante. Je ne relève de toutes ces critiques, ou fausses ou minutieuses, qu'une seule dont la méchanceté m'a indigné.

M. *le Tourneur*, dans la peroraison que vous venez de lire, dit que quand la France aura le bonheur de contempler le précieux héritier du trône qu'elle attend, « il ne lui restera plus

* Elle est intitulée *la Pétaudière*.

» qu'à demander un ſage tel que *du Muy*
» pour former ſa jeuneſſe, *& un trône*
» *toujours entouré de miniſtres qui lui*
» *reſſemblent* ». L'injuſte critique s'écrie à cette phraſe : *Vous ne l'avez donc pas ce trône ? vous ne les avez donc pas ces miniſtres ?* Oui, nous les avons, ces miniſtres : mais nous ne pouvons pas eſpérer qu'ils *entoureront le trône* quand l'héritier que nos neveux ſollicitent y montera. La Providence nous conſervera ſans doute aſſez long-temps le prince chéri qui nous gouverne, pour ne pas permettre à ſes miniſtres de voir le règne de ſon ſucceſſeur. M. *le Tourneur* pouvoit ſouhaiter que le trône du prince, après lequel la France ſoupire, ſoit entouré de miniſtres ſemblables au vertueux *du Muy* ; par cette critique, jugez de toutes les autres.

Pour moi, je crois pouvoir aſſurer ſans crainte d'être démenti, que cet éloge eſt un des meilleurs qu'aient produits depuis long-temps les concours académiques. Simple ſans baſſeſſe, pur ſans affectation, quelquefois énergique ſans enflure, le ſtyle ne laiſſe preſque rien à deſirer qu'un plus grand nombre de mouvemens oratoires. Le fond en est très-intéressant pour ceux qui aiment la vertu & la vraie sagesse. Voilà les éloges dont j'aime à vous entretenir. Cependant je vous parlerai aussi quelque jour du fameux *du Quesnai* ; mais je cède, comme il est juste, le pas à M. *d'Alembert*, & la matière est si vaste & si fertile, qu'il me restera de quoi glaner après lui.

Je suis, &c.

LETTRE XIII.

Je demande bien des pardons à mes lecteurs, & à l'auteur de la lettre suivante, de ne l'avoir pas encore insérée dans ces feuilles. Elle est écrite depuis trois mois ; mais la multitude d'engagemens de cette nature que je me vois obligé de contracter presque tous les jours ne m'a pas permis de m'en occuper. Je répare cette négligence, si c'en est une, & je vous envoye cette lettre, Monsieur, dont l'objet & le ſtyle m'ont paru devoir vous intéreſſer.

Lettre à M. Fréron, *ſuivie de la réponſe.*

En liſant le compte que vous avez rendu, Monſieur, N° 24 de cette année, du poëme intitulé *Louis XIV, ou la guerre de 1701*, j'ai fait quelques obſervations ; trouvez bon, je vous prie, que je vous les communique. Elles ne ſont pas toujours d'accord avec les motifs de votre critique. Si je me ſuis trompé, relevez mes erreurs; ce ſera rendre ſervice au public. Elles ont pu ſe préſenter à mille de vos lecteurs, comme à moi ; & vous les obligerez, ſi vous leur montrez qu'ils ſe ſont trompés ; ſi, au contraire, vous les trouvez juſtes, vous prouverez, en les publiant, que l'eſprit d'équité & d'impartialité qui guide votre plume, s'étend juſques ſur vos propres productions, que vous n'écrivez que pour maintenir l'empire du goût, aux dépens même de vos opinions.

Vous approuvez M. *de Vixouze* de

s'être soustrait, dans son début, à la formule antique, en usage depuis *Homère*. Il ne commence point par ce mot sacramentel *je chante*. Ce n'est pas, dites-vous, ce qu'il a fait de moins sage. Je l'approuve comme vous; mais nous ne sommes pas d'accord sur le motif.

Vous pensez que, » les poëtes modernes n'ont pas le droit de prendre » un ton d'oracle. Jadis prêtres & législateurs, remplis d'un enthousiasme » véritable, ils pouvoient s'écrier, » nous chantons : peuples, écoutez » dans un religieux silence ».

Mais ni *Homère*, ni *Virgile* ne se sont donnés pour prêtres & pour législateurs. La simplicité & la modestie sont, au contraire, le principal caractère de leurs débuts, & vous savez que tous les législateurs du Parnasse ont fait une loi de cette modeste simplicité. Cependant ces deux poëtes annonçoient qu'ils alloient *chanter*. Quel motif les engageoit à employer cette expression? Je crois en appercevoir deux.

Ils ont, l'un & l'autre, invoqué

une muſe, & ont, pour ainſi dire, écrit ſous ſa dictée. *Homère* ne ſe met même pour rien dans ſon *Iliade*; c'eſt *Calliope* ſeule qui va parler: Muſe, dit-il, chantez la colère funeſte d'*Achille*.

L'*Odiſſée* eſt écrite ſous l'inſpiration de la muſe; c'eſt elle qui raconte au poëte les événemens qu'il va écrire. » Muſe, raconte moi les aventures de » de ce roi, qui, après la priſe de Troye, » parcourut pluſieurs villes, & connut » les mœurs de pluſieurs peuples ».

Horace a ainſi traduit les trois vers grecs qui forment cette invocation.

Dic mihi, Muſa, virum, captæ poſt tempora Trojæ,
Qui mores hominum multorum vidit & urbes.

Virgile s'eſt auſſi adreſſé à ſa muſe, & l'a priée de lui révéler les cauſes des malheurs dont ſon héros a été ſi long-temps affligé: *Muſa, mihi cauſas memora.*

Il eſt donc naturel que ces poëtes aient annoncé des chants, puiſque c'étoit une des déeſſes du Parnaſſe qui dictoit ou qui écrivoit elle-même.

D'ailleurs un poëte grec & un poëte latin pouvoient dire *je chante*. Leurs langues avoient un caractère musical, la prononciation marquoit exactement les syllabes longues & les syllabes brèves, & l'on faisoit encore sentir les syllabes longues par une élévation, ou une inflexion de voix qui étoit, pour ainsi dire, notée. *Cicéron* & *Quintilien* nous ont indiqué quelques règles de cette prononciation dans celles qu'ils ont données sur la déclamation, & sur l'arrangement des mots qu'il étoit permis de transposer, sans être astreint par l'ordre grammatical, & suivant que l'oreille, plus ou moins flattée, en prescrivoit l'arrangement.

Cette mélodie produite par la prononciation, & par la valeur prosodique des syllabes, étoit, sans doute, bien plus frappante dans la poësie, que dans la prose. La poësie étoit soumise à un mêlange régulier de longues & de brèves, qui, par la manière dont elles étoient prononcées, donnoient un véritable chant ; & leur enchaînement symmétrique & régulier flattoit l'oreille par une cadence naturellement mesurée. Si l'on faisoit quelques réflexions sur ces faits, & si l'on pouvoit acquérir quelques connoissances de la vraie prononciation des langues grecque & latine ; peut-être ne seroit-on plus étonné des prodiges que, chez les anciens, produisoit la musique soutenue de l'harmonie naturelle à leur langue.

Il s'en faut bien que nos langues modernes nous procurent ces avantages. La monotonie de notre prononciation, les syllabes sourdes dont elles sont pleines, ne leur laissent aucune harmonie proprement dite, & elles ne peuvent parvenir à être chantées qu'avec le secours d'une musique factice, qui leur est étrangère, & qui souvent dénature la vraie prononciation des syllabes. C'est quelquefois la faute du musicien, j'en conviens, & les écrivains éclairés sur l'art musical leur ont souvent fait ce reproche ; mais n'étant point conduits par la quantité bien prononcée des syllabes, n'étant point guidés par une harmonie naturelle à la langue, ils en imaginent une qui leur appartient, & qu'ils règlent plutôt sur le sens des phrases & sur les images qu'elles leur présentent, que sur les mots mêmes dont le son naturel les touche peu, parce qu'ils n'en tirent point, ou presque point de secours.

Une Muse aura donc beau écrire ou parler en françois, quelque harmonie moderne qu'elle mette dans ses vers, elle ne réussira jamais à l'orner de ce qu'on appelle proprement *chant*. C'est donc mal-à-propos que nous avons emprunté, des anciens, une expression qui rendroit exactement l'idée qu'elle présente, & qui, chez nous, ne peut signifier que cette phrase : *Je vas décrire en vers tel évènement, & les aventures de tel héros.* Ainsi M. *Vixouze* est louable d'avoir évité une formule qui ne convient point à notre poësie, & qui lui suppose un avantage dont elle est absolument dénuée.

Vous blâmez le poëte, Monsieur, d'avoir adressé son invocation à la *philosophie*, plutôt qu'à toute autre divinité. Je ſuis encore de votre avis, mais pour une raiſon différente de celle qui paroît vous avoir déterminé.

On a, ſans doute, dans ce ſiècle, beaucoup abuſé de ce mot. Bien des gens ont cru, ou ont dit, qu'ils étoient *philoſophes*, parce qu'ils ont oſé mettre au grand jour, & à la portée de tout le monde, des idées pernicieuſes en tout genre, qu'ils ont ramaſſées dans les ouvrages des anciens, où elles étoient reſtées enveloppées ſous un langage qui n'eſt pas connu du vulgaire; ou dans ceux de quelques modernes, qui les avoient, pour-ainſi-dire, éparpillées dans de gros volumes qui ne ſont lus que par ceux qui ſe livrent véritablement à l'étude, & les avoient même ſouvent tirées des endroits où il ſemble qu'on devoit naturellement les trouver, pour les cacher dans d'autres, où l'on ne s'aviſera pas de les aller chercher.

Mais, ſi cette qualité a été uſurpée par des gens à qui elle ne convient pas, & qui lui ont donné un faux ſens, il ne faut pas, pour cela, bannir le mot *philoſophie* de la langue. Pris dans son vrai sens, il signifie l'amour & la recherche de la vérité ; l'amour & la recherche de la sagesse ; & c'est, sans doute, à cette philosophie que M. *de Vixouze* a adressé son invocation ; mais je crois que cette divinité n'étoit pas celle qu'il devoit implorer pour en obtenir un poëme épique. Le poëme doit contenir deux choses : le récit de l'action qui en est l'objet, & la relation des causes secrettes & surnaturelles qui ont produit cette action, en ont conduit la marche & retardé le dénouement. C'est ainsi que la colère de *Junon* s'oppose à l'établissement d'*Enée* dans l'Italie, & met tout en usage pour empêcher un évènement arrêté par la volonté immuable du *Destin*. *Vénus*, d'un autre côté, s'intrigue, de toutes ses forces, pour lever les obstacles que son implacable ennemie oppose aux destinées de son fils. Tout le monde pouvoit connoître les voyages d'*Enée*, les traverses qu'il avoit éprouvées, les combats qu'il avoit livrés, les tempêtes auxquelles il avoit été exposé, le bonheur qu'il avoit eu d'échapper aux périls, où tout autre que lui auroit succombé. Voilà ce que l'histoire pouvoit apprendre : mais personne ne savoit la part secrette que les deux déesses avoient à ces évènemens. Tous leurs mouvemens étoient échappés aux yeux des mortels. Qui les a donc révélés à *Virgile* ? C'est sa muse, qu'il a invoquée à cet effet, & qui, en sa qualité de déesse, a dû être instruite de toutes les démarches des autres dieux ses confrères.

Musa, mihi causas memora, quo numine læso

Les chanoines de la Sainte-Chapelle se divisent en deux portions, au sujet d'un lutrin. On voit ce lutrin placé par les uns, & déplacé par les autres ; on voit les chanoines se livrer la guerre, & se battre à coups de livres, &c. Tout le monde a pu être témoin de ces faits ; mais aucun mortel n'a pu en connoître les causes secrettes. *Boileau* invoque sa muse, qui lui révèle que c'est d'un côté la *Discorde* qui est outrée de voir ce chapitre jouir des doux plaisirs d'une paix fraternelle ; & de l'autre la *Mollesse* qui ne veut pas que l'on trouble le repos oisif dans lequel ses favoris étoient plongés. Ainsi, en commençant un poëme épique, le poëte feint que c'est d'une divinité fabuleuse qu'il va apprendre les faits fabuleux dont il va composer les ressorts & la machine de son ouvrage : mais s'il invoque un être absolument opposé à la fiction, c'est un défaut de jugement, ou du moins d'attention, qu'on peut lui reprocher.

Or, la *philosophie*, qui n'est essentiellement occupée que de la verité, n'a certainement point révélé à M. *de Vixouze*, que *Typhon* a été l'ame de la guerre de 1701, & qu'il a été chercher, pour le seconder, la *Guerre* & l'*Ambition* dans leur antre commun.

Aussi a-t-on reproché à *Voltaire* d'avoir, à la tête de sa *Henriade* invoqué la *Vérité*. Cette invocation eût pu passer, s'il eût voulu écrire une histoire ; encore cette formule seroit-elle alors inutile. L'historien, sans s'attacher aux causes premières, ne rend compte que des évènemens dont il peut être instruit par les mémoires des contemporains.

Permettez-moi, je vous supplie, encore une observation avant de finir. L'auteur transporte le héros du poëme dans le temple du *Destin*, & le remet entre les mains de la *Nature*, qui lui a montré comment les bons & les mauvais rois sont traités après leur mort, & lui découvre les principaux évènemens du siècle de son successeur. Outre le défaut que vous reprochez à cette fiction d'être imitée de *Voltaire*, qui l'avoit lui-même imitée de l'inimitable sixième livre de l'*Enéïde*, je crois en appercevoir encore un autre.

Jamais la *Nature* n'a été considérée que comme réglant les évènemens physiques; & nullement les évènemens moraux. Ceux-ci ont toujours été du ressort du *Destin*, qui seul les détermine suivant son caprice. Pourquoi donc confier à une divinité qui lui est soumise, dont il peut, malgré elle, déranger les opérations les mieux préparées, au moment même où elle est prête à en faire sortir les effets, une instruction que lui seul est capable de donner?

Quant à la deſcription de la *Nature*, elle me paroît aſſez poëtique, mais d'un genre de poëſie plus convenable à l'ode qu'à l'épopée. Celle-ci ne ſouffre point de ces deſcriptions *brillantées*, qui ſentent trop l'enthouſiaſme poëtique. Elle doit être rapide dans ſa marche, toujours tendre à ſon but, & ne jamais s'arrêter pour ſe parer d'un ornement, ſur-tout quand cet ornement lui eſt étranger. Que fait à la guerre de 1701 la deſcription de la *Nature?* Cette deſcription même n'eſt pas régulière, puiſqu'elle contient des traits qui peuvent beaucoup mieux s'appliquer au *temps*; & dans le fait M. *de Vixouze* les a pris du grand *Rouſſeau*. Trouvez bon que je copie ici ces ſtrophes. » Je ſais, dit M. *L. D. D. N.* dans ſes *Réflexions ſur le génie d'Horace, de Deſpreaux & de Rouſſeau*, » que tout le monde » les a ſous les yeux; mais je m'aſſure » que ceux qui ont le bon eſprit de » les ſavoir par cœur, ſeront bien » aiſes de les trouver encore ici ».

Ce vieillard, qui, d'un vol agile,
Fuit ſans jamais être arrêté,

Le *Temps*, cette image mobile
De l'immobile éternité,
A peine du sein des ténèbres
Fait éclore les faits célèbres,
Qu'il les replonge dans la nuit.
Auteur de tout ce qui doit être,
Il détruit tout ce qu'il fait naître,
A mesure qu'il le produit.

Mais la déesse de mémoire,
Favorable aux faits éclatans,
Soulève l'équitable *Histoire*
Contre l'iniquité du *Temps*,
Et dans le registre des âges,
Consacrant les nobles images
Que la gloire lui vient offrir,
Sans cesse en cet auguste livre,
Notre souvenir voit revivre
Ce que nos yeux ont vu périr.

Vous voyez, Monsieur, que cette révolution continuelle de choses qui naissent & qui périssent par les mains du *Temps*, dans l'Ode de *Rousseau*, est décrite presque dans les mêmes termes, par M. *de Vixouze*; encore ne me paroît-il pas avoir fait un juste emploi du larcin qu'il s'est permis. La

Nature, examinée par ses véritables fonctions, ne détruit rien; elle s'occupe uniquement de cette métempsycose physique qui transmue continuellement les formes extérieures de la matière, par une circulation qui n'est jamais interrompue : mais elle a grand soin de ne rien perdre; elle conserve scrupuleusement jusqu'au plus petit atôme. C'est le *Temps* qui, dans le style poëtique, crée & détruit tout, tant en morale & en politique, qu'en physique; car les mythologues ne connoissent les êtres que par leur forme extérieure; détruire cette forme, c'est, à leurs yeux, détruire l'être même. Le *Temps* plonge encore dans le néant les grandes actions, les productions des plus grands génies, les empires qui paroissent le plus solidement établis, tout est exposé aux coups de sa faux qui n'épargne rien. Mais pendant qu'il détruit d'une main, de l'autre il soulève le rideau, découvre ce qu'il a préparé pour remplacer, à mesure, ce qu'il détruit, & qu'il tenoit caché sous le voile épais de l'avenir. C'est donc à tort que M. *de Vixouze* a appliqué à la *Nature* ce que le génie de *Rousseau*, toujours guidé par la justesse, avoit appliqué au *Temps*.

» J'ai l'honneur d'être, &c. ».

RICHER, Avocat.

Réponse à la Lettre précédente.

Je suis très-flatté, Monsieur, quand mes observations littéraires en font naître d'autres à des hommes aussi instruits que vous, & qui veulent bien me les communiquer. Je m'empresse de les mettre sous les yeux du public, quoiqu'elles attaquent quelquefois les anciennes; & je respecte en silence la décision du juge suprême; car c'est toujours à lui qu'il faut en revenir en matière de critique. Bien différent de certains journalistes, qui le sont devenus insensiblement, tout en décriant ce métier, je n'ai jamais prétendu donner mes jugemens les mieux motivés pour des arrêts irrévocables. Je les crois au contraire très-souvent susceptibles de nouvelles modifications; & je souscrirois volontiers à celles que vous venez de m'envoyer, si elles portoient aussi directement sur les articles dont il s'agit, qu'elles sont savamment exposées.

Premièrement, ce que vous dites

ſur les débuts de *Virgile* & d'*Homère* eſt très-juſte. Mais je n'ai point parlé de ces deux poëtes, & j'ai encore moins avancé qu'ils fuſſent véritablement prêtres & légiſlateurs. Ce double titre ne convient, à proprement parler, qu'à leurs maîtres, aux createurs de la poëſie, aux *Linus*, aux *Orphées*, &c. dont l'enthouſiaſme exalté tout exprès pour ſubjuguer des hommes encore ſauvages, a produit ces premières formes lyriques, que leurs diſciples n'ont fait qu'imiter, ces formes tout à la fois impératives & religieuſes: *Deus ecce Deus : procul eſte profani.*

En ſecond lieu, je ne crois pas que ce ſoient nos langues modernes, mais nos mœurs, qui défendent aux poëtes de nos jours de dire qu'ils *chantent* : leur inſpiration ne paroît plus ſacrée, mais factice. En effet, tous les peuples, même les plus ſeptentrionaux, dont les organes paſſent pour être les plus rebelles, ont une mélodie articulée, & par conſéquent une langue chantante plus ou moins : la françoiſe n'eſt pas auſſi diſgraciée à cet égard que vous le croyez. Je n'en veux d'autre preuve que la prodigieuſe quantité de nos vaudevilles aussi agréables à l'oreille qu'à l'esprit.

Quant au troisième article de vos remarques, vous croyez, Monsieur, que la Philosophie personifiée, comme étant un être essentiellement ennemi des mensonges poëtiques, ne peut figurer dans l'épopée qui ne vit que de fictions. Mais cette contradiction apparente est illusoire. Le poëte ne donne pas ses fictions pour telles. Il établit son merveilleux sur des suppositions admises qui lui donnent tous les avantages de la vérité. Ainsi la Philosophie, comme tout autre divinité, pourra devenir un agent épique, quand il sera employé avec art. Je n'ai blâmé dans l'auteur du poëme qui donne lieu à ces éclaircissemens, qu'une affectation ridicule de s'adresser à la patrone de nos beaux esprits modernes.

Au surplus, Monsieur, je goûte fort dans votre dernière observation, la manière dont vous concevez & dont vous définissez la nature. Mais en reprochant à l'auteur la description trop brillante qu'il en fait, sous prétexte que l'épopée n'en admet point de cette espèce, je crains bien que cette assertion ne soit une hérésie littéraire, puisqu'il est reconnu que ce genre de poësie renferme presque tous les autres, & en offre des modèles.

Ce que vous ajoutez sur la méprise du poëte qui applique à la nature les attributs du temps, est plus exact, & fort ingénieusement rapproché. Je crois que M. *de Vixouze* en fera son profit, & qu'il sera aussi reconnoissant que moi de la peine que vous avez prise de vous occuper de son ouvrage, qui peut, à l'aide de la critique, se perfectionner & devenir intéressant.

Je suis, &c.

Indications des Nouveautés dans les Sciences, la Litérature & les Arts.

Méthode de guitarre, pour apprendre seul à jouer de cet instrument sur les principes de M. Patouart, *par M.* Corbelin, *son élève. Prix 12 liv. A Paris, chez l'auteur, place Saint-Michel, maison du chandelier; Pont Notre-Dame, au cabinet littéraire; à Versailles, chez* Blaizot, *rue Satory, & aux adresses ordinaires de musique; avec privilège du roi.*

Le succès qu'a eu cet ouvrage dès sa naissance, en faisant son éloge, fait aussi celui des talens de l'auteur. Les principes y sont traités avec la simplicité qui convient à un livre élémentaire : il semble qu'avec un tel guide les difficultés de l'instrument doivent disparoître. Un ordre graduel règne dans les leçons, & les connoissances que l'on acquiert à chaque page, rappellent sans cesse celles qui ont précédé. L'auteur a eu soin de mettre en marge l'explication de chaque difficulté afin d'éviter les recherches dans les pages précédentes, travail qui rebute toujours les commençans même les plus zèlés ; la clarté qui règne dans cette méthode n'exige d'autre intelligence que celle de savoir lire la musique sur la clef la plus connue. Une note avertit qu'il ne sera vendu aucun exemplaire des ouvrages de M. *Corbelin* sans qu'il l'ait signé.

Recueil d'ariettes d'opéra comiques & autres, avec accompagnement de guitarre, pour servir de suite à la méthode ci-dessus. Prix 6 l. aux mêmes adresses.

Deuxième recueil d'ariettes des Trois Fermiers & autres, avec accompagnement de guitarre, par le même auteur, pour ſervir de ſuite à ſa méthode ci-deſſus. Prix 4 l. 4 ſ. aux mêmes adreſſes.

Ces recueils ſont une collection des plus jolis airs, embellis encore par des accompagnemens faciles & pleins de goût.

Almanachs chantans & amuſans, qui ſe trouvent à Paris, chez Valade, *libraire, rue Saint-Jacques, vis-à-vis celle des Mathurins, pour l'année 1779.*

La corbeille galante. Les hommages d'un amant à ſa maîtreſſe. Les révolutions amoureuſes, ou étrennes aux belles. Les amours en pantoufle, très-agréable. Les caprices, ou l'aimable fantaiſie du beau ſèxe. Les bouquets de l'amour au beau ſèxe. Tablettes de Flore, ou les étrennes de l'amour & de l'amitié. L'amuſement des coquettes ou l'emploi d'un quart-d'heure. Le code de l'amour, ou étrennes à ma maîtreſſe. Le précepteur d'amour, ou les folies amoureuſes. Le meſſager d'amour, almanach chantant & lyrique. Le préſent ſans prétention, ou amuſemens de la jeuneſſe. Les étrennes de l'amour, almanach chantant & lyrique. Les oracles, almanach très-amuſant pour des compagnies. Almanach du sort, aussi très-amusant. La rosée de Cythère. Le passe-temps des jolies femmes, ou almanach des Lises & des Susons.

Tous les airs de ces almanachs sont bien choisis ; il y en a plusieurs de notés, & l'on y trouve les ariettes les plus agréables des opéras comiques que l'on représente à la comédie italienne.

On trouve chez *Desnos*, Ingénieur-géographe pour les globes & sphères, rue Saint-Jacques ; les almanachs suivans. *Etrennes patriotiques, ou Recueil anniversaire d'allégories sur les époques du règne de* Louis XVI. *Le Calendrier de Paphos, dédié aux jolies femmes, suivi de tablettes économiques. Le Souvenir du voyageur, composé d'un papier propre pour écrire & dessiner les observations que les commerçans & les voyageurs se proposeront de faire. L'Almanach du comestible ; le Bijou des Dames, ou description des perles & des parfums les plus précieux, enrichi de figures coëffées du nouveau goût, avec tablettes économiques, perte & gain & stylet pour écrire.* Ces Amanachs ont tous un objet d'utilité & d'agrément.

L'ANNÉE
LITTÉRAIRE.

LETTRE XIV.

Ode sur la guerre présente, après le combat d'Ouessant, par M. Gilbert. *A Paris*, *chez* Berton, *libraire*, *rue Saint-Victor ; & chez* le Jai, *libraire*, *rue Saint-Jacques. Prix 12 s.*

LORSQU'ON se rappelle les honneurs rendus aux premiers poëtes lyriques, on est étonné, Monsieur, de l'espèce de mépris où semble être tombé le genre de l'ode si vanté par les anciens & même par nos pères. Le dépit de quelques auteurs modernes à qui la mode étoit soumise, & qui ne pouvant se dissimuler leur impuissance, ont malheureusement trop réussi à se venger sur le genre même de l'ode de l'oubli où furent ensevelis en naissant leurs avortons pindariques ; cette philosophie dominante qui communiquant sa froideur à tous les esprits, les a rendus insensibles au feu des grandes images, telles sont les causes les plus apparentes de cette révolution littéraire. Mais il en est une qui ne frappe que les observateurs attentifs, instruits de l'influence des moeurs sur le goût des nations. C'est la mollesse universelle où le siècle est plongé. C'est cette dépravation des ames qui, les empêchant d'opérer de grandes choses, ne leur permet pas même de les sentir. Aussi les siècles les plus fertiles en poëtes lyriques sont-ils ceux qui furent illustrés par un plus grand nombre d'actions héroïques.

On ne sauroit donc assez applaudir au zèle de M. *Gilbert*, qui, dédaignant les honneurs éphémères accordés aux poëtes efféminés qui chantent la frivolité du siècle & la nourrissent par leur morale, ne s'occupe qu'à flétrir le vice par des satires utiles, ou à rallumer l'enthousiasme des grandes vertus, par des odes patriotiques. Il étoit réservé à son pinceau mâle de tracer le tableau des grands événemens qui ressuscitent, pour ainsi dire, la France. Son but, dans l'ouvrage que je vous annonce, est de peindre la supériorité qu'ont reprise nos armes, & d'exciter nos braves militaires à soutenir l'honneur de leurs premiers succès.

Plein de son objet, il entre rapidement en matière, & peint avec les plus fortes couleurs la fuite précipitée de nos ennemis au combat d'*Ouessant*. Il a fui, dit-il, devant nous, ce peuple usurpateur des mers; à peine nos vaisseaux ont-ils paru, qu'il laisse au loin la mer déserte.

Des François menaçans l'image le poursuit;
Il fuit encor, caché sous de lâches ténèbres,
Et dans ses ports jadis célèbres,
Il court de son salut rendre grace à la nuit.

Vous remarquez, sans doute, cette belle répétition *il fuit encor*, cette épithète heureusement hardie, *lâches ténèbres*. Cette expression animée *rendre grace à la nuit*: mais le feu du poëte va toujours en croissant & la seconde strophe enchérit encore sur la première.

Tu disois cependant, anarchique insulaire,
Environné des mers, seul, je suis né leur roi;
L'orgueil des nations s'abaisse avec effroi
Sous mon trident héréditaire;
Les François sont ma proie; ils n'affranchiront pas
Les humbles pavillons que mon mépris leur laisse,
Déjà vaincus de leur mollesse
Et du seul souvenir de nos derniers combats.

Quelle vérité dans tout ce discours! N'y reconnoissez-vous pas le langage insultant de ces orgueilleux insulaires? Comme le poëte peint par le seul mot *anarchique* le caractère de cette nation! Quelle harmonie! chaque expression est préparée par celle qui la précède; *je suis né leur roi*, justifie l'audace de l'épithète *héréditaire* adaptée *au trident*. Pouvoit on mieux peindre les prétentions présomptueuses de ce peuple, qui se croit le *Neptune* des mers? Vous observerez, sans doute, une gradation marquée d'énergie dans les idées & les expressions de cette superbe strophe, qui rappellant le morceau sublime de *Bossuet* sur *Alger*, ne lui est point inférieure pour le fonds des choses, & l'emporte par le mérite d'une belle poesie.

Le poëte continue de peindre les folles menaces des Anglois; il retrace la joie d'une auguste princesse en revoyant un époux qui s'étoit arraché à son amour pour chercher les périls & la gloire. Il invite ensuite ce jeune héros à de nouveaux exploits. Les bornes d'un extrait ne me permettent pas de citer tout ce qu'il y a de frappant dans cet ouvrage. Mais les strophes que je suis forcé d'omettre ne sont pas indignes de celles que j'ai transcrites.

L'auteur, pour donner plus d'action au discours qu'il adresse ensuite à nos guerriers, suppose les deux flottes en présence.

Bientôt vous entendrez par cent bouches rivales,
L'airain contre l'airain tonnant avec fracas;

Vaiſſeaux heurtant vaiſſeaux, ſoldats contre
ſoldats
Epuiſant leurs haines natales.

Voyez comme tout eſt animé dans ces vers ; les vaiſſeaux, l'airain, tout ſemble partager la fureur du ſoldat ; la dureté des mots, la répétition des mêmes ſons imite le bruit & le choc des combattans. *Leurs haines natales* eſt encore une de ces épithètes pleines de ſens qui ſont familières à M. *Gilbert*. Après cette courte deſcription, il s'écrie tout à coup comme s'il étoit lui-même préſent au combat, *triomphons ou mourons* ; & continue d'exhorter ainſi nos guerriers à ſortir vainqueurs de la première guerre dont notre jeune monarque ait vu troubler ſon règne paternel.

Songez, en défiant l'Anglois & les tempêtes,
Que ſi vous prodiguez votre ſang généreux,
Ce n'eſt point pour tenter un de ces vols heureux,
Annoblis du nom de conquêtes ;
François, vous combattez pour l'honneur des
François ;

Vos affronts commandoient la guerre qui s'élève ;
Un siècle efféminé s'achève ;
Qu'un siècle de grandeur s'ouvre par vos succès.

Vengez-nous ; il est temps que ce voisin parjure
Expie & son orgueil & ses longs attentats ;
D'une servile paix, prescrite à nos états,
C'est trop laisser vieillir l'injure.
Dunkerque vous implore ; entendez-vous sa voix
Redemander les tours qui gardoient son rivage,
Et de son port, dans l'esclavage,
Les débris s'indigner d'obéir à deux rois.

Dieu, qui tiens sous tes loix la fuite & la victoire,
Toi dont le souffle appaise & soulève les eaux,
Qui pousses à ton gré les empires rivaux
Vers leur décadence ou leur gloire ;
Si l'injustice arma nos ennemis jaloux ;
A nos vaisseaux, conduits par tes mains tutélaires,

Soumets les vents auxiliaires ;
Descends, DIEU des BOURBONS, & combats avec nous.

Des vertus de LOUIS récompensant la France,
Tu permets qu'il revive en sa postérité ;
De ce palmier tardif un rameau souhaité
Est promis à notre espérance :
Naissez, fils de l'état, pour le voir triomphant !
Grand DIEU ! tu ne veux point, déshonorant nos ames,
Troubler par le deuil & les larmes
Les fêtes qu'on prépare à ce royal enfant.

Quel lecteur instruit & familiarisé avec les anciens ne sera point frappé de la beauté de ces vers ! Quelle sublimité d'images & de sentimens ! quelle richesse de rimes ! avec quel art l'auteur a su lier à son sujet un événement qui lui étoit étranger, & que la joie publique l'engageoit à rappeller ! La seconde strophe de cette tirade est comparable aux plus belles qui soient dans *Rousseau* ; c'est le langage sublime des prophètes. Les *tours*, les *débris* du port de *Dunkerque* animés &

prenant la parole pour exciter les François au combat, forment une image grande & pathétique. Tous les mots paroiſſent choiſis dans cette ſtrophe, une *ſervile paix*, une *paix preſcrite*, *laiſſer vieillir l'injure*, les *tours qui gardent le rivage*, *le port dans l'eſclavage*, *les débris qui s'indignent d'obéir à deux rois*, voilà des expreſſions de la plus grande énergie.

Peut-être des eſprits timides, & qui ne permettent point au poëte de s'élever plus haut que la portée de leur foible vue, oſeront blamer la noble audace du ſtyle de l'auteur; mais ignorent-ils donc que les grands mouvemens, les figures hardies, les expreſſions pittoreſques doivent ſurtout caractériſer la poëſie lyrique? Les poëtes tragiques eux-mêmes, dont le ſtyle doit être plus ſimple, dans les paſſions fortes, ſe permettent ſouvent ces hardieſſes qui marquent l'enthouſiaſme. C'eſt ainſi que *Racine* a dit:

Le flot qui l'apporta recule épouvanté.

M. *Gilbert* ne fait qu'imiter les

anciens en se servant de ces tours extraordinaires, & de ce style plein de passion; ainsi j'applaudis encore à cette image de la fuite personnifiée, à cette pensée fièrement peinte qui nous représente *Dieu qui pousse à son gré les empires vers leur décadence ou leur gloire*, à cette épithète neuve, (*auxiliaires*) appliquée aux vents. Vous remarquerez cependant qu'il sait varier son style selon les sentimens qu'il veut peindre ou inspirer. La dernière strophe de ce morceau est pleine de douceur & de mollesse. L'éloge qu'il fait du roi est simple & coule du cœur. *Palmier tardif*, cette épithète peint un sentiment. Admirez l'adresse du poëte, à peine a-t-il annoncé cet enfant si desiré, aussi-tôt, retournant à son sujet par un mouvement plein de feu, il s'écrie dans le transport de la joie:

Naissez, fils de l'état, pour le voir triomphant!

Puis il justifie cet enthousiasme par ces vers si touchans, *grand dieu tu ne veux point*, &c. vers qui présentent à la fois & une prière pathétique & un motif plausible de confiance, & qui forment encore une heureuse transition.

En effet, le poëte qui voit dans la naissance de cet enfant un présage assuré de la faveur du ciel, exhorte éloquemment nos guerriers à lui créer par leur valeur un appanage nouveau.

Cette épée en fureur, qui s'agite en vos mains,
Lui doit la mer pour appanage.

Il faut voir avec quel art l'auteur lie encore à son sujet les événemens qui se passent dans le nouveau monde. Un poëte philosophe se seroit, sans doute, répandu en vaines déclamations sur la liberté, sur les droits de l'homme. M. *Gilbert* s'est borné à choisir les seules circonstances qui pouvoient animer la valeur de nos guerriers. L'exemple des Américains prouve, dit-il, que nos ennemis ne sont pas redoutables, il les en atteste, & s'écrie, *enhardissez nos coups*

Colons républicains par la victoire absous
D'avoir banni d'injustes maîtres.

François par l'amitié, depuis ce jour vengeur à
Où *Vergennes* du monde aſſurant la balance,
Conſacra votre indépendance,
Et défit Albion par un traité vainqueur.

⚜

Peignez votre univers où leur pouvoir expire,
De leur domaine ingrat, retranché pour jamais;
La liberté transfuge oppoſant à l'Anglois
Empire élevé contre empire;
Leurs climats épuiſés d'hommes & de tréſors;
Les champs Américains dévorant leurs armées;
Leurs flottes en vain conſumées;
Leur triple état courant s'engloutir ſur vos bords.

Voyez comme cet éloge d'un grand miniſtre eſt, pour ainſi dire, jetté par l'auteur ſans ſe détourner du but vers lequel il court. L'idée que *la victoire abſout* les Américains du crime de rébellion paroîtra fauſſe à tous ceux qui ne feront pas attention que c'eſt une ſatire déguiſée de l'iniquité des hommes qui font dépendre du ſuccès la juſtice des armes. Cette expreſſion hardie d'un *traité vainqueur* n'échappe point, ſans doute, à votre attention

Mais ce qui doit sur-tout vous frapper c'est l'énumération rapide des revers qu'essuyent les Anglois. Quelle force de pensée ! La chute fréquente des vers de cette strophe qui cependant ne forme qu'une seule phrase, donne du mouvement au style, toujours plein & toujours animé. Nul mot inutile ; *la liberte transfuge opposant empire contre empire* ; *les champs Américains dévorant les armées* ; *leur triple état courant s'engloutir*, quelles images ! quelle précision ! Mais je m'apperçois que c'est faire injure à mes lecteurs que de m'attacher à prouver la beauté de pareils vers ; je ne prétends pas cependant que cette ode soit toute entière aussi belle que les strophes que je vous ai citées ; mais il n'en est aucune de foible, aucune qui ne renferme de grandes beautés, & je n'y ai remarqué que des taches légères & en petit nombre. Je n'approuve point, par exemple, les vers suivans :

Ciel que de sang *versé* teindra l'humide plaine ;
Des deux côtés l'onde promène
Des forêts, des cités, *enceintes* de guerriers.

Que de sang VERSÉ teindra, &c. *versé* est une mauvaise épithète. Il est certain que le sang qui ne sera pas *versé* ne teindra pas *l'humide plaine.* Des cités *enceintes de guerriers* me paroît une expression forcée. M. *Gilbert* s'appuye de *Virgile* qui dit, *machina* FŒTA *armis.* L'imitation n'est pas heureuse. En voici une autre qui vous choquera peut-être encore davantage. *Virgile* a dit *pendent ingentes minæ murorum.* Cette image paroît avoir fourni à M. *Gilbert* le germe de celle-ci. *C'est toi*, dit-il, *que j'atteste*, *guerre intestine*

> Qui tiens la dernière *ruine*
> *Pendante sur le front* de ces tyrans des eaux.

La guerre qui tient une ruine pendante, & *pendante sur le front*; J'avoue que cette image me choque singulièrement. La hardiesse est une belle chose, sans doute; mais encore est-il un terme où il faut s'arrêter : *est modus in rebus.* Ailleurs le poëte parle *du trône des états humides.* Je n'aime ni *les états humides*, ni *leur trône.* On dit bien l'empire des mers, le sceptre des mers;

mais je ne crois pas qu'on puisse dire le trône des mers, si ce n'est en parlant de *Neptune*, & quand on emprunte le langage de la mythologie.

En terminant son ode, M. *Gilbert* introduit les mânes de nos anciens héros exhortant en ces termes nos guerriers :

» *Ici sont les Anglois* : des dangers qu'il affronte
» Chacun de vous aura son père spectateur ;
» Marchez, *vous disent-ils*, devant vous est l'honneur ;
» Derrière, *à vos côtés*, la honte ».

Je conseille à M. *Gilbert* de refaire entièrement ces quatre vers qui défigurent ce bel ouvrage. *Ici sont les Anglois* ne signifie rien, & ce début du discours des *mânes* n'est pas brillant. Ce n'étoit pas la peine de venir de si loin pour apprendre à notre flotte qu'elle étoit en présence des Anglois *Vous disent-ils*, est un tour trop foible pour une poësie comme celle de M. *Gilbert*. Il est d'ailleurs rejetté trop loin, &, par cette raison, répand une sorte d'obscurité sur la phrase. *La honte eſt derrière*, c'étoit aſſez ; *à vos côtés* eſt une cheville inſérée pour achever le vers.

Je vous ai cité, Monſieur, avec impartialité les plus beaux endroits & les plus foibles de cette production. Les autres défauts qu'on pourroit y remarquer ſont ſi légers qu'on n'y feroit pas attention dans les ouvrages d'un écrivain d'un mérite inférieur à celui de M. *Gilbert*. Mais ces taches rares & légères ne peuvent nuire au ſuccès de ce bel ouvrage, qui doit ajouter encore à la réputation que l'auteur s'eſt acquiſe par des productions du même genre, & par des ſatires qui ont produit la plus vive ſenſation. Ce qui rend encore plus précieux le talent de M. *Gilbert* c'eſt qu'il ſe montre toujours bon citoyen par l'uſage qu'il en fait. Nous ne ſaurions trop l'exciter à ſuivre une carrière qu'il parcourt avec tant de gloire. Je ne crains pas d'avancer qu'il n'eſt point aujourd'hui de poëte qui mette dans ſes ouvrages autant de verve & d'énergie ; ſes ennemis même n'oſent lui refuſer le génie poëtique &

l'art de tourner supérieurement les vers. Si l'injustice & les clameurs d'un parti puissant auquel il s'est rendu redoutable ne découragent point son talent, nous ne doutons point qu'il n'obtienne un des premiers rangs sur le Parnasse françois.

On sait que feu M. *Fréron* avoit composé une ode adressée aux Anglois dans le temps que le Prétendant se proposoit de faire une descente en Angleterre. On n'a cependant trouvé parmi ses papiers qu'une seule strophe écrite sur un brouillon, mais qui fait bien regretter le reste. Comme elle a quelque rapport à la matière présente, & que vous serez bien aise de comparer les manières différentes de deux habiles poëtes, je vais vous rapporter cette strophe unique.

Il vient, il est déja sur la plaine liquide
Qui sépare à jamais votre isle parricide
Du reste des humains indignés contre vous;
Les vents officieux, secondant son passage,
Conduisent au rivage
Son navire chargé du céleste courroux.

Quelle élégance ! quelle harmonie ! *Votre isle parricide*, *les vents officieux*, le *navire chargé du céleste courroux* ; quelles épithètes ! Et voilà cependant l'homme dont *Bébé* s'efforce de flétrir la mémoire ! C'est montrer l'injustice la plus révoltante envers le chantre de la bataille de *Fontenoy*, & l'ingratitude la plus noire envers son parrein.

Je suis, &c.

LETTRE XV.

La littérature est dans ce moment, Monsieur, frappée du fléau de stérilité ; à peine paroît-il un ouvrage digne des honneurs de l'analyse ; on ne voit éclore dans l'ombre que de petits romans sans vie & sans chaleur, d'insipides pamphlets, *morts avant que de naître*, un essaim prodigieux de *prospectus*, & pas un bon livre ; vous devez donc m'excuser, & même me savoir gré, Monsieur, si au milieu de cette sécheresse, j'accueille avec plaiſir les lettres intéreſſantes qu'on me fait l'honneur de m'adreſſer ; celle-ci eſt d'une dame, encore plus recommandable par ſes vertus ſociales que par ſes talens ; au don de penſer elle joint la bienfaiſance & la ſenſibilité ; elle eſt digne d'apprécier *Jean-Jacques Rouſſeau*. Cette juſtice que je rends ici aux qualités de ſon cœur & aux lumières de ſon eſprit, ne doit point être regardée comme cette monnoie courante d'éloges payés & rendus que nos écrivains actuels s'adreſſent mutuellement avec tant de bénignité. Ce n'eſt point pour reconnoître les choſes flatteuſes que Madame *du Riez-Geneſt* veut bien dire de ce Journal que je me permets cette foible eſquiſſe de ſa perſonne. Quoique parfaitement inſtruit de tout ce qui la rend ſi eſtimable, je n'ai cependant l'avantage de la connoître que par quelques lettres dont elle m'a honoré au ſujet du petit écrit que vous allez lire ; je l'ai même ſuppliée d'en retrancher les louanges que *l'Année Littéraire* doit à ſon indulgence ; mais elle a été inébranlable, & il m'a fallu, malgré moi, les adopter, plutôt que de priver mes lecteurs d'un morceau fait pour leur plaire.

Le nom de *Jean-Jacques Rousseau* suffit pour exciter le plus vif intérêt, & la manière dont il est vengé ne peut que le justifier & l'accroître. Madame *du Riez-Geneſt* trace, avec beaucoup de finesse, le caractère de ce grand écrivain, d'après les ouvrages immortels qu'il nous à laissés. Le style de cette lettre est noble, pur, élégant. M. *de la Harpe* sera le seul qui s'en plaindra; mais il lui sera aisé de se consoler, en se rappellant, avec sa modestie ordinaire, que le divin *Orphée* fut autrefois déchiré par les bacchantes.

Lettre à l'Auteur de ces feuilles sur un article du Mercure & du Journal de Paris concernant J. J. Rousseau.

Monsieur,

Dans le premier mouvement d'indignation que me causa la lecture de l'article qui se trouve dans le Mercure du 5 octobre concernant *J. J. Rousseau*, je vous demandai si vous vous proposiez de défendre ce grand homme. Je crus que vous montrer le desir qu'avoient ses véritables partisans, de vous voir embrasser sa querelle, c'étoit vous y engager. Vous me répondites plusieurs jours après, que *vous ne vous proposiez nullement de venger* Rousseau *dans ce moment-ci.* Je ne pus attribuer ce retard qu'à l'abondance des matières qui devoient entrer dans votre excellent Journal. Il ne me paroissoit pas naturel que vous renonçassiez à un honneur que vos talens, & l'opinion publique vous déféroient; après y avoir bien pensé, je crois que ce n'est pas un autre *moment* que vous attendez, mais un autre adversaire, de qui on ne puisse pas dire, vaut-il la peine d'être combattu?

Vous connoissez, sans doute, Monsieur, une lettre qui a paru dans le N°. 303 des feuilles de Paris: mais je désespère que vous nous en disiez votre sentiment, & je me flatte que vous ne trouverez pas mauvais que je vous entretienne de l'impression qu'elle m'a faite. Cette lettre a causé la plus grande sensation: quelques personnes en ont été transportées; s'annoncer comme ami de *Rousseau*, c'est le moyen de se concilier le suffrage de tous les gens qui l'aiment; &

chez presque tous ces gens-là, le sentiment prévaut sur la réflexion. Il étoit si bon, si sensible, que tous ceux qui ont l'imagination vive & l'ame tendre, se déclarent nécessairement pour lui. D'autres personnes prétendent que la façon dont M. *Olivier de Corancez* relève les écarts de M. *de la Harpe* n'est pas décente ; pour moi, Monsieur, je suis plus attaché à la mémoire de *J. J.* que ceux qui préconisent la lettre de M. *Olivier de Corancez*, & plus indulgent que ceux qui la censurent. Si la persuasion de mon insuffisance n'avoit pas réprimé le desir que j'ai eu de répondre à M. *de la Harpe* ; j'aurois bien mieux mérité que M. *Olivier de Corancez*, les reproches qu'on lui fait. J'aurois dit à l'académicien, que je ne suis pas étonnée que le jugement qu'il prononce sur *J. J. Rousseau* soit pitoyable ; mais que je le suis beaucoup qu'il ait eu la témérité de le prononcer. En effet, Monsieur, comment la destinée d'*Oza* ne l'a-t-elle pas fait trembler ? Je lui aurois dit. . . . . . Mais laissons là M. *de la Harpe*, laissons-le voir, sentir, écrire, versifier, juger à sa manière : le corbeau ne sauroit croasser aussi harmonieusement que le rossignol chante.

Venons à M. *Olivier de Corancez*, personne ne demandera pourquoi on s'occupe de lui : je trouve ses intentions louables ; son style naturel ; le rôle dont il s'est chargé, fait bien présumer de son cœur, & la façon dont il le remplit fait l'éloge de son esprit. Avec tout cela, sa lettre me laisse beaucoup à desirer. Loin de trouver qu'il dit à M. *de la Harpe* des vérités trop dures, j'aurois voulu qu'il relevât avec plus de fermeté, la révoltante légèreté avec laquelle l'auteur du Mercure donne pour vraies, des anecdotes qui ne peuvent pas l'être, & qui, le fussent-elles, seroient absurdement placées à la suite de cette phrase. *La tombe sollicite l'indulgence, en inspirant la douleur.* Quelle indulgence, grand Dieu! quelle douleur que celles qui présentent chargé de torts & d'humiliations, aux yeux du public, un homme célèbre qu'il pleure encore ! Quand ces anecdotes controuvées par malignité, & adoptées par sotise, seroient incontestables, il y auroit de la barbarie à les rapporter; & quoique la cruauté ſoit l'appanage de la baſſeſſe, on eſt ſurpris d'en trouver dans un homme qui a tant de beſoin de l'humanité des autres. Eh! quel tort plus grave peut-on imputer à un philoſophe, qui a pris pour deviſe, *Vitam impendere vero*, que d'avoir abandonné le prix de la vérité pour courir après celui de l'éloquence? Que la calomnie ne ſe raſſure pas, ſur ce que la mort enchaîne les facultés de *Jean-Jacques :* ſi un homme de lettres avoit l'audace de dire, *c'eſt moi qui ai donné à* Rouſſeau *le conſeil qui lui a valu la couronne académique*, mille voix s'élèveroient pour lui répondre: Vous êtes un impoſteur; celui qui a renoncé à la fortune, ſacrifié ſa liberté, expoſé ſa vie par attachement à la vérité, ou aux ſublimes erreurs qu'il prenoit pour elle, n'a jamais établi ce qu'il ne penſoit pas. C'eſt pour cela que ſon éloquence étoit ſi ſoutenue, ſi magnifique, ſi entraînante: l'énergie naît de la perſuaſion. Voilà, Monſieur, d'où il me ſemble que M. *Olivier de Corancez* devoit partir, pour nier

qu'un

qu'un homme de lettres eût tenu le propos cité, & non pas de sa trivialité. Il y a tel homme de lettres qui en tient de plus plats encore : je n'en veux pour preuve que l'observation niaise qui donna lieu à la belle réponse de M. *de Buffon*, qui lui fait encore plus d'honneur qu'à *Jean-Jacques*. Ne trouvez-vous pas aussi, Monsieur, que M. *Olivier de Corancez* relève bien foiblement la vile adresse avec laquelle M. *de la Harpe* insinue que M. *D*. excluoit *Jean-Jacques* de sa table, quand les gens de lettres s'y rassembloient ? Je sais qu'il y a des gens lettrés dans les classes les plus élevées de la société : mais qui sont donc les gens de lettres par état (les exceptions ne tirent point à conséquence) pour que le citoyen de Genève ne pût être admis à manger avec eux ? Du côté de la naissance, il les valoit tous : du côté du mérite, il valoit mieux qu'eux tous. Si j'étois à la place de ce M. *D*. je me trompe fort, ou j'apprendrois à M. *de la Harpe* qu'on ne couvre pas impunément de ridicule un homme qui a des *commis* de l'espèce de *J. J. Rousseau*. Quant à moi, je ne pourrois admettre la vérité de ce fait si malhonnêtement allégué, qu'à l'aide de cette supposition. Si *Rousseau* ne dînoit pas avec les gens de lettres convives de M. *D*. c'est que dès-lors il les connoissoit assez pour les fuir.

Je ne conçois pas, Monsieur, comment quelqu'un qui annonce autant d'esprit, de jugement, de sagacité que M. *Olivier de Corancez*, & qui a vécu familièrement avec *Jean Jacques* peut dire : *J'ose affirmer qu'il ignoroit sa force, & qu'il ne se voyoit qu'à travers le voile de la modestie*. Je n'ai pas eu l'inestimable avantage de vivre familièrement avec *Jean-Jacques* ; mais j'ai étudié son caractère dans ses ouvrages, où il se peint si bien ; & dans tout ce que j'ai pu recueillir de ses discours & de ses actions, j'ose affirmer que je l'ai bien saisi, ce caractère unique, & que je chéris plus que personne, la mémoire de celui qu'il immortalise bien plus sûrement encore, que les talens qu'il réunissoit ;

car la manière d'être de *Jean-Jacques* passera à la postérité avec ses écrits, puisqu'ils la contiennent. Eh bien! Monsieur, je suis forcée de l'avouer, si cela étoit en mon pouvoir, je retrancherois de la touchante énumération que M. *Olivier de Corancez* nous fait des vertus pratiques de son ami, le mot de *modestie*; & je lui substituerois celui de *modération*, vertu que l'extrême sensibilité de *Rousseau* rendoit en lui si admirable, & que M. *Olivier de Corancez* se contente d'indiquer. *Jean Jacques* n'étoit point modeste, il étoit bien mieux que cela, il étoit vrai. *Les gens d'esprit*, disoit-il, *se mettent toujours à leur place, la modestie chez eux est toujours fausseté.* Que l'on pèse cette phrase dans le silence de l'amour propre, & on conviendra que ce qu'on appelle *modestie*, n'est une vertu dans un homme supérieur, qu'aux yeux de ses concurrens offusqués de sa gloire. Trop sincère pour être modeste, trop grand pour être vain, celui que nous regrettons s'apprécioit, comme l'auroit apprécié tout autre, qui auroit eu autant de lumières, & d'impartialité que lui : il connoissoit bien la trempe des armes qu'il employoit pour combattre les préjugés & les vices, fléaux de la nature & de la société : il goûtoit le premier, & mieux qu'aucun de ses lecteurs, les charmes inexprimables qu'il répandoit sur ses ouvrages ; l'accord de ce qu'il disoit & de ce qu'il sentoit, lui garantissoit leur succès. Quelquefois sa fierté s'indignoit des odieuses interprétations de ses adversaires ; mais sa bonté, qualité que personne n'a jamais portée plus loin que lui, l'amenoit bientôt à les plaindre : non, avec cette compassion insultante à l'usage de la médiocrité ; mais avec cette tendre commisération, que l'ami de la vérité devoit avoir pour tous ceux qui s'éloignoient d'elle. Il jouissoit, sans doute, du sentiment de sa propre valeur ; mais il n'en tiroit pas le droit de dédaigner les gens d'un mérite ordinaire, & pourvu qu'on ne fût ni fourbe ni méchant, on étoit, à ſon avis, tout ce qu'il eſt néceſſaire d'être.

Souffrez, Monſieur, que je me permette encore une obſervation ſur la lettre de M. *Olivier de Corancez*. Je ſuis bleſſée d'y voir les noms de *Voltaire* & de *Rouſſeau*, ornés des mêmes épithètes, & placés à côté l'un de l'autre. Je crois que le premier doit retentir dans les académies & le foyer de la comédie françoiſe; & le ſecond, par-tout où ſont encore en honneur, l'amour de la vérité, la rectitude des principes, l'auſtérité de la morale, la pureté des mœurs, & la ſaine philoſophie. Il y a long temps qu'on l'a dit: *on eſt de la religion de ce qu'on aime*. Je ſuis trop l'amie de *Rouſſeau* pour être l'ennemie de *Voltaire*: mais il me ſemble que le plus bel eſprit, & le plus grand génie de ce ſiècle, ne ſont pas faits pour figurer enſemble; & je dirois volontiers que M. *Olivier de Corancez* eſt trop l'ami de *Voltaire*, pour être autant qu'il le faudroit celui de *Rouſſeau*. Au reſte, M. *Olivier de Corancez*, choqué de l'effor que prend M. *de la Harpe* me paroît un homme raisonnable, impartial, ami de l'ordre ; & ce n'est que par ce que je fais un cas infini de sa façon de penser, que je desirerois qu'il eût assez aimé *Rousseau* pour ne lui associer personne. J'ai encore été tentée de reprocher à M. *Olivier de Corancez* de n'avoir pas mis de chaleur dans la défense de l'immortel Génevois ; mais en considérant que c'est à M. *de la Harpe* que cette défense est adressée, j'applaudis à la générosité de son auteur.

Ne pensez pas, Monsieur, que j'aie voulu faire l'éloge de *J. J. Rousseau* ; ce seroit encore le reduire au taux général. Depuis l'établissement des académies, de qui ne fait-on pas l'éloge ? Non seulement je ne voudrois pas faire le sien, quand je me sentirois des talens qui pussent répondre à mon zèle : je voudrois même que personne ne le fît. Eh ! ne l'a-t'il pas fait lui-même, toutes les fois qu'il a écrit, parlé, agi ? Il ne nous a laissé qu'un moyen de le louer, c'est de nous rendre ses bienfaits utiles, en méditant ses ouvrages, en nous pénétrant de ses principes, en nous rappellant ses exemples, & sur-tout en imitant ses vertus.

J'ai l'honneur d'être,

Monsieur,

Votre très-humble & très-obéissante servante,

DU RIEZ-GENEST.

P. S. Je vous prie, Monsieur, de vouloir bien insérer dans votre journal, en même-temps que ma lettre, l'épitaphe qui suit. Elle fut faite dans les premiers jours de juillet : mais elle n'a point encore paru ; & je crois que sa simplicité la rend digne d'être offerte au public.

Sous cette tombe aux vertus consacrée,
De *Jean-Jacques Rousseau* la dépouille sacrée,
Par les soins d'un ami, brave l'effort des ans ;
Et sa mémoire à jamais révérée,
Du nom de *Gérardin* portera la durée
Au-delà des bornes du temps.

LETTRE XVI.

Sermons pour les jeunes Demoiselles & les jeunes Dames, par James Fordyce, *docteur en théologie de l'Université de Glasgow, & pasteur d'une congrégation de la Société de Londres, traduit de l'anglois ; prix 3 livres relié. A Paris, chez les frères* Etienne, *libraires, rue Saint-Jacques, à la Vertu.*

Depuis quelque temps on a enrichi notre littérature d'une foule de traductions d'ouvrages anglois. Notre nation, qui outre d'abord les choses, les a accueillis avec enthousiasme, & souvent il a suffi pour donner de la vogue à un ouvrage, de décorer son frontispice des mots, *traduit de l'anglois*. De cette admiration excessive on est revenu au desir de les imiter : cette révolution s'est sur-tout fait sentir dans nos tragédies, nos comédies, nos drames & nos romans. Une branche de littérature angloise avoit cependant été négligée; c'étoit l'éloquence ſacrée. La différence du culte a-t-elle été cauſe de cette indifférence? ou plutôt les traducteurs n'avoient-ils encore rien trouvé qui méritât d'intéreſſer une nation ſi riche en ouvrages d'éloquence? Celui que je vous annonce aura donc, Monſieur, à tous égards, le mérite de la nouveauté. Quelque admiration que nous ayons pour toutes les productions de ce pays, je doute que celle-ci faſſe des imitateurs parmi nous. Je vais cependant vous en donner une idée: elle pourra ſervir à vous faire connoître le genre de l'éloquence de ce peuple républicain, à la comparer avec la nôtre; le jugement qu'on pourra en porter ſera d'autant mieux fondé, que cet ouvrage a eu un très-grand ſuccès à Londres.

Ces Sermons, comme le titre l'annonce, ſont adreſſés à de jeunes dames & à de jeunes demoiſelles. Ils ont pour objet de leur tracer les devoirs & les vertus qu'elles ont ou auront un jour à remplir. Quoiqu'un tel auditoire ne ſemble pas prêter aux grands traits de l'éloquence, il exige cependant du talent dans l'art de la persuasion : car c'est par l'imagination, par le cœur qu'on doit chercher à le subjuguer. Ce sexe trop vif & trop sensible n'est pas propre à suivre de longues discussions & des raisonnemens trop compliqués ; mais il prend plus d'intérêt, il s'émeut plus facilement quand on sait lui présenter des tableaux variés & touchans. Et quel est le temps où l'on doive compter plus sur le succès qu'à cet âge heureux où les plaisirs, les préjugés & les vices n'ont point encore altéré, dénaturé leur constitution morale ?

Il ne paroît pas que le pasteur Anglois ait senti l'avantage de ce plan ; car ses discours sont en général froids & diffus ; souvent au lieu de peindre il métaphysique, il passe rapidement sur les grands objets, & s'appesantit sur des détails minutieux. Quelquefois aussi perdant son sujet de vue, il traite des matieres étrangères ou peu dignes de la majesté de la chaire. Il examine, par exemple, pourquoi on ne lit plus les anciens romans de chevalerie ; il disserte sur la danse, & s'efforce d'en prouver l'utilité. « Il me » semble, dit-il, que par rapport à » l'impression que peut faire la danse, » il n'y a pas plus d'inconvénient que » dans une voix qui, en chantant, » fait entendre ses modulations sur » les tons les plus tendres & les plus » gracieux ». Ce ministre est bien confiant de croire qu'une voix qui fait *entendre ses modulations sur les tons les plus tendres & les plus gracieux* n'est pas sujette à inconvénient. Pour prouver sa thèse, il avance que « cet » exercice est très-propre à contribuer » à la santé & à la gaîté, à entretenir » la société, & à faire naître entre les » deux sexes une affection honnête, » parce qu'il faut, pour s'en acquitter, » une certaine aisance & une certaine » grace auxquelles la nature a attaché » des sensations très agréables, dont » les spectateurs sont à portée de jouir » comme les acteurs eux-mêmes ». Il se mêle aussi de donner des conseils sur la musique, de raisonner sur sa nature, sur ses effets, d'en critiquer les défauts, d'en juger les beautés, plutôt en artiſte qu'en ſimple connoiſſeur. » On ne peut rien concevoir, » s'écrie-t'il, de plus déſagréable que » la ſituation d'une jeune perſonne, » qui, n'ayant pas le goût de la mu» ſique, qu'on la force cependant » d'apprendre, ſe voit condamnée à » l'humiliante diſgrace de faire ſouffrir » ſes amis en écorchant des pièces » qu'on lui donne à exécuter, ſou» vent ſur la parole trompeuſe d'un » maître, qui, pour ſe faire valoir, » ou pour la flatter, & ceux-mêmes » qui s'intéreſſent à elle, aura eu » grand ſoin de publier que, dans » toute ſa vie, il n'a pas eu une meil» leure écolière ». Ne ſont-ce pas là, Monſieur, des conſeils bien importans pour un miniſtre qui prêche l'évangile? Mais vous allez voir ici que s'il n'eſt ni théologien, ni moraliſte, il eſt au moins profond muſicien. » Com» bien ne doit-on pas regretter que ce » charme admirable de la mélodie, » digne à juſte titre de ce nom, lorſ» que le mérite de l'expreſſion s'y » trouve réuni, ſoit ſacrifié, comme » on le voit ſouvent, à la vaine &

» misérable affectation de montrer de » la légèreté dans l'exécution des » sujets les plus graves ; affectation » qui, au lieu de rendre les differentes » combinaisons des sons un moyen » puissant de toucher le cœur, d'ex» citer de douces émotions, ou d'ap» paiser des sensations désagréables, » comme on l'éprouvoit autrefois, » dégénère dans un futile amusement, » vuide de dignité, manquant de sen» timent, dépourvu de tout ce qui » peut procurer des idées réelles, & » mériter un juste applaudissement.

» Quel partisan de cet art enchanteur » peut ne pas gémir de voir que » d'abord qu'un air insipide a été en» tendu dans un spectacle public, aussi» tôt une jeune personne apprend à » répéter cet air d'une manière plus » insipide encore, pendant que les » plus intéressantes & les plus sublimes » compositions, où la simplicité & le » pathétique se trouvent réunis, sont » négligées ou plutôt abandonnées ». Après avoir entendu ce pasteur prêcher la danse, donner des leçons de musique, on ne doit plus être étonné de le voir se déclarer le partisan des romans, & soutenir qu'ils sont propres à éclairer l'esprit & former le cœur. Ce langage seroit d'autant plus étonnant dans la bouche de tout autre ministre, que des écrivains profanes se sont élevés avec force contre ce genre d'ouvrage, prétendant qu'ils donnoient trop de force & d'activité aux passions, qu'ils égaroient l'imagination, séduisoient le cœur, trompoient l'esprit par des peintures infidèles des mœurs & du cœur humain, de la vertu & du vice.

Un défaut encore plus essentiel dans ces sermons, c'est que pour exciter à la vertu, ils n'offrent presque partout que des motifs humains, tels que le bonheur de la vie, la considération, & sur tout l'espoir de plaire. De tels motifs peuvent, il est vrai, donner quelques vertus; mais ils ne seront jamais suffisans pour amener à la perfection humaine. La seule religion en a d'assez purs, d'assez élevés, d'assez puissans pour y conduire; & si tous les hommes doivent y revenir, les ministres, qui prétendent être ses organes, doivent le moins la perdre de vue.

On doit le blâmer, par la même raison, de citer souvent des passages de poëtes, de philosophes & d'écrivains profanes. Pourquoi ne pas aller chercher la vérité dans ses sources les plus pures & les plus abondantes? Les livres sacrés & les sublimes ouvrages de tant de pieux personnages, n'offrent-ils point les vérités tout à la fois les plus évidentes & les plus élevées? Ce goût de préférer le profane au sacré, nous paroît d'autant plus étonnant dans ce pasteur, qu'il paroît sentir tout le mérite de nos livres saints; vous allez en juger par ce morceau, qui est un des mieux écrits de l'ouvrage.

» Leur style offre une abondante
» variété; on y trouve une telle uni-
» formité de sentimens, un si grand
» agrément dans les faits, qu'un esprit
» réfléchi en sera long-temps frappé
» d'admiration. Que dirai-je de plus?
» — Je ne demanderois pas que vous
» lisiez ce livre, qu'on nomme *la Bible*,
» si vous pouviez m'en citer un autre

» qui puiſſe autant inſtruire, autant » faire d'impreſſion, & autant ſatis» faire des eſprits ſenſés ; un autre qui » ſoit plus adapté aux différens degrés » de notre intelligence, de nos goûts, » de nos caractères ; livre par excel» lence, dans lequel il eſt ſi difficile » de déterminer ce qui frappe le plus » du ton uni & ſimple, de la ſublimité » & de la force, & réuniſſant ces » qualités d'une manière admirable ; » livre dans lequel il y a ſi peu de » choſes qui puiſſent décourager les » eſprits les plus foibles, s'ils ſont » dociles, & tant de choſes capables » de ſatisfaire les eſprits les plus éle» vés, s'ils ont de la candeur ; livre » où la plus grande ſimplicité, & ce» pendant la plus grande majeſté, » font alternativement reſſentir leurs » effets à l'eſprit & au cœur ; livre » enfin, où la fragilité, les déſordres » & les maux attachés à la nature » humaine ſont mis à découvert d'une » manière ſi ſenſible, & où les re» mèdes ſont indiqués avec une ten» dreſſe ſi marquée ». Quand il parle des vices & des défauts de l'humanité, il ne revient point enſuite les imputer à ſon auditoire & l'accabler de reproches, il ſemble au contraire craindre de l'humilier, de l'outrager; il aime même à lui ſuppoſer des vertus, à l'en louer, à l'en féliciter; loin encore de s'arrêter à lui faire un crime de ſes goûts, de ſes penchans, de ſes plaiſirs, il les lui rappelle quelquefois, mais en lui montrant où il faut les diriger. Peut-être fait-il mieux en cela que nos prédicateurs François, qui s'appliquent à ne montrer à leurs auditeurs que leurs imperfections & leurs vices, à ne les peindre qu'avec les traits les plus forts & avec les couleurs les plus effrayantes; les rapprochant enſuite des tableaux de la vertu, que leur imagination s'eſt épuiſée à embellir, ils jettent par là l'étonnement dans l'ame de l'auditeur. Mais celui-ci meſurant, calculant la diſtance qu'il y a de lui à cette perfection s'effraie, ſe décourage, & il n'oſe plus tenter de franchir l'intervalle qu'il croit voir entre lui & la vertu; ſi tant d'ouvrages éloquens ont ſi peu produit de converſions parmi nous, peut-être est-ce là ce qui a été un des plus grands obstacles ; mais le pasteur Anglois, en ne voulant point trop dévoiler à ses auditeurs leurs défauts & ne leur point montrer la vertu sous un point de vue trop éloigné, descend quelquefois de la dignité de son auguste ministère, & va jusqu'à emprunter le langage puérile d'un doucereux galant. « Nous » souhaitons, leur dit il, une place » dans vos cœurs, pourquoi n'en » souhaiteriez-vous pas une dans » les nôtres ? Mais que vous vous » abusez, mes chères amies, si vous » prétendez emporter le nôtre par » violence ! Lorsque vous nous mon- » trez un doux empressement de ne » plaire que par tout ce qui est décent, » honnête & dépouillé d'affectation, » c'est alors que vous nous attirez, » que vous nous subjuguez, que nous » nous rendons volontiers vos escla- » ves ». Ce tendre & soumis pasteur ne désigne jamais son auditoire que par les galantes dénominations de *mon aimable auditoire, mes belles amies, mes tendres amies, mes bienaimées, mes charmantes sœurs*, *&c.* si par fois il veut sourire aux graces, par fois aussi il prend le ton sublime de l'épopée, jugez-en par cette invocation aux étoiles. « O vous, chastes étoiles, » qui avez des yeux innombrables, » veillez sur la conduite intérieure » des mortels ; dites, peut-il être vrai » qu'une jeune dame qui prétend à » la moindre réputation de décence » puisse s'oublier un seul instant, au » point de jetter seulement les yeux » sur ce *ramassis* infernal de futilités & » de dissolutions ». L'expression de *ramassis* figure-t elle bien dans un endroit où l'orateur veut prendre l'essor? on en trouve assez fréquemment dans ce genre, telle que *caquetage*, *brimborion*, *engeance*, *cohue*. Si ces mots sont exprimés dans l'original par des expressions équivalentes, le traducteur auroit dû dans ces endroits se dispenser de traduire à la lettre,

Cependant je serois injuste, Monsieur, de ne point applaudir aux morceaux estimables qui se trouvent dans ces sermons ; si vous passez à l'auteur son goût pour la danse, pour les romans, & les madrigaux, vous conviendrez, en le lisant, qu'en général sa morale est pure, qu'il donne d'excellentes leçons de conduite à son *charmant* troupeau, que le ton qu'il a pris est simple, onctueux, insinuant & à la portée des jeunes personnes qu'il endoctrine. A l'égard du traducteur, les critiques que je me suis permises sur l'ouvrage de M. *James Fordyce* ne peuvent retomber sur lui; en nous livrant la gravure, il n'est point garant des défauts qui se trouvent dans le dessein original; ainsi, son entreprise, loin d'encourir le blâme, mérite des éloges & des encouragemens. Sa traduction est fidèle, exacte, & le style convenable au sujet. Nous l'exhortons à exercer ses talens sur d'autres ouvrages Anglois plus dignes de ses soins.

Je suis, &c.

LETTRE XVII.

Discours prononcé dans la séance publique de l'Académie d'Amiens, par M. l'abbé de C***.

MESSIEURS,

JE négligerois trop les circonstances, si j'ouvrois vos conférences académiques, sans vous entretenir d'un poëte célèbre que la mort vient de frapper au milieu de sa gloire. Vieillard fameux, dont les succès trop coupables ont, pour ainsi dire, marqué tous les instans de la vie, *Voltaire!* la postérité sera-t-elle en ta faveur aussi prévenue, aussi idolâtre que ton siècle?

» Il faut cependant, Messieurs, l'avouer à la gloire de ce poëte; son nom subsistera toujours: eh! comment ne seroit-il pas immortel? il a chanté les vertus du plus grand & du plus chéri de nos rois. Semblable à la renommée, son génie traverse & la terre & les mers, en montrant aux nations le médaillon d'*Henri IV*.

» Mais après avoir jetté sur le buste de ce poëte toutes les fleurs que je puis y répandre, j'en détourne la vue, & je m'enveloppe du voile sacré de la religion, pour gémir & pleurer avec elle.

» Oui, Messieurs, il en est des grands talens comme des richesses ; ce sont dans nos mains des glaives victorieux ou funestes. A quels excès un esprit superbe ne porte-t-il pas les hommes ! Gardons-nous néanmoins de blâmer la noble ambition d'un esprit supérieur, qui s'élevant au-dessus du vulgaire, cherche à perpétuer sa mémoire par des ouvrages sublimes. L'amour de la gloire fait naître l'héroïsme, & les écrivains célèbres marchent avec les héros ; ils sont même plus rares : *Alexandre* jaloux de la gloire d'*Achille*, pleuroit de n'avoir point un *Homère*.

» Non-seulement les écrivains célèbres sont les maîtres de la renommée, mais ils sont nécessaires dans une monarchie puissante ; ils influent sur le bonheur des peuples, sur leurs moeurs

& sur leurs actions ; ils démasquent le vice, préconisent la vertu, animent la valeur. Une belle action fiérement peinte, en produit souvent une plus belle, & quelquefois l'homme puissant qui ne rougiroit pas du crime, craint un poëte véridique ou un historien sévère.

» Mais ces dons du génie, si précieux & si rares, vous ne les estimez, Messieurs, que lorsqu'ils sont utiles & consacrés à la vérité, & les talens ne sont reçus parmi vous que sous les traits de la vertu & du patriotisme.

» Je conviens que les esprits qui se vouent uniquement à la frivolité, aux prestiges des sens, ou à l'illusion des systêmes, peuvent en flattant les goûts de leur nation, acquérir quelque célébrité ; mais ils sont payés par leurs foibles contemporains, & les siècles à venir ne leur doivent plus rien : la vérité au contraire ne vieillit jamais ; ses charmes augmentent dans tous les âges, & l'ecrivain qui la célèbre, est toujours nouveau.

» Flattez les hommes, vous êtes sûr de leur plaire ; encensez leurs passions, vous ſerez leur idole ; la reconnoiſſance du vice eſt toujours extrême. Hélas ! de combien de manières l'homme de lettres peut-il être ſéduit ! L'amour propre eſt le véritable *Protée* de la fable ; il ſe préſente à nos yeux ſous mille formes diverſes ; il nous enivre par le ſuccès du moment ; il nous fait prendre l'orgueil pour le génie, & preſque toujours la vanité pour la gloire. Cependant la vanité eſt à la gloire ce que le menſonge eſt à la vérité : ſur la vapeur légère de l'encens, cette folle déité ſe promène dans tout l'univers ; par ſes enchantemens elle capte l'eſprit des hommes, & leur fait conſacrer leurs plus beaux jours à ſe former une réputation incertaine & volage comme elle. Son art n'eſt point d'inſtruire, mais de ſéduire ; ſon flambeau n'éclaire point l'eſprit, mais il incendie le cœur, & ſa lumière ne découvre que cette carrière du mal, ſi funeſte & malheureuſement ſi féconde.

» Ce tableau trop véritable, je ne l'expoſe à vos yeux, Meſſieurs, que pour y oppoſer le contraſte le plus ſenſible,

sensible, & c'est parmi vous-mêmes que je trouve ce contraste frappant. Je parle de l'illustre *Gresset* : en célébrant sa mémoire, chérie au milieu d'une ville qui l'a vû naître, il est bien doux pour mon cœur de rendre un hommage à la plus tendre amitié.

» Vous le savez, Messieurs, son ame est peinte dans ses écrits, & ses écrits sont immortels. Quel brillant coloris! quel agréable pinceau! Traçoit-il à nos yeux les beautés de la nature, il en dispensoit les trésors, il en étaloit tous les charmes; peignoit-il la vertu, la franchise, il en étoit le peintre & le modèle.

» Mais tandis que son souvenir nous fait encore verser des larmes, le Parnasse pleure un poëte inimitable. Son ingénieuse comédie du *Méchant* brillera toujours sur la scène françoise; son *Vert-Vert* sera toujours lu, & son immortelle *Chartreuse* demeurera désormais le temple de l'esprit & du goût.

» Les jours de ce poëte célèbre furent marqués par trois époques brillantes; à son aurore, les graces parurent avec lui; dans sa jeunesse, le génie fit éclater tous ses feux, & la religion couronna le reste de sa vie ».

. . . .

Je vous ai cité ce petit discours tout entier, & je crois, Monsieur, que vous m'auriez su mauvais gré d'en omettre une seule phrase. Dans son énergique précision il renferme une foule de grandes pensées & de belles images. Le génie de *Voltaire*, *qui, semblable à la renommée, traverse la terre & les mers, en montrant aux nations le médaillon d'*Henri IV...... *L'amour-propre, qui, semblable au* Protée *de la fable, se présente à nos yeux sous mille formes différentes, nous enivre par le succès du moment, nous fait prendre l'orgueil pour le génie, & la vanité pour la gloire..... La vanité, cette folle déité, qui sur la vapeur légère de l'encens se promène dans tout l'univers*, sont entr'autres des images de la plus grande beauté. Il n'y a rien, absolument rien à reprendre dans ce discours que sa trop grande brièveté. Le plaisir que cause sa lecture dégénère en une espèce de peine, quand on voit qu'il est de si courte durée; mais la circonstance pour laquelle il a été fait ne permettoit guères à l'auteur de lui donner plus d'étendue. L'adresse avec laquelle il a su louer *Voltaire*, sans trahir les intérêts de la religion, fait autant d'honneur à son cœur qu'à son esprit. L'auteur n'a point voulu se faire connoître ; mais j'ai cru reconnoître l'imagination vive & brillante, le style plein & harmonieux de l'*auteur des excellens Mémoires philosophiques du baron* de ***.

Je suis, &c.

LETTRE XVIII.

La Peinture, poëme en sept chants, par M. Lescalier. *A Paris, chez* Esprit, *libraire, au Palais royal.*

Vous connoissez, Monsieur, les poëmes qu'*Alphonse Dufresnoy*, & l'abbé *de Mably* nous ont laissés sur la peinture : vous y avez remarqué d'excellens préceptes, & de bons vers latins, quoique les écrivains du siècle d'*Auguste* nous aient rendus très-difficiles ſur cet article. M M. *Watelet* & *le Mierre* nous en ont auſſi donné un ſur le même ſujet, & vous ſavez quel jugement le public en a porté. Un moderne, M. *Antoine Leſcalier*, dont le nom eſt peu connu dans la république des lettres, en a fait paroître un depuis quelque temps, dans lequel il chante l'art divin des *Raphaël* & des *Rubens.* Vous ne ſerez peut être pas fâché de voir l'analyſe de cet ouvrage curieux.

L'auteur a diviſé ſon poëme en ſept chants. On ne devine pas pourquoi il a donné une ſi grande étendue à ſon ouvrage, lorſqu'on n'a rencontré à chaque page que des idées communes & des redites inſupportables. Il paroît que M. *Leſcalier* n'a dreſſé aucun plan, mais que ſa grande facilité l'a porté à nous donner environ quinze cens vers plus médiocres les uns que les autres. Vous en jugerez vous-même par ceux que l'on trouve dans le premier chant, à la ſuite d'un exorde très-pompeux. C'eſt une apoſtrophe que lui fait un *peintre ſcholaſtique*, qu'il ſe donne bien de garde de nommer.

Quel vain projet! arrête, y penses-tu?
Crie aussi-tôt un peintre *scholastique*,
Tu viens après *Leonard de Vinci*,
Félibien, *de Piles*, *Vazari*,
Parler peinture.

Vous remarquerez d'abord avec moi, Monsieur, que le choix des vers de dix syllabes n'est pas très-heureux, & ensuite que l'auteur a sûrement cru écrire en prose lorsqu'il a alligné cette tirade. Quoi qu'il en soit, tous les écrivains qu'il cite ont eu grand tort de *parler peinture* avant lui; car, dit-il, tous leurs écrits

Ne feront point un seul peintre en cent ans.

On est tenté de croire, d'après cet arrêt, que M. *Lescalier* a tout prévu pour que son poëme en fasse un en moins de temps; pour y parvenir, tels sont les conseils qu'il donne aux jeunes artistes.

Si votre étude, abusant votre attente,
N'est point pour vous *une étude charmante*;
Quittez, *quittez*, sans attendre plus tard:
Pour ce talent vous n'avez qu'un goût *louche*.

Je m'arrêterois avec complaisance sur ces préceptes si je ne trouvois plus de mérite dans la traduction de la pensée d'*Horace* : *ut pictura poësis erit*, que l'auteur du nouveau poëme rend ainsi :

. . . . Poësie & Peinture
Sont sœurs *de lait*.

Voici à peu près, Monsieur, ce que le premier chant offre de meilleur : dans le second, M. *Lescalier* passe en revue les plus grands peintres de l'école d'Italie ; il les peint à sa manière ; & c'est alors qu'il est *grand sans ampoule*, comme il le dit de *Raphaël*.

Dans le troisième, il s'élève fortement contre les études que font les jeunes gens d'après les chefs-d'œuvres de l'antiquité, d'après ces monumens précieux, que l'on n'a regardés depuis leur naissance qu'avec une sorte de vénération. L'auteur me permettra de lui objecter que nos plus grands peintres ne se sont formés que sur ces modèles ; que *le Poussin* n'est parvenu au plus haut degré de perfection dans son art, que parce qu'il a étudié l'antiquité, & que, dussions-nous n'avoir plus que des peintres comme *le Poussin*, il seroit encore à desirer que l'on suivît la route qu'il prit. On voit aisément que pour faire des vers, M. *Lescalier* a voulu se frayer des chemins nouveaux, & qu'il ne s'est formé sur personne; mais, *sunt quibus ingenium cui mens divinior*, &c.

La *Composition* est traitée en partie dans le quatrième chant, & l'auteur y recommande sur-tout le choix des sujets; car, dit-il:

Je ris d'un *sot* dont le frêle *cerveau*,
Entretenant un sujet *apocryphe*,
Dans un tableau présente un *logogryphe*;
Tout glorieux d'avoir fait du nouveau.
Pour deviner sa maussade peinture,
Frottant ses yeux, *l'attentif spectateur*,
Se met en vain l'esprit à la torture;
Il donne au diable & l'ouvrage & l'auteur.

Avouez, Monsieur, qu'il faudroit être un citoyen bien *maussade* pour ne pas être sensible à l'harmonie du premier vers, pour ne pas admirer cette expression, *entretenant un sujet*, pour ne pas applaudir à ces rimes riches & élégantes *apocryphe* & *logogryphe*, pour ne voir dans le quatrième vers qu'un auteur *tout glorieux d'avoir* rimé de mauvaise prose, pour ne pas s'extasier à la vue de ce tableau que M. *Lescalier* fait sur-le-champ, d'un *spectateur attentif qui se frotte les yeux & qui donne au diable l'ouvrage & l'auteur*; avouez enfin qu'il étoit impossible de peindre aussi bien l'*attention*, l'*embarras* & le *dépit*. Ne jugez pourtant point sévèrement, Monsieur, car l'auteur s'écrieroit peut-être :

Malheur au juge empesé, méthodique ;
Qui me toisant d'un compas symétrique,
Avec sang-froid osa me critiquer.

Peut-être alors aussi mettroit-il, de sang-froid, & nous y gagnerions, en ce qu'il parleroit françois.

La couleur fait, je crois la matière du cinquième chant, il faut le deviner du moins, car les objets se succèdent si rapidement qu'on a peine à les distinguer. On y remarque pourtant quatre vers qui méritent d'être cités, par la précision avec laquelle M. *Lescalier* décide entre les meilleurs peintres Flamands.

> *Gérard Dou* plaît, mais moins que *Van-Ostade*,
> Près de *Berghem*, *Breugle* paroît mauffade;
> Et *Wander-Verf* si LECHE, si fondu,
> N'est point égal au large & fin *Melzu*.

On ne sait trop ce que l'auteur veut dire dans le sixième, on y retrouve encore des préceptes noyés dans des tirades de vers assommans. Ce qu'il présente de plus piquant, c'est une sortie contre *un froid pédant qui veut embarrasser le génie de* L'ATTIRAIL *incommode des loix*.

> Un froid pédant lui forgeant des liens,
> A beau crier des bancs de son collège,
> » Passez *ici*, *ce* chemin vous abrège,
> » *Est plus uni*; voilà mille embarras.
> Il vous faudra revenir sur vos pas.

L'on ne sera sûrement pas tenté de *revenir sur ses pas* pour relire le poëme

Indications des Nouveautés dans les Sciences, la Littérature & les Arts.

Essai sur l'Histoire générale des Tribunaux des peuples, tant anciens que modernes, ou Dictionnaire Historique & Judiciaire, contenant les anecdotes piquantes & les jugemens fameux des Tribunaux de tous les temps & de toutes les nations, par M. des Essarts, *avocat, membre de plusieurs académies, avec cette épigraphe :*

Indocti discant, & ament meminisse periti.

Le premier volume de cet ouvrage a paru le 15 août dernier. Il contient l'Histoire des tribunaux d'Achem, d'Alger, d'Angleterre, d'Athênes, & une foule de jugemens fameux de toutes les nations. Le second volume vient de paroître. Il a été mis en vente avant le terme qu'on avoit fixé. Il renferme l'Histoire des tribunaux de la Chine, des Chingulois, des habitans de la côte d'Or, de la Corée, du Dannemarck, de l'Egypte, de l'Empire, de l'Espagne, & une multitude de jugemens fameux & d'anecdotes de tous les peuples. Les autres volumes paroîtront successivement de trois mois en trois mois. Le troisième est sous presse. Cet ouvrage sera composé de six volumes *in-8°.* Chaque volume se vend 4 livres: On peut s'adresser à l'*Auteur*, rue de Verneuil, la troisième porte cochère avant la rue de Poitiers; & chez les libraires suivans, *Nyon* aîné, rue Saint-Jean-de-Beauvais; *Durand* neveu, rue Galande; & *Merigot* le jeune, quai des Augustins, au coin de la rue Pavée.

Gazette des Tribunaux, par M. *Mars*, avocat en parlement. Prix 15 liv. par année.

Cet ouvrage se répand toujours avec beaucoup de succès; on voit par les différens volumes qui en ont été publiés une gradation de changemens qui annonce que l'auteur est parvenu par l'étendue de ses correspondances à ne rassembler que ce qui tient essentiellement aux tribunaux, comme notices de causes, de mémoires, de questions, de consultations, de livres de droit, de jurisprudence, d'éloquence & de tout ce qui regarde la législation : ainsi l'ouvrage répond parfaitement aujourd'hui aux vues des jurisconsultes & des praticiens. On s'abonne à présent chez *Desnos, libraire, ingénieur-géographe du roi de Dannemarck, rue Saint-Jacques, au globe.*

On continuera d'envoyer franc de port à l'auteur, *rue Pierre-Sarrasin*, les mémoires, livres & extraits qu'on voudra faire annoncer, & l'on trouvera aussi chez lui des quittances d'abonnement.

Comme il se propose d'insérer dans ses feuilles, pendant le courant de l'année 1779, des états abrégés des officiers qui composent les jurisdictions souveraines du royaume, il joindra au premier numéro de ladite année une carte de la France divisée en ses parlemens & autres cours.

Cours de langue Espagnole. Cette langue commence à s'introduire en France, non-seulement à cause de notre commerce, qui, tous les jours, fait de nouveaux progrès en Espagne, mais encore par rapport aux vraies beautés de cet idiôme, & des excellens ouvrages que les savans de cette nation font aujourd'hui paroître. Elle mérite par tous ces motifs, l'estime de toutes les personnes instruites dans les belles-lettres. D'ailleurs, cette langue, aussi facile à apprendre que la langue Italienne, a quelque chose de plus mâle & de plus noble, de plus énergique & de plus éloquent, que cette dernière. Elle est la seule langue étrangère, qui, par sa force, puisse aller de pair avec la langue latine, elle en est la figure dans toutes ses expressions.

Le sieur *Baptiste* DAMON, qui a demeuré vingt ans à la cour d'Espagne, & qui a voyagé dans les principales provinces de ce royaume, se propose d'en donner des leçons en ville. Il aura soin de mettre entre les mains de ses élèves le fameux *don-Quichotte* de *Cervantes de Saavedra*; & comme la traduction françoise de cet auteur, connue de tout le monde, a non-seulement défiguré, mais totalement encore dégradé ce parfait ouvrage, dont toutes les nations ont unanimement admiré & la finesse & la beauté, il se propose de faire bien connoître à ceux qui prendront de ses leçons toute l'étendue des idées, la force des expressions & la beauté du sens moral de cet auteur unique, si imparfaitement conçu, par les difficultés insurmontables de sa vraie traduction, & par l'ignorance des coutumes de sa nation, qui seules peuvent en donner toute l'intelligence. Il fera usage à cet effet, d'une méthode très-facile dont il est l'inventeur. Ceux qui par goût pour la lecture, les ouvrages curieux & savans, ou par la nécessité de voyager, voudront apprendre cette langue, n'auront besoin que de six moix de leçons pour bien traduire, lire, écrire & parler.

Les étrangers & négocians qui voudront passer & voyager en Espagne, pourront également apprendre du sieur *Damon* à connoître les diverses espèces d'or, d'argent & de cuivre qui ont cours dans ce royaume, ainsi que leurs différentes valeurs & les précautions qu'on doit prendre pour y voyager ſans incommodité. Il donnera même une idée des diverſes parties du commerce qui conviendroient ſeules dans ce pays pour y faire des affaires ſolides. Enfin les curieux & les voyageurs auront la facilité de s'inſtruire en peu de temps de tout ce qu'on doit & peut ſavoir d'un pays étranger où l'on eſt reſté & dont on a parcouru les différentes provinces. Ils pourront envoyer leur adreſſe, franche de port, chez le ſieur *Jombert* fils aîné, libraire du roi, rue Dauphine, près le pont-neuf, à Paris.

Cours de langue Angloiſe. Le ſieur *Berry*, Anglois de nation, auteur de la Grammaire générale Angloiſe, & profeſſeur de cette langue, ouvrira le 15 novembre un cours, dans lequel il ſe propoſe de faciliter l'étude de la langue Angloiſe, & ſa prononciation en peu de leçons. Ce cours durera ſix mois, & ſe tiendra trois fois par ſemaine, depuis ſix heures du ſoir juſqu'à huit, ou plus tard, s'il faut.

Il donne aussi des leçons en ville, & particulières chez lui. On peut se faire inscrire, ou l'avertir en tout temps.

Sa demeure est chez M. *Desprez*, marchand clinquailler, à l'espérance, rue de la Sonnerie, près l'apport Paris, au troisième.

Livres nouveaux.

Traité des couleurs matérielles & de la manière de colorer, relativement aux différens arts & métiers, par M. le Pileur d'Apligny. *A Paris, chez* Saugrain & Lamy, *libraires, quai des Augustins, au coin de la rue Pavée.*

Le Trésor du Chrétien, ou principes & sentimens propres à renouveller & consommer le christianisme dans les cœurs, par M. l'abbé Champion de Pontalier, *2 volumes* in-12. *A Paris, chez* Charles-Pierre Berton, *libraire, rue Saint-Victor, au Soleil-levant.*

Preces Matutinæ ac Vespertinæ ex sacris scripturis & liturgicis libris depromptæ. Laurentio-Stephano Boudet, *sacrarum linguarum interprete, apud* Augustinum-Martinum Lottin, *via San-Jacobæa.*

Dissertation sur le Droit public des colonies Françoises, Espagnoles & Angloises, d'après les loix des trois nations, comparées entre elles; dans la première de ces dissertations; on traite entre autres objets de l'origine & des causes de la guerre entre l'Angleterre & ses colonies; & de l'état civil & religieux des Canadiens catholiques. A Paris chez Knapen *père & fils, libraire-imprimeur de la cour des Aides, au bas du pont Saint-Michel.*

Essai sur l'aménagement des fôrets, par M. Pamelier d'Annel, *présenté au Roi. A Paris, chez* A. Desprez, *imprimeur du Roi & du Clergé de France, rue Saint-Jacques.*

*Eloge historique d'*Albert de Haller, *avec un catalogue complet de ses œuvres. A Genève,* chez Isaac Bardin, *libraire; & à Paris chez* Merigot *le jeune, libraire quai des Augustins.*

Traité de l'Adultère considéré dans l'ordre judiciaire, par M. Fournel, *avocat au parlement. A Paris chez* Jean-François Bastien, *libraire, rue du Petit-Lion, fauxbourg Saint-Germain.*

Anecdotes de l'empire Romain, depuis sa fondation jusqu'à la destruction de la république, chez le même.... Anecdotes *du règne de* Louis XVI, *par* M. Nougaret, *chez le même*..... *Voyage pittoresque de Paris, ou indication de tout ce qu'il y a de plus beau dans cette ville, en peinture, sculpture & architecture, par M.* d***, *sixième édition. A Paris chez les frères* de Bure, *libraires, quai des Augustins.*

On trouve chez les mêmes les Tablettes chronologiques de l'Histoire Universelle, par M. l'abbé Lenglet du Fresnoy, *2 volumes* in-12.

Essai sur les lieux & les dangers des sépultures, traduit de l'italien, avec des changemens & des additions considérables, par M. Vicq d'Azyr, *docteur, régent de la faculté de Médecine de Paris, de l'académie royale des Sciences, &c. A Paris, chez* Didot, *libraire de la société royale de Médecine, quai des Augustins.*

Le Jour chrétien à l'usage des fidèles. A Paris, chez Merigot *l'aîné, quai des Augustins, à la descente du Pont-Neuf.*

Faute à corriger dans le N° 34.

Page 266, ligne 10, l'héritier que nos neveux sollicitent; *lisez*, que nos vœux sollicitent.

TABLE DES MATIÈRES CONTENUES DANS CE SEPTIEME VOLUME.

Fin de la Table des matières contenues dans ce septième Volume.

L'ANNÉE LITTÉRAIRE.

ANNÉE M. DCC. LXXVIII.

Par M. FRÉRON.

Parcere personis, dicere de vitiis. MART.

TOME HUITIEME.

A PARIS

Chez MÉRIGOT le jeune, Libraire, Quai des Augustins, au coin de la rue Pavée.

M. DCC. LXXVIII.

L'ANNÉE LITTÉRAIRE.

LETTRE I.

Oreste, *tragédie d'*Euripide, *traduite par M.* Pr.... *A Paris, chez* Esprit, *au Palais Royal.*

DANS un temps, Monsieur, où le théâtre François s'écarte, plus que jamais, de la nature & de la vérité, où l'on ne voit plus paroître sur la scène que des romans sans vraisemblance & sans intérêt, il sera sans doute très-utile de remettre sous les yeux du public les compositions sages & régulières des anciens tragiques Grecs qui ont servi de modèle à *Racine*; nos auteurs modernes y verront comment on trace un plan, comment on développe & l'on conduit une action simple sans le secours de ces machines, & de ces coups de théâtre aujourd'hui si fréquens. Ils y apprendront sur-tout le langage du cœur & des passions, l'art de faire parler les personnages conformément à leur situation & à leur caractère. Je sais que le théâtre d'Athênes a ses défauts; mais si on les compare à ceux qui défigurent la scène Françoise, on s'appercevra qu'ils sont d'une espèce tout-à-fait différente & beaucoup moins dangereuse. Des républicains un peu grossiers dans leurs mœurs n'ont pas donné peut-être à la tragédie toute la noblesse & la dignité qui lui convient; & nous, nous l'avons accablée d'une vaine pompe & du fastueux étalage d'une fausse grandeur. Les Grecs se sont quelquefois trop rapprochés de la nature, & nous nous en sommes beaucoup trop éloignés. Amoureux de paroles & accoutumés aux harangues continuelles de leurs orateurs, ils ont souvent affoibli l'intérêt par des déclamations & de trop longs discours; & nous amoureux du brillant & des ornemens frivoles, nous avons négligé la justesse & la vérité du dialogue pour courir après des antithèses, des sentences, des idées fausses & gigantesques. Trop scrupuleux sur la vraisemblance, ils n'ont pas mis assez d'action dans leurs pièces, & nous avons surchargé les nôtres d'incidens romanesques & de situations forcées. Nos jeunes poëtes, qui ne sont pas communément assez instruits pour étudier les Grecs dans leur langue, sentiront peut-être en les lisant, même dans une traduction, combien le ton simple & naturel qui fait le charme de leurs écrits, est préférable à cette recherche & à cette affectation ridicule qui gâte presque toutes les productions modernes.

L'art dramatique commençoit à dégénerer en France, lorsque le père *Brumoy* publia son Théâtre des Grecs. Ce critique, d'ailleurs si judicieux & si estimable, craignit que la peinture des mœurs des Grecs ne déplût à Paris. Il n'osa montrer les anciens tragiques tels qu'ils étoient, & il essaya de les habiller à la françoise. Il ne traduisit en entier qu'un fort petit nombre de pièces qui lui parurent s'éloigner le moins du goût de la nation pour laquelle il écrivoit, encore se permit-il, dans cette traduction, de grandes libertés. Quant aux autres tragédies, il se contenta d'en donner des analyses très bien faites, & n'exposa aux regards du public que les morceaux qu'il jugea les plus propres à réussir en françois : il vouloit être lu, & il n'ignoroit pas combien il seroit difficile à la plupart des lecteurs d'oublier les préjugés, les mœurs & les usages de sa patrie pour se transporter à Athênes, & pour adopter les idées & les sentimens que les Grecs avoient il y a deux mille ans. Il s'est trouvé dans la suite des littérateurs plus hardis qui n'ont point appréhendé de choquer la délicatesse françoise en faisant paroître les anciens tragiques avec le costume grec. M. *le Franc de Pompignan* nous a donné une traduction élégante & fidèle des tragédies d'*Eschyle*. Les pièces de *Sophocle* que le père *Brumoy* avoit désespéré de pouvoir rendre agréables aux François, ont été traduites avec beaucoup d'exactitude par

M. *Dupuy*. Il ne restoit plus qu'à nous faire connoître *Euripide* tout entier ; sur dix-neuf pièces de ce poëte qui sont parvenues jusqu'à nous, le père *Brumoy* n'a osé en traduire que cinq. Un anonyme se propose d'enrichir notre littérature & notre langue, des autres productions de cet illustre tragique, & pour sonder le goût du public il donne d'abord la tragédie d'*Oreste*.

On sait que la malheureuse postérité de *Tantale* a fourni au théâtre d'Athênes une foule de sujets. Tous les poëtes s'exerçoient à l'envi sur les célèbres disgraces des descendans de *Pelops*, si propres à exciter la terreur & la pitié. Les Grecs passionnés pour la liberté, aimoient à contempler sur la scène les infortunes de leurs anciens tyrans. Le sujet d'*Oreste* est extrêmement simple. Les habitans d'Argos irrités du parricide commis par *Oreste* en la personne de sa mère, s'assemblent pour le juger & le condamnent à mort avec sa sœur *Electre* ; mais *Apollon* qui lui avoit ordonné ce meurtre vient à son secours & le dérobe au supplice. Voilà toute l'action ; nous allons voir de quelle manière elle eſt développée.

ACTE Ier. La ſcène eſt à Argos, dans le veſtibule du palais d'*Agamemnon* ; & l'action commence le ſeptième jour après la mort de *Clitemneſtre*. On voit *Oreſte* qui dort étendu ſur un lit ; auprès de lui *Electre* ſe rappelle dans un long monologue tous les malheurs de la famille de *Pelops* ; & lorſquelle en vient au meurtre de *Clitemneſtre*, elle apprend aux ſpectateurs qu'*Oreſte*, depuis le moment qu'il a tué ſa mère, eſt tourmenté par les furies qui lui laiſſent à peine quelques inſtans de repos ; que ce jour-là même les Argiens s'aſſemblent pour le condamner à mort avec elle ; que ſon unique eſpérance eſt dans la protection de *Ménélas*, qui eſt ſur le point d'arriver à Argos, & qui a déjà envoyé devant lui *Hélène* ſon épouſe & ſa fille *Hermïone*. Cette expoſition n'eſt pas fort adroite ; il ne faut pas en conclure que l'art dramatique étoit alors dans l'enfance ; car on remarque un art infini dans les expoſitions de *Sophocle*, contemporain & rival d'*Eu-*

pide; celui-ci même a ouvert la scène de son *Iphigénie* en Aulide par un trait de génie qui n'a point encore été surpassé par les modernes; mais dans toutes ses autres pièces, il a négligé absolument l'artifice des expositions; il se contente d'expliquer dans un prologue le sujet de la pièce; quelquefois même il pousse la maladresse jusqu'à prévenir les événemens, & il affoiblit par là l'intérêt qui doit en résulter. Ce défaut essentiel ne se trouve point dans le monologue d'*Electre*, qui met seulement les spectateurs au point où ils doivent être. Cela ne suffit pas pour rendre cette ouverture belle, comme le pense le père *Brumoi*, mais elle est du moins simple & claire, & par là, préférable aux expositions de plusieurs pièces modernes, qui, pour parler le langage de *Boileau*, *débrouillent mal une pénible intrigue*, & fatiguent le spectateur au lieu de l'instruire. *Hélène* arrive, & prie *Electre* d'aller au tombeau de *Clytemnestre* porter en offrande quelques boucles de ses cheveux, & faire des libations en son nom. Elle n'ose s'acquitter elle-même de ce devoir, dans la crainte d'être vue & insultée par les Grecs qui la regardent comme la cause de leurs malheurs. *Electre* refuse de se charger de cet emploi & conseille à *Hélène* d'envoyer plutôt sa fille *Hermione*. *Hélène* goûte cet avis & appelle aussi-tôt sa fille à qui elle donne ses ordres. Cette scène est d'un naturel & d'une simplicité qui nous paroît au-dessous de la majesté de la tragédie; on y voit deux femmes qui ne s'aiment pas, se piquer & s'agacer mutuellement par des reproches malins & des injures couvertes. Une troupe de jeunes Argiennes qui compose le chœur, vient prendre part à la douleur d'*Electre*: cette tendre sœur appréhende que leur arrivée tumultueuse ne réveille *Oreste*, elle leur recommande sans cesse de marcher doucement, ces jeunes filles s'exhortent aussi mutuellement à ne point faire de bruit; leurs précautions, leurs allarmes au moindre mouvement que fait *Oreste* dans son lit, forme un jeu de théâtre tout à fait naïf, qui étoi plus du goût des Grecs que du nôtre

Oreste enfin se réveille & s'écrie : » ô » douceur délicieuse du sommeil ! re- » mède salutaire, que j'avois besoin » de ton secours ! oubli des maux, » sommeil bienfaisant, que tu es une » divinité propice aux malheureux ! » mais d'où suis-je venu dans ces lieux ? » comment y suis-je arrivé ? car j'ai » perdu le souvenir de tout ce que » j'ai fait dans mon égarement.

ELECTRE.

O mon cher frère ! que votre sommeil m'a causé de joie. — Voulez-vous que je vous aide à soulever votre corps ?

ORESTE.

Oui, oui, aidez-moi. Mais essuyez, je vous prie, cette écume affreuse amassée autour de mes yeux & de ma bouche.

ELECTRE.

Oui, mon frère, votre sœur n'a pas de plus doux emploi que d'avoir soin de vous dans vos maux.

ORESTE.

Approchez votre cœur du mien, écartez de dessus mes yeux ces cheveux pleins de poussière qui m'empêchent de voir.

ELECTRE.

O tête défaite & échevelée, que l'eau n'a point lavée & rafraichie !

ORESTE.

Remettez-moi dans mon lit ; quand l'accès de ma fureur s'appaise, je demeure sans force & brisé dans tous mes membres.

ELECTRE.

J'obéis.......

ORESTE.

Ah, non, remettez-moi sur mon séant, retournez-moi ».

Cette peinture naïve des inquiétudes & des caprices d'un malade, des soins & des complaisances d'une tendre sœur nous paroîtroit au-dessous de la gravité & de la noblesse de la scène. Ce qui suit est plus tragique. Tout-à-coup les yeux d'*Oreste* se troublent, il entre en fureur, il s'imagine voir les *Euménides* fondre sur lui ; il demande des flêches pour les percer. Sa sœur le serre dans ses bras, il la prend pour une furie qui veut l'entraîner dans le tartare. *Racine* a imité cet endroit dans la dernière scène d'*Andromaque*. Enfin l'accès se passe. *Oreste* revient à lui. » Hélas, s'écrie-» t'il, pourquoi suis-je si abattu ? pour-» quoi suis-je hors d'haleine ? où » suis je ? Loin de mon lit, égaré.— » Je sors de l'agitation de la tempête » pour rentrer dans le calme.—Pour-» quoi pleurez-vous, ma sœur ? Pour-» quoi cachez-vous votre tête dans » votre manteau ? Je me reproche la » part que vous prenez à mes maux » & les troubles où ma maladie ex-» pose votre jeunesse. Ah ! que mes » infortunes ne flétrissent point votre » vie ! Vous n'avez fait qu'approuver

» mon action, c'est moi seul qui ai » versé le sang d'une mère........ » Ma sœur, découvrez votre visage & » retenez vos larmes, quels que » soient nos malheurs. Lorsque vous » voyez le désespoir s'emparer de » mon ame, c'est à vous de soutenir » ma foiblesse & de me consoler; & » lorsque vous gémissez, c'est à mon » amitié de calmer vos douleurs. Allez » cependant, ma sœur, accordez » quelque repos à vos yeux fatigués » par une si longue veille.......

Electre.

» Non, mon frère, avec vous je » veux vivre & mourir. Mon sort » est lié au vôtre. Si vous mourez, » que ferai-je? femme & sans appui, » quelle espérance puis-je concevoir » sans frère, sans père, sans amis? » mais vous le voulez, je me soumets. » Cependant reposez-vous & demeu- » rez au lit, tâchez de résister à ces » terreurs subites qui vous en ont » fait sortir, & restez tranquille ».

Ce tableau de l'amitié fraternelle

est d'une vérité & d'un pathétique qui subsiste encore dans la traduction quoique foible & peu élégante. La situation terrible d'*Oreste* & d'*Electre*, qui n'attendent que la mort, augmente encore l'intérêt qu'inspire leur tendresse mutuelle.

ACTE II. *Ménélas* arrive en déplorant les malheurs de sa famille & s'informe où est *Oreste*. On lui montre un jeune homme pâle & défiguré, dont les yeux sont éteints, les cheveux hérissés & couverts de poussière. A cet aspect, il est saisi d'horreur & s'imagine voir un spectre ou un cadavre. *Oreste* se jette à ses genoux & implore sa pitié. *Tyndare*, père de *Clytemnestre*, survient. A la vue de ce vieillard qui a élevé son enfance, *Oreste* est déchiré par la honte & par les remords. *Tyndare* fait les plus sanglans reproches au meurtrier de sa fille. *Oreste* essaye de se justifier en disant qu'il n'a fait que venger son père & obéir à l'oracle d'*Apollon*. Le vieillard n'écoute aucune excuse, & sort furieux, en protestant qu'il va lui-même exciter les Argiens à hâter le ſupplice d'un infâme parricide. Les diſcours de *Tyndare* & d'*Oreſte* ſont pleins de raiſon, de force & d'éloquence; mais ils ſont un peu trop longs, & reſſemblent aux plaidoyers de deux avocats. Les Athéniens, naturellement grands parleurs, avides de harangues & de jugemens, aimoient aſſez à retrouver ſur la ſcène l'image du barreau, & *Euripide*, par un goût particulier, ſe plaiſoit à traveſtir ſes perſonnages en orateurs. Voilà pourquoi *Quintilien* recommande ſur-tout la lecture de ce poëte à ceux qui veulent ſe former à l'éloquence. Lorſque *Tyndare* eſt ſorti, *Oreſte* fait de nouveaux efforts pour toucher le cœur de *Ménélas*. » Oui, » lui dit il, je vous ſupplie au nom de » toute votre famille, ô, mon oncle, » frère de mon père! Songez que du » fond du tartare ce père malheureux » nous écoute, ſon ombre errante autour de vous, vous parle par ma » bouche; que ces mots entrecoupés » de larmes & de ſanglots; que mon » infortune vous touche! c'eſt la vie » que je vous demande; c'eſt le vœu

» de la nature ». Un héros qui demanderoit la vie avec tant d'instance nous paroîtroit lâche & pusillanime ; nous aimerions mieux le voir braver la mort. Les anciens Grecs, qu'on n'a jamais accusés de lâcheté, vouloient qu'on leur représentât sur la scène les vrais sentimens de la nature & de l'humanité, & non pas l'étalage d'un faux héroïsme ; & comme l'a dit fort bien *Rousseau* de Génève, ils avoient des héros & mettoient des hommes sur la scène.

Ménélas, sans oser rejetter ouvertement la prière de son neveu, répond d'une manière froide & équivoque, qui annonce assez qu'il n'a pas intention de le secourir. Alors *Oreste*, comme honteux des supplications inutiles auxquelles il s'est abaissé, lance sur *Ménélas* un regard fier & méprisant. » Lâche, lui dit-il, qui » n'es bon qu'à combattre pour une » femme ; perfide, tu crains de venger » tes amis ! tu te détournes. *Agamem-* » *non* n'est plus rien pour toi...... » O mon malheureux père, vous n'a- » vez donc point d'amis dans votre » infortune » ? *Pylade* paroît en ce moment, & la présence de cet ami fidèle console *Oreste* de la dureté de *Ménélas*. Banni lui-même de la Phocide par un père irrité, *Pylade* oublie ses chagrins pour ne s'occuper que de la triste situation de son ami. Après avoir délibéré ensemble sur le parti qu'il faut prendre, *Oreste* se détermine à sortir du palais pour aller se justifier dans l'assemblée des Argiens, & détourner, s'il est possible, l'arrêt funeste qu'on prépare. Il part appuyé sur *Pylade* qui lui dit ces paroles si touchantes : » laissez reposer sur moi » ce corps abattu par la maladie. Je » n'ai point honte d'un tel fardeau ; » que m'importe la multitude, & dans » quelle occasion me montrerois-je » vôtre ami, si je ne vous aidois » dans le triste état où vous êtes »?

ACTE III. Cet acte est foible & ne contient presque qu'un récit; mais l'action marche toujours & l'intérêt se soutient. *Electre* allarmée de l'absence de son frère, demande au chœur ce qu'il est devenu. On lui répond, qu'il est allé à l'assemblée du peuple pour y recevoir la sentence qui doit décider de sa vie. Au même instant, arrive un messager qui rend compte à *Electre* de tout ce qui s'est passé dans l'assemblée; cette narration qui est extrèmement longue pouvoit être agréable aux Athéniens, parce qu'*Euripide*, en traçant le portrait des différens orateurs Argiens qui avoient donné leur avis dans cette assemblée, fait allusion à plusieurs personnages très-connus à Athênes, & qui se distinguoient dans la place publique par une éloquence bruyante & tumultueuse : mais pour nous, qui ne pouvons pas deviner de pareilles énigmes, le mérite de ces morceaux est absolument perdu. Le messager apprend à *Electre*, qu'elle & son frère sont condamnés à être lapidés; qu'*Oreste* a cependant obtenu, comme une grace, qu'on différât l'exécution, promettant qu'il s'ôteroit la vie avant la fin du jour, & que sa sœur suivroit son exemple.

ACTE IV. *Oreste* & *Electre* déplorent leur destinée. La douleur d'*Oreste* est plus mâle & plus fière, celle d'*Electre* plus tendre & plus vive.

ELECTRE.

Malheureuse que je suis !—O mon frère ! je succombe à ma douleur en vous voyant sur le bord de la tombe ! Malheureuse ! Helas.... Pour la dernière fois ! A cette pensée mon esprit se trouble & s'égare.

ORESTE.

Contenez ces lamentations de femme & soumettez-vous en silence aux ordres du destin. Ils sont cruels, mais il faut les supporter.

. . . .

ELECTRE.

Mon frère, que je meure de votre main, & non de la main des Grecs, qu'aucun d'eux n'ose outrager ainsi la fille d'*Agamemnon*.

ORESTE.

C'est assez du sang d'une mère, non, je ne vous ferai point mourir. Mourez de votre propre main, &

choisissez vous-même votre supplice.

ELECTRE.

Oui, j'y suis résolue; mes coups suivront de près ceux que vous vous porterez; mais du moins que je puisse vous serrer dans mes bras.

ORESTE.

Jouissez de ce vain plaisir d'embrasser un mourant.

ELECTRE.

O mon unique ami! ô vous à qui le nom de sœur fut toujours si précieux & si doux, vous qui n'êtes qu'un cœur avec elle!

ORESTE.

Vos larmes m'attendrissent, oui je veux répondre à vos caresses par les miennes; quelle sévère décence peut encore m'en empêcher? O sein chéri d'une sœur! ô doux embrassemens!.. Mais ne songeons qu'à périr par une fin glorieuſe & digne des enfans d'*Agamemnon* ; pour moi je ſuis déterminé à montrer mon courage aux citoyens en me perçant le cœur de mon épée. Oſez imiter ma fermeté ; & vous, *Pylade*, préſidez à ce combat funèbre: apres notre mort, arrangez nos corps avec les cérémonies accoutumées, & enſeveliſſez-les dans un commun tombeau auprès de celui de mon père.

Pylade déclare à ſon ami qu'il veut mourir avec lui. *Oreſte* s'efforce en vain de le détourner de cette réſolution. Il s'élève entre eux un combat d'amitié très-touchant, qui ſe termine par un projet de vengeance que *Pylade* propoſe ; il conſeille à *Oreſte* d'aller ſe préſenter à *Helene* qui eſt dans le palais, ſous prétexte d'implorer ſon crédit auprès de *Menelas*, & de la poignarder ainſi par ſurpriſe, après avoir écarté les eſclaves Phrygiens dont elle eſt environnée ; il lui offre ſon ſecours pour l'exécution de cette entrepriſe. *Oreſte* approuve cet avis. *Electre*, pour plus grande ſureté, veut encore qu'on ſe rende maître d'*Hermione* lorſqu'elle reviendra du tombeau d'*Agamemnon* où elle est allée porter des offrandes, afin de s'en servir comme d'un ôtage ; si *Menelas* veut venger la mort de son épouse, on arrêtera sa fureur en le menaçant d'égorger sa fille. Il y a dans tout ce complot quelque chose de bas & de lâche, selon nos mœurs ; des héros qui projettent sérieusement l'assassinat d'une femme, ne nous paroissent pas avoir des sentimens bien nobles. Cependant *Virgile*, qui avoit beaucoup de goût & de délicatesse, a donné les mêmes idées & les mêmes sentimens à *Enée*. Le héros Troyen raconte lui-même, au second livre de l'*Eneïde*, qu'il fut tenté de tuer *Helene* pour venger sa patrie. Cette princesse étoit en exécration à toute la Grèce. *Oreste* & *Pylade* s'imaginoient rendre un grand service à leur pays, d'ôter la vie à cette femme coupable, qui avoit fait mourir tant de milliers de Grecs devant Troye. Quoi qu'il en soit, les conjurés après s'être affermis dans leur dessein, adressent une prière vive & pathétique à l'ombre d'*Agamemnon*,

ORESTE.

O vous, mon père, qui habitez le palais de la nuit ténébreuse, entendez votre fils *Oreste*, qui vous appelle à son aide ! Malheureux, c'est pour vous que je souffre ; votre frère me trahit, lorsque je remplis les devoirs de la justice. Je veux faire périr son épouse, secondez notre entreprise.

ELECTRE.

O mon père ! accourez à notre secours : si du fond des enfers vous entendez la voix de vos enfans prêts à mourir pour vous.

PYLADE.

O vous que les nœuds du sang unissent à mon père, *Agamemnon*, écoutez ma prière, sauvez vos enfans.

ORESTE.

J'ai tué ma mère.

PYLADE.

J'ai conduit son épée.

ELECTRE.

ELECTRE.

Et moi j'en ai conçu le dessein & j'ai raffermi son courage.

ORESTE.

O mon père, j'ai vengé votre mort.

ELECTRE.

Je ne vous ai point trahi.

ORESTE.

Recevez mes larmes pour libations.

ELECTRE.

Recevez mes gémissemens.

Oreste & *Pylade* entrent dans le palais pour exécuter leur projet. *Electre* reste en sentinelle sur le theâtre avec le chœur pour attendre le retour d'*Hermione*, & observer s'il ne vient personne pour sécourir *Helene*; elle assigne un poste à chacune de ses femmes. Ce ſont des préparatifs de conjurés qui forment un jeu de théâtre très-vif & très-animé. *Electre* porte par-tout ſes regards, elle eſt toujours en mouvement, & témoigne par ſes agitations l'impatience qu'elle a de voir accomplir ce ſanglant ſacrifice. Enfin l'on entend les cris d'*Helene* qui appelle du ſecours. Dans ce moment *Hermione* arrive; *Electre* l'amuſe quelque temps par des diſcours artificieux, enſuite elle appelle *Oreſte* & *Pylade* qui ſe ſaiſiſſent de cette jeune princeſſe, & tous enſemble rentrent dans le palais.

ACTE V. Un eſclave Phrygien, qui s'eſt échappé des mains d'*Oreſte*, accourt tout tremblant ſur la ſcène, & raconte au chœur comment *Oreſte* & *Pylade* ont ſurpris *Helene*, & de quelle manière cette princeſſe a diſparu & leur a été enlevée au moment même où ils lui plongeoient le poignard dans le ſein. *Oreſte* ſort du palais l'épée à la main; l'eſclave épouvanté ſe jette à ſes genoux & lui demande la vie; il la lui accorde, mais à condition qu'il urera que c'eſt avec juſtice qu'il a fait périr *Helene*. Le Phrygien souscrit à tout. Cette scène n'est point assez noble ; les frayeurs de l'esclave & les menaces d'*Oreste* ont quelque chose de comique. *Euripide* vouloit flatter les Grecs en exposant sur le théâtre toute la bassesse & la lâcheté des barbares. *Oreste* est à peine rentré que *Ménélas* arrive transporté de fureur. Il est déjà instruit de la funeste aventure de son épouse ; il veut entrer dans le palais, mais il le trouve fermé. *Oreste* paroît sur un balcon & lui dit assez grossièrement : « Orgueilleux *Ménélas*, » je te défends de toucher cette porte » si tu ne veux que je t'écrase d'une » poutre détachée de ces vieux au» vents ». En même temps il lui montre le glaive levé sur le sein d'*Hermione*, il le menace d'égorger sa fille à ses yeux, & de réduire le palais en cendres, s'il n'obtient sur-le-champ du peuple qu'il révoque l'arrêt de mort.

Ménélas flotte entre la rage & la crainte ; il éclate en reproches sanglans contre *Oreste*, qui ne les laisse pas sans réplique. La situation est très-vive : enfin *Oreste* irrité de l'obstination de *Ménélas*, ordonne à *Electre* & à *Pylade* de mettre le feu au palais ; mais *Apollon* qui descend tout-à coup du ciel appaise tout le désordre. Il déclare à *Ménélas* que *Helene* a été enlevée au ciel & changée en constellation ; qu'ainsi il peut se pourvoir d'une autre épouse. Il annonce à *Oreste* qu'il épousera cette même *Hermione* qu'il est sur le point d'immoler ; il lui impose un exil d'un an, après quoi il veut qu'il aille à Athênes plaider sa cause dans l'Aréopage, & lui prédit qu'il gagnera son procès ; pour *Pylade*, il le marie avec *Electre*.

Vous sentez, Monsieur, le vice & la foiblesse d'un pareil dénouement. Les anciens poëtes ont coutume d'employer des machines de cette nature pour se tirer d'embarras à la fin de leurs pièces. Ils font descendre sur la scène une divinité qui décide du sort des personnages, sans que personne ose s'opposer à sa volonté suprême. Nous avons à cet égard beaucoup perfectionné l'art de la tragédie : ce poëme chez les Grecs s'est toujours ressenti de sa première origine ; & comme il devoit sa naissance aux fêtes de *Bacchus*, il a toujours été intimement lié au systême religieux. *Homère*, qui servit de modèle aux premiers poëtes dramatiques, contribua encore à égarer ses imitateurs, qui ne surent pas distinguer la nature de l'épopée d'avec celle du drame ; ils s'imaginèrent que le merveilleux, qui plaît tant dans l'*Iliade* & dans l'*Odyssée*, produiroit le même effet dans une tragédie, & le caractère superstitieux des Athéniens servit encore à accréditer cette opinion. Le but principal de l'épopée est d'exciter l'admiration, & rien n'est si propre à inspirer un pareil sentiment que ces fictions qui découvrent au lecteur l'influence de la divinité sur les actions des hommes ; mais le pathétique est l'ame de la tragédie, elle doit nous offrir le spectacle des passions humaines, tous les événemens doivent être dans l'ordre naturel ; dès qu'on y mêle le ministère des Dieux, on détruit l'illusion théâtrale & l'on affoiblit l'intérêt. Voilà pourquoi les ombres, les spectres, les opérations magiques doivent être bannies sévèrement de la bonne tragédie. Ce n'est pas que des inventions de cette espèce ne puissent faire une grande impression sur l'esprit d'un peuple crédule ; mais ce ne sont point des beautés réelles & de tous les temps, ce sont des machines étrangères à la tragédie qui doit être fondée sur une exacte vraisemblance, & dont tous les incidens doivent être une suite naturelle & nécessaire des passions dont les personnages sont animés.

Au dénouement près, *Oreste* est une pièce très-estimable par l'artifice de la conduite, par la vérité & le pathétique des situations. Les sentimens généreux de *Pylade*, la tendresse mutuelle d'*Oreste* & d'*Electre* présentent les tableaux les plus touchans, & le danger continuel où se trouvent ces deux personnages produit un intérêt vif qui se soutient jusqu'à la fin. On remarque même dans cette tragédie plus d'action & d'intrigue que les poëtes Grecs n'ont coutume d'en mettre dans leurs pièces ; aussi fut-elle couronnée par le ſuffrage unanime des Athéniens.

Euripide ſon auteur eſt regardé par *Ariſtote* comme le plus tragique des poëtes, parce qu'il réuſſit le mieux à exciter cette douleur & cette triſteſſe délicieuſe qui eſt l'ame de la tragédie. Sa diction moins nerveuſe & moins élevée que celle de *Sophocle*, a, dans ſon élégante ſimplicité, des graces naturelles, plus convenables peut-être au ton de la tragédie, & certainement plus propres au genre pathétique.

Projicit ampullas & ſesquipedalia verba
Si curat cor ſpectantis tetigiſſe querela.

On a ſouvent comparé *Euripide* à *Racine*; ces deux poëtes n'ont de commun que ce ſtyle doux, affectueux & tendre qui touche & pénètre le cœur. Dans tout le reſte, ils ne ſe reſſemblent point. *Euripide* eſt ſouvent peu exact dans la conduite & la diſpoſition de ſes ſujets. *Racine* ſe diſtingue par la ſageſſe & la régularité de ſes plans. *Euripide* extrêmement négligé donne tout à la nature

& presque rien à l'art. Chez *Racine*, l'art & la nature se trouvent réunis au même degré, & concourent également à la perfection de ses ouvrages. *Euripide* affiche une haine déclarée contre la moitié la plus aimable du genre humain ; ses pièces sont pleines d'invectives grossières contre les femmes ; *Racine*, au contraire, est un poëte galant. Enfin, *Euripide* est souvent rhéteur & moraliste ; il prodigue les sentences, & a poussé la manie philosophique jusqu'à introduire dans une de ses pièces une femme philosophe. *Racine*, toujours naturel & vrai, ne fait point disserter ses personnages, & chez lui la maxime se tourne en sentiment. Les belles sentences & les grands traits de morale dont *Euripide* a semé ses tragédies, le firent appeller le poëte des philosophes ; nous avons vu de nos jours un tragique célèbre décoré de ce même titre, qui n'est cependant pas aussi honorable qu'on se l'imagine; car le poëte des philosophes n'est pas toujours le poëte des gens de goût, qui veulent que chaque chose soit à sa place. Au reste, si *Euripide*, comme poëte philosophe, a quelque conformité avec M. *de Voltaire*; il y a cette différence entre eux, qu'*Euripide* expose sa morale simplement & sans prétention, au lieu que la philosophie théâtrale de M. *de Voltaire* est brillante & enluminée d'antithèses. Ce qui distingue encore le poëte Grec d'avec le François, c'est que le premier travailloit beaucoup ses vers & les limoit avec le plus grand soin; il racontoit qu'il avoit mis trois jours entiers à faire trois vers; certain poëte qui l'écoutoit dit : j'en ferois cent pendant ce temps-là. — Oui, reprit *Euripide*, mais vos cent vers dureront trois jours, & les trois que j'ai faits vivront des siècles.

Il est temps, Monsieur, de vous parler du traducteur. On ne peut lui refuser l'exactitude & la fidélité. Il eût été à desirer qu'il y eût joint l'élégance & l'harmonie, ces qualités ne sont point incompatibles. Les savans qui se contentent de traduire exactement les anciens, ne savent pas le tort qu'ils leur font : des beaux-esprits ignorans se servent de ces traductions platement fidèles pour ridiculiser les modèles les plus respectables de l'antiquité. C'est ainsi qu'un illustre moderne, dans des remarques sur sa tragédie d'*Œdipe*, s'est égayé aux dépens de *Sophocle*, en citant des passages de M. *Dacier*, qui a défiguré, par un style bas & trivial, l'*Œdipe* du poëte Grec. Ainsi, en exhortant l'anonyme à continuer son entreprise, nous le prions, pour l'honneur des anciens, de soigner davantage son style, & de rendre l'esprit & le caractère d'*Euripide* beaucoup plus que ses mots.

Je suis, &c.

LETTRE II.

Discours sur divers sujets de religion & de morale, par M. Flexier de Réval, *2 vol. in-12 de près de 500 pages chacun. A Luxembourg, chez les héritiers d'*André Chevalier. 1777.

CES discours sont des sermons, des éloges de saints & des homélies. L'auteur a assez bien connu le genre de ces ouvrages pour prendre le ton & le style propre à chacun. Dans ses sermons, les vérités sont développées avec netteté, les raisonnemens bien liés, les conséquences naturellement amenées; le style, sans être brillant & pompeux, est pur, & dans quelques endroits, assez fleuri; dans les homélies, il y cherche moins à prouver qu'à convaincre; son style est moins orné, mais il est plus onctueux & plus pathétique, il y développe mieux les sentimens de l'ame, & y suit mieux la marche & le jeu des paſſions: dans ſes éloges, ſon ſtyle s'élève davantage, ſes comparaiſons ſont plus brillantes & plus nombreuſes, ſes idées ont plus d'étendue, & ſes plans ſont plus vaſtes. Dans les uns & les autres, il eſt également clair, précis & méthodique; ſon début annonce toujours les objets qu'il va embraſſer, ſes diviſions ſont ſi naturelles qu'on les devine, pour ainſi dire, dès qu'il annonce ſon ſujet; on le ſuit ſans peine dans ſes ſubdiviſions, & on arrive au terme ſans avoir perdu de vue un inſtant le point d'où il eſt parti. Plein, nourri de l'écriture ſainte & des pères de l'égliſe, il les cite ſouvent; ces citations fréquentes n'offrent point cette érudition faſtidieuſe, où un orateur cherche plus à ſe faire admirer qu'à inſtruire; elles ſervent au contraire à mieux développer ſes raiſonnemens, & à donner plus de force à ſes preuves. Le choix de ces paſſages eſt toujours heureux, & ils ſont tellement liés au corps du diſcours qu'on ne pourroit les en ſéparer ſans en rompre la chaîne. Le plus ſouvent ils ſont paraphraſés & ils le ſont avec tant d'intelligence, qu'on admire & le texte qui fournit des vérités auſſi fécondes, auſſi lumineuſes, & l'orateur qui ſait les adapter avec tant d'art à ſon ſujet.

Ceux qui ne connoiſſent les SS. Pères que ſur le jugement qu'en ont porté les ennemis de la religion auront, en liſant ces diſcours, peine à concevoir qu'on ait pu les traiter d'écrivains vuides d'idées, ſans goût, ſans chaleur, ſans intérêt. Ils regretteront qu'on ne connoiſſe que de nom des ouvrages où l'on peut puiſer tant de précieuſes lumières, & ſe perfectionner dans la vertu, en apprenant à y connoître les foibleſſes, les vices de l'humanité, & les moyens de les réparer. Quoique cette manière de paraphraſer l'écriture & les pères rende le diſcours plus majeſtueux, plus intéreſſant, & donne plus de poids aux raiſonnemens, le plus grand nombre cependant de nos orateurs ſacrés s'écartent aujourd'hui de cette route; trop confiants dans leurs lumières, ils ſemblent dédaigner de marcher ſous l'appui de leurs maîtres. Ces imprudens athletes ne ſavent pas que pour combattre les vices, il faut avoir été formé par ceux qui ont été accoutumés à les vaincre. Que ceux-là ſont peu propres à parvenir à ce but qui font conſiſter tout le talent de la chaire dans une diction harmonieuſe & brillante, & dans des tours de penſées ingénieux ! ils réuſſiront peut-être à amuſer l'imagination de leurs auditeurs, à intéreſſer leur eſprit, & à obtenir une réputation momentanée. Mais pour toucher les cœurs, pour les arracher aux vices, pour les ramener à la vertu, ce n'eſt qu'en étudiant, qu'en méditant les immortels écrits des héros du chriſtianiſme qu'on peut ſe flatter d'y parvenir.

M. *Flexier de Reval* n'a conſtamment ſuivi cette méthode que parce qu'il étoit pénétré de cette vérité ; car il ne manquoit ni des talens de l'eſprit ni des reſſources de l'imagination pour créer & pour peindre avec feu. Un éloge dont le ſujet étoit ſtérile, fait ſur-tout voir juſqu'où il auroit pu porter ces talens plus brillans que ſolides, s'il avoit voulu les cultiver ſpécialement. Cet éloge eſt celui de ſaint *Donat* dont les légendes ne nous ont laiſſé aucun détail ſur la vie. Ce ſaint, à qui les fidèles attribuent le pouvoir de détourner la foudre, lui fournit la matière de ſon éloge. Vous allez voir, Monſieur, avec quelle grandeur, avec quel feu il peint ce fléau redoutable dans les mains du Dieu vengeur. » Grands » du monde, tyrans odieux à vos » frères, fuyez, ſi vous le pouvez, » le Dieu qui tonne & qui cherche » vos crimes. Quittez vos demeures » ébranlées par les ſecouſſes de l'o» rage; attelez vos courſiers ſuperbes » & rapides, volez ſur les aîles des » vents, des flêches enflammées de» vanceront vos pas, & la voix ter» rible du tonnerre briſera les roues » de vos chars..... Guerre, peſte, » famine, vous avez vos époques, » votre empire laiſſe aux mortels des » années, quelquefois des ſiècles de » paix; tandis que vous dévaſtez une » province, les autres ſont à l'abri de

» vos coups ; mais tous les ans nous
» ramènent le règne formidable du
» tonnerre, les plus belles de nos sai-
» sons sont celles où nous le redou-
» tons le plus ; il se promène impé-
» rieusement sur toutes les provinces,
» &, ne laissant la sécurité à aucune,
» il effraye les unes, dévaste les autres
» & ne s'arrête qu'aux bornes de l'uni-
» vers. Cherchez, mes frères, l'état
» & la condition ; cherchez le mortel
» sur la terre qui ne craigne le ton-
» nerre, ou qui ne doive le craindre.
» Hommes riches & opulens, les
» incommodités de l'indigence ne vous
» affectent pas ; peuples pacifiques &
» puissans, vous ignorez les malheurs
» de la guerre, mais le ciel en cour-
» roux gronde sur vos têtes comme
» sur celles de vos frères. Le roi sur
» son trône, & le pauvre sous le
» chaume de sa cabane, frémissent à
» l'aspect de ses feux, au bruit de
» ses mugissemens, à la vue de ses
» dégâts. Le cultivateur éploré lui
» abandonne l'espérance de ses cam-
» pagnes, le vigneron, le fruit de

» ſes fertiles côteaux, le berger, un » troupeau épars & diſperſé par la » peur. A ſon approche, le voyageur » cherche les cavernes des bêtes fé» roces, & le navigateur timide ne » compte pour rien les gouffres du » perfide océan ».

Ses autres éloges n'offrent point des peintures peut-être auſſi vigoureuſes, mais on y trouve des deſcriptions animées, intéreſſantes, qui réveillent l'attention de l'auditeur, qui excitent ſon admiration pour le héros qu'il entend louer, & qui font deſirer de lui reſſembler. Telle eſt ſur-tout celle-ci dans l'éloge de ſaint *Ignace de Loyola*.

» Il ne voyoit que Dieu dans tous » les événemens, dans tous les objets » qui ſe préſentoient à ſes yeux. La » vue d'une fleur, d'un brin d'herbe » le raviſſoit, le faiſoit entrer en » extaſe; il ſembloit qu'à cet aſpect » ſon eſprit, enlevé au-delà des bornes » du monde, ſe noyoit dans l'océan » de la puiſſance & de la ſageſſe de » Dieu; ou que Dieu, rétréciſſant,

» pour ainsi dire, son immensité, eût » caché dans cette fleur, dans cette » herbe, tous les trésors de sa grandeur infinie, & toutes les merveilles » de ses ouvrages. Les heures de la » nuit sont les plus précieuses aux » saints & les plus amies de l'oraison. » Je vois *Ignace* placé sur la cime » d'une tour, sur le toit d'une maison, » les yeux baignés de larmes, attachés » fixement au ciel. Nuits tranquilles » & pleines d'un auguste silence, c'est » dans vos ombres qu'*Ignace* apprécie » les jours éternels. Majesté des cieux, » nos yeux appesantis vers la terre, » ne vous regardent qu'avec indifférence ; sur votre doux & paisible » azur, *Ignace* lit le nom adorable de » votre auteur écrit en lettres de » flammes ».

Cet éloge, ainsi que celui de saint *François Xavier*, apôtre des Indes, prouve combien le christianisme est propre à élever l'ame, à inspirer de grands projets, & à les faire exécuter. Des *Ignace de Loyola*, des *François Xavier*, sacrifiant leurs biens, leur repos, leurs jours, pour le bonheur de leurs semblables, ne sont pas rares dans les annales du christianisme; mais où sont ces héros de vertu, ces martyrs de la vérité, que la philosophie a su former? qu'elle nous montre ceux qui ont quitté leurs tranquilles foyers, leurs proches, leurs amis, pour aller sur des mers orageuses, à travers des déserts affreux, au milieu des nations barbares, braver la faim, la soif, les maladies, les tourmens, les tortures. Si elle ne peut encore se vanter d'avoir formé de tels hommes, qu'elle courbe donc son front audacieux sous le conducteur des chrétiens. En vain se vante-t'elle d'avoir éclairé les hommes par ses écrits trop fameux; eh bien! qu'elle compte le nombre des prosélites que lui ont gagné depuis un demi-siècle ces hommes à qui elle dispense le titre de génies; qu'elle compare leurs succès avec ceux du seul *François Xavier*; & après cela osera-t-elle refuser ses hommages à la religion? ». Je vois, » (dit le panégyriste de *Xavier*) des

» nations séparées par de vastes soli-
» tudes, par des mers immenses, par
» un groupe d'isles & de royaumes ;
» & par-tout je vois *Xavier* presque
» en même temps ; toutes ces nations
» s'empressent à l'entendre & à lui
» obéir. Vous l'avez vu au milieu de
» vous, peuples Mabares, Parares,
» Zocotorains, insulaires de Ceylan,
» de Ternate, des Moluques ; habi-
» tans de Macazar, de l'isle formi-
» dable du More : vous l'avez vu, ce
» grand ministre de Jésus-Christ, cet
» invincible apôtre de son évangile,
» au milieu de vos déserts stériles, de
» vos sables brûlans, de vos sombres
» forêts, dans vos chariots errans,
» sur vos barques flottantes. Et vous,
» Japonois, dernier peuple de notre
» hémisphère, n'a-t'il pas pénétré
» jusqu'à vous, où jamais prédica-
» teur de l'évangile n'avoit paru » ?
Outre la distance des lieux, la différence des climats, des moeurs, du
langage, que d'obstacles encore plus
puissans à surmonter ! » Quelle entre-
» prise, grand Dieu, que de former,

» pour ainsi-dire, de nouveaux carac-
» tères, de commander aux tempé-
« ramens, d'arrêter tout-à coup les
» passions les plus violentes, les plus
» invétérées, les plus préconisées, de
» remplacer une mollesse criminelle
» par une pureté sans tache, une
» colere sanguinaire par le pardon des
» ennemis, la cruelle avarice par la
» bienfaisante charité, de donner des
» loix saintes à des hommes nourris
» dans la superstition & l'indépen-
» dance, de former des mœurs in-
» tègres dans des ames abâtardies par
» les plus étranges abominations; de
» fixer par l'espérance des biens in-
» visibles, des cœurs qui n'avoient ja-
» mais aimé que les biens de la
» terre »!

Si tous ces discours sont propres à raffermir la foi des fidèles ébranlée par les coups de l'irréligion, ils ne servent pas moins à inspirer le goût de la vertu & l'amour de l'Être suprême. Le Dieu des chrétiens n'y est point comme le peignent les philosophes, un Dieu cruel, toujours courroucé, toujours armé de ſes foudres, toujours prêt à frapper les malheureux mortels; il y eſt, au contraire, un Dieu de bonté, un Dieu de miſéricorde qui n'aime qu'à pardonner & à répandre ſes bienfaits.

Il n'a manqué à M. *Flexier de Réval* pour mériter d'être mis au nombre de nos grands orateurs ſacrés, que d'avoir donné plus d'étendue à ſes diſcours, d'y avoir plus approfondi les matières. Accoutumé à rendre ſes idées avec facilité, il ne revenoit jamais ſur elles; ne les méditant point aſſez, pluſieurs de leurs rapports qui pouvoient le mener à des objets intéreſſans, lui ont ſouvent échappé.

Je ſuis, &c.

LETTRE III.

*Traduction du commencement du seizième chant de l'*Iliad. *, pièce qui a concouru pour le prix de l'académie Françoise en 1778, par M.* Hibert. *A Paris, chez* Moutard, *libraire de la Reine, rue des Mathurins, hôtel de Clugny.*

LA pièce dont je vais vous entretenir, Monsieur, n'a été honorée d'aucune mention à l'Académie; mais vous savez bien que ce n'est point par-là qu'il faut maintenant juger du mérite ou de la foiblesse d'un auteur. Ce nouveau *Tibulle*, qui, s'il possédoit encore dans la maison *Virgile* son ami, auroit peut-être obtenu la couronne académique, M. le marquis *de Vilette* n'a-t-il pas vu sa traduction obtenir les éloges du docte lycée? Et cependant, Monsieur, quelle pasquinade que cette prétendue traduction? quel attentat contre le goût & contre *Homère*? quelle prétention marquée de vouloir ridiculiser ce dieu de la poëſie par un traveſtiſſement en proſe de ſes idées & de ſes expreſſions, comme ſi les vers de M. le marquis *de Vilette* ne ſuffiſoient point pour rendre ce grand poëte ridicule, ſi jamais il pouvoit l'être ! Vous voyez donc, Monſieur, que le ſilence ou l'approbation de l'Académie, cette année, comme toutes celles qui l'ont précédée, ne peut influer ſur le jugement qu'on doit porter des pièces ſoumiſes à ſon examen.

Le principal mérite de celle de M. *Hibert*, c'eſt l'intérêt qu'il a ſçu attacher à ſa narration, joint à une fidélité précieuſe ; on n'y voit point un auteur briller aux dépens de l'original qu'il traduit, ſacrifier la ſimplicité des Grecs au clinquant moderne, & ſurcharger d'atours une muſe belle de ſes propres charmes ; en un mot, l'auteur paroît s'être attaché à rendre le texte d'*Homère* auſſi exactement que peut le comporter notre verſification françoiſe ; jugez-en, Monſieur.

Tandis que des Troyens enflammant le courage,

Hector

Hector parmi les Grecs répandoit le carnage,
Et que de toutes parts la lueur des flambeaux
D'un prompt embrasement menaçoit leurs vaisseaux,
Patrocle se flattant qu'au *bruit de ces allarmes*
Son ami reprendroit ses redoutables armes,
Paroît devant *Achille*... Une sombre pâleur
Sur ses traits altérés exprime la douleur,
Et de ses yeux éteints les paupières tremblantes
Précipitent le cours de ses larmes brûlantes.

Ces vers ne vous paroissent-ils pas coulans, harmonieux? Les six premiers n'appartiennent point à *Homère*; mais il falloit bien amener, dans la traduction d'un morceau séparé, le discours & le motif du discours que *Patrocle* tient à son ami, & la réponse de ce dernier.

Achille demande à *Patrocle* quel est le sujet de sa tristesse? « A cette ques» tion, généreux *Patrocle*, vous ré» pondites, en poussant un profond sou» pir ». C'est par ces apostrophes ménagées à propos qu'*Homère* sait animer son récit. Rien n'est plus touchant que de

tuné *Patrocle*, & suspend l'intérêt en l'augmentant.

La réponse d'*Achille* est pleine de cette fierté, de ce juste sentiment de ses forces qui le caractérise dans tout le cours du poëme. Ce qui lui a fait prendre le parti de refuser le secours de son bras aux Grecs repoussés par les Troyens, c'est l'enlèvement de *Briséis* sa captive, sans cet affront il combattroit encore ; cependant il consent que *Patrocle* se couvre de ses armes, il n'attendoit pour cela que le moment où il verroit la déroute éclatante des Grecs. » Déjà les cris des » vainqueurs parviennent jusqu'à moi : » allez, guidez l'ardeur de mes soldats «.

Troye à notre défaite accourt de toutes parts,
Et Troye avec frayeur fuiroit sous ses remparts,
Si tel qu'on voit un astre annoncer la tempête,
Elle voyoit briller mon casque sur ma tête.

Ah ! sans l'injustice d'*Agamemnon*, ces superbes Troyens tomberoient sous mes coups. Cependant,

Les *Grecs* sont accablés, l'armée est sans défense,
Diomède en fureur anime en vain sa lance.

. . . .

Allez donc chez *Patrocle*, votre aspect sauvera la flotte prête à devenir la proie des flammes; que les Grecs apprennent qu'ils ne peuvent espérer la victoire qu'après avoir honoré ma valeur & fléchi mon courroux en me rendant ma belle captive; mais vous *Patrocle*, dès que l'aspect de mes armes aura mis en fuite les Troyens, ramenez vos troupes triomphantes.

Si le maître des dieux, l'arbitre des combats,
Par de plus grands succès signale votre bras,
N'allez pas, emporté d'une ardeur courageuse,
Braver sans moi, des traits la tempête orageuse.

. . . .

Laissez les autres Grecs combattre dans la plaine,
Laissez-les se livrer au sort qui les entraîne.
Jupiter, *Apollon*, *Minerve*, ô vous, grands dieux!

Puissiez-vous exaucer mes vœux ambitieux !
Puissent Grecs & Troyens, victimes de leur
rage,
Périr tous massacrés dans un même carnage,
Et puissions-nous tous deux, sur tous ces
morts épars,
Disperser d'Ilion les superbes remparts !

Ce discours renferme les plus grandes beautés ; comme le ressentiment d'*Achille* s'y développe par gradation ! Quelle soif de la vengeance ! Quel mépris des Troyens ! Avec quel art *Homère* a-t-il fait contraster des sentimens doux avec des sentimens terribles ! L'amitié d'*Achille* pour *Patrocle*, ses craintes, ses inquiétudes, le conseil qu'il lui donne de quitter le champ de bataille dès qu'il aura repoussé les Troyens, tout cela rend le héros aimable & intéressant, même au milieu de ses imprécations ; *Homère* a déjà fait entendre, mais très-légèrement, que *Patrocle* seroit tué dans le combat. Ici ce poëte sublime insiste davantage & dispose les esprits à cette sanglante catastrophe ; il ne dit point précisément que *Patrocle* périra ; mais par le conseil qu'il met dans la bouche d'*Achille*, *Homère* occupe ses lecteurs de cette idée, en leur faisant craindre ce funeste évènement. Ce discours donneroit lieu à mille remarques de cette nature, si l'on vouloit analyser toutes ses beautés. Je me contenterai de vous rappeller ce vœu, digne d'*Achille*, par lequel ce héros termine sa réponse: c'est-là qu'il se montre bien *iracundus*, *inexorabilis*, *acer;* il souhaite que Grecs & Troyens périssent tous en cette journée, afin que *Patrocle* & lui dispersent eux seuls les remparts d'Ilion. *Racine*, qui étoit plein de la lecture d'*Homère*, n'a point oublié ce trait sublime dans son *Iphigénie en Aulide*. *Achille* exprime le même sentiment, lorsqu'il dit à *Agamemnon*:

. . . .

Et quand moi seul enfin je devrois l'assiéger,
Patrocle & moi, seigneur, nous irons vous venger.

Voilà comme un poëte habile sait employer les richesses des anciens, les transposer, les incorporer dans ses écrits !

Vous avez dû remarquer, dans la version françoise, du naturel & de l'élégance ; le vers, *Diomède en fureur anime en vain sa lance*, rend avec précision l'image du poëte Grec, qui dans son divin poëme, donne de l'ame & des passions aux êtres même les plus inanimés. Voici un morceau où vous trouverez quelques vers de poësie imitative ; c'est le combat d'*Ajax* qui seul s'oppose aux Troyens. Le maître des dieux arrête ses efforts ; *tous ses membres frémissent*,

Par l'airain repoussés mille traits rejaillissent,
De son casque frappé l'acier retentissant
Se plaint, & l'air répond par un son gémissant,
Le bouclier échappe à sa main affoiblie.

. . . .

Sur la lance d'*Ajax*, *Hector* impétueux,
Porte avec violence un coup de son épée ;
Et le fer séparé de la lance coupée
Vole au loin, siffle & tombe ; *Ajax* en frémissant
Reconnoît *Jupiter*, dont le bras toutpuissant

A brisé l'instrument & l'appui de sa gloire.

. . . .

Etonné de ne voir dans sa débile main
Qu'un débris *inutile* & qu'il agite *en vain*,
Il cède. Son vaisseau qu'au sort il abandonne
Reçoit de tous côtés le feu qui l'environne.

La coupe de ces vers est heureuse, & les repos ménagés avec goût. On ne pouvoit mieux peindre l'image de cette lance, dont le *fer séparé vole au loin, siffle & tombe*. Ce mot *tombe* qui a un son lourd & qui termine la phrase poëtique au milieu du vers, rend l'image sensible à l'oreille. L'armure d'*Achille* étoit un des endroits les plus difficiles à exprimer. Cependant M. *Hibert* n'y reste pas au-dessous de son modèle.

La cuirasse, où brilloit un or éblouissant,
Jette autour de son sein un éclat menaçant.
L'épée à son côté, du repos retirée,
S'agite, impatiente & de sang altérée.

Ces deux vers sur la lance d'*Achille* dont *Patrocle* ne peut se servir à cause de son énorme pesanteur, me paroissent frappans par leur précision & leur simplicité. . . . .

Le Grec le plus robuste à peine la portoit,
Le héros sans effort d'une main l'agitoit.

Homère dit que le centaure *Chiron* donna au père d'*Achille* cette lance qui sera fatale à tant de héros. Le traducteur a donné une tournure plus vive à cette idée, & je crois que vous l'approuverez.

Depuis que par *Chiron*, avec soin façonnée,
A *Pélée* autrefois cette arme fut donnée,
Que de morts, que de sang, que de remparts forcés !

Vous applaudirez à ces deux vers, pour exprimer la vîtesse des chevaux d'*Achille*.

Ces coursiers que le vent sur son aîle bruyante
Sembloit ravir aux yeux qui les voyoient courir.

Ce dernier est composé de mots courts & rapides, qui donnent aux vers la légèreté des coursiers; on voit en général que c'eſt un homme de goût, formé par une lecture réfléchie des bons modèles, qui a verſifié cette pièce. Elle eſt d'autant plus eſtimable, que c'eſt ſon début dans la littérature. Ce motif, joint au talent qu'elle annonce, doit l'engager à pourſuivre une carrière dans laquelle il peut ſe flatter de cueillir des lauriers, non pas académiques, mais auſſi honorables, puiſqu'ils lui ſeront diſpenſés par le public, ce juge intègre, qui ne ſe décide jamais d'aprés les manèges de la médiocrité, mais d'aprés le mérite réel des productions qu'on lui préſente.

Je ſuis, &c.

LETTRE IV.

Lettre de M. l'abbé Grandidier *à M.* Fréron.

A Strasbourg, ce 9 octobre 1778.

Vous rappellez, Monsieur, dans le N°. 28 de l'Année Littéraire, *pag.* 205 une anecdote très-curieuse concernant don *Calmet* & M. *de Voltaire.* Elle est certaine, Monsieur; mais le détail de cette anecdote doit plaire au public. La gloire de don *Calmet*, celle même de M. *de Voltaire* y est intéressée. Je crois donc que vous ne serez pas fâché de le connoître & d'en faire part à vos lecteurs.

Don *Augustin Calmet*, bénédictin de la congrégation de Saint-Vanne & de Saint-Hydulphe, & abbé de Sénones, connut M. *de Voltaire* par leur amie commune, Madame la marquise *du Châtelet.* On n'ignore pas la liaison particulière de cette savante dame avec le philosophe de Ferney : mais le philosophe religieux de Sénones lui paroissoit bien plus estimable, & cet illustre abbé l'avoit autant mérité par sa piété que par son histoire généalogique de la maison du Châtelet, imprimée *in-fol.* en 1741. Cette estime passa de Madame *du Châtelet* à M. *de Voltaire*, qui conserva long-temps l'amitié particulière qu'il avoit conçue pour don *Calmet*. Se trouvant en 1748 à la cour du roi *Stanislas*, il lui témoigna le plus grand empressement de le voir & de converser avec lui dans son abbaye. Il lui écrivit même de Luneville le 13 février de ladite année une lettre charmante, qui mérite d'être connue. Voici comme s'explique M. *de Voltaire*.

« Je préfere, Monsieur, la retraite » à la cour, & les grands hommes aux » rois. J'aurois la plus grande envie » de venir passer quelques semaines » avec vous & vos livres, il ne me » faudroit qu'une cellule chaude; & » pourvu que j'eusse du potage gras, » un peu de mouton & des œufs, » j'aimerois mieux cette heureuse & » saine frugalité, qu'une chère royale. » Enfin, Monsieur, je ne veux pas

» avoir à me reprocher d'avoir été si » près de vous & de n'avoir point eu » l'honneur de vous venir voir. Je » veux m'instruire avec celui dont les » livres m'ont formé, & aller puiser à » la source : je vous en demande la » permission. Je serai un de vos moi- » nes. Ce sera *Paul* qui ira visiter » *Antoine*. Mandez-moi si vous vou- » drez bien me recevoir en solitaire. » En ce cas, je profiterai de la pre- » mière occasion que je trouverai ici » pour venir dans le séjour de la » science & de la sagesse. J'ai l'honneur » d'être avec une estime respectueuse, » &c. »

Madame la marquise *du Châtelet* écrivoit sur le même ton à dom *Calmet* dans sa lettre datée de Luneville, 4 mars 1748. « Nous allons, dit-elle, » demain à la Malgrange. M. *de Voltaire* compte vous aller voir au » retour, & le Roi compte qu'il vous » ramènera, & on vous donnera ici » une voiture pour votre retour. Si » M. *de Voltaire* n'y va pas, j'espère » que le Roi vous enverra chercher.... » M. *de Voltaire*, dit-elle dans une

» autre lettre, me prie de vous faire » mille très-humbles complimens de » sa part ».

Cette estime étoit bien antérieure, comme le prouve la lettre de Madame *du Châtelet* à don *Calmet*, datée de Cirey 28 avril 1738. « M. *de Voltaire*, » qui est ici, & qui est plein pour » vous de l'estime que tout homme » qui pense doit à votre mérite, me » prie de vous en assurer ».

M. *de Voltaire* cependant ne put accomplir sa promesse qu'en 1755. Il vint cette année à Senones & y passa trois semaines. Il y employa tout ce temps ou à converser avec dom *Calmet*, ou à travailler dans la bibliothèque de l'abbaye. Ces deux savans hommes se témoignèrent une estime réciproque, & si dom *Calmet* admira le grand savoir & le bel esprit de M. *de Voltaire*, celui-ci à son tour ne put refuser au pieux abbé le respect que sa vertu, l'étendue de ses lumières & sa rare modestie méritoient. Il vécut en quelque sorte à Sénones en religieux, n'ayant voulu manger qu'avec la communauté au réfectoire & ne parler qu'avec les religieux. Il assista le jour de la Fête-Dieu à la procession & à tout l'office, qui se fait ce jour-là dans l'abbaye avec beaucoup de pompe & de majesté.

M. *de Voltaire* regretta long-temps cette abbaye, qu'il quitta avec peine. Il écrivit ainsi à son hôte étant à Plombières le 16 juillet 1755. « La lettre » dont vous m'honorez, augmente » mon regret d'avoir quitté votre » respectable & charmante solitude; » je trouvois chez vous bien plus de » de secours pour mon ame, que je » n'en trouves à Plombières pour » mon corps. Vos ouvrages & votre » bibliothèque m'instruisoient plus » que les eaux de Plombières ne me » soulagent : on mène d'ailleurs ici » une vie un peu tumultueuse, qui » me fait chérir encore davantage » cette heureuse tranquillité, dont je » jouissois avec vous....... Je vous » souhaite une santé meilleure que la » mienne, & des jours aussi durables » que votre gloire, & que les services » que vous avez rendus à quiconque » veut s'instruire, Je serai toute ma

» vie avec le plus respectueux & le » le plus tendre attachement, &c. »

Il fut si satisfait de son séjour à Sénones, qu'il forma le dessein de s'y fixer; il en fit écrire de Colmar en Alsace, où il résidoit alors, au coadjuteur de dom *Calmet*, demandant qu'on lui louât la maison abbatiale: ce projet n'eut pas lieu. Il n'en conserva pas moins le tendre souvenir de dom *Calmet*. Il en parle avec sensibilité dans une de ses lettres écrite des Délices près de Genêve le 15 juin 1757, à dom *Fanget*, neveu & coadjuteur de l'abbé de Sénones. « J'admire la force du tempérament » de M. votre oncle: elle est égale à » celle de son esprit. Personne au » monde n'est plus digne d'une longue » vie. Il a employé la sienne à nous » fournir les meilleurs secours pour » la connoissance de l'antiquité. La » plupart de ses ouvrages ne sont pas » seulement de bons livres; ce sont » des livres dont on ne peut se passer. »

Don *Calmet* mourut le 25 octobre de la même année 1757. Dom *Fanget* son neveu & son successeur ayant demandé quatre vers pour mettre au bas de l'eſtampe de ſon oncle, M. *de Voltaire* lui répondit en ces termes :

« Il ſeroit difficile, Monſieur, de » faire une inſcription digne de l'on» cle & du neveu ; au défaut de talens, » je vous offre ce que me dicte mon » zèle,

» Des oracles ſacrés que Dieu daigna nous
rendre,
» Son travail aſſidu perça l'obſcurité :
» Il fit plus ; il les crut avec ſimplicité,
» Et fut par ſes vertus digne de les entendre.

» il me ſemble au moins que je » rends juſtice à la ſcience, à la foi, » à la modeſtie, à la vertu de feu dom » *Calmet*, mais je ne pourrai jamais » célébrer, ainſi que je le voudrois, » ſa mémoire, qui me ſera infiniment » chère ».

Je ne fais, Monſieur, que copier différens paſſages de la vie de dom *Calmet*, écrite par dom *Fanget*, ſon digne neveu, & imprimée à Senones en 1762 ; mais ce ſont des extraits précieux qui méritent votre attention, & que le public verra toujours avec plaisir.

Je suis, avec la plus parfaite considération,

Monsieur,

Votre très-humble & très-obéissant serviteur,

l'abbé GRANDIDIER, historiographe & archiviste de l'évêché de Strasbourg.

Indications des Nouveautés dans les Sciences, la Littérature & les Arts.

Méthode de Harpe, pour apprendre seul & en peu de temps à jouer de cet instrument avec un principe très-simple pour l'accorder, par M. Corbelin; *élève de M.* Patouart *fils, dédiée à Mademoiselle* Claudine Louise d'Estampes de Mauny, *prix 12 livres. A Paris chez l'Auteur, place Saint-Michel, maison du Chandelier; au Cabinet Littéraire, pont Notre-Dame; chez* Naderman, *luthier, rue d'Argenteuil, butte Saint-Roch; à*

Versailles, chez Blaizot, libraire, rue Satory; & aux adresses ordinaires de Musique.

La Harpe étoit, comme le sont presque tous les instrumens, sans méthode qui pût mettre les amateurs à même d'apprendre à en jouer aisément. Les principes en étoient si vagues que l'on passoit des années à travailler avant d'en avoir des notions bien justes, même sous les meilleurs maîtres; avec le temps on acquéroit de l'exécution, mais manquant de théorie, on étoit embarrassé dès qu'il se présentoit une nouvelle difficulté; souvent on laissoit là l'instrument qui avoit coûté bien de la peine, & l'on s'en dégoûtoit faute d'avoir appris sur des principes raisonnés.

La cherté des maîtres étoit encore un obstacle pour bien des personnes qui, bornées par la fortune, étoient douées par la nature des plus grandes dispositions, & les talens qui auroient pu se développer en elles & faire le charme de la société, se trouvoient anéantis. C'est pour remédier à ces inconvéniens que M. *Corbelin* a entrepris l'ouvrage que nous annonçons. Le plan nous en a paru ſimple & bien conduit, toujours l'explication eſt à côté de l'exemple ; l'écolier mené, comme par la main, ſe trouve conduit à la connoiſſance de la choſe ſans preſque s'appercevoir du travail. L'intelligence qu'exige l'auteur pour qu'on puiſſe ſe ſervir avec ſuccès de ſon ouvrage, conſiſte, comme il le dit dans l'introduction, « à ſavoir déchiffrer la muſique ſur la clef de *ſol* & ſur la clef de » *fa*, encore cette dernière s'apprend-» elle par l'ouvrage même ; à pouvoir » ſaiſir le ſens des mots que l'on lit ; » enfin à avoir l'envie d'apprendre ». Parmi les choſes eſſentielles à l'inſtrument dans cette méthode, on trouve la manière de reconnoître le ton dans lequel eſt écrit un morceau de muſique, & les leçons dirigées par ordre de modulation, n'en changent point ſans en avertir, & nous croyons que ce moyen peut mettre une perſonne intelligente en état d'acquérir de grandes connoiſſances dans la muſique.

On trouve chez l'Auteur des diapaſons qu'il a fait faire exprès pour accorder la Harpe. Avec cet inſtrument on eſt sûr que la Harpe n'eſt point montée trop haut ou trop bas, & n'expoſe point les cordes à caſſer ſouvent. Le prix de ces diapaſons eſt de 9 livres.

Premier recueil d'Ariettes des *Trois Fermiers*, & autres, avec accompagnement de harpe, pour ſervir de ſuite à la méthode ci-deſſus, prix 6 livres.

Troiſième recueil compoſé d'airs d'*Armide*, & autres, avec accompagnement de guitarre, par le même Auteur, prix 4 livres 4 ſols.

Quatrième recueil, compoſé d'airs de *Myrtil & Lycoris*, de l'*Olympiade*, de *Felix*, & autres, avec accompagnemens de guitarre, prix 6 livres.

Ces deux recueils forment la ſuite de la *Méthode de Guitarre* de M. *Corbelin*. Les accompagnemens en ſont faciles & pleins de goût, comme le ſont tous les ouvrages de cet Auteur.

Nouveaux Opuſcules de M. Feutry, *membre de la Société de Philadelphie*, *un volume, chez* Ruault, *rue de la Harpe;* Esprit, *au Palais Royal; &* Belin, *rue Saint-Jacques.*

Je me contente de vous annoncer aujourd'hui ces Opuscules, en attendant que je puisse vous en rendre un compte plus détaillé. Ce que j'en ai lu m'a favorablement disposé envers cet ouvrage; j'y ai trouvé de très-jolies fables, des vers de société très-agréables, des recherches savantes & curieuses sur la poésie Italienne & Castillane & quelques morceaux où se retrouve la touche vigoureuse de l'auteur du poëme des Tombeaux.

Livres nouveaux.

Nyon l'aîné, libraire, rue Saint-Jean-de-Beauvais, vient d'acquérir quelques exemplaires des ouvrages suivans.

Théâtre de M. Poinsinet de Sivry, *in-12, relié, 2 livres 10 sols.*

Diogène moderne, ou le Désaprobateur, sur différens sujets de littérature, de morale & de philosophie, par M. Catillon ; *Bouillon 1770*, *2 vol.* in-8°. *relié 6 livres.*

*L'Esprit d'*Adisson, *ou les beautés du Spectateur, du Babillard & du Gardien ; Yverdun 1777, 3 tom. 2 vol.* in-8°. *relié. 10 livres.*

Elémens de Métaphysique sacrée & profane, par M. l'abbé Para, *in-8°. relié. 5 livres.*

Cours d'études à l'usage des jeunes Demoiselles, par M. l'abbé Fromageot, *8 volumes* in-12, *relié. 24 livres.*

Les tomes 7 & 8 se vendent séparément en feuilles 5 livres.

Physiologie des corps organisés, ou Examen analytique des animaux & des végétaux comparés ensemble, traduit du latin de M. Neeker ; *Bouillon 1775*, in-8°. *relié. 2 livres 10 sols.*

Mémoire sur l'Architecture, par M. atte, *avec beaucoup de figures*, in-4°. *elié 15 livres.*

L'ANNÉE LITTÉRAIRE.

LETTRE V.

Histoire naturelle de Pline, *traduite en François, avec le texte latin rétabli d'après les meilleures leçons manuscrites, accompagnée de notes critiques pour l'éclairciſſement du texte, & d'obſervations ſur les connoiſſances des anciens comparées avec les découvertes des modernes, in-4°, tome dixième. A Paris, chez la veuve* Deſaint, *libraire, rue du Foin 1778.*

LES volumes de la nouvelle traduction de *Pline* ne ſe font point attendre, Monſieur; ils ſe ſuccèdent au contraire avec une rapidité qui étonne le public, ſans rien diminuer néanmoins de l'eſtime qu'il a conçue pour les auteurs de cet important ouvrage. A mesure qu'ils avancent dans la carrière, leur zèle semble prendre de nouvelles forces, & leur courageuse patience n'est rebutée, ni par la longueur du travail, ni par sa difficulté. Ils ne se sont pas proposé seulement de faire passer dans notre langue ce recueil immense d'observations de toute espèce, que la curiosité insatiable d'un des plus savans hommes de l'antiquité a réunies pour notre utilité ; ils ont cru que tant de richesses devoient être en quelque sorte développées, & c'est ce qui les a mis dans la nécessité d'insérer un si grand nombre de notes. C'est une espèce de vérification, sans laquelle on seroit plutôt accablé qu'éclairé par toutes les merveilles que nous présente l'écrivain original. Comme il ne cite pas toujours ses garans, le lecteur n'est jamais sans quelque défiance ; en vain il apperçoit mille vérités, il suffit qu'il puisse soupçonner que quelques mensonges y sont mêlés, pour qu'il doive concevoir une certaine méfiance d'un guide qui est sans cesse dans le cas de l'égarer, & qui amuse souvent par des fables, lorsqu'il promet le plus hardiment de n'être que l'interprète de la nature. *Pline* lui-même, s'il pouvoit revoir son livre dans l'état où il paroît aujourd'hui, conviendroit qu'il a reçu un nouveau lustre, & que les éclaircissemens qu'on y a ajoutés, en tournant à l'avantage du public, ajouteront à la gloire de celui dont l'ouvrage a paru mériter qu'on l'examinât avec une attention si scrupuleuse.

Le tome que je vous annonce, Monsieur, contient les livres 29, 30, 31, 32, & le commencement du 33e. Ils roulent en grande partie sur les remèdes que les hommes peuvent tirer des divers animaux, soit terrestres, soit aquatiques. Dans le 29e livre, ces remèdes sont considérés relativement à l'animal qui les fournit; & dans le 30e, relativement aux maladies contre lesquelles on les employe. Les deux suivans traitent des propriétés des eaux, & des animaux qu'elles renferment.

Pline commence par une histoire

abrégée de la médecine; il fait connoître les médecins célèbres, & les révolutions que l'art de guérir a éprouvées, auſſi bien que les autres arts. Je ne ſais pourquoi en débutant, il a affecté de repréſenter cette matière comme peu ſuſceptible d'agrément & difficile à traiter; c'eſt, ce me ſemble, une délicateſſe mal placée & peu honorable à la médécine. Eſt-ce que très-ſouvent dans le cours de ſon ouvrage il n'eſt pas entré dans des détails beaucoup moins intéreſſans, & feroit-il plus aiſé de faire l'hiſtoire des artiſtes qui amuſent ou corrompent les hommes, des conquérans qui les détruiſent, que des ſages qui les guériſſent? Il y a d'ailleurs dans ce début une obſcurité de raiſonnement que la verſion françoiſe ne fait point diſparoître. Nous n'en faiſons point un crime aux traducteurs, parce que le texte eſt évidemment altéré, & peut-être tronqué. *Pline* ſuppoſe qu'on peut être étonné que dans la pratique de la médecine on ait abandonné des remèdes naturels, & qui étoient ſous nos mains; il annonce qu'il va répondre à cette objection, & il n'en fait rien ; car nous dire que divers médecins ont adopté des méthodes nouvelles, ce n'est pas faire cesser notre étonnement au sujet d'une pareille innovation.

Assurément l'auteur avoit tort de craindre que la notice qu'il donne des anciens médecins ne parût déplacée & ennuyeuse, elle est au contraire très-amusante. Toutes ces différentes écoles, qui condamnoient toujours celles qui les avoient précédées, présentent un tableau réjouissant. Il y a eu de tout temps une vogue pour les manières de guérir, & les malades d'un certain rang ne se dispensoient guères d'appeller le docteur à la mode. L'un promettoit de tirer d'affaire ses malades *promptement* & *agréablement* ; jugez, Monsieur, si l'on étoit empressé de se mettre entre ses mains ; un autre, pour donner ses ordonnances, consultoit l'*almanach*, & régloit la nourriture de ses malades sur le cours des astres. Dans ces temps-là, comme aujourd'hui, l'un admettoit la saignée, l'autre la proſcrivoit ; l'un affectoit d'être beau parleur, l'autre décrioit ſes confrères ; celui-ci conſeilloit les bains chauds, celui-là, les bains froids, même au cœur de l'hiver ; un certain *Charmio* de Marſeille *plongeoit tous les malades dans les lacs. On voyoit de vieux conſulaires ſe geler par air, par oſtentation.* Ne ſe trouve-t-il pas quelquefois des écrivains qui en uſent de même à l'égard du public ; ils nous glacent, ils nous morfondent ; n'importe, il y a des circonſtances où il eſt du bel air de s'ennuyer de leurs inepties.

Ceux qui ont plaiſanté ſur la médecine auroient pu profiter de certaines tirades qu'on voit ici. *Hinc illæ circa ægros miſeræ ſententiarum concertationes nullo idem cenſente, ne videatur acceſſio alterius ; hinc illa infelicis monumenti inſcriptio,* TURBA SE MEDICORUM PERISSE. » De là, ces malheu- » reux débats, & ces avis contra- » dictoires autour des malades, aucun » des conſultans ne voulant *penſer* » comme un autre, pour ne point

» paroître opiner du bonnet, ou se » ranger à l'avis de quelqu'un ; de-là » cette funeste inscription d'un tom- » beau, où l'on fait dire au mort, que » *le grand nombre des médecins l'a fait* » *périr* ». Le vieux *Caton* ne pouvoit pas souffrir les médecins, apparemment les Grecs ; car lui-même avoit fait un recueil de recettes. Il croyoit bonnement qu'ils avoient formé le joli complot de faire périr par leurs drogues tous les *barbares* ; c'est-à-dire, tous ceux qui n'étoient pas Grecs. En conséquence, il les auroit tous exterminés, s'il l'avoit pu, & auroit pensé rendre service à sa patrie en détruisant ces pestes publiques. Les *Locriens* étoient bien loin d'être de son avis. Suivant une de leurs loix, *si quelqu'un étant malade avoit bu du vin contre les ordres du médecin, quoiqu'il guérît nonobstant cela, on le punissoit de mort pour avoir désobéi.* Voilà comme sont les hommes, ils ont toutes les peines du monde à garder le précepte *ne quid nimis*. Il ne faut point juger des choses par l'opinion qu'en a un peuple ou un autre, mais parce que dicte la droite raiſon. Le mépris des Romains pour la médecine ne lui ôte rien de ſon prix, & elle n'en reçoit pas un nouveau du reſpect imbécille que les *Locriens* avoient pour elle.

Pline qui a parlé plus haut des richeſſes immenſes que pluſieurs médecins avoient acquiſes, remarque que l'appât du gain n'avoit encore pu engager ſes compatriotes à exercer un art qui leur paroiſſoit mal aſſorti à la gravité romaine. Le traducteur nous paroît ici n'avoir pas entendu la penſée de l'auteur. Voici le texte latin, *Solam hanc artium Græcarum nondum exercet Romana gravitas in tanto fructu.* On a traduit : « La médecine eſt le » ſeul des arts de la Grèce que la gra- » vité romaine ne nous laiſſe point » exercer encore avec autant de fruit » que cette nation ». Qu'eſt-ce qui empêchoit donc de le faire avec autant de fruit que les Grecs ? Eſt ce que la gravité romaine ne permettoit pas de devenir auſſi ſavant qu'eux, ou de ſe faire auſſi bien payer qu'eux ? Ni l'un ni l'autre aſſurément. Auſſi *Pline* ne dit rien de ſemblable. Il dit ſimplement que cet art paroiſſoit aviliſſant, quoi-qu'il fût très-lucratif. C'eſt le ſens de ces mots *in tanto fructu*. On n'oſoit l'exercer, malgré le profit immenſe qu'on pouvoit y trouver: mal-à-propos le traducteur a ſubſtitué à cette idée un bout de phraſe qui n'eſt ni conforme au latin, ni lié avec ce qui précède.

Une autre obſervation de *Pline*, mais qui a quelque choſe de comique, c'eſt que le petit nombre de Romains qui bravoient le préjugé juſqu'à s'afficher pour médecins, renonçoient en quelque ſorte à leur patrie, ne parlant & n'écrivant plus qu'en grec: & pourquoi devenir ainſi des eſpèces de transfuges? Le voici; c'eſt qu'il n'y avoit que ce moyen d'acquérir de l'autorité auprès des ignorans & de ceux qui ne ſavoient pas cette langue. Moins ils comprenoient ce que diſoit leur médecin, plus ils avoient de confiance en lui. Voulez-vous ſavoir, Monſieur, ce que l'on reprochoit autrefois à ceux qui profeſſoient cet art ſi difficile & ſi néceſſaire? « On croit » d'abord quiconque ſe donne pour

» médecin, quoiqu'il n'y ait point de » plus dangereuse imposture en aucune autre matière. Il n'y a d'ailleurs aucune loi pour la punition » de l'ignorance, aucun *exemple capital* de la justice qu'on devroit en » faire. Ils s'instruisent à nos dépens, » ils nous font payer de la vie les » expériences qu'ils font sur nous, » & le médecin seul a le droit de tuer » impunément un homme; ils sont » même en possession de rejetter tout » sur les malades. Ils s'en prennent à » leur intempérance, & c'est ordinai» rement ceux qui périssent entre » leurs mains qui ont tort ». *Cuicumque medicum se professo statim creditur cum sit periculum in nullo mendacio majus. Nulla præterea lex quæ puniat inscitiam, capitale nullum exemplum vindictæ. Discunt periculis nostris & experimenta per mortes agunt; medicoque tantùm hominem occidisse impunitas summa est. Quin imo transit convitium & intemperantia culpatur. ultroque qui periere arguuntur.* Quoi qu'on puisse être content de la traduction, vous sentez, Monsieur, qu'il y manque je ne ſais quoi de piquant, qui fait le mérite de l'original. Un *exemple capital* ne ſe dit point en françois ; ces mots du texte *ultro arguuntur* ne ſont point rendus ; ils font entendre que les médecins, qui ne devroient ſonger qu'à ſe juſtifier, ou du moins à s'excuſer, deviennent au contraire accuſateurs, & font le procès aux morts. Au reſte, les plaintes que l'on faiſoit alors, reſſemblent à celles qu'on a faites tant de fois depuis contre des gens dont on ne peut ſe paſſer, & les médecins pardonnent volontiers tout ce que l'on ſe permet contre eux quand on ſe porte bien, parce qu'on ne manque guères de leur faire réparation, lorſque la maladie nous oblige d'avoir recours à eux. *Pline* lui-même, quoiqu'il ſemble ſoutenir le ſentiment de *Caton* & qu'il déclame aſſez vivement contre les médecins, connoiſſoit très-bien l'utilité de la médecine, & n'en vouloit qu'à l'ignorance & à la charlatannerie de quelques empyriques, qui cherchoient à en impoſer à la multitude, par leur audace & leur effronterie.

Après tous ces préliminaires l'auteur entre enfin en matière, non ſans prendre encore une petite précaution oratoire. Il craint que quelques-uns de ſes lecteurs ne ſoient dégoûtés des détails dans leſquels il va entrer. Pour ſe diſculper de cette prétendue faute, il cite ſérieuſement l'exemple d'*Homère* & de *Virgile*. *Homère*, a emprunté une comparaiſon de la mouche. *Virgile* a nommé, *ſans néceſſité*, les fourmis, les charançons, & d'autres inſectes qui ſe cachent dans la demeure des abeilles. Aſſurément, ſi *Pline* avoit réellement beſoin d'excuſe, celles qu'il allègue ici ne le mettroient pas à couvert des reproches. A l'égard d'*Homère*, bien des critiques ont blâmé ſa comparaiſon, comme étant au-deſſous de ſon ſujet; en effet, il faut être déterminé à admirer tout ce qu'il dit pour trouver bon qu'il décrive *inter prælia deorum improbitatem muſcæ*. Pour *Virgile*, mal-à-propos l'auteur prétend-il qu'il a nommé *ſans nécessité* les fourmis & d'autres insectes : qu'on voye le premier & le quatrième livre des *Georgiques*, où il en est question, & on conviendra que le poëte Latin a parlé avec raison de ce qu'exigeoit sa matière. Ainsi ces deux autorités ne servent de rien à *Pline* : mais dans le fond il peut s'en passer ; pour un homme qui traite de choses aussi sérieuses, il me paroît trop occupé de plaire à ses lecteurs ; c'est un musicien habile qui ne chante qu'après s'être fait prier long-temps, & avoir répété plusieurs fois qu'il craint de vous écorcher les oreilles.

Les recettes dont je vais vous parler, Monsieur, peuvent se diviser en trois classes. Il y en a de vraiment utiles ; il y en a de ridicules & de superstitieuses ; il y en a d'incertaines. Les notes qui accompagnent le texte avertissent souvent le lecteur de ne rien croire de la vertu attribuée à certaines herbes, à certains animaux pour la guérison des maladies ; mais cet avis n'est pas donné toutes les fois qu'il seroit nécessaire, & il nous semble que l'exactitude à cet égard auroit été un mérite de plus dans un ouvrage estimable à tant de titres. On ne devoit pas croire que le lecteur seroit en état de distinguer par lui-même le vrai d'avec le faux ; & le plus grand service qu'on pouvoit lui rendre, c'étoit de marquer nettement les remèdes dont l'expérience a démontré l'utilité, & ceux qui ne doivent leur réputation qu'à une tradition vague ou à une assertion. Nos richesses seroient plus grandes en ce genre, si on en retranchoit ce qui ne les grossit qu'en nous les rendant suspectes.

L'auteur traite d'abord des *laines* & des *œufs*, & cela *par honneur ;* il met ces objets au premier rang, sans doute parce qu'ils sont d'un usage plus universel. Ici, comme dans les chapitres suivans, je ne vous citerai qu'un petit nombre des propriétés médecinales qu'on a remarquées dans les différentes substances, & je choisirai, par préférence, tantôt les plus faciles à vérifier, tantôt les plus difficiles à croire, bien entendu, Monsieur, que sur mon rapport vous ne ferez aucune expérience pour vous guérir, sans avoir consulté les gens de l'art. En voici une, par exemple, qui n'a rien de dangereux. « Pour se rendre l'haleine douce, il n'y a qu'à » se frotter les dents & les gencives » avec de la laine grasse imbibée de » miel ». On ne sera pas tenté, sans doute, d'essayer la suivante. « Pour » raffermir l'estomac quand il est re- » lâché, on mange des petits poulets » encore enfermés dans les œufs ». Un pareil remède, dont l'idée seule nous fait soulever le cœur, est un ragoût délicieux pour les Indiens de *Bengale*. Ces peuples, dit-on, détestent les œufs frais, & n'en usent que quand ils sont putrides, & que le poulet est formé : après cela, disputons sur les goûts.

Je n'ai point lu, sans une secrette frayeur, ce que *Pline* dit de certains animaux vénimeux ; mais les notes de M. *Guettard* m'ont beaucoup rassuré. J'y ai vu, avec plaisir, que les aspics, qui paroissent avoir été si redoutables chez les anciens, ne sont point à craindre dans les climats froids ou tempéré ; que chez nous il n'y a que la vipère dont le venin ſoit mortel, encore a-t-on trouvé un ſpécifique certain contre ce poiſon ; que le baſilic, ſur lequel on a débité mille fables extravagantes, eſt un animal fabuleux, que la couleuvre n'a abſolument aucun venin, &c. Les philoſophes détruiſent quelquefois certaines merveilles qu'on avoit admirées pendant long-temps ; c'eſt ainſi que la ſalamandre eſt enfin déchue du privilège extraordinaire de vivre au milieu des flammes ; en examinant la choſe de plus près, on a reconnu qu'elle jette d'abord une humeur laiteuſe qui noircit quelques charbons, mais que bientôt après elle eſt conſumée comme tous les autres animaux. *Pline* fait une peinture horrible des effets rapides du venin de la ſalamandre, mais heureuſement M. *Guettard* nous aſſure qu'on ne s'apperçoit de rien de ſemblable dans nos contrées ; autant d'inquiétudes de moins. Mais, d'un autre côté, il décrie des remèdes qui ſeroient fort commodes ; quel dommage que nous ne puiſſions plus nous guérir de la morſure des ſerpens, en appliquant ſur la plaie de la chair d'un coq! Mais nous faiſons bien une autre perte. *Pline* nous enſeignoit un moyen admirable de nous garantir, non-ſeulement des ſerpens, mais encore des animaux féroces, des voleurs, & *de la colère des rois*. Il ſuffiſoit de porter ſur ſoi le *cœur d'un vautour*; l'heureux ſecret! Il n'y faut plus penſer. M. *Guettard* lui ôte toute ſa vertu par des notes qui diſſipent le preſtige. Ainſi le médecin de *Sancho Panſa* en poſant ſa baguette ſur la table faiſoit diſparoître les mets exquis que l'avide gouverneur dévoroit déja des yeux.

Parmi ces recettes puériles, dont *Pline* ſe moque quelquefois lui-même, j'en ai trouvé certaines dans leſquelles la ſuperſtition croit encore qu'il y a de la vertu. Notre auteur dit qu'on s'eſt imaginé qu'une chauve ſouris préſerveroit de tout mal une maiſon & particulièrement une bergerie, ſi elle étoit clouée par les pieds au haut de la porte. Il n'eſt pas rare dans les campagnes de voir ces ſortes d'animaux en l'état dont parle *Pline*, & ſi ceux qui les y ont mis vouloient répondre ſincèrement, peut-être conviendroient-ils qu'ils n'avoient point d'autre raiſon, que de ſe procurer par-là une eſpèce de préſervatif.

Vous n'exigerez pas Monſieur, que j'entre dans un plus grand détail ſur la partie médicinale. J'étois tenté de copier ici pluſieurs autres articles, mais il y a trop peu de fonds à faire ſur tout cela, & je n'ai pas cru devoir vous offrir des choſes qui, après tout, ſont plus curieuſes qu'utiles, & qui peut-être ne ſont pas même curieuſes, puiſqu'elles montrent ſeulement la foibleſſe de l'eſprit humain. J'aime mieux vous entretenir d'une matière qui doit plaire à tous les lecteurs. Entre tous les mets qui couvroient les tables des riches du temps de *Pline*, on eſtimoit de préférence les huitres. Vous ſavez, Monſieur, combien elles ſont encore recherchées parmi nous; le nombre de ceux qui les mangent avec plaiſir eſt grand, mais celui des bons gourmets en ce genre eſt aſſez petit. Si vous voulez, Monsieur, être un homme de goût sur ce point, profitez des leçons de notre auteur, & retenez ce qui suit. » Les huitres » se plaisent aux endroits de la mer » où se trouvent des eaux douces & » où les embouchures des fleuves » se rencontrent en plus grand » nombre. Celles qu'on pêche en » haute mer sont petites, & ne s'y » trouvent qu'en petite quantité. Les » huitres croissent & décroissent, » principalement selon le cours de la » lune ; mais leur accroissement le » plus remarquable, & la plus grande » exubérance de leur lait, a pour » époque le commencement de l'été. » La profondeur de l'eau, en leur » interceptant le soleil, nuit à leur » embonpoint, & les maintient tristes » & moins affriandées de nourriture. » Elles varient en couleur, celles » d'Espagne sont rousses, celles d'Il- » lyrie sont comme enfumées, celles » de Circei sont noires de chair & » d'écailles. Dans toutes les contrées » on donne la préférence aux huitres » épaisses, sans que leur eau soit

» grasse & glissante ; il faut aussi qu'une » huître soit, proportion gardée, plus » épaisse que large ; qu'elle ait été » pêchée, non dans un lieu fangeux » ou sablonneux, mais sur un fond » ferme, que sa lisière soit courte, » non charnue, non frangée ; une » bonne huitre, en un mot, doit en » quelque façon être tout ventre. Les » plus habiles connoisseurs établissent » une autre marque de bonté, c'est » lorsque les huitres sont bornées » d'un cil couleur de pourpre, alors » ils les qualifient de *calliblephara*, » ou huitres aux beaux cils, & les » jugent de la plus noble espèce ». Il y a ici plusieurs termes techniques que les amateurs ne doivent point oublier, s'ils veulent parler savamment sur cette matière, qui est si abstraite & si compliquée, que le célèbre père *Hardouin* s'y est perdu, & que *Vénette*, médecin de la Rochelle, en le redressant dans un endroit, s'est trompé lui-même dans un autre. Le texte de *Pline* est certainement difficile. *Præcipua habentur in quacumque gente spissa, nec soliva sua lubrica, cras-*

ſtudine potius ſpectanda quam latitudine : neque in luto capta, neque in arenis ; ſed ſolido vaſo, ſpondilo brevi atque non carnoſo, nec fibris lacinioſo, ac tota in alvo. Addunt peritiores notam, ambientes purpureo crine fibras eoque argumento generoſa interpretantur, calliblephara appellantes. Le mot *ſpondilo* eſt l'écueil où le père *Hardouin*, & le docteur *Vénete* ſont venus échouer ; ils n'ont rien compris non plus à *calliblephara*. Le traducteur nous paroît avoir donné une explication très-ingénieuſe, & en même temps très-vraie de ces expreſſions embarraſſantes. La note dans laquelle il développe & ſoutient ſon ſentiment eſt extrêmement claire & ne laiſſe rien à deſirer là-deſſus. Vous trouverez encore, Monſieur, les noms des pays célèbres par les huitres ; *Pline* les rapporte avec les diſtinctions qu'un goût délicat y avoit remarquées, & vous conviendrez, qu'en y joignant les connoiſſances de nos modernes, on pourra déſormais fixer avec préciſion les qualités néceſſaires à une huitre pour qu'elle ſoit délicieuſe à manger : c'eſt ainſi qu'on perfectionne les arts. Cependant les huitres ne ſont pas deſtinées uniquement à ſatisfaire la ſenſualité, elles ont encore des propriétés qui ſerviront peut-être de prétexte à la gourmandiſe. » Elles ſont ſouveraines » pour rétablir l'eſtomach ; elles re- » médient aux dégoûts. Cuites toutes » cloſes dans leurs écailles, comme » on les apporte du marché, elles » ſont merveilleuſes pour faire ceſſer » les fontes pituiteuſes du cerveau.

Si vous voulez, Monſieur, quelque choſe de plus ſérieux, je vous conſeille de lire le commencement du 30e livre. *Pline* y traite de la magie en général, & s'efforce d'en faire ſentir la frivolité & l'abſurdité. Elle comprend, dit-il, *les trois arts qui ont le plus de pouvoir ſur l'eſprit humain*, ARTIUM TRES IMPERIOSISSIMAS HUMANÆ MENTIS. La médecine, la religion & l'aſtronomie. En parlant de la religion, il fait un aveu qui doit nous paroître d'une grande importance, *ad viros religionis maximè etiam non caligat humanum genus.* Sur quoi

M. *Querlon*, ce critique si judicieux, fait une note qui mérite d'être rapportée. « *Pline* peint ici l'état » des hommes de son temps par rap- » port à la religion. Son expression » nous paroît même faire entrevoir le » *décrédit* où commençoit à tomber le » polythéisme, & le trouble, les in- » certitudes qu'élevoit chez les payens » sensés, ou capables de réflexion, » la nouveauté du christianisme qui » s'établissoit dans l'empire Romain ». Le même M. *Querlon* relève peu après, avec raison, plusieurs bévues, entassées dans ce peu de mots de l'auteur. « Il est une autre secte de magie for- » mée par *Moyse*, *Jamnès* & *Jopatès*, » tous trois Juifs, mais plusieurs an- » nées après *Zoroastre* ». 1°. *Moyse* n'étoit point magicien. 2°. *Jamnès* ou *Jannes* n'étoit point Juif. 3°. Au lieu de *Jopatès* il devoit dire *Jambrès*. Ces méprises font voir que les hommes les plus savans d'ailleurs ne doivent pas faire autorité lorsqu'ils parlent sur des matières qu'ils n'ont point approfondies.

Néron n'avoit pas eu moins de pafſion pour l'étude de la magie, que pour jouer de la harpe, & pour déclamer des tragédies: rien ne lui manquoit, pouvoir, richeſſes, il étoit le maître de choiſir des jours convenables, il lui étoit aiſé d'avoir toujours des brebis noires à ſacrifier; il prenoit plaiſir à immoler des hommes. *Tiridate* qui ſe mêloit de magie l'étoit venu trouver à Rome : cependant *Néron* en le gratifiant d'un royaume, ne put apprendre de lui l'art qu'il ſe piquoit de ſavoir. C'eſt une preuve indubitable, dit *Pline*, de la fauſſeté de cet art, que *Néron* y ait renoncé; & l'on doit être convaincu que c'eſt un art déteſtable dans la pratique, vain & ſans pouvoir dans les effets. Il eſt étonnant, après cela, que ce même auteur qui paroît avoir eu là-deſſus des idées ſi juſtes & des principes ſi vrais, ait eu la patience de rapporter je ne ſais combien de procédés magiques, comme s'il invitoit ſes lecteurs à tenter des expériences ridicules & ſouvent criminelles.

Le livre où nous en ſommes contient une infinité de recettes, parmi leſquelles

quelles vous en rencontrez à chaque instant qui ne ſont conſeillées que par des magiciens; enſorte que c'eſt une confuſion où il eſt impoſſible de ſe reconnoître. Il nous dit, par exemple, qu'un remède efficace pour les coliques, c'eſt de manger une alouette rôtie; & remarquez que cela eſt au milieu d'autres remèdes évidemment ſuperſtitieux : mais malgré cette mauvaiſe compagnie, le précepte pourroit être bon, & j'aurois de la peine à croire qu'il y eût de la ſorcellerie à manger une alouette pour ſe guérir de la colique.

J'ai déja eu occaſion de remarquer plus d'une fois que *Pline*, dans les préambules de ſes livres, eſt ordinairement très-piquant; mais ſes penſées ne ſont pas toujours auſſi juſtes qu'elles paroiſſent ingénieuſes. Je vais, Monſieur, vous en citer un exemple, qui vous donnera occaſion en même-temps d'apprécier la traduction nouvelle. Le 32e livre traite des animaux aquatiques. Il commence par des réflexions générales ſur la mer ; elle nous offre, ſelon lui, un ſpectacle frappant : nulle part ailleurs la nature ne déploye tant de force ; c'eſt là qu'elle ſe ſurpaſſe elle-même. Quoi de plus violent que les vents & les tempêtes, joignez à cela ce que l'induſtrie humaine a inventé pour faire ſervir à ſon uſage ce terrible élément, les voiles & les rames ; joignez l'alternative du flux & du reflux qui donne à la mer l'apparence d'un grand fleuve. *Pline* continue ainſi : *Tamen omnia hæc pariterque eodem impellentia, unus ac parvus admodum piſciculus, echeneis appellatus, in ſe tenet. Ruant venti licet, & ſæviant procellæ, imperat furori, vireſque tantas compeſcit, & cogit ſtare navigia : quod non vincula ulla, non ancoræ pondere irrevocabili jactæ. Infrænat impetus, & domat mundi rabiem nullo ſuo labore, non retinendo, aut alio modo quam adhærendo. Hoc tantulo ſatis eſt ut vetet ire navigia. Sed armatæ claſſes imponunt ſibi turrium propugnacula, ut in mari quoque pugnetur, velut è muris. Heu vanitas humana cum roſtra illa ære ferroque ad ictus armata, ſemipedalis inhibere possit, ac tenere devincta pisciculus.* Tout cela est très-beau, c'est dommage que ce prétendu prodige n'ait rien de réel; mais ce n'est pas de quoi il s'agit; voyons la traduction. » *Nature*, vents, tempêtes, » *ressorts* des voiles, efforts des rames, » toutes ces forces rassemblées, un » *tout petit* poisson, appellé *Echeneis*, » en réunit en soi *la somme*, & les » contrebalance. *Tels vents qui* souf- » flent, *telles* tempêtes *qui* se dé- » chaînent, toutes ces fureurs sont » vaines, tous ces agens formidables » sont impuissans. L'*Echeneis les réduit* » *à l'inertie*, & rend un navire immo- » bile sur la mer agitée, ce qu'aucun » cable ne pourroit faire, non pas » même une ancre d'une pesanteur *si* » *excessive*, qu'il fût impossible de la » retirer. Ainsi l'impétuosité la plus » fougueuse, l'effort le plus furieux, » dont la nature soit capable, trouve » un frein, je ne dis pas dans la résis- » tance, mais dans la simple adhé- » rence de l'echeneis à la carène d'un » vaisseau. Cet obstacle unique l'ar- » rêtera *dans sa course la plus violente*,

» *& bridera tout à coup toutes les forces* » *combinées qui le mettront en mouve-* » *ment*. O vanité de l'homme ! qui » s'applaudit d'avoir *conduit en mer* » des flottes surmontées de hautes » tours, d'où l'on combat sur l'onde, » comme *l'on pourroit faire sur terre* de » dessus un rempart ! *O vain & superflu* » *appareil* de navires si bien armés, » si bien éperonnés, & qu'un chétif » poisson d'un demi-pied de longueur » enchaîne & retient *prisonniers par un* » *seul contact* ». Nous sommes fâchés que l'écrivain estimable qui sert d'interprête à l'auteur latin ait adopté un pareil systême de traduction. Pourquoi cet amas d'épithètes ambitieuses, de phrases synonimes, qui altèrent le texte au lieu de l'embellir. S'il y a un style qui ait du nerf & de la précision, certainement c'est celui de *Pline* ; si vous le noyez dans un développement verbeux, toute sa force se perdra, & l'effet sera manqué. Le traducteur a cru qu'en chargeant les idées, elles seroient plus frappantes, & que l'abondance tiendroit lieu d'énergie ; nous sommes persuadés du contraire, & que tout lecteur qui entendra les deux langues, trouvera une différence étonnante entre l'original & la traduction. Ce ne sont pas ceux qui parlent beaucoup qui disent le plus de choses, & *Pline* méritoit bien qu'on essayât de le rendre avec les couleurs qui lui sont propres. Personne n'est plus en état de le faire, que celui qui a déjà travaillé avec tant de succès pour augmenter parmi nous la gloire du naturaliste Romain ; il nous le fait connoître de plus en plus comme savant & comme philosophe, qu'il nous mette à portée aussi de le connoître comme homme de lettres. En nous rendant compte de ses découvertes, qu'on tâche de conserver la forme de son style, auquel il doit une partie de sa célébrité. C'est la seule chose que nous ayons à souhaiter pour la perfection d'un ouvrage dont nous attendons la fin avec impatience.

Je suis, &c.

LETTRE VI.

Eloge de M. Quesnay, *par M.* D'ALEMBERT, *inséré dans le Mercure du 15 novembre 1778.*

Je ne viens point ici, Monsieur, troubler la cendre d'un homme vraiment estimable, à qui l'on ne peut reprocher qu'un excès d'enthousiasme pour le bien public. Si vers le déclin de ses jours, sa raison a éprouvé les foiblesses qui paroissent l'apanage de la vieillesse, le voile de la mort les a toutes dérobées à mes yeux, & quoique je n'aie pas eu, comme M. *d'Alembert*, le bonheur *d'être lié particulièrement avec M. Quesnay*, je n'aurai pas la cruauté de venir jetter un vernis de ridicule sur les *rêveries* d'un vieillard octogénaire. Mais il me sera permis, je pense, sans être accusé d'outrager les mânes de ce bon citoyen, de dévoiler le manège de son panégyriste, & de rire d'un projet ridicule quant au fonds, plus ridicule encore par la manière dont il a été exécuté.

Depuis long-temps nos philosophes modernes ont compris que dans un pays où l'amour de la gloire est la passion dominante, ce n'étoit que par l'espoir d'une glorieuse immortalité qu'ils pourroient parvenir à exciter dans les deux sexes une noble émulation pour les progrès de leur sublime doctrine ; & dès-lors ils ont conçu le projet d'ériger également des trophées & aux bienfaitrices & aux apôtres de la philosophie.

Cet article du code philosophique a paru si important à M. *d'Alembert* qu'il n'a voulu se décharger sur personne du soin de son exécution ; c'est l'archimandrite lui-même qui va répandre des fleurs, & *une larme* * sur

* M. *Thomas*, dans un monument consacré à la mémoire d'une de ses bienfaitrices, demandoit qu'*il lui fût permis de verser une larme* (une larme unique) *sur sa tombe*. M. *d'Alembert* qui n'a pas le don des larmes, & qui est cependant obligé d'en répandre à la mort de

la tombe de chacun des illuſtres philoſophes. En vain tous les proſélites feroient brûler l'encens le plus pur en l'honneur de leurs idoles, le vénérable patriarche ne croiroit pas leurs mânes ſatisfaits s'il manquoit de leur décerner ſon petit tribut de louanges.

M. *Queſnay*, par exemple, avoit déja été célébré dans trois panégyriques. Cela n'a pas empêché M. *d'Alembert* de lui élever de ſes propres mains, parmi les ruines du *Mercure*, (devenu en plus d'un ſens le tombeau de la philoſophie) un nouveau monument, qui, par malheur, n'eſt guères plus propre à éterniſer la mémoire du héros, que celle de l'architecte. Je crois, en vérité, qu'il y a une fatalité attachée à toutes les productions du *Mercure*, appellé plaiſamment *le coche de l'ennui**.

chacun des coryphées de la philoſophie, ne doit-il pas (pour me ſervir encore de la belle expreſſion de M. *Thomas*) *cultiver en lui cette économie qui modère l'uſage* des pleurs ; une *larme* pour chacun, n'eſt-ce pas encore beaucoup ?

* Cette dénomination eſt reſtée au Mercure

Les anciens donnoient pour attributs au dieu *Mercure* un caducée & une baguette ſoporifique. La baguette de nos jours s'eſt changée, ſans doute, en une plume douée de la même vertu; car enfin M. *d'Alembert* avoit la réputation de répandre ſur toutes ſes productions un certain ſel, de la fineſſe, ſouvent même des graces piquantes, & toutes les fois qu'il prend en main le caducée, l'ennui coule à grands flots de ſa plume. J'oſe dire que j'ai vu peu de morceaux écrits d'un plus mauvais ſtyle, ſemés de réflexions plus triviales & plus ridicules; & je ſuis tenté de croire que M. *d'Alembert* n'eſt que le *prête-nom* de cet éloge, qui ne peut être que l'ouvrage de quelque manœuvre ſubalterne de l'encyclopédie mercurielle.

depuis une épigramme aſſez plaiſante qu'on a déja imprimée dans ces feuilles:

Dites-moi, d'où vient qu'au Mercure
Si ſouvent on ne trouve rien;
C'eſt le caroſſe de voiture,
Il faut qu'il parte, vuide ou plein.

Ce qui m'engage principalement à relever quelques-unes de ces absurdités, c'est que l'auteur, dans une note perfide, dit *que cet éloge n'est, à proprement parler, que l'extrait de celui que M.* de Fouchy *a inséré dans les Mémoires de l'Académie des Sciences.* C'est assez d'immoler à la petite fortune du Mercure la gloire de M. *d'Alembert*, il n'est pas juste que M. *de Fouchy* devienne aussi une des victimes de cette confédération philosophique; il faut donc rétablir sa réputation, cruellement outragée par l'attribution de cet éloge, & rendre à M. *d'Alembert* ce qui lui est dû.

Le début, par exemple, appartient tout entier au directeur littéraire * du Mercure. » Madame *Quesnay*, qui » songeoit un peu plus que son mari » à ce qu'on appelle *le solide*... voulut que son fils suivît son exemple, » pour devenir plus opulent que son

* Je dis le *directeur littéraire*, pour distinguer M. *d'Alembert* du *directeur breveté*, qui ne préside qu'à la partie *mercantile* du Mercure, dont le secrétaire de l'Académie Françoise a la superintendance littéraire.

» père. Elle le destina *si bien* à cet » unique objet (l'économie domestique » & rurale) qu'à douze ans il ne » savoit pas encore lire. Ce ne fut pas, » comme on voit, un génie précoce : » il n'auroit pas *ajoûté* un chapitre au » livre de *Baillet* sur les *enfans célèbres* ; » mais il a *mieux* fait pour sa renom- » mée, il a mérité un rang distingué » parmi les vrais savans. Peut-être » même n'en a-t-il que *mieux* valu » pour avoir commencé si tard. La » nature eut le temps de développer » en lui sans gêne & sans obstacle les » forces corporelles & physiques, » *plus nécessaires qu'on ne croit aux* » *forces intellectuelles*, comme le prou- » vent tant d'enfans merveilleux, qui » ne le sont pas long-temps, & qui » meurent ou qui restent avec un corps » foible & un esprit *avorté* ». Je ne crois pas que M. *de Fouchy* soit tenté de révendiquer cette belle tirade. Certainement il ne doit envier, ni l'expression populaire *ce qu'on appelle le solide* ; ni l'expression platte *elle le destina* SI BIEN *à cet objet* ; ni la lourde réflexion, *il n'auroit pas* AJOUTÉ * *un chapitre au livre de Baillet*; ni la mesquine antithèse, *il n'a pas été un enfant célèbre, mais il est devenu un vrai savant*; ni la double expression, *il a* MIEUX *fait, il a* MIEUX *valu*; ni la belle découverte *que les forces corporelles sont nécessaires aux forces intellectuelles*, que M. *d'Alembert* croit bien neuve & qui est aussi ancienne que le monde, *mens sana in corpore sano*. La seule chose qui soit vraiment digne d'envie dans ce morceau, c'est la nouvelle méthode d'éducation proposée par M. *d'Alembert*, qui croit qu'on ne feroit *peut être* pas mal de ne rien apprendre aux enfans, pas même à lire avant l'âge de douze ans, *afin que la nature ait le temps de développer en eux sans gêne & sans obstacle*

* Cette expression, *il n'auroit pas ajouté un chapitre au livre de Baillet*, n'est pas françoise dans le sens où l'auteur l'employe; c'est-à-dire, pour signifier que *Quesnay* n'auroit pas fourni matière à un nouveau chapitre. C'est l'auteur de l'ouvrage qui ajoute le chapitre, & non pas l'enfant qui en devient l'objet.

les forces corporelles & physiques. Quelle cruauté qu'on ait élevé M. *d'Alembert* suivant l'ancienne méthode ; si malgré sa voix flutée, si malgré la délicatesse de sa frêle machine, on voit briller en lui une imagination si vive, tant de feu, tant de sensibilité, qu'eût-ce été, grand dieu ! si on n'eût point fait *avorter*, par une pratique meurtrière, au moins une moitié de son *génie* ? Barbares instituteurs, gardez-vous donc à l'avenir d'étouffer presque dans le berceau le germe des talens & du génie. Réservez à l'âge de puberté toutes vos instructions littéraires ou religieuses ; si vous voulez donner à l'ame toute l'énergie dont elle est capable, oubliez-la pendant vingt ans, pour ne songer qu'à l'accroissement des forces corporelles.

Cependant à douze ans, le jeune *Quesnay* reçut quelques mauvaises leçons de lecture du jardinier de sa mère ; son application fit le reste. C'est ainsi que M. *de Fouchy* raconte simplement le fait. M. *d'Alembert* y ajoute la réflexion suivante qu'il croit bien profonde & bien philosophique.

» On ne penſe pas au *chemin immenſe*
» qu'a fait un enfant quand il ſait parler
» & lire, & ce *chemin énorme* que les
» enfans font en aſſez peu de temps
» *prouveroit* peut-être que ſi la nature
» n'a pas fait tous les eſprits égaux,
» comme l'expérience *le prouve*, le
» beſoin & l'application peuvent au
» moins les rapprocher plus qu'on ne
» croit les uns des autres. Qui ſait *lire*
» *une fois* ſaura bientôt tout ce qu'il
» voudra, pourvu qu'il le *veuille avec*
» *ſuite* ». Malgré *l'immenſité*, malgré *l'énormité* de *ce chemin*, fait par les enfans en ſi peu de temps, il n'en faut point conclure que les eſprits puiſſent ſe rapprocher les uns des autres autant que le penſe notre grand philoſophe. Puiſque c'eſt ici le ſeul point où ils ſemblent égaux, puiſqu'à cet âge ils ne peuvent ſurmonter d'autres difficultés, en effet moindres que celles qu'il faut dévorer pour apprendre à parler & à lire, il faut reconnoître, dans la facilité avec laquelle ils acquièrent ces connoiſſances de première néceſſité, la main d'une providence bienfaiſante qui les conduit,

&, par *l'instinct*, applanit des difficultés qui seroient insurmontables à la foible raison de l'enfance. C'est encore une trop forte hyperbole que d'avancer *qu'il suffit de savoir lire pour apprendre tout ce qu'on voudra.* C'est une façon de parler barbaresque que de dire *vouloir avec suite.* On peut dire *aller de suite, travailler de suite*, peut-être même *étudier avec suite & méthode*; mais *vouloir avec suite* est une expression de nouvelle fabrique.

M. *de Fouchy* raconte que l'ardeur du jeune *Quesnay* pour l'étude étoit si grande qu'on l'a vu *quelquefois* faire à pied vingt lieues dans un jour pour aller chercher un livre dont il avoit besoin. Ce trait n'a point paru à M. *d'Alembert* assez beau, s'il n'étoit réitéré, & il fait voyager ainsi *assez souvent* le jeune *Quesnay*, *qui ne s'appercevoit*, dit-il, *ni du chemin, ni de la fatigue, par l'intérêt qu'il avoit donné à sa lecture.* On dit qu'un poëte met de l'intérêt dans ses drames, qu'il y a de l'intérêt dans un ouvrage; mais avant M. *d'Alembert*, on n'avoit jamais dit *donner de l'intérêt à sa lecture*, pour signifier s'attacher à cette lecture. Je ne m'arrêterois pas à relever ces locutions barbares, si l'autorité d'un secrétaire de l'académie françoise n'étoit capable de les accréditer.

Le père du jeune *Quesnay* disoit quelquefois à son fils : *mon enfant, le temple de la vertu est appuyé sur quatre colonnes, la récompense & l'honneur, la punition & la honte.* Peut-être eût-il mieux valu passer sous silence ce galimathias qui sent l'avocat de village ; du moins M. *de Fouchy* glisse-t'il légèrement sur cet article ; mais M. *d'Alembert* s'extasie à la vue de cette *architecture gothique.* » Le bon » vieillard, dit-il, eût peut-être dit » vrai *dans les siècles passés*, si pour- » tant *les siècles passés* valoient mieux » que le nôtre ; mais dans celui-ci » les quatre colonnes, & sur-tout les » deux dernières, sont devenues un » *appui bien frêle & bien négligé* ». Ce commentaire ne vous paroit-il pas enchérir sur le ridicule du texte ? M. *d'Alembert* prétend que le bon vieillard eût peut être dit vrai dans les siècles passés, eh ! pourquoi pas dans celui-ci ? La vertu peut être aujourd'hui plus rare ; mais il n'en est pas moins vrai que dans tous les temps elle est fondée sur l'honneur ou la honte, sur la récompense ou la punition. Je ne sais encore pourquoi M. *d'Alembert* dit que la *honte & la punition sont devenues un appui bien frêle & bien négligé.* Cette phrase, qui n'est sûrement pas élégante, n'est pas non plus très-claire. Veut-il dire qu'on n'inflige plus de peines, ou que les coupables sont insensibles au châtiment & à l'infâmie ? c'est tout ce qu'on voudra.

Le jeune *Quesnay* arrivé à l'âge de choisir un état, se décida pour celui de chirurgien. Il vint faire ses études à Paris, fut ensuite s'établir à Mantes, où son mérite, excitant la jalousie, lui suscita des persécutions, dont il ne dut la fin qu'aux bontés du feu maréchal *de Noailles*. De retour à Paris, il se signala par la réfutation du *Traité de la saignée de M. Silva.* » *Le* GRAND *médecin de Paris fut vaincu* » *par le* PETIT *chirurgien de Mantes* » *qui ne se payoit pas d'étalage*. Il est

» assez juste que dans un pays où les » charlatans en tout genre (sur-tout dans le genre philosophique) » ont » plus beau jeu que par-tout ailleurs, » ils rencontrent au moins de temps » à autre quelque *pierre d'achoppement* » qui *trouble leur succès. Le* DOCTE » *Quesnay fut la* PIERRE *du* DOCTEUR » *Silva* ». Quelle grace ! quelle finesse dans ce morceau ! *le grand médecin de Paris* opposé *au petit chirurgien de Mantes*, *le docte Quesnay au docteur Silva* ; comme ces antithèses sont neuves & jolies ! *une pierre d'achoppement qui trouble des succès*, voilà encore une charmante expression. Vous pourriez, par exemple, croire que ces mots *qui ne se payoit pas d'étalage*, sont dans le *genre plat & trivial* ; mais sachez qu'il a été décidé par les *Quarante* du Mercure qu'ils sont du *genre facile & gracieux*. N'allez pas croire non plus qu'il falloit au moins mettre *que le docte Quesnay fut la pierre d'achoppement du docteur Silva*, & non pas simplement, par syncope, *la pierre du docteur Silva*. Fi donc, c'est n'avoir pas de goût que de faire une pareille critique. Aussi l'Académie mercurielle a décidé que *la pierre* tout court a un charme inexprimable. Oui, le docte *Quesnay* est LA PIERRE *du docteur Silva*, il y a là pour nos *Philamintes* de quoi se pâmer, tant cela est joli. Aussi ne croyez pas trouver ce trait de génie dans l'éloge de M. *de Fouchy*, c'est du *d'Alembert* tout pur, ainsi qu'un petit trait satirique, tout neuf, contre la médecine, & qu'il attribue à *un philosophe chagrin, & qui vraisemblablement se portoit mal.* M. *d'Alembert* qui est un philosophe plein de santé & de gaîté, ne devoit donc pas le répéter, d'autant plus qu'il ne fait rien à l'éloge de *Quesnay*. Il faut plaindre le triste sort du *Mercure*, si, pour l'égayer, M. *d'Alembert* en est réduit aux bons mots de *philosophes chagrins & malingres.*

L'Académie de chirurgie, nouvellement établie, choisit *Quesnay* pour son secrétaire. Il fit la préface des mémoires de cette illustre académie, préface qui est un chef-d'œuvre, & comparable à celle des mémoires de l'Académie des sciences par *Fontenelle*.

Cependant *Quesnay a profité de quarante ans de lumieres de plus*. Et quel siècle, (s'écrie M. *d'Alembert*, & non pas M. *de Fouchy*) *que quarante ans, chez une nation où les sciences sont cultivées!* A cette question, *quel siècle que quarante ans?* Je réponds que c'est simplement *un siècle commencé*.

Peu de temps après *Quesnay* eut à défendre le corps des chirurgiens. » *Nouveau Coclès, il se battit seul &* » *& long-temps contre toute l'armée &* » *l'artillerie doctorale* ». *Nouveau Coclès*, trait d'érudition! *artillerie doctorale*, bel esprit! On voit aussi que M. *d'Alembert*, pour célébrer son avénement au trône du *Mercure*, a voulu faire jouer toutes ses batteries.

Louis XV, pour récompenser les travaux du docteur *Quesnay*, lui donna des lettres de noblesse; & comme il l'appelloit *son penseur*, il lui choisit pour armes *trois fleurs de pensée*, espèce de *rebus*, s'écrie un *philosophe chagrin, comme plusieurs autres écussons, mais rébus honorable, parce qu'il étoit vrai*. Je prie très-instamment M. *d'Alembert* de me dire ce que c'est qu'un *rebus honorable, parce qu'il est vrai.* UN REBUS HONORABLE ! UN REBUS VRAI ! quel langage ! M. le secrétaire de l'Académie voudroit-il donc introduire parmi nous le françois des Russes ? On dit qu'en effet il envoye M. *de la Harpe* en Russie pour enrichir sa nomenclature.

M. *Quesnay*, quoiqu'au centre des intrigues, vivoit dans la retraite, & & ne s'appliquoit qu'aux sciences : la médecine sur-tout, & la métaphysique, l'occupoient tour-à tour. M. *d'Alembert* ne fait pas grand cas, sans doute, de la métaphysique. Les *connoisseurs en métaphysique ressemblent*, dit-il, *aux connoisseurs en chocolat, dont chacun est très-content du sien, & très-peu de celui des autres.* Il est vrai qu'il met ce trait *sans conséquence* (comme tout ce qu'il dit) sur le compte d'un *mauvais plaisant.* Je ne crois pas cependant, qu'il y en ait d'autre que M. *d'Alembert* capable d'un si grand effort de plaisanterie ; mais comme la plaisanterie de M. *d'Alembert* est si fine que je ne ſais même s'il plaiſante, je me vois obligé de lui faire ce dilemme; ou *c'eſt* ſérieuſement *un mauvais plaiſant* qui a fait cette comparaiſon du chocolat avec la métaphyſique, comparaiſon *qui a peu de nobleſſe*, & alors il ne falloit pas la répéter dans le meilleur & le plus parfait des Journaux, modèle de raiſon & de goût : ou bien c'eſt encore une petite eſpiéglerie de M. *d'Alembert* d'attribuer *à un mauvais plaiſant* une comparaiſon de ſa propre fabrique, & alors je lui dirai qu'il a dit vrai ſans le ſavoir ; je lui dirai ſurtout que cette phraſe, *les connoiſſeurs en chocolat, dont chacun eſt très-content du ſien, & très-peu de celui des autres*, ne ſeroit pas même tolérée dans les montagnes de Suiſſe. Quelle obſcurité ! quel embarras ! quelle tournure barbare ! & c'eſt le ſecrétaire de l'Académie du *beau parlage* * qui l'employe !

M. *d'Alembert* paſſe rapidement, & comme ſur des charbons ardens, ſur l'établiſſement *de la ſecte qu'on appelle*

* Expreſſion du fameux chymiſte *Rouelle*.

des économistes **, il ne met pas le *tableau économique* au nombre des chef-d'œuvres qui immortaliseront le docteur *Quesnay*. Tirons donc le rideau sur ce coin du tableau. Disons cependant que ce bon patriote avoit des vues pures ; que l'amour seul du bien produisit quelques explosions trop vives d'un cerveau exalté ; mais qu'il ne songea peut-être jamais à *faire secte*, & qu'il ne faut pas lui attribuer tous les ridicules & les excès de ses disciples.

C'est sur les *rêveries mathématiques du vieux philosophe* que M. *d'Alembert* son ami s'étend avec une complaisance tout-à-fait édifiante. *Quesnay*, dit-il, *eut le malheur de trouver à-la-fois la trisection de l'angle, la quadrature du cercle, &c.* M. *d'Alembert* vouloit dire, *eut le malheur de croire qu'il avoit trouvé, &c.* & il dit, *eut le malheur de trouver, &c.* ce qui est *d'un mauvais plaisant.* Il rapporte ensuite cet arrêt cruel qu'*un chef de secte ne doit pas se mêler d'écrire*

** Pour l'exactitude grammaticale, il faudroit de la secte qu'on *appelle les économistes*. Un solécisme doit être relevé dans un académicien françois.

ſur la géométrie quand il ne la ſait pas ; parce que quiconque déraiſonne en mathematique, ou un bon eſprit ne déraiſonne jamais, eſt plus que ſuſpect de ne pas raiſonner parfaitement ſur le reſte, où il eſt plus facile de s'égarer. Il eſt vrai qu'il attribue encore ce terrible *apophtegme à un mathématicien trop cauſtique.* Je crains bien que ce mathématicien trop cauſtique ne ſoit caché ſous le manteau de *frère Anaxagoras* *. Quoi qu'il en ſoit, voyez comme M. *d'Alembert* eſt imprudent. *Un philoſophe chagrin* lance un trait de ſatire contre la médecine ; M. *d'Alembert* auſſi-tôt ſaiſit ce trait malin ; *un mauvais plaiſant* fait une comparaiſon ſans goût, *ſans nobleſſe* entre la métaphyſique & le chocolat, & M. *d'Alembert* recueille cette comparaiſon ignoble ; un *mathématicien trop cauſtique* prononce un arrêt foudroyant contre l'ami de M. *d'Alembert*,

* C'eſt le nom qu'un grand prince donne à M. *d'Alembert*, ainſi qu'il a été imprimé dans le Journal de politique & de littérature, créé par M. *Linguet*, & mis au tombeau par M. *de la Harpe*.

bert,

bert, & M. *d'Alembert* apprend obligeamment au public ce trait sanglant; & cependant, si je ne dis pas qu'il est un philosophe aimable, un fin plaisant, quoiqu'ennemi d'une causticité trop mordante, vous verrez qu'il imprimera, dans le *Journal de Paris*, un petit billet anonyme contre moi, contre ma famille, & contre mon ouvrage. Il en arrivera tout ce qu'il plaira à Dieu & à M. *d'Alembert*; mais du moins, je ne dirai jamais que cette phrase, *à cet âge il étoit trop tard pour venir frapper à cette porte, que trente ans plutôt cet esprit patient & profond auroit peut-être enfoncée avec succès*, est marquée au coin du bon goût. Est-ce que les *mathématiques* peuvent être comparées à *une porte?* Est-ce qu'un *esprit profond* peut *enfoncer les portes?* Oui, dussent tous les *philosophes chagrins*, *tous les mauvais plaisans*, *tous les mathématiciens trop caustiques* du monde se déchaîner contre moi, je soutiendrai que les *Précieuses ridicules* n'eurent jamais un jargon plus bisarre.

Je n'ai pas omis un des traits de ce panégyrique qui peuvent illuſtrer la mémoire du docteur *Queſnay*. Etoit-ce la peine de venir, après ſix ans, barbouiller encore de nouveau l'éloge d'un citoyen, eſtimable ſans doute, mais qui n'a fait rien d'aſſez grand pour mériter quatre fois les honneurs de *l'apothéoſe* ? Pour moi je penſe que M. *d'Alembert* n'a entrepris ce prétendu éloge que pour donner, dans la perſonne de M. *Queſnay*, un exemple frappant de ce que doivent attendre de lui tous ceux qui, rébelles à ſes conſeils, s'obſtineront à perſévérer dans leurs écarts géométriques. Quoi qu'il en ſoit du motif, n'avois-je pas raiſon de vous dire en commençant cet extrait, qu'il n'eſt rien de ſi miſérable & pour le fond & pour la forme que cet éloge ? Si tout le nécrologe de la philoſophie, que M. *d'Alembert* s'eſt réſervé dans la diviſion de l'empire mercuriel, eſt fait avec auſſi peu de ſoin & de goût, la fortune du Mercure eſt en auſſi grand danger que la gloire de la philoſophie.

La fin de cet éloge offre cependant quelque chose de remarquable. « Ainsi » *depuis les philosophes jusqu'aux habi-* » *tans de la cour*, depuis les acadé- » mies jusqu'aux boutiques, M. *Quesnay* a trouvé de zèlés sectateurs, & » cette multitude de partisans n'est pas » un petit éloge pour un sage isolé qui » vivoit dans la retraite, plus occupé » de mériter des disciples que d'en » chercher ». Belle leçon pour ceux de ses successeurs, intriguans de profession, qui ne vivent que de cabales, & sont plus occupés de chercher des disciples que d'en mériter. Remarquez encore l'adresse de ces paroles, depuis *les académies jusqu'aux boutiques*, depuis *les philosophes jusqu'aux habitans de la cour*. Comme les membres des académies tiennent sans contredit le premier rang dans la liste des disciples de *Quesnay*, & les gens de boutique le dernier, il faut aussi que *les philosophes* soient dans la première classe, & *les habitans de la cour* dans la dernière; des méchans diront, que cet ordre est le fruit d'un *philosophe* un peu *cha-*

grin de n'avoir pas d'*écusson* ; mais moi je soutiens que c'est seulement l'effet d'une profonde vénération pour la dignité d'un philosophe.

Je suis, &c.

LETTRE VII.

Essais sur le caractère & les mœurs des François, comparés à ceux des Anglois. A Londres 1776; & se vend à Paris chez Valade, *libraire, rue Saint-Jacques, vis-à-vis celle des Mathurins,* in-12. *Prix 36 sols broché.*

LA France & l'Angleterre se disputent depuis long-temps la prééminence du génie & des talens. Cette rivalité feroit la gloire de ces deux nations, si elle ne dégénéroit en une basse jalousie, & si elle ne fortifioit cette antipathie funeste tant de fois à l'une & à l'autre. Pour décider cette importante question, il faudroit, Monsieur, avec un jugement juste, un caractère impartial, un esprit étendu, avoir examiné la forme du gouvernement qu'elles se sont données, les loix auxquelles elles obéissent, les révolutions qu'elles ont éprouvées, les causes qui les ont occasionnées. Il faudroit encore parcourir les différens ordres de ces deux états, en examiner les mœurs, les principes, les préjugés, les goûts & les plaisirs ; il faudroit, de plus, porter ses regards sur tous les grands hommes qu'elles ont produits, les juger, les apprécier, & suivre les traces de lumières qu'ils ont répandues sur l'humanité. Les arts exigeroient également de vastes recherches ; il faudroit fixer leurs époques, suivre leurs progrès, & connoître ce que chaque peuple a inventé & ce qu'il a perfectionné.

Tant d'observations, tant de recherches, tant d'études, ne donneroient encore un résultat sûr qu'après avoir tout comparé en raison du nombre plus ou moins grand des individus de chaque nation. Tels seroient, Monsieur, les objets qu'auroit à embrasser celui qui voudroit juger ces deux peuples rivaux. L'auteur de l'ouvrage que nous vous annonçons a eu ce but ; mais il s'en faut bien que son plan ait eu une aussi grande étendue ; il n'en a embrassé qu'une partie, encore ne l'a-t-il qu'effleurée. Cependant, malgré ce cercle étroit où il s'est circonscrit, il juge & prononce : pour deviner à laquelle des deux nations il accorde la palme, il suffit de vous annoncer sa patrie. Il est Anglois ; dès-lors vous concevez qu'il ne manque pas de se récrier contre le gouvernement monarchique, de chercher à le confondre avec le despotisme, de lui en imputer tous les inconvéniens ; vous concevez aussi qu'il exalte avec enthousiasme la constitution politique de sa nation ; qu'il lui attribue son éclat, son opulence, & cette supériorité qu'il lui donne sur les autres peuples. Son enthousiasme va jusqu'à soutenir que l'embonpoint qu'on remarque parmi le peuple, est moins dû à un atmosphère épais & humide, à une boisson nourrissante, à des alimens très substantiels, qu'à l'excellence de leur législation ; comme si on ne pouvoit être heureux qu'en proportion d'un physique plus ou moins volumineux.

Les François, selon lui, n'ont pas même la prétention de se mesurer avec sa nation, pour la profondeur des raisonnemens & pour les recherches ſur les matières abſtraites & compliquées. Pour prouver cette aſſertion il oppoſe l'*Eſſai ſur l'entendement humain* de *Loke* à *l'Art de penſer* de Port-Royal : il dit que ce dernier ouvrage, produit par les plus célèbres génies du temps, n'eſt qu'un traité élémentaire en comparaiſon du premier. Quand cela ſeroit, il n'auroit encore rien prouvé; car ſi les hommes célèbres qui l'ont compoſé n'ont voulu donner qu'un ouvrage élémentaire, comme on ne peut le révoquer en doute, ils auroient manqué leur but, ſi les matières y avoient été plus approfondies. Pour ſe convaincre que la nation Françoiſe a dans ce genre plus que *le mérite du ſecond ordre*, il devoit ſe rappeller qu'elle a produit des *Deſcartes*, des *Malbranches*, des *Paſcals*, &c. & qu'elle a encore aujourd'hui des hommes qui tiennent le premier rang dans les ſciences abſtraites.

Le même auteur ne veut pas que le concours de toutes les nations de l'Europe venant s'inſtruire & ſe former chez elle, ni que l'étude qu'elles ſont de ſa langue prouvent beaucoup en ſa faveur ; il prétend que cette langue n'eſt ainſi répandue que parce que l'eſprit inquiet & ambitieux des François force les autres nations à négocier ſouvent avec elle. Si c'étoit là le vrai motif, elle ne ſeroit cultivée que chez les peuples qui ont des relations politiques avec nous, encore parmi eux il n'y auroit guères que les hommes qui ont l'eſpoir d'être un jour à la tête des affaires ; cependant on la voit cultivée juſqu'au fond du nord;on voit des hommes de toutes les conditions l'apprendre ; le ſexe, juge ſi sûr en matière de goût, en fait ſes délices, & elle fait aujourd'hui partie de ſon éducation. Cette préférence ſur toutes les autres langues vivantes, ne peut donc être dûe qu'à ſa perfection, & au grand nombre d'ouvrages excellens que nous avons dans tous les genres.

Malgré la partialité de cet écrivain inſulaire, on ne peut diſconvenir qu'il ne rende très-ſouvent juſtice au mérite françois, quand ce mérite n'eſt pas de nature à contrebalancer celui que les Anglois s'attribuent. Il convient que les étrangers y sont accueillis avec plus d'affabilité & de cordialité que par-tout ailleurs; que l'esprit, l'éducation & les talens y rapprochent souvent les conditions; qu'il n'est pas rare de voir des grands accorder leur intimité à des hommes célèbres. Il convient aussi que le clergé de France est le corps le plus savant de l'univers; les moines qui sont, pour certains François, un sujet de scandale, sont à ses yeux « des hommes » dont la conduite est, en général, » exemplaire, & dont la conversa- » tion s'accorde avec la gravité de leur » profession, quoiqu'il y en ait qui se » piquent d'avoir des connoissances » dans les affaires du monde; néan- » moins la plus grande partie est bien » éloignée de cette ostentation. . . . » chaque ordre se distingue par quel- » ques branches particulières de con- » noissances. Les Bénédictins sont fa- » meux par la connoissance profonde » qu'ils ont de l'antiquité; les Domi- » nicains, par leur application à la phi- » losophie & à la théologie scholasti-

» que ; les Jésuites étoient versés dans
» les belles-lettres. Cette diversité
» d'occupations particulières à chacun
» de ces ordres peut avoir sa source
» dans le goût des différens temps
» auxquels ils ont été fondés ».

Au milieu de beaucoup de discussions, souvent peu intéressantes, on rencontre quelquefois des caractères dessinés d'une manière aussi saillante que vraie. J'en ai remarqué qui ne vous feront peut-être pas moins de plaisir qu'à moi.

» En parlant du commerce familier
» qui règne en France entre le clergé
» & le beau sèxe, il seroit impardon-
» nable de ne pas faire mention d'un
» être dont les protestans n'ont point
» d'idée. Il s'agit de ce qu'on appelle
» un *abbé* ; mot qui n'a point son cor-
» respondant en Anglois, parce que
» l'existence de ces *abbés* est posté-
» rieure à la réformation. Il paroît
» qu'avant le commencement du der-
» nier siècle, le terme d'*abbé* ne s'éten-
» doit point au delà du sens monas-
» tique, dans lequel il est fort ancien,
» pour signifier une personne en pos-

» ſeſſion d'une abbaye. Mais le nom
» d'*abbé*, ſelon ce qu'il ſignifie com-
» munément aujourd'hui, eſt récent ;
» car il s'applique à une infinité de
» perſonnes qui n'ont point d'établiſ-
» ſement dans l'égliſe, ni même dans
» l'état, mais qui ſont diſpoſés à en
» accepter un, de quelque part qu'il
» leur ſoit préſenté. Ils ſont reçus
» dans toutes les compagnies, & ne
» paroiſſent pas déplacés dans les
» meilleures, quoiqu'on les rencontre
» quelquefois dans les plus mauvaiſes.
» Leur habit eſt plutôt celui d'un aca-
» démicien ou d'un ſavant de profeſ-
» ſion, que d'un eccléſiaſtique ; &
» comme il ne change jamais de cou-
» leur, il n'eſt pas diſpendieux. Leur
» ſociété eſt recherchée, parce que
» beaucoup ſont aimables, ſenſibles,
» bien nés, éclairés, & d'une conver-
» ſation auſſi amuſante qu'inſtructive.
» . . . . Ces abbés ſont
» nombreux & utiles ; dans les col-
» lèges, ils ſont les maîtres de la jeu-
» neſſe ; dans les familles, ils ſont les
» précepteurs des jeunes gentil-hom-
» mes ; beaucoup ſe procurent un

» honnête entretien par leurs ouvrages
» de toute espèce, depuis la philoso-
» phie la plus abstraite, jusqu'aux ro-
» mans les plus tendres. Enfin, c'est un
» corps qui possède un fonds inépui-
» sable de talens & de savoir, & qui
» le cultive sans cesse. Aucun sujet ne
» leur échappe, sévère ou gai, solide
» ou badin, bas ou élevé, sacré ou
» profane, tout paie tribut à leurs
» recherches ».

Voici le second.

» La curiosité insatiable pour les
» anecdotes qui concernent les affaires
» domestiques de familles, est encore
» un goût particulier au François. Les
» gens qui s'appliquent parmi eux à
» cette sorte de connoissance, sont
» bien venus dans les compagnies. Il
» y en a qui ne vivent que de leur
» adresse à découvrir, & de leur
» malice à divulguer les mystères que
» les intéressés tâchent de cacher.
» Celui qui est le plus expérimenté
» dans cet art, passe pour connoître
» son monde. Ce connoisseur du
» monde est ordinairement un dé-
» sœuvré, maître de tout son temps,

» qu'il perd à ces recherches frivoles ; » voltigeant tout le matin de place » en place, afin de recueillir assez de » faits scandaleux pour payer son » dîner quelque part. Les riches qui » tiennent table ouverte, y ont tou- » jours de ces désœuvrés, qui sont » regardés comme la chronique am- » bulante du temps, & le répertoire » de toutes les bagatelles & de toutes » les médisances du jour. Ces orateurs » de table ne sont nulle part si com- » muns qu'à Paris, où il y a plus de » gens oisifs que dans aucune capitale » de l'Europe, à cause de la multi- » tude d'ecclésiastiques & d'officiers, » que l'indigence & l'espérance de » faire fortune y attire de toutes les » provinces du royaume. Beaucoup » y demeurent long-temps sans em- » ploi, & sont forcés, pour se sou- » tenir, de se dévouer a des patrons, » qui souvent en exigent des services » peu honorables ».

Vous jugez bien, Monsieur, qu'en rendant justice à quelques-unes des qualités de notre nation, il ne manque pas de censurer ses vices & de critiquer ses ridicules. Il s'élève sur-tout contre cette fureur des duels qui fait plus tirer d'épées en France que dans tout le reste de l'Europe. » Il » n'est pas rare, dit-il, d'entendre » des gentil-hommes conter leurs » duels, & en rapporter le détail » précisément comme un marin An- » glois feroit le récit des combats » où il se seroit trouvé sur mer.... » Ce qui doit surprendre davantage, » c'est qu'un duelliste de profession » n'est point odieux à beaucoup de » dames Françoises, quoique d'ailleurs » remplies de douceur & d'aménité; » elles ne sont pas, à beaucoup près, » si tendres que les Angloises: celles- » ci frémissent au seul récit de ces » meurtres, tandis que les Françoises » les écoutent avec le même sang froid » qu'un général intrépide reçoit l'avis » qu'un bataillon est aux prises avec » l'ennemi ». Il remarque avec raison que ce qui doit le plus contribuer à fortifier ce préjugé barbare, ce sont ces salles d'armes où notre jeunesse bouillante, en s'y exerçant dans l'art de l'escrime, y prend un caractère entier, hautain & pointilleux. Le gouvernement peut-être en prohibant ces dangereuſes écoles, devenues moins utiles depuis l'uſage des armes à feu & des bayonnettes, éteindroit peu à peu un préjugé qui porte ſi ſouvent la déſolation dans le ſein des familles & qui enlève tant de généreux défenſeurs à la patrie.

Ce qu'il dit de la frivolité de notre nation, de ſa légereté, de ſa préſomption, du genre de ſon luxe, de ſa paſſion, de ſon enthouſiaſme pour les arts qui ne ſont que d'agrément, n'eſt que trop fondé, pour ne pas prouver que la nation Angloiſe, vue ſous cet aſpect, nous eſt infiniment ſupérieure. Il rend hommage à l'eſprit, à la gaieté, à la politeſſe de notre beau ſèxe; mais il cenſure ſon goût trop vif pour la diſſipation, pour les plaiſirs & pour la parure. Les Angloiſes, qui ne ſont pas douées ordinairement de ces brillantes qualités, ſont peut-être moins agréables dans les cercles; mais elles ſavent mieux faire goûter le bonheur de l'union conjugale. La galanterie, qui eſt ſouvent pour la nobleſſe Françoiſe ſon unique occupation, eſt cauſe que les femmes ont parmi nous une plus grande influence ſur les affaires & ſur les mœurs, qu'elles ne l'ont parmi les Anglois, dont le génie ſérieux s'occupe plus volontiers de projets de politique, de fortune & d'agrandiſſement; c'eſt ſans doute par cette raiſon que les mœurs y ſont moins corrompues que chez nous, où le divorce eſt ſi fréquent, où des intrigues ſcandaleuſes, au lieu de répandre l'opprobre ſur ceux qui en ſont l'objet, n'y jettent que du ridicule. Tels ſont, Monſieur, les différens objets ſur leſquels cet auteur eſſaye d'apprécier le mérite de ces deux nations. La traduction qu'on nous en donne eſt d'un ſtyle aſſez négligé; on y trouve même fréquemment des phraſes d'une conſtruction vicieuſe.

Je ſuis, &c.

On m'a prié d'inférer dans ces feuilles la pièce de vers fuivante; elle m'a paru digne de vous être envoyée. Les fentimens qu'ils expriment font fimples, vrais & touchans. Un père infortuné veut rendre publics fa douleur & fes regrets ; c'eft une confolation qu'il demande : pourroit-on la lui refufer ?

A MON FILS, mort de la petite vérole le 10 octobre 1778, âgé de 18 ans moins 6 jours.

O mon cher fils, idole de mon cœur,
L'unique efpoir qui me reftoit au monde,
Mon digne ami, ma joie & mon bonheur,
Entends le cri de ma douleur profonde;
Qu'il retentiffe au fond du monument,
Où de mes bras la mort t'a fait defcendre!
Pour un inftant, mon cher fils, qu'à ta cendre
Il puiffe, hélas! rendre le fentiment! ....
Mais, non : répofe en la nuit éternelle,
Et ne vois point mon défefpoir affreux;

Jouis en paix de la gloire immortelle
Dont tes vertus ſont les gages heureux.
Du haut des cieux où ton ame eſt montée ;
Non, ne vois point ta tendre mère en pleurs
Du noir chagrin dont elle eſt tourmentée,
Par ſes ſanglots redoubler les horreurs . . .
Ah ! cher enfant, quand notre impatience
De recevoir tes doux embraſſemens,
Croyant hâter la fin de ton abſence,
Comptoit les jours, les heures, les momens;
Qui nous eût dit qu'au lieu de nos careſſes,
Dans notre ſein tu trouverois la mort ? . . .
Qui nous eût dit, à ton joyeux abord,
Que nous touchions aux plus rudes détreſſes?

Ainſi, grand dieu ! des trop foibles humains,
Quand il lui plaît votre rigueur ſe joue !
Lorſque ſur eux luiſent des jours ſereins,
Votre juſtice au malheur les dévoue !
O Dieu terrible en vos reſſentimens !
Ceſſez enfin, ceſſez de nous pourſuivre, . .
Ou par la mort abrégez nos tourmens,
Ou donnez-nous le courage de vivre.

Par M. LEMARIÉ, Lieutenant général du Bailliage royal de Magny.

Indications des Nouveautés dans les Sciences, la Littérature & les Arts.

Le sieur *Lattré*, graveur ordinaire du Roi, rue Saint-Jacques, porte-cochère vis à-vis la rue de la Parcheminerie, donnera le 15 décembre prochain l'*Almanach Iconologique*, pour l'année 1779, 15e suite, dont les desseins sont toujours de M. *Cochin.* Cette suite, à la perfection de laquelle on n'a rien épargné, est assez connue du public, & a mérité jusqu'ici un accueil trop flatteur, pour qu'il soit nécessaire d'en faire l'éloge.

Le prix est de 8 livres relié en parchemin, & 6 livres broché à l'ordinaire. On trouvera chez le même artiste de jolis volumes pour la poche en Géographie & Topographie, & une très-grande quantité d'écrans nouveaux de Géographie, d'Histoire, de la Fable, *&c.* & généralement tout ce qu'on peut desirer en Géographie. C'est toujours chez lui que se vend l'*Atlas moderne* pour la Géographie de feu M. l'abbé *Nicole de la Croix*, dont il eſt fait mention à la fin du premier volume de cette Géographie.

Le même vient de donner une nouvelle édition de l'*Atlas maritime des côtes & ports de France*, augmenté par M. *Bonne*, hydrographe du Roi.

AVIS.

Manufacture de Porcelaine de la Reine.

Les propriétaires de cette Manufacture, établie rue Thiroux, dont la porcelaine eſt à l'épreuve de la plus forte chaleur, ont l'honneur de faire part au public, que la Reine voulant bien honorer de ſa protection leur établiſſement, & permettre qu'il porte ſon auguſte nom, chaque pièce nouvellement fabriquée ſera déſormais marquée en deſſous d'un *A* couronné, première lettre du nom de Sa Majeſté.

La rue Thiroux eſt la première à droite dans la rue Neuve des Mathurins, par la rue de la chauſſée d'Antin.

La Manufacture a établi ſon dépôt chez M. *Grancher*, bijoutier de la

Reine, au petit Dunkerque, quai de Conti, à Paris.

Les anciens Minéralogistes du royaume de France, avec des notes, par M. Gobet *2 volumes* in-8°. *A Paris, chez* Ruault, *libraire, rue de la Harpe; prix 9 livres 12 sols broché.*

On a beaucoup écrit sur la minéralogie; mais toutes les connoissances qu'on en avoit, étoient éparses dans un nombre immense d'ouvrages très-rares qu'il falloit rassembler, comparer entre eux, & qu'on n'avoit pas souvent les moyens de se procurer. L'ouvrage que je vous annonce est un dépôt précieux, & comme une bibliothèque de minéralogie, dans laquelle on trouve réunies toutes les recherches qu'on peut desirer sur cette matière. M. *Gobet* y a joint des notes très-savantes, qui lui font beaucoup d'honneur; de sorte que son ouvrage peut lui-même être regardé comme une mine riche & féconde d'observations & de connoissances.

Livres nouveaux.

On trouve chez *Nyon* l'aîné, libraire, rue Saint Jean de-Beauvais, les ouvrages suivans.

Abrégé de la vie & du systême de Gassendi, *par* de Camburat; *Bouillon 1770*, in-12 *broché 1 livre 10 sols.*

Essai sur les phénomènes de la nature pris dans les élémens & les trois règnes, des animaux, végétaux & minéraux, en forme de Dictionnaire; Bouillon 1773, in-8°. *relié 2 livres 10 sols.*

Nouveaux Dialogues des Morts, recueillis de divers Journaux, & choisis avec soin; Bouillon 1775, in-12 *relié 3 livres.*

Lettres au révérend père Parennen, *missionnaire à Pekin, contenant diverses questions sur la Chine, & des Opuscules sur différentes matières, par M.* Dortous de Mairan; *Paris imprimerie Royale 1770*, in-8°. *figures, relié 5 liv.*

Traité de Météorologie, contenant l'histoire des observations météorologiques ; un Traité des météores ; l'Histoire & la description du baromètre & du thermomètre, & des autres instrumens météorologiques ; les Tables des observations météorologiques & botanico-météorologiques, les Résultats des tables & des observations ; la Méthode pour faire les observations météorologiques, par le père Cotte, *prêtre de l'Oratoire, correspondant de l'académie des Sciences, & faisant suite aux Mémoires de ladite Académie ; Paris imprimerie Royale 1774*, in-4°. *relié 14 livres.*

L'Art de guérir radicalement & sans le secours d'un bandage les hernies, par M. Maget, *ancien chirurgien major de la Marine, & chirurgien de la Garde de Paris. A Paris, de l'imprimerie Royale, & se vend chez l'Auteur, rue de la vieille Estrapade, prix 1 liv. 10 s.*

Suite des Epreuves du Sentiment, par M. d'Arnaud, *tome V. Seconde Anecdote.* Henriette & Charlot. *Prix 3 liv. broché. A Paris, chez* Delalain, *libraire, rue de la Comedie Françoise.*

Noue rendrons compte au plutôt de ce *Roman* intéressant.

L'ANNÉE LITTÉRAIRE.

LETTRE VIII.

Sermons de M. l'abbé Poulle, *prédicateur du Roi, abbé commendataire de Notre-Dame de Nogent, 2 volumes in-12. A Paris, chez* Merigot *le jeune, libraire, quai des Augustins, au coin de la rue Pavée.*

L'IMPRESSION a ſouvent été l'écueil de la réputation des plus fameux prédicateurs; leurs diſcours honorés d'un concours ſi nombreux d'auditeurs quand ils étoient ſoutenus par une déclamation impoſante, ont perdu ſur le papier la plus grande partie de leur mérite, & n'ont point trouvé de lecteurs. Depuis que *Bourdaloue* a po té l'éloquence de la chaire à un degré goût du siècle qui se corrompoit de plus en plus ; jaloux d'amuser & de plaire bien plus que de toucher & de convaincre, ils ont sacrifié à des agrémens frivoles, le naturel, la solidité & la force des pensées. Aussi leur réputation n'a-t-elle pas eu plus de consistance que leur mérite ; ils n'ont eu que l'éclat du moment. Le lecteur examinant de sang froid ces mêmes discours qui lui en avoient imposé à la faveur d'un débit rapide, n'y a trouvé que de faux brillans & les a dédaignés. Quand *Démosthène* reprochoit aux Athéniens leur négligence & leur foiblesse ; quand il les animoit contre *Philippe*, & leur ouvroit les yeux sur le danger qui les menaçoit, il ne paroissoit occupé que des intérêts de la patrie ; on n'appercevoit dans ses discours aucune trace de l'art, aucune de ces figures qui sentent la recherche & l'affectation ; l'orateur disparoissoit, pour ne laisser voir qu'un citoyen plein de zèle pour le bien public. On ne songeoit pas à l'applaudir, mais on songeoit à *Philippe* prêt à envahir la Grèce. Voilà le modèle que devroient ſe propoſer les prédicateurs ; quand ils reprochent aux chrétiens leurs vices, & leur annoncent les vérités terribles de l'évangile, ils ne devroient jamais affoiblir les grands traits de cette morale ſublime par des antithèſes, des énumérations ſymétriques, de jolis portraits, & tous ces miſérables preſtiges du charlataniſme oratoire ; ce ne ſera jamais avec des fleurs de rhétorique que l'on corrigera un avare, un ambitieux, un débauché ; les auditeurs ne doivent point ſortir du ſermon contens de l'orateur, mais mécontens d'eux-mêmes : qu'un rhéteur prodigue les ornemens dans un diſcours académique, dont le ſeul but eſt d'amuſer & de plaire ; mais que jamais dans la chaire de vérité le miniſtre évangélique n'oublie les intérêts importans dont il eſt chargé, pour s'égayer & ſe jouer dans des figures fleuries ; car alors il pèche ouvertement, non-ſeulement contre les devoirs de ſon miniſtère, mais encore contre les règles de l'art, qui n'eſt jamais plus parfait que lorſqu'il ſe cache.

Il est essentiel de répéter souvent ces principes, dans un temps où presque tous les écrivains semblent les avoir perdus de vue. M. l'abbé *Poulle*, quoique bien supérieur par ses talens à ces petits orateurs, qui ne songent qu'à briller aux dépens du bon sens & de la vérité, n'a pu se garantir entièrement de cette contagion universelle, il a quelquefois sacrifié à la frivolité du siècle, & rabaissé son style noble & fier jusqu'à ces petites graces affectées, qui sont aujourd'hui si fort à la mode. En relevant ces légers défauts, je ne diminuerai rien de la gloire qu'il s'est justement acquise, je ferai seulement voir quelle est la tyrannie du mauvais goût, qui force quelquefois les écrivains les plus estimables de défigurer leurs ouvrages pour les rendre plus agréables à leurs contemporains; comme mon dessein est de vous faire bien connoître le genre d'éloquence qui est particulier à M. l'abbé *Poulle*, je ne m'étendrai point sur l'analyse de ses sermons, je choisirai seulement les morceaux les plus propres à vous donner une juste idée de son style.

Pour vous le montrer du beau côté, je vais mettre sous vos yeux un magnifique passage du sermon sur l'enfer, où vous reconnoîtrez l'imagination sublime de *Platon*, la richesse presque poëtique de son style, mêlée cependant d'un peu d'affectation moderne. L'orateur y représente les tourmens de l'ame d'un réprouvé qui s'élance vers Dieu & en est repoussé. « Sur la terre, c'est le pécheur qui se » défend, & c'est Dieu qui le pour» suit, qui ne peut consentir à sa perte, » qui heurte à la porte de son cœur, » qui l'appelle par sa grace. Dans » l'enfer tout rentre dans l'ordre, c'est » Dieu qui se refuse & c'est le ré» prouvé qui le cherche. Son ame » dégagée des liens imperceptibles » qui suspendoient la rapidité de sa » pente naturelle est rappellée malgré » elle à toute sa destination. Elle tend » à Dieu comme à son centre ; elle se » porte vers lui avec impétuosité. Où » vas-tu, ame criminelle ? Tu voles » au-devant de ton juge. Ni cette » considération, ni ses allarmes, ni

» les châtimens qu'elle se prépare ne » sont pas capables d'arrêter l'impulsion vive qui l'entraîne ; elle s'élance » par la nécessité de sa nature, & » toutes les perfections divines qu'elle » a outragées s'empressent de la rejetter. Elle s'élève par le besoin immense & pressant qu'elle a de son » Dieu, & son Dieu la repousse par » la haine nécessaire qu'il porte au » péché. Elle s'élance, & la rapidité » de son essor lui fait encore mieux » comprendre qu'elle étoit faite pour » jouir de Dieu, elle en est rejettée, » & la pesanteur du coup qui l'accable lui fait encore mieux connoître » qu'elle a forcé son Dieu à la repousser ; elle s'élève par désespoir, Dieu » la rejette par une juste vengeance. » Suspendue entre elle-même & son » Dieu, entre le comble du bonheur » & le comble de la misère, également malheureuse & quand elle » s'efforce de s'approcher de cette » source de tous les biens, & quand » elle en est arrachée avec violence ; » également tourmentée & lorsqu'elle » sort d'elle-même & lorsqu'elle est

» contrainte de s'y replonger, elle
» trouve son Dieu sans pouvoir le
» posséder, elle se fuit sans pouvoir
» s'éviter, elle passe successivement
» des ténèbres à la lumière, de la
» lumière aux ténèbres, elle roule
» d'abîmes en abîmes, d'horreurs en
» horreurs, elle porte l'enfer jusques
» vers le ciel, elle rapporte l'image
» du ciel jusques dans l'enfer même ».
Il y a sans doute dans cette peinture beaucoup de noblesse & de grandeur; mais n'est-elle pas un peu trop chargée, n'y remarque-t-on pas plusieurs traits inutiles, la même idée n'est-elle pas trop tourmentée par des antithèses & des oppositions symétriques? *Elle s'élance par le besoin*, &c. *Dieu la repousse par la haine*, &c. *Elle s'élance & la rapidité de son essor fait encore mieux comprendre*, &c. *Elle en est rejettée, & la pesanteur du coup qui l'accable lui fait encore mieux connoître*, &c. *Elle s'élève par désespoir, Dieu la rejette par vengeance*, &c. Il me semble que ces phrases artistement compassées, ces retours fréquens des

mêmes chûtes, découvrent trop l'art de l'orateur & l'envie qu'il a de briller : la pensée étoit assez sublime pour n'avoir pas besoin de ces petits agrémens qui l'affoiblissent au lieu de l'embellir.

L'énumération accompagnée de la répétition est une des figures favorites des orateurs chrétiens ; elle est en effet très propre à étaler les richesses du style & les graces de l'expression, elle donne à la composition du mouvement & de la rapidité, & ce qu'elle a de plus avantageux, c'est qu'elle séduit l'auditeur au point de lui faire prendre des mots pour des idées, & qu'après l'avoir étourdi par le cliquetis d'une foule de petites phrases qui se heurtent, se choquent & s'entassent les unes sur les autres avec une impétuosité extraordinaire, elle le laisse plein d'admiration pour l'abondance & la fécondité de l'orateur. Vous trouverez plusieurs morceaux de ce genre dans M. l'abbé *Poulle*, en voici un très-brillant tiré du même sermon sur l'enfer. Ce discours n'est presque en entier que l'amplification du passage *Peccator videbit & irascetur.* Le réprouvé verra ses péchés, c'est le sujet de la première partie : cette vue sera son tourment, c'est le sujet de la seconde ; comment sans le secours des énumérations remplir une division qui paroît offrir si peu de matière ? Voici donc un exemple de la manière dont M. *Poulle* a développé & amplifié dans sa première partie le *peccator videbit.* » Ils revivront » pour le réprouvé, ces péchés anciens » égarés dans les replis de son cœur » & entièrement effacés de son souve» nir, ces péchés qui n'avoient fait » aucune impression sur son ame, com» mis sans attrait, sans plaisir, sans in» térêt, & par la seule habitude d'en » commettre, ces péchés d'un mo» ment aussitôt oubliés que produits ; » tant de regards chargés d'un feu » secret, tant de pensées ou vaines » ou impures, tant de paroles, ou » fausses, ou mordantes, ou licen» tieuses ; tant de desirs effrénés ; » tant de foiblesses échappées à la

» nature, & adoptées par la volonté;
» ils revivront pour le réprouvé, ces
» péchés, qu'un reste de religion lui
» présentoit d'abord comme douteux,
» & que ses passions plus hardies regar-
» doient comme chimériques ; ces
» péchés qu'il ne mettoit pas au rang
» des péchés ; ces péchés qui lui ser-
» voient de moyens & de préparatifs
» pour arriver à de plus grands péchés.
» Ils ressusciteront pour le réprouvé
» ces péchés qu'il n'avoit jamais ni
» sincèrement détestés, ni réellement
» expiés par la pénitence, & qu'il
» croyoit cependant ensevelis dans la
» piscine salutaire ; ils en sortiront
» couverts de sacrilèges, ils paroîtront
» & sous leurs véritables formes, ces
» péchés parés des dehors des vertus.
» L'intérêt, l'envie, l'ambition, la
» haine, ne passeront plus pour zèle,
» la superstition pour piété, l'indo-
» lence, la lâcheté, l'insensibilité pour
» douceur, l'ostentation, l'orgueil
» pour charité ; le crime sera crime &
» ne sera que crime : ils s'offriront en
» foule au réprouvé ces péchés étran-
» gers, ces péchés des autres, dont

» il avoit été l'occasion ou la cause par » ses discours, par ses exemples, par ses » scandales, héritage de malédiction, » qu'il a laissé sur la terre, & qui passe » de siècle en siècle, de contrée en » contrée, trop féconde génération » de péchés, qui se multiplient à l'in- » fini & sans lui, dont il ne peut » plus arrêter les progrès ni tarir » la source, & qui retombent sans » cesse sur lui dans les enfers, &c. ».

Le sermon sur les afflictions est un des plus beaux de ce recueil; l'orateur montre dans la première partie combien les afflictions sont utiles au juste; & dans la seconde, combien elles sont utiles au pécheur. Rien de si simple que ce plan, c'est l'usage de M. l'abbé *Poulle* qui embrasse toujours peu de matière pour donner lieu à ces magnifiques développemens, où l'éloquence triomphe avec toute sa pompe. Le morceau le plus frappant & le plus considérable de la première partie est celui où l'auteur envisage les adversités comme un purgatoire de miséricorde destiné à épurer la vertu des justes dans ce monde, &

compare ce purgatoire avec celui que la justice de Dieu a établi dans l'autre vie. » Dans le purgatoire de la justice, » qu'il est terrible de tomber entre » les mains du Dieu vivant ! c'est un » exacteur sévère qui redemande jus- » qu'à une obole, qui discute tout à » la rigueur, qui pèse au poids du » sanctuaire & les offenses & les » peines, qui punit des satisfactions » passagères par des supplices inouis, » & des momens de surprise & de » fragilité par des années de souf- » frances. Dans le purgatoire de la » miséricorde, qu'il est doux de tom- » ber entre les mains du Dieu vivant ! » c'est un créancier généreux qui exige » peu pour remettre beaucoup. Des » afflictions passagères, quelques lar- » mes, quelques instans de douleur, » suffisent pour le calmer, pour le » contenter ; il ne cherche qu'à faire » grace, il ne punit que pour avoir » lieu de pardonner. Dans le purga- » toire de la justice, des tourmens » innombrables & point de consola- » tion, l'assurance des biens éternels » & le sentiment des maux présens,

» un amour pour Dieu toujours plus » vif, toujours plus ardent, & la » privation entière de Dieu. Dans » le purgatoire de la miséricorde, » peu de souffrances, beaucoup de » consolations, point de croix qui » n'ait son onction particulière, point » d'adversité qui n'attire une grace, » point de grace qui ne porte quel- » qu adoucissement, la même main » qui blesse guérit, le même Dieu qui » afflige console; il n'est jamais plus » près de nous que lorsqu'il nous » châtie...... Dans le purgatoire de » la justice, les supplices les plus » affreux expient & ne méritent pas; » ils satisfont pour le passé & sont in- » fructueux pour l'avenir; ils ouvrent » les portes du ciel, ils disposent à la » félicité souveraine & ne l'augmen- » tent pas. Dans le purgatoire de la » miséricorde, les souffrances non- » seulement expient, mais elles mé- » ritent de nouvelles récompenses; » ce que les adversités enlèvent au » juste dans le temps, sa patience le » transporte & le consigne dans l'éter- » nité; à chaque moment de tribula-

» tion, répond un poids immense de » gloire ».

Vous admirerez, Monsieur, dans la seconde partie, l'éloquence vive & rapide avec laquelle l'auteur développe les funestes effets de la prospérité qui nous aveugle sur nous-même & sur tout ce qui nous environne, & les avantages de l'adversité qui nous éclaire sur nos défauts, qui nous apprend à connoître Dieu & les hommes, & nous montre quelle est la juste valeur des biens du monde. L'auteur a su rajeunir, par les graces du style & la nouveauté des tours, cette morale usée & rebattue. Ce discours, d'ailleurs très-solide & très-profond, est défiguré dans quelques endroits par un style trop fleuri, une parure affectée & des figures qui ne conviennent qu'aux rhéteurs. Voici des exemples. » Que sont les richesses pour un juste? » un dépôt sacré que la divine Provi» dence lui a confié, auquel il ne » touche qu'avec discrétion & en » tremblant, & qui lui coute mille » soins à conserver. Que sont les

» plaisirs pour un juste ? ou des crimes » qu'il abhorre, ou des inutilités qu'il » méprise, ou une contrainte qui le » gêne, ou des bienséances qui le » fatiguent, ou des amusemens qui » l'ennuyent. Qu'est le monde pour » un juste ? une terre étrangère qu'il » n'habite qu'à regret, l'exil de la » vertu, l'asyle des vices, le règne des » scandales, le théâtre des passions. » Que perd donc le juste par ses re- » vers ? des hommages qu'il rejettoit, » des applaudissemens qu'il dédai- » gnoit, des louanges qu'il redoutoit ; » ne le plaignez pas, plaignez la » veuve & l'orphelin, ils n'ont plus » de protecteur. Que perd le juste » par ses disgraces ? des richesses dont » il n'étoit que l'économe & le dis- » pensateur ; ne le plaignez pas, plai- » gnez les pauvres, ils n'ont plus de » père. Que perd le juste par son exil ? » un monde trompeur, irréconciliable » ennemi de Dieu, & l'objet des ma- » lédictions du ciel ; ne le plaignez » pas, plaignez le monde, il n'a plus » de modèle ».

Ce morceau renferme des pensées

très-justes & très-solides ; le tour en est d'ailleurs si heureux & si piquant, que j'ai à peine le courage d'en faire la critique ; mais pour l'honneur de l'art oratoire & pour l'instruction des jeunes gens, toujours portés à imiter les défauts des grands hommes, il ne faut pas dissimuler que ces antithèses, ces énumérations compassées & comme tirées au cordeau, ces répétitions étudiées, ces chûtes & ces désinences qui reviennent à temps égaux frapper l'oreille du même son, choquent un peu la gravité & la majesté de la chaire, & annoncent que l'orateur s'est plus occupé des mots que des choses. Pour vous faire mieux sentir le vuide & la frivolité de ces ornemens, je vais vous citer un passage du même sermon dont le ton est simple & naturel, mais en même temps touchant & pathétique ; vous verrez, Monsieur, la différence qu'il y a de la rhétorique à l'éloquence. L'orateur apostrophe les malheureux, & leur montre que l'effet de leurs disgraces est de leur rendre la religion facile & même nécessaire. « Or autrefois cette

» religion étoit sévère par ses devoirs,
» elle vous prêchoit le détachement
» des biens de la terre, &c. A présent
» elle n'a plus rien à vous commander
» que la patience.... Il n'y a pas loin
» d'un homme affligé à un véritable
» chrétien ; autrefois cette religion
» étoit effrayante par ses menaces,
» elle ne vous présentoit que les fou-
» dres du ciel ; vous étiez toujours
» sous l'anathême ; malheur à vous
» riches, malheur à vous qui vivez
» dans la joie. A présent elle n'a que
» des bénédictions à vous offrir ; bien-
» heureux les pauvres, bienheureux
» ceux qui souffrent, qui sont persé-
» cutés, qui pleurent, elle n'est oc-
» cupée qu'à essuyer vos larmes, qu'à
» vous fournir des consolations.....
» Autrefois cette religion étoit in-
» commode par la multiplicité des
» pratiques qu'elle vous prescrivoit ;
» aujourd'hui ses exercices sont votre
» bonheur, votre gloire ; vous n'ose-
» riez vous montrer dans ces assem-
» blées dont vous faisiez les délices
» & l'ornement. Rebuts du monde,
» entrez dans nos temples, ils sont

» les aſyles des malheureux, vous y » pouvez paroître avec décence, vous » verrez ſur l'autel un Dieu crucifié. » A cette vue, que les ſouffrances » ſont légères! que les humiliations » deviennent reſpectables! Rougiroit-» on d'être ſemblable au Dieu que » l'on adore»?

Depuis que les orateurs chrétiens ont abandonné aux miſſionnaires le pathétique & les grands mouvemens de l'éloquence, ils ſe ſont attachés à tracer des portraits agréables & ingénieux des mœurs & des vices qu'ils auroient dû réformer. On a vu des religieux éloignés de la ſociété par état, s'égayer dans des deſcriptions curieuſes & détaillées du monde qu'ils ne connoiſſoient pas. Un ſecret amour-propre engage les prédicateurs à ſe jetter dans ces ſortes de peintures: ils s'imaginent qu'en peignant ainſi au naturel les vices de la cour & des grands, ils paſſeront dans l'eſprit de leurs auditeurs pour des hommes qui ont vécu dans la bonne compagnie; mais ces orateurs ſi polis ne font que des impreſſions bien légères;

& ces tableaux élégans des moeurs du siècle amusent les gens du monde comme une comédie profane, & ne les convertissent pas. M. l'abbé *Poulle* a donné rarement dans cette affectation qui blesse la dignité du ministère évangélique. Voici cependant un morceau, d'ailleurs charmant & plein de graces, où il me semble qu'il a peint l'amour d'une manière un peu trop savante. Il est tiré du sermon sur la vigilance chrétienne. » Prenons la » plus douce en apparence & la plus » terrible de toutes les passions; ti» mide en naissant, elle est quelque » temps inconnue au coeur même qui » l'a formée; elle se couvre des » ombres du silence & du mystère; » elle ne s'annonce que par l'embarras » & par la honte; elle paroît plus » craintive que redoutable, plus vive » en croissant, elle se trahit elle» même, elle s'accoutume à l'éclat, » elle brave les regards & les discours; » les obstacles l'enflamment, la cen» sure l'enhardit; bientôt impérieuse, » elle souhaite & tout est exécuté; » elle parle & tout se tait; elle

» commande & tout est immolé.
» Cruelle à la fin, que de pleurs ne
» fait-elle pas couler ? Les soupçons
» la tourmentent, la jalousie l'aigrit,
» l'inconstance, les infidélités la déses-
» pèrent, & souvent après beaucoup
» d'allarmes, de forfaits, d'opprobres;
» ou elle s'éteint par le dégoût, où
» elle se change en une haine im-
» placable ». Les poëtes profanes sont pleins de pareilles leçons, le théâtre en retentit, & l'on ne s'apperçoit pas qu'elles servent beaucoup à prémunir les cœurs contre une passion dont il est même dangereux de parler.

Je terminerai, Monsieur, cet examen par quelques réflexions sur le sermon de la foi. On remarque dans ce discours une très-belle amplification de cette pensée ass z commune : la foi detache le chrétien de la terre & porte ses vues vers le ciel. M. l'abbé *Poulle* s'empare de cette maxime, il l'étend & la développe avec son éloquence ordinaire, & l'on est étonné des richesses oratoires qu'il sait en tirer. Je vais le suivre dans ses procédés & vous initier un peu aux myſtères de ſon art. L'orateur conſidère le chrétien comme un être d'une eſpèce ſingulière, qui n'appartient ni au temps, puiſqu'il travaille ſans ceſſe à s'en détacher, ni à l'éternité, puiſqu'il n'en jouit pas encore, & qui participe cependant de tous les deux. Ces idées de *temps* & d'*éternité* fourniſſent à M. l'abbé *Poulle* une antithèſe fondamentale ſur laquelle roule tout ce morceau. Il voit dans le chrétien *l'homme du temps*, & *l'homme de l'éternité*; il rapproche ſans ceſſe ces deux termes de comparaiſon, & ces expreſſions, *homme du temps*, *homme de l'éternité* forment une eſpèce de refrein au commencement de chaque tirade. » Homme du temps, il remplit » exactement tous ſes devoirs ». (De là l'orateur s'engage dans l'énumeration des devoirs que la ſociété impoſe au chrétien dans les différens états) » Homme de l'éternité, il releve » toutes ſes actions par la ſubli- » mité des motifs qui l'animent & » de la fin qu'il ſe propoſe. Il voit » Dieu dans tout & par-tout, & il » ne voit que Dieu. Homme du temps,

» des tentations ſans nombre l'affiè-
» gent ». (Enumération des tentations auxquelles la vertu eſt expoſée dans le monde.) « Homme de l'éternité, il
» lève les yeux vers la montagne
» ſainte, d'ou lui viennent les graces
» & les ſecours, il ſe couvre du bou-
» clier impénétrable de la foi, il ſe
» ſoutient, il ſe défend par ſes prières
» & par ſes eſpérances. Homme du
» temps, des perſécutions troublent
» la ſérénité de ſes jours ». (Enuméra-tion des perſéutions que le monde a coutume de ſuſciter aux gens de bien)
» Homme de l'éternité, qu'auroit-il à
» redouter de cette conſpiration géné-
» rale ? ſes ennemis ſont ſur la terre,
» il eſt preſque dans le ciel, il voit
» ſans émotion ſe former ſous ſes pieds
» ces orages impuiſſans. Homme du
» temps, il paſſe triſtement à travers
» l'inépuiſable menſonge du monde ».
(Enumération rapide des faux plaiſirs & des peines réelles qui varient tour à tour la ſcène du monde.) » Homme
» de l'éternité, il ſoupire avec ſaint
» *Paul* après la deſtruction de ce vaſe
» d'argile qui l'attache à tant de vanités
» &

» & de misère, il dit avec le prophète, » qui me donnera les aîles de la co» lombe? Ah! comme je sortirois de » cette terre de malédiction, de ce » pays des apparences, j'irois, je » m'éleverois & je me reposerois dans » le sein de la paix & de la vérité ». (Après avoir ainsi présenté alternativement les deux objets de la comparaison, l'orateur les réunit sous un seul point de vue) » Homme du temps » & de l'éternité tout ensemble, comme » ces anges que *Jacob* vit en songe, » lesquels montoient sans cesse sur » l'échelle mystérieuse & sans cesse » en descendoient, il vole au ciel pour » jouir; il revient sur la terre pour » mériter; il revole au ciel par toute » son ame; il retourne sur la terre, » lentement, à regret, & entraîné par » le fardeau des besoins & des néces» sités ». Tel est, Monsieur, l'artifice des rhéteurs; voilà par quel secret ils fécondent une idée & en tirent comme d'un germe toutes les idées accessoires qu'elle contenoit. Il n'y a point de discours de M. l'abbé *Poulle* qui n'offre plusieurs exemples de cette nature. Aucun orateur n'a mieux connu & n'a traité avec plus de succès l'amplification.

On trouve dans le même sermon sur la foi quelques passages très-agréables, mais où l'on apperçoit de la recherche, & un certain luxe d'expressions absolument déplacé dans un discours chrétien. « La foi perfec-
» tionne tout dans le chrétien ; nos
» passions, elle les captive, elle les
» règle, elle les épure, elle les sur-
» naturalise, elle en fait des vertus;
» notre conscience, elle l'éclaire, elle
» augmente sa délicatesse & sa sensi-
» bilité, elle la réveille, elle appuye
» ses cris ; notre raison, elle réprime
» sa curiosité ; elle humilie son or-
» gueil, mais elle la fixe, elle l'étend,
» elle l'élève de clartés en clartés, elle
» la dispose au grand jour de la gloire;
» notre concupiscence, elle la dompte,
» elle l'affoiblit, &c.— Par la foi, le
» chrétien est au-dessus du jugement
» des hommes ; il ne craint que Dieu,
» & sa conscience. Au-dessus de la
» terre, son tresor est dans le ciel. Au-

» dessus des plaisirs, il les fuit comme » des ennemis dangereux. Au-dessus » des dignités, il les accepte avec » crainte, il les quitte sans regret. » Au-dessus du monde, il le connoît. » Au-dessus des richesses, il les mé» priseroit, mais il y a des pauvres. » Au-dessus de lui-même, puisqu'il est » humble ».

Il est certain que dans de pareils morceaux, l'art n'est point assez caché. L'orateur se montre trop à découvert, il étale trop ses richesses ; mais ces défauts seroient des beautés dans un genre moins grave & moins sérieux que celui de la chaire. M. l'abbé *Poulle* a d'ailleurs des qualités éminentes qui justifient l'enthousiasme avec lequel on a accueilli ses sermons lorsqu'il les a prononcés. Une imagination brillante & presque poëtique répand sur tous les objets qu'il touche un coloris enchanteur ; on trouve chez lui peu de raisonnemens & de discussions, mais un grand nombre de tours vifs & animés, de figures énergiques & éloquentes. Il disserte & argumente peu, mais il peint, il orne, il embellit ;

il est riche en pensées nobles & grandes. Son style abondant, élevé, magnifique, coule comme un fleuve majestueux ; ses discours sont semés d'images frappantes & de traits sublimes. On admire la justesse & la précision de ses plans, l'ordre & la clarté qui règne dans la distribution & la marche de ses idées ; & ce qui le distingue plus particulièrement encore, c'est cet art heureux des dévelopemens, ce talent rare de saisir le côté brillant d'une pensée, de l'étendre d'une manière éloquente, & de la présenter sous le point de vue le plus intéressant. Aussi M. l'abbé *Poulle* qui connoît bien ses ressources ne prend jamais que la fleur des sujets qu'il traite ; il n'a pas peur de manquer de matière ; deux idées fort simples sont la base ordinaire de ses discours, & sur un fonds aussi mince, son art élève un édifice aussi solide que superbe.

Je suis, &c.

LETTRE IX.

L'Hymen vengé, poëme en cinq chants & en prose., suivi d'une traduction libre en vers françois de Médée, *tragédie de* Sénèque, *& de quelques pièces fugitives, par M.****. A Londres, & à Paris, chez* Delalain, *le jeune, libraire, rue de la Comédie Françoise.*

MARS & *Vénus* surpris dans les filets de *Vulcain*; Tel est, Monsieur, le sujet du petit poëme qui a pour titre: *l'Hymen vengé.* Il paroît que l'auteur s'est proposé de marcher sur les traces de MM. *Imbert* & *Malfilâtre*, qui tous deux ont su rajeunir l'ancienne mythologie; mais ils n'ont dû leur succès qu'aux charmes de leurs vers & aux graces nouvelles que leur imagination a répandues sur des fables usées, au lieu que l'auteur de l'*Hymen vengé* a défiguré par une mauvaise prose & des inventions triviales, un conte charmant qui pouvoit fournir des peintures riantes, & donner lieu à une satire fine & ingénieuse de nos mœurs. Je vais jetter un coup d'œil rapide sur ce poëme burlesque dont l'extrême médiocrité est même au-dessous de la critique, pour passer promptement à la tragédie de *Sénèque* dont l'examen m'offrira des réflexions plus utiles à la littérature.

Le début de l'*Hymen vengé* va d'abord vous mettre au fait du style & du ton singulier qui règne dans ce poëme. » *Je vais redire quelles caresses* » *prodiguées par l'immortelle* Vénus *à* » *tant d'heureux amans firent plus de* » *bruit & d'éclat dans l'univers. Je vais* » *rappeller à la mémoire des hommes ce* » *que la jalousie sut inspirer à* Vulcain, » *époux de la déesse, pour tirer vengeance* » *d'une infidélité, ce que le dépit lui fit* » *exécuter pour laver le déshonneur de* » *la couche nuptiale & envelopper dans* » *un commun déplaisir le dieu* Mars *& la* » Cythérée *son amante* ». Après avoir fatigué le lecteur dès le commencment de l'ouvrage par six pages mortelles d'un galimathias inintelligible, l'auteur entre enfin en matière, & voici là fable bisarre que son imagination a fabriquée. *Vulcain* outré de la mauvaise conduite de sa femme, veut d'abord aller se plaindre à sa mère, il en est détourné par le cyclope *Brontez* qui lui conseille d'aller plutôt demander justice à *Jupiter* qui est alors en Afrique. *Vulcain* goûte cet avis, & s'embarque pour l'Afrique avec son confident. Ils essuyent en chemin une tempête qui les jette dans l'isle de Rhodes. *Camirus*, roi de l'isle, leur fait un fort bon accueil, & cherche à les divertir par des fêtes, mais *Vulcain*, aussi triste & aussi rêveur que *Panurge*, est toujours occupé de sa disgrace. Telle est la matière du premier chant.

Dans le second, on voit *Mars* & *Vénus* qui profitent de l'absence de *Vulcain*. Il est juste de vous donner, Monsieur, un échantillon des talens de l'auteur dans le genre gracieux. Voici donc un des morceaux les plus riants & les plus poëtiques de tout l'ouvrage, c'est la peinture de *Mars* désarmé par l'amour. » Sa main a

» détaché du côté de *Mars* sa redoutable épée ; la tête du dieu des combats n'est plus couverte du casque » qu'ombrage un superbe panache » teint de la couleur pourprée du » sang qui le détrempe, une couronne de myrthe & de rose a pris » sa place ; le vêtement d'un jeune » sybarite étale sa mollesse & son luxe » sur des membres nerveux & robustes, » sur une large poitrine na guères » cachée par une lourde cuirasse. Les » coursiers oisifs & libres du frein » trop souvent rougi d'une sanglante » écume, paissent tranquillement & » bondissent sur les vertes collines. La » trompette ne fait plus entendre ses » sons rauques & perçans, les doux accens de la flûte expriment des airs » tendres & pleins de langueur. La » Paix & *Thémis*, l'olivier à la main, » parcourent la terre. A leur aspect, » le farouche guerrier, frémissant de » dépit, cache ses armes ; il craint » que les deux déesses ne les brisent : » tandis que le laboureur distribue » par sillons son vaste champ, & ne » l'abandonne le soir qu'animé par

» l'espérance d'y revenir le lendemain » avant l'aurore, répéter le refrein de » l'hymne qu'il chante en l'honneur » de *Cerès* ». Ces idées communes & cent fois répétées peuvent encore emprunter un agrément nouveau de la richesse de l'expression & de la poësie du style ; mais elles sont ici défigurées par un jargon ampoulé & gonflé d'épithètes. *Mars* & *Vénus* placent à la porte du palais deux sentinelles pour veiller à la sûreté de leurs plaisirs ; mais ils les choisissent fort mal. *Gallus* confident de *Mars* est un petit-maître qui s'amuse à chercher des bonnes fortunes au lieu de monter la garde, & *Eunonie* est une coquette fieffée qui ne s'acquitte pas mieux de son emploi. L'auteur trace dans son style grotesque de très-longs portraits de ces deux personnages subalternes ; il s'amuse aussi à décrire le palais & n'oublie aucun des termes de l'architecture, ce qui rend sa description très-poëtique. » Le palais, dit-il, » décrit un demi-cercle complet & » régulier, le contour en est tracé par » une longue galerie coupée à des

» distances égales & terminée par de
» magnifiques pavillons d'architecture
» ressemblante. Au point qui divise le
» demi-cercle en deux parties égales
» s'élève le corps principal & le plus
» apparent de l'édifice, qui regarde
» l'orient, & coupe encore en cet
» endroit la galerie. Un vestibule im-
» mense laisse voir la distribution inté-
» rieure, commode quoique d'un goût
» antique, les pilastres, les murs &
» tous les massifs sont revêtus de
» fer, &c. ». L'auteur entre dans le
détail des curiosités renfermées dans
ce palais. On y voyoit la statue de
Pandore avec sa boëte. Un siége forgé
par *Vulcain* avec tant d'art, qu'on
n'y étoit pas plutôt assis qu'on se sentoit pris & serré de tous côtés; le
modèle en fer d'un chien dont *Jupiter* avoit fait présent à la belle
Europe. Ce qu'il y a de plus extraordinaire, c'est qu'on y voyoit le fameux
masque de fer qui devoit servir tant
de siècles après à ce fameux prisonnier qui a tant exercé la sagacité des
historiens. Enfin, dans cet admirable palais, on trouvoit le jardin des

Thuileries, rempli d'une multitude d'hommes, & sur-tout de femmes magnifiquement parées, avec des plumes sur la tête. » C'est là, dit ingé-» nieusement l'auteur, où la plus belle » partie du genre humain paroît aussi » la plus fière. En portant un peu » d'attention & détaillant les objets, » on croyoit entrevoir dans la nuit » des temps qu'un jour viendroit où » ce peuple seroit gouverné par des » femmes, qui toutes seroient autant » d'héroïnes. Les yeux alors étoient » accoutumés à ne voir sur la tête des » plus illustres matrones d'autres or-» nemens que ceux qu'elle reçoit de » la nature, réunis & soutenus par » de simples bandelettes. En regardant » le tableau, on se demandoit, que » signifient ces marques de respect des » hommes, ces teints animés des » femmes? que signifient ces fronts » couverts d'autant de couronnes sur-» montées du fier panache réservé au » casque du dieu *Mars*, & à celui de » ses nourrissons, si ce n'est que les » femmes, chez ce peuple, domine-

[illegible] LITTÉRAIRE

[illegible] tous les [illegible] [illegible].

[illegible] dans le troisième [illegible] dans l'isle de Rhodes, [illegible] Tucam & Bromeq [illegible]. Tucam [illegible] manger; mais Bromeq, plus [illegible] Prince, [illegible] [illegible] [illegible] [illegible] une [illegible] pas qu'il [illegible] [illegible] Les [illegible] [illegible] entre les [illegible] [illegible]. Un [illegible] & une [illegible] [illegible] pour [illegible] [illegible] [illegible] & [illegible] [illegible] de toutes les [illegible] [illegible] [illegible]. Tucam [illegible] [illegible] & [illegible] [illegible] & [illegible] [illegible] homme & une femme nuds, qui se mettent à courir chacun de leur côté, comme s'ils vouloient se fuir. Il apperçoit ensuite un serpent qui meurt en vomissant toutes ses dents. Ces dents se battent les unes contre les autres, & la dernière, après avoir absorbé toutes les autres, se change en un globe de feu qui s'abîme dans un torrent. Cette bisarre énigme est expliquée à la fin du poëme. Pendant que *Vulcain* est en proye aux inquiétudes que lui cause ce prodige, son fidèle *Brontez* est dans les cuisines du palais, occupé à dire des douceurs à une jeune cuisiniere qui se moque de lui. Ce morceau est traduit presque mot à mot de l'*Ane d'or* d'*Apulée*.

Nous voici au quatrième chant, & le voyage de *Vulcain* n'est pas encore achevé. Cet époux infortuné prend enfin congé du roi de Rhodes & arrive en Afrique. Il assiste à un combat très-extraordinaire que les filles du pays, au nombre de quatre cens, se livrent sur les bords du lac Triton. Ces filles se battent à coups de pierre, mais les blessures qu'elles se font ne sont point mortelles pourvu qu'elles soient vierges; celle qui a été le plus dangereusement blessée, & qui guérit le plus promptement, est conduite en triomphe dans la maison de ses parens. La description burlesque de ce combat à coups de pierre occupe presque tout le quatrième chant.

L'auteur, à l'imitation de l'*Arioste*, commence tous ses chants par des réflexions détachées; mais il est bien loin de la finesse & des graces du poëte Italien. Jugez-en, Monsieur, par cette ouverture du cinquième chant. « Qu'on a bien fait d'appeller » un bel œil, & le reste également » beau, l'idole du monde, le souve» rain des maîtres de la terre, le roi » de la raison, & l'écueil du sage! » Qui jamais a douté qu'une belle » puisse avoir des torts? Au grand » mérite les grandes fautes. L'accusée » est-elle absente? la froide gravité » qui veut être impartiale, ne man» quera pas de la condamner; mais » si elle vient à paroître, le senti» ment veut que la raison se trompe, » que l'esprit soit sans lumières, &

» la justice une avengle. On ne sait » comment sans preuves, il entre» prend de prouver tout cela; mais » enfin il persuade, l'accusée est ab» soute, & cependant le crime reste » auprès d'elle ». Après des réflexions aussi élégamment exprimées, l'auteur introduit sur la scène *Vulcain*, qui, comme un autre *George Dandin*, se plaint à *Jupiter* des infidélités de sa femme. *Jupiter* lui répond froidement qu'il se trompe peut-être, qu'au reste il peut se venger comme il lui plaira. Muni de cette réponse, *Vulcain* revient promptement en Sicile, & son premier soin est de chercher, par le moyen de la pyromantie *, l'explication du prodige qu'il a vu dans la forêt. Il trouve que l'homme & la femme qui sont sortis de l'abîme représentent *Mars* & *Vénus*, qui, bientôt agités de remords, se fuiront l'un & l'autre. Le serpent, c'est le monstre qui naîtra de leur flamme adultère. Ce monstre sera tué, & de ses dents naîtront d'autres monstres qui se dé-

* Art de deviner par le feu.

voteront eux-mêmes. Cette explication est aussi absurde & presque aussi obscure que l'énigme. Après cet éclaircissement, *Vulcain* s'occupe de sa vengeance ; il fabrique un ressort subtil & délié, qui, placé autour du lit des deux amans, doit les prendre comme au trebuchet. Il choisit le moment où ils sont allés au bain pour tendre son piège ; lorsque *Mars* & *Vénus* sont rentrés dans le palais, ils se mettent au lit sans défiance ; mais ils n'y sont pas plutôt que vingt cercles de fer les enchaînent sans qu'ils puissent se remuer. Alors *Vulcain* appelle tous les dieux de l'olympe pour être témoins de sa honte. Après qu'ils se sont égayés quelque temps de ce spectacle, il relâche les prisonniers, à la prière de *Neptune*. La fin de ce dernier chant, le seul endroit du poëme où il y ait de l'action & quelque intérêt, n'est qu'une mauvaise traduction de l'agréable récit qu'*Homère* met dans la bouche de *Demodocus* au huitième livre de l'Odyssée. Tout le reste de cette fable est d'une invention pitoyable. Le voyage de *Vulcain* en Afrique occupe presque tout le poëme, & ce voyage est ridicule, car un mari jaloux ne s'éloigne point de sa femme. *Vulcain* devoit attendre le retour de *Jupiter*, & veiller jusqu'à ce temps-là sur la conduite de *Vénus*. La description du palais de *Vulcain*, son séjour & ses aventures dans l'isle de Rhodes, le combat des amazones Africaines sont des épisodes trop peu liés avec le sujet principal, & d'ailleurs d'une absurdité choquante ; mais ce qui défigure le plus cet ouvrage, c'est un style gothique & barbare, tantôt trivial & bassement comique, tantôt rempli de phoebus & d'un galimathias obscur.

La prose de cet auteur ne doit pas vous donner une grande idée de ses vers ; effectivement la traduction de *Médee* n'est guères mieux écrite que l'*Hymen vengé* : aussi m'occuperai-je de l'original beaucoup plus que du traducteur. L'examen que je vais faire de la *Médée* de *Sénèque* & d'*Euripide* sera une espèce d'instruction préliminaire pour juger la pièce du même titre, qu'on doit jouer incessamment sur la scène Françoise.

Médée est un de ces ſujets, qui, quoique peu favorables au théâtre, ont cependant ſéduit un grand nombre d'auteurs, parce qu'ils offrent une ou deux ſituations intéreſſantes. *Euripide* chez les Grecs, *Ovide* & *Sénèque* chez les latins; en France, *Corneille*, *Longepierre*, & M. *Clément* ont regardé la vengeance de *Médée* comme une action digne de la ſcène tragique. Cependant une magicienne effrontée & barbare, un époux foible & perfide; ſont des perſonnages qui ne ſemblent pas faits pour inſpirer un intérêt bien vif. Une mère égorgeant ſes enfans eſt un ſpectacle atroce & horrible. Des pièces que nous connoiſſons, celle d'*Euripide* eſt encore la meilleure, & toutes ſont médiocres. Nous verrons comment M. *Clément* ſe ſera tiré des difficultés extrêmes que préſente ce ſujet. Il n'en aura que plus de gloire s'il réuſſit.

L'anonyme ſemble n'avoir entrepris la traduction de la *Médée* de *Sénèque* que pour donner un démenti au P. *Brumoy*, qui, dans ſon Théâtre des Grecs, donne la préférence au poëte Grec sur le poëte latin. Le ton qui règne dans son poëme de l'*Hymen vengé* ne prévient pas en faveur de son goût, & la plupart des critiques qu'il fait d'*Euripide*, annoncent peu de connoissance de l'art dramatique & des moeurs des Grecs. La *Médée* est à la vérité la meilleure des tragédies latines qui portent le nom de *Sénèque*; mais, comme toutes les autres, elle pêche par le plan; les incidens n'y sont point préparés; il n'y a point de liaison entre les scènes; aucune des bienséances théâtrales n'y est observée: on y remarque un grand nombre de traits hardis & de pensées fortes, mais beaucoup d'enflure & de déclamation; une affectation puérile de sentences & d'antithèses. Je vais mettre sous vos yeux un parallèle fort court des deux pièces, qui vous fera sentir combien le naturel & la sagesse d'*Euripide* l'emporte sur la fougue & le brillant de *Sénèque*.

Le premier acte dans *Sénèque* ne consiste que dans un monologue où *Médée* furieuse s'excite à la vengeance, car je ne parle pas du choeur qui n'est nullement lié à l'action & ne sert qu'à remplir les vuides des entr'actes. *Euripide* plus habile & plus judicieux a voulu préparer l'arrivée de *Médée* sur la scène. Sa confidente paroît d'abord seule dans le vestibule du palais & fait une peinture énergique de la situation de *Médée* & de sa douleur profonde. Le gouverneur des enfans de *Médée* en rentrant dans le palais aborde la confidente, & lui apprend que leur commune maîtresse est sur le point d'être bannie de Corinthe. L'entretien de ces deux personnages subalternes est peut-être au-dessous de la dignité de la tragédie ; mais il est plein de douceur & de naïveté. Il contribue à rendre *Médée* intéressante ; il fait connoître aux spectateurs les enfans de *Médée* & prépare la catastrophe. Au moment où le gouverneur est près d'entrer dans le palais avec ses deux élèves, on entend les plaintes & les gémissemens de *Médée* qui est dans son appartement. Quelques dames Corinthiennes qui composent le chœur accourent à ses cris dans le dessein de la consoler, &

engagent la confidente à presser *Médée* de se montrer. Cette épouse infortunée redouble ses plaintes & toujours sans paroître. Le traducteur préfere le monologue ampoulé de *Sénèque* à cette exposition d'*Euripide* si naturelle & si sage. Il s'égaye même fort agréablement aux dépens du poëte Grec; & il compare les plaintes de *Médée* derrière le théâtre, *aux cris que* Patelin *fait entendre pour dépayser M. Guillaume.* Cependant les Grecs, qui avoient le goût assez délicat, aimoient beaucoup ce jeu de théâtre. On le retrouve dans l'*Ajax* de *Sophocle* & dans plusieurs endroits des tragédies Grecques: mais l'anonyme n'a point voulu perdre un rapprochement aussi heureux que celui de *Médée* avec *Patelin.*

Le second acte est composé de deux scènes. *Médée*, dans la première, s'entretient avec sa confidente, de l'infidélité de *Jason*, & de la vengeance qu'elle médite. Sa confidente lui représente les dangers auxquels elle s'expose.

Forcez l'aveuglement dont vous êtes séduite,
Pour voir en quel état le ciel vous a réduite ;
Votre pays vous hait, votre époux est sans foi,
Dans un si grand revers, que vous reste-t-il ?

MÉDÉE.

Moi.

C'est par ce monosyllabe que *Corneille* a rendu le *Medea superest* de *Sénèque*. Le traducteur n'est pas tout-à-fait aussi énergique. Chez lui la confidente dit :

Il ne vous reste rien.

MÉDÉE *répond*,

Il me reste Médée.

Dans la seconde scène *Créon*, roi de Corinthe, vient déclarer fort brutalement à *Médée* qu'elle ait à sortir sur-le champ de ses états. *Médée* demande un jour pour préparer son départ & l'obtient. Chez *Euripide* l'entrée de *Médée* sur la scène ouvre le second acte, & produit d'autant plus d'effet qu'elle est annoncée depuis long temps, & que le ſpectateur l'attend avec impatience. Elle ne ſe livre point d'abord à des tranſports de fureur comme chez *Sénèque*. *Euripide* obſerve mieux les nuances & la gradation des ſentimens. Chez lui *Médée* ne devient furieuſe que lorſqu'elle ſe voit indignement chaſſée de Corinthe. Dans cette première ſcène ſa douleur eſt noble & touchante; la peinture vraie & naturelle qu'elle fait des malheurs attachés à la condition des femmes intéreſſe en ſa faveur toutes les dames Corinthiennes. *Créon* vient & lui ſignifie l'arrêt de ſon exil. *Médee* retient d'abord les mouvemens de ſon indignation pour rendre ſa vengeance plus ſûre, elle tombe aux genoux de *Créon*, & par un artifice bien convenable à ſon caractère, elle employe tout ce que la pitié a de plus tendre pour flechir le roi, qui lui accorde un jour pour préparer ſa fuite. *Créon* eſt un peu dur & groſſier dans cette ſcène, mais il l'eſt encore moins que chez *Sénèque*; cependant cette groſſièreté eſt bien moins étonnante dans un poëte républicain qui s'eſt accommodé aux mœurs ſimples de ſon ſiècle, que dans l'auteur Latin qui vivoit dans le temps où le luxe & la politeſſe étoient portés à Rome au plus haut degré. Lorſque *Créon* s'eſt retiré, *Médée* dévoile ſa rage aux yeux du chœur. « Penſez-vous, dit-» elle, que ſans l'eſpoir d'une ven-» geance éclatante *Médée* eût pu » s'abaiſſer à flatter un tyran? J'ai » du moins acheté l'avantage d'avoir » vu le traître aveuglé au point de » m'arrêter en ces lieux pour un » jour; précieux jour où je ſacrifie-» rai le père, la fille & l'époux ».

Le troiſième acte de *Sénèque* s'ouvre par une ſcène inutile de *Médée* avec ſa confidente. *Jaſon* arrive ſans que ſon entrée ſur la ſcène ſoit motivée ni préparée. Cette entrevue d'un époux infidèle avec une femme dédaignée étoit extrêmement difficile à traiter d'une manière intéreſſante. Les plus grands poëtes ont échoué dans une pareille ſituation. *Énée* avec *Didon*, *Pyrrhus* avec *Hermione* jouent un aſſez mauvais rôle. Je ne ſuis pas ſurpris que *Sénèque* ait trouvé dans

ſon

ſon eſprit des reſſources pour ſe tirer de ce mauvais pas plus heureuſement qu'*Euripide*, qui préféroit toujours à des traits ingénieux, des ſentimens naturels. Après la retraite de *Jaſon*, *Médée* forme le projet de faire périr ſa rivale par le moyen d'une robe empoiſonnée qu'elle lui deſtine en préſent. Chez *Euripide* l'entrevue de *Jaſon* & de *Médée* commence le troiſième acte. Si *Jaſon* allègue des raiſons moins ſpécieuſes que celles que lui prête *Sénèque*, les réponſes de *Médée* ſont plus pathétiques & plus intéreſſantes. *Jaſon* parti, *Médée* reſte plongée dans une rêverie profonde, & n'eſt interrompue que par l'arrivée d'un nouveau perſonnage qui ſemble tomber des nues. C'eſt *Egée*, roi d'Athênes, qui vient fort à propos pour tirer *Médée* d'embarras; après avoir ſatisfait ſa vengeance, elle ne ſait où ſe réfugier. *Egée* touché de ſes malheurs lui offre un aſyle dans ſes états : ainſi cette ſcène poſtiche n'eſt cependant point ſans motif, & elle lève le ſeul obſtacle qui s'oppoſe aux projets de *Médée* : désormais, ſure d'une retraite, elle ne s'occupe que du ſoin de punir ſon époux & ſa rivale.

Je ne puis rien imaginer de plus abſurde ni de plus extravagant que le quatrième acte de *Sénèque* : il conſiſte dans deux ſcènes qui contiennent le détail horrible & dégoûtant des ſortilèges de *Médée*, & l'énumération de tous les pays où croiſſent les poiſons qui compoſent ces enchantemens. L'anonyme s'efforce de juſtifier *Sénèque* ; il allègue en ſa faveur le goût que les Romains avoient pour les détails de la nécromancie, & en effet les poëtes Latins en ſont remplis ; mais rien ne peut excuſer les images odieuſes & rebutantes que *Sénèque* préſente au ſpectateur. Lorſque *Virgile* décrit les préſages funeſtes de la mort de *Didon* ; quand *Rouſſeau* nous repréſente les enchantemens de *Circé*, la richeſſe du ſtyle, le choix des circonſtances contribuent à former un tableau terrible & majeſtueux ; au lieu que la *Médée* de *Sénèque* eſt une ſorciére du ſabbat. Quant à la deſcription géographique dont le poëte Latin remplit une ſcène entière, ſon traducteur obſerve gravement que les Romains étoient beaucoup plus inſtruits que nous dans la géographie, & pouvoient par conſéquent goûter cette ennuyeuſe nomenclature de preſque tous les pays de l'univers: la remarque eſt tout-à-fait plaiſante. Il n'en eſt pas moins vrai qu'une pareille ſcène endormira toujours une aſſemblée, fût-elle toute compoſée de géographes. Ce quatrième acte, ſi ridicule chez *Sénèque*, eſt ſupérieur dans *Euripide*. C'eſt ici ſur-tout qu'on ſent la main du maître; c'eſt ici qu'on voit la différence qu'il y a entre un véritable poëte dramatique & un déclamateur bel-eſprit. *Sénèque* n'a ſu faire de *Médée* qu'une femme furieuſe, qui s'emporte dès la première ſcène, & dans tout le cours de la pièce ſe livre aux mêmes tranſports; cette ſituation uniforme & monotone rend néceſſairement la ſcène languiſſante. Les cris & les grands éclats de *Médée* ne font plus d'impreſſion, parce qu'ils ſont trop répétés. *Euripide* au contraire a ſu varier, avec beaucoup d'adreſſe & d'habileté, les ſentimens de *Médée*; il a combiné l'artifice & la politique avec la fureur & l'amour de la vengeance. Il a donné à cette ame atroce de fréquens retours vers la nature, & il a formé du tout un caractère vraiment intéreſſant & théâtral. Son quatrième acte commence par un entretien de *Médée* avec *Jaſon*; pour le mieux tromper, elle feint d'approuver les nouveaux nœuds qu'il s'apprête à former avec la fille du roi de Corinthe; elle le conjure d'excuſer ſes emportemens, &, pour lui marquer qu'elle ne conſerve aucun reſſentiment, elle veut envoyer ſes enfans porter à la princeſſe une robe magnifique & une couronne d'or. Le crédule *Jaſon* y conſent, & le préſent fatal eſt envoyé. Lorſque les enfans ſont de retour, *Médée* qui voit approcher le moment de ſon forfait, entend les cris de la nature & s'efforce de les étouffer; tantôt elle appelle ſes enfans, tantôt elle les renvoye; tour à tour mère tendre & amante outragée, déchirée par la tendreſſe qu'elle a pour ses enfans, & par la haine que son infidèle époux lui inspire, elle éprouve un de ces combats violens qui font toujours une si vive impression sur la scène *. » Ah! pourquoi tournez-vous sur moi vos » regards, déplorables enfans, que » ces dernières caresses, que ce sou» ris me déchirent le cœur!... Non, » je ne puis souscrire à mon barbare » arrêt. Quoi! pour punir un ingrat, » je me rendrois moi-même malheu» reuse? .... Mais, sera-t il dit que » les perfides se riront impunément » de *Médée*! Ah! je reprens mes fu» reurs. Osons tout, lâche tendresse, » as-tu pu m'arracher une indigne » pitié? Rentrez mes enfans, je vous » suis..... Que vais-je oser? Ah! » mon cœur, ne commettons pas un » si horrible attentat, épargnons notre » sang; ils vivront du moins & me » consoleront dans ma fuite... Non, » non, par tous les dieux infernaux, » je ne souffrirai pas que mes plus » cruels ennemis puissent outrager leur » enfance. Mes fils, au point où nous

* Traduction du P. *Brumoy*.

» en sommes, ne peuvent éviter le » trépas. Eh! bien, puisque telle est » leur destinée, ils recevront la mort » de celle dont ils reçurent le jour ».

Le cinquième acte de *Senèque* a des beautés. *Médée* instruite de l'effet qu'ont produit ses dons enchantés, jouit de sa vengeance & s'anime à y mettre le comble par le massacre de ses enfans; elle se sent aussi arrêtée par la tendresse maternelle; mais cet endroit est touché foiblement. *Sénèque* substitue toujours au sentiment de l'esprit & des antithèses. Cependant il faut convenir que le rôle de *Médée*, dans ce cinquième acte, est vif & animé, qu'on y trouve plusieurs pensées fortes, & des traits de rage qui sont sublimes. Voici quelques passages du monologue de *Médée* avant d'égorger ses enfans; vous serez bien aise de connoître le style du traducteur, & il ne m'accusera pas d'avoir choisi un endroit peu favorable à la poésie.

Vous autrefois mes fils, que ma tendresse abjure,
Mourez pour votre père, expiez son injure.

Qu'est-ce donc ? ah ! quels cris, quels sons attendrissans
Pénètrent dans mon sein & *captivent mes sens ?*
Je ne me trouve plus, de moi je me sépare,
Je ne suis plus la même & mon courroux s'égare.
L'épouse peut s'aigrir de l'affront de l'époux,
La mère le dédaigne. . . . . . .
C'est moi qui suis coupable & non pas mes enfans ;
C'est Jason *qui l'est.* . . . Oui mes fils sont innocens ;
Mais que pouvois-je aussi reprocher à mon frère,
Quand je l'assassinai par amour pour leur père ?
Absyrthe exige, il veut . . . triste perplexité !
Fatale incertitude, une fausse clarté
Qui se traîne après vous me mène au précipice
A travers les tourmens d'un horrible supplice.
Quel prix demandez-vous de ces sanglants combats
Que la témerité ne me donneroit pas ?
Doute affreux, qui ne vaut le calme ni l'orage,
Ne fais point de mon cœur un bisarre partage ;
N'en donne point deux parts d'une égale moitié,
L'une à la barbarie & l'autre à la pitié, &c.

Médée égorge d'abord un de ſes fils; puis entendant quelque bruit, elle monte ſur un balcon, dans le deſſein de maſſacrer ſon autre fils aux yeux de tout le peuple, contre le précepte d'*Horace*.

Ne pueros coram populo Medea trucidet.

Jaſon arrive; *Médée* lui apprend qu'elle a déjà ôté la vie à un de ſes fils, & lui montre le poignard levé ſur le ſein de l'autre; après avoir par ce ſpectacle tourmenté quelque temps ce malheureux père, elle frappe à ſes yeux l'innocente victime, & jette à ſes pieds les deux cadavres, puis elle s'enfuit dans les airs ſur un char volant.

Euripide étoit trop ſage & trop judicieux pour offrir aux ſpectateurs une mère qui maſſacre ſes enfans; chez lui cette ſcène atroce ſe paſſe derrière le théâtre; mais on entend les cris de ces petits malheureux qui fuient devant leur mère. *Jaſon* arrive pour punir *Médée* & ſouſtraire ſes fils à la vengeance; il apprend qu'ils ont déjà été immolés. Dans ſa fureur il veut briser les portes du palais; mais *Médée* s'élève à ses yeux dans les airs sur un char que lui avoit donné le Soleil son aïeul. Les adieux de *Jason* & de *Medée* fournissent une scène très-intéressante & du plus grand pathétique, qui termine très-heureusement la pièce.

L'entrevue de *Jason* & de *Médée* au troisième acte, & une partie du cinquième, voilà à quoi se réduit à-peu-près le mérite de la tragédie de *Sénèque*, qui d'ailleurs est bien inférieure à celle d'*Euripide*, pour la sagesse du plan & de la conduite, & sur-tout pour le naturel du style & la vérité des sentimens.

Les efforts que fait l'anonyme dans ses remarques pour réfuter l'opinion du père *Brumoi*, prouvent que l'auteur de *l'Hymen vengé* n'a pas plus de goût & de talent pour la tragédie que pour l'épopée.

Je suis, &c.

LETTRE X.

Supplément aux Mémoires historiques *sur M.* D'ALEMBERT, *imprimés dans le tome 6 des œuvres de M.* de la Harpe.... *Bustes de* Voltaire *& de* Molière *donnés & placés à l'Académie Françoise par son secrétaire.*

L'ENTHOUSIASME de M. *d'Alembert* pour les grands talens, & sur-tout pour les grandes vertus, se manifeste par des effets si éclatans, que l'envie elle même est enfin forcée de les admirer en silence. Des plumes jalouses ont essayé de flétrir les témoignages respectables de sa généreuse sensibilité envers M. *de Voltaire.* On a osé dire que les nobles sentimens & les richesses immenses de Madame *Denys*, héritiere du *Crésus* de la littérature, auroient bien pu contribuer à échauffer le zèle de M. *d'Alembert.* On s'est permis de douter si les avances qu'il a faites pour le buste du *grand lama* de la philoſophie, & pour l'achat des parfums exquis qu'on doit brûler ſur l'autel de l'idole le jour de *ſon apothéoſe*, * n'étoient pas un argent placé à gros intérêts, plutôt qu'un tribut ſincère, payé par les mains de la reconnoiſſance: ainſi l'on n'a pas rougi de transformer un trait héroïque d'amitié en une vile ſpéculation de finance. Mais le même hommage rendu aux mânes de *Molière*, va, je l'eſpère, fermer pour jamais la bouche aux malins détracteurs du généreux ſecrétaire de l'académie. En effet, l'auteur du *Tartuffe*, n'ayant pas laiſſé d'héritiers qui puſſent payer les honneurs tardifs qui ſeroient rendus à ſa cendre, n'eſt-il pas évident que l'unique but de M. *d'Alembert*, dans ce double ſacrifice, a été de dreſſer des autels aux grands hommes, à qui un fanatiſme aveugle auroit voulu refuſer des tombeaux?

Il eſt bien malheureux que la loi ſa-

* On ſait que M. *d'Alembert*, pour enflammer la verve de ſes élèves, a augmenté d'une ſomme de 600 liv. le rameau d'or deſtiné au plus enthouſiaſte panégyriſte de *Voltaire*.

lique regle auſſi l'ordre de la ſucceſſion au trône académique ; car le ſecrétaire rempli, comme il l'eſt, de tendreſſe pour les illuſtres victimes d'une fanatique ſuperſtition, ne tarderoit pas, ſans doute, à placer dans l'aſyle des talens en tout genre, le buſte de mademoiſelle *le Couvreur*. Et y auroit-il un ſpectacle plus touchant, plus raviſſant, que de voir *Maſſillon* en rochet & en camail, placé entre *Molière* en habit de *Scapin*, & la *le Couvreur*, revêtue des ornemens propres à repréſenter *Cleopatre* ?

Une circonſtance bien remarquable, ajoute encore un nouveau prix à la généroſité de M. *d'Alembert*, c'eſt le voile épais dont il cherche à couvrir ſes largeſſes. Chargé lui-même, en ſa qualité de ſecrétaire, d'annoncer l'augmentation de 600 livres, ajoutées au prix ordinaire, il a voulu perſuader au public que c'étoit un inconnu qui avoit envoyé cette ſomme. Mais une ſi belle action portoit avec elle trop viſiblement l'empreinte de M. *d'Alembert*, pour qu'il ne fût pas reconnu, malgré le déguiſement ſous lequel il cherchoit à ſe cacher. Au même moment, dans tous les coins de la ſalle, on a répété que M. *d'Alembert* étoit cet inconnu ſi généreux & ſi modeſte. Dès le lendemain, ſans égard pour ſa modeſtie, toutes les trompettes philoſophiques ont annoncé à l'Europe entière, l'héroïque libéralité de M. *d'Alembert.*

Après avoir éprouvé l'indiſcrétion des perroquets philoſophiques, pour mettre fin à leur caquet, l'humble ſecrétaire n'a vu d'autre moyen que *d'annoncer lui-même à la nation l'événement intéreſſant* du nouveau don qu'il vient de faire à l'académie : il apprend donc au monde entier, par la voie du *Mercure*, meſſager fidèle des dieux de la philoſophie moderne, que dans *le deſſein de perpétuer ſon nom dans la mémoire de ſes confreres*, il a fait préſent à l'académie du buſte de *Molière*, qu'elle *a conſacré par une eſpèce d'apothéoſe.*

Il étoit aſſez naturel que M. *d'Alembert*, lui-même, fût chargé de compoſer l'inſcription miſe au bas du buſte. Mais le ſénat académique, je ne ſais pour quelle raiſon, a établi entre ſes propres membres, un concours pour cette inſcription. Une louable émulation a ſaiſi pluſieurs célèbres académiciens, qui ſe ſont à l'envi emparés de l'enclume & du marteau, & bientôt quatorze inſcriptions ſont ſorties des forges académiques. Mais quelles inſcriptions ! M. *d'Alembert* aſſure *que les gens de lettres ſeront charmés de les connoître* : ce ſeroit, en effet, faire un double larcin, & à la gloire de l'académie, & à vos plaiſirs que de vous en dérober une ſeule.

I. (*) *Joanni-Baptiſtæ Pocquelin de Molière Academia Gallica*, 1778. (*a*)

II. *Te vivo carui tua me ſoletur imago* (*b*).

III. *Vivus defuit, mortuus aderit* (*c*).

IV. *Deerat adhuc* (*d*).

V. *Serum referet, poſt fata, triumphum* (*e*).

(*a*) *L'académie françoiſe à Molière*, 1778.

(*b*) *Vivant, tu m'as manqué ; que ton image me conſole.* Charmante traduction !

(*c*) *Il nous a manqué vivant ; mort, il ſera parmi nous.* Même élégance.

(*d*) *Il nous manquoit encore.* Petit chef-d'œuvre.

(*e*) *Il reçoit après ſa mort les honneurs tardifs du triomphe.*

VI. *Honore ſaltem ſic fruatur poſthumo* (f).

VII. *Quid tam ſerus advenis ?* (g).

VIII. * *Du moins après ſa mort il ſera parmi nous.*

IX. * *J. B. Pocquelin de Molière, académicien après ſa mort.*

X. * *Molière, ſois ici, du moins après ta mort.*

XI. *Il nous manqua vivant, poſſédons ſon image.*

Ou, en deux inſcriptions différentes :

XII. *Il nous manqua vivant.*

XIII. *Poſſédons au moins ſon image.*

XIV. *Rien ne manque à ſa gloire, il manquoit à la nôtre.*

Quelle admirable fécondité, Monſieur ! ces monumens du génie académique, ne vous paroiſſent-ils pas plus durables encore que le marbre deſtiné à les perpétuer ! Dans quel embarras ne ſe trouveroit-on pas s'il falloit ſe décider à faire un choix parmi tant de merveilles égales ? L'âne *de Buridan*, également preſſé de la faim & de la ſoif, placé entre un ſceau d'eau & une

(f) *Qu'il jouiſſe au moins de cet honneur poſthume.*

(g) *Molière, pourquoi viens-tu ſi tard ?*

mesure d'avoine n'étoit pas dans une indécision, une perplexité plus cruelle.

Cependant enfin, la dernière inscription, qui est de M. *Saurin*, a remporté la palme. Il est vrai que M. *d'Alembert* assure modestement, que c'est *parce que l'académie, à cause du nom qu'elle porte, croit avec raison devoir préférer les inscriptions françoises aux latines.* * M. *d'Alembert* avoit bonne envie de remporter ce prix; aussi a-t-il fait son thême en quatre façons. Les quatre *inscriptions qui sont marquées d'une étoile* sont de sa composition. N'allez pas croire cependant qu'il n'ait voulu distinguer ses productions que pour faire sentir l'injustice ou le mauvais goût de ses juges; que l'injurieuse envie conçoive de pareils soupçons;

* Cette raison de la préférence accordée à l'inscription de M. *Saurin* m'a paru très-ingénieuse. C'est dommage qu'elle ne soit pas aussi solide. Ce n'est pas le goût prédominant du François qui a seul fait adopter l'inscription de M. *Saurin*, puisque M. *d'Alembert* en a proposé trois françoises qui ont été rejettées, quoiqu'il eût tant de titres pour obtenir la préférence.

pour moi, je ſuis perſuadé que c'eſt ici un nouveau trait d'humilité, d'autant plus admirable, qu'il y avoit plus de ſujet de s'énorgueillir. Quelle inconcevable variété, en effet, dans les inſcriptions de M. *d'Alembert* !

Iere Inſ. *Molière, ſois ici*, *DU MOINS APRÈS TA MORT.*

IIe Inſ. *DU MOINS APRES TA MORT, tu ſeras parmi nous.*

Rare & ſublime effort d'une imaginative
Qui ne cède en vigueur à perſonne qui vive !

N'y a-t-il pas dans ces deux manières à peu-près autant de génie, que dans les variantes que le maître de philoſophie donnoit au Bourgeois gentilhomme. *Belle Marquiſe, vos beaux yeux me font mourir d'amour.* Ou bien : *d'amour mourir me font, belle Marquiſe, vos beaux yeux.*

Cependant je ne ſais s'il ne falloit pas un auſſi grand effort de génie, pour imaginer de couper cette inſcription, *il nous manqua vivant, poſſédons ſon image*, & de la reproduire en deux de cette manière. 1°, *Il nous manqua*-

vivant. 2°. *Possédons du moins son image.*

L'imagination créatrice de l'académicien, auteur de cette sublime division est comme ces beaux prismes, qui multiplient & reproduisent les objets sous les couleurs les plus séduisantes ; mais M. *d'Alembert* nous a cruellement caché le nom de cet estimable enchanteur, & comme je ne suis pas admis dans les secrets de la nécromancie, je ne puis vous faire connoître l'auteur de ces trois inscriptions, *totales* ou *partielles.*

Il me reste à prier M. *d'Alembert*, puisque *l'académie s'honore* des productions vraiment *françoises*, de soigner un peu plus son style à l'avenir. Dans une demi-page, voici trois fautes assez considérables. « On la *charge* (l'a» cadémie) à tout hasard de cette *im-» putation*, parce qu'on se flatte qu'elle » sera adoptée par les sots, qui en » *matière d'opinion font la plus forte* » *part*, s'ils ne *font* pas la plus res» pectable... Cependant il y a quel» ques années que l'académie proposa » pour sujet du prix d'éloquence, l'é-

» loge de ce rare génie, *à la suite des*
» *Maurices*, des *d'Aguesseau*, des *Sul-*
» *ly* & des *Descartes* ».

On ne dit pas *charger quelqu'un d'une imputation*, pour signifier qu'on veut lui imputer quelque chose. *Les sots qui en matière d'opinion font la plus forte part*, est une expression qui en matière de goût ne fera pas fortune. *L'éloge de ce rare génie à la suite des Maurice* : cela est un peu trop laconique & forme un vrai solécisme. Il faut *l'éloge de Molière à la suite des éloges de Maurice*, *de Sully*, &c.

Je vous l'ai déjà dit, Monsieur, dans un écrivain ordinaire, ces fautes légères seroient pardonnables ; mais un académicien, & sur-tout un secrétaire de l'académie françoise, est inexcusable de les commettre.

Je suis, &c.

Indications des Nouveautés dans les Sciences, la Littérature & les Arts.

Traité analytique, étymologique & raisonné, de l'accent & de la prononciation de la langue Angloise; suivi d'une table des verbes Anglois, réguliers & irréguliers : dédié à Monseigneur le duc de Chartres, *par M.* Carré, *1 volume* in-8°. *avec privilege du Roi. 1778. A Paris, chez* Pissot, *libraire, quai des Augustins.*

Cet ouvrage est divisé en deux parties; la première contient des règles générales sur la manière de faire sentir, soit en parlant, soit en lisant, la syllabe sur laquelle doit tomber l'accent ou l'énergie qui produit un si bel effet dans la langue Angloise.

La seconde partie de cet ouvrage contient; 1°. un tableau dans lequel l'auteur a réuni tous les sons généraux & particuliers que tous les caractères anglois, soit simples ou composés, sont susceptibles de recevoir. Le son en est rendu, autant bien qu'il se peut, en *caractères françois.* On a cru devoir insérer dans cette partie l'alphabet Anglo-Saxon, pour montrer l'origine du *th* anglois, & la raison pour laquelle ce double caractère reçoit différentes prononciations.

Cet ouvrage, plein d'érudition & de clarté, renferme une multitude infinie d'observations qu'il faut lire & méditer dans l'ouvrage même. Il est le fruit des travaux & des veilles d'un homme parfaitement instruit dans la langue Angloise. Il en donne aussi des leçons. Le traité qu'il donne au public a été présenté par l'Auteur au Roi & à la Reine le 28 & le 29 décembre dernier.

Almanach pittoresque, historique & alphabétique des riches monumens que renferme la ville de Paris, pour l'année 1779, à l'usage des artistes & amateurs des beaux-arts, par M. Hébert, *amateur, & servant de suite à l'Almanach des Beaux-Arts, publié par le même Auteur en 1762 & suivantes. A Paris, chez* Musier, *libraire, rue du Foin Saint-Jacques, prix 36 sols broché.*

Ce petit Almanach ne doit pas être

confondu dans la foule des bagatelles de ce genre que l'approche du nouvel an fait éclorre. Il décèle dans son auteur un goût sûr & des connoissances variées. On y trouve une description exacte de ce qu'il y a de plus curieux dans Paris, relatif à l'architecture, peinture, sculpture & gravure. Vous ne pouvez vous dispenser, Monsieur, de faire l'acquisition de cet Almanach, si vous voulez voir avec fruit & agrément les chef-d'œuvres que renferme notre capitale.

Jupiter & Léda, Bacchus & Erigone. Ce sont les titres de deux estampes, faisant pendant, gravées par M. *Marchand*, graveur de M. le duc *de Chartres*, d'après les tableaux de M. *Théolon*, de l'académie royale de Peinture. A Paris chez l'Auteur, rue des Fossés Saint-Victor, maison neuve en face de la Doctrine Chrétienne.

Le peintre a répandu dans ces deux sujets beaucoup de grace & de volupté; dans l'une, *Jupiter* métamorphosé en cygne prodigue ses caresses à *Léda ;* dans l'autre, *Bacchus*, ſous la forme d'une grappe de raiſin, repoſe ſur le ſein d'*Erigone*. La gravure en eſt exécutée avec beaucoup de ſoin. Ces deux ſujets ſont enfermés dans une bordure ovale d'environ neuf pouces de haut ſur onze de large, & ſont dédiés au prince *Beloſesky*, gentilhomme de la chambre de ſa majeſté l'impératrice de toutes les Ruſſies, & membre de l'Inſtitut de Bologne.

Livres nouveaux.

La Vie de la vénérable ſœur de Marie de l'Incarnation, *Religieuſe Converſe Carmelite, fondatrice des Carmelites de France, dite dans le monde Mademoiſelle* Acarie, *ouvrage dédié à Madame* Louiſe *de France, par M l'abbé* Demontier, *docteur en Théologie, cenſeur royal de pluſieurs académies. A Paris chez* Pierre-François Gueffier, *libraire-imprimeur, rue de la Harpe.*

L'Homme enrichi du tréſor de la vérité, deux volumes. A Bordeaux, chez la veuve Calamy, *rue Saint-James; & à Paris, chez* Merigot *le jeune, libraire, quai des Augustins.*

Les Isles Fortunées, ou les Aventures de Batylle *& de* Cléobule, *par M.* M. B. C. A. S. *de plusieurs académies. A Paris, chez* le Boucher, *libraire, au coin du Pont au-Change.*

Almanach des Jeux, ou Académie portative, contenant les règles du Wischt, du Reversis, du Tre-sette & du Piquet, avec perte & gain, volume in-18, *chez* Fournier, *libraire, rue du Hurpoix.*

L'ANNÉE
LITTÉRAIRE.

LETTRE XI.

Voltaire *parmi les ombres, 1 vol. in-12. A Geneve, & se trouve à Paris, chez* Mérigot *le jeune, libraire, quai des Augustins, au coin de la rue Pavée.*

CET ouvrage, Monsieur, dont je ne vous ai point rendu compte, quoiqu'il ait paru plus d'un an avant la mort de M. *de Voltaire*, mérite d'être distingué de cette foule de brochures polémiques, où l'on ne trouve que des injures & des sarcasmes. C'est une réfutation solide des principes & des systêmes erronés de M. *de Voltaire*; mais la sécheresse des discussions qu'elle entraîne est égayée par les graces du dialogue, & par le comique d'une fiction ingénieuse & piquante. L'auteur en a pris l'idée dans quelques vers échappés au zèle ardent & fougueux que M. *de Voltaire* a toujours témoigné pour l'instruction du genre humain ; l'apôtre infatigable de la philosophie s'étoit écrié dans son enthousiasme :

Tandis que j'ai vécu, on m'a vu hautement ;
Aux badauts effarés dire mon sentiment ;
Je veux le dire encore dans les royaumes sombres,
S'ils ont des préjugés, j'en guérirai les ombres.

Ce projet d'une mission chez les ombres étoit trop rare & trop beau pour demeurer sans exécution. Un anonyme s'est chargé de faire faire le voyage à M. *de Voltaire*, & lui a ménagé plusieurs entretiens avec les ombres : il est vrai que le convertisseur n'a pas eu lieu d'être satisfait de cette tentative ; il a trouvé les ombres indociles à ses leçons, & insensibles à son éloquence ; il n'a pas fait, à beaucoup près, autant de prosélytes dans ce pays-là que dans celui-ci, & il a été presque aussi bafoué chez les ombres, qu'il avoit été flatté & encensé dans le séjour des vivans.

Arrivé dans la région des ombres, *Voltaire* est reçu par *Boileau*. Il avoit encore sur le cœur la manière un peu vive dont l'auteur de l'Art poëtique avoit répondu à son épitre. Cependant, plein de respect pour un si grand poëte, il se contente de se plaindre modestement de l'amertume & de la vivacité de cette réponse; mais *Boileau* se plaint beaucoup plus haut de la lettre que *Voltaire* a eu la témérité de lui adresser, & prend de là occasion de lui représenter qu'il s'est attiré par son orgueil & ses emportemens toutes les scènes désagréables qu'il a essuyées dans le cours de sa vie. Il lui trace un tableau rapide de ses querelles littéraires; il lui rappelle sa haine atroce & envenimée contre le grand *Rousseau*, ses invectives amères contre *la Beaumelle* & *Maupertuis*, les horreurs dégoûtantes qu'il a vomies contre l'abbé *Desfontaines*, contre l'auteur de l'*Année littéraire*, contre *Rousseau* de Genève, les bouffonneries indécentes qu'il s'est permises contre des prélats respectables, &c. Humilié & confondu par ces reproches auxquels il n'a rien à répliquer, *Voltaire* essaye de détourner la conversation sur la poësie & sur les lettres, sujet plus flatteur & dont il se promet plus de gloire; mais *Boileau* le quitte brusquement, & fait place à une ombre inconnue qui commence par le persiffler sur le motif de son voyage; puisque vous êtes venu ici, lui dit-elle, pour guérir les ombres de leurs préjugés, il faut remplir ce noble dessein; je vais moi-même vous conduire: puis, prenant un ton plus sérieux, elle lui déclare qu'une loi suprême & immuable ordonne qu'il comparoisse devant les ombres de plusieurs savans, non pour les instruire, mais pour leur rendre compte de ses opinions & de ses systêmes; que si dans ces entretiens on lui adresse quelques vérités un peu fortes, il songe à réprimer ces fureurs & ces emportemens, auxquels il ne s'est que trop livré quand on a osé le contredire ; parce que de pareils écarts seroient punis sévèrement. *Voltaire* suit en tremblant sa conductrice, & arrive dans un lieu solitaire, où il trouve *Marc-Aurèle* avec plusieurs anciens philosophes.

Ce prince, canonisé par les philosophes, malgré son idolatrie, gratifié d'un éloge en forme par M. *Thomas*, en un mot, le patron de la secte, se montre peu reconnoissant des honneurs qu'on lui a prodigués ; il fait un accueil assez froid à *Voltaire*, il lui refuse même le titre de philosophe. En vain, pour justifier ses prétentions à la philosophie, *Voltaire* cite ses pièces de théâtre, ses histoires, ses mélanges, & ses diatribes. *Marc-Aurèle* voit dans tous ses ouvrages le bel-esprit & non le philosophe ; & pour lui faire sentir combien il est loin de mériter ce nom glorieux, il compare aux rêves agréables, & aux systêmes commodes du poëte de Ferney, les idées grandes & sublimes sur la divinité & sur la morale qu'il a consignées simplement & sans prétention dans un livre intitulé modestement :

Entretiens de Marc-Aurèle. On voit avec étonnement combien la doctrine d'un prince payen est plus pure & plus noble que celle d'un écrivain qui a vécu au sein du christianisme ; & il résulte de ce parallèle que *Marc-Aurèle* est un véritable philosophe, & que *Voltaire* n'est qu'un sophiste, qui a dégradé par de vaines subtilités, & des plaisanteries triviales, les matières importantes qu'il a osé traiter. *Voltaire*, accoutumé aux flatteries des princes Allemands & Russes, qui le regardoient comme le plus grand philosophe qui eût jamais existé, est extrêmement mortifié du mépris que lui témoigne l'empereur Romain ; il se retire tout triste de se voir ainsi congédié de cette assemblée de sages & de philosophes ; lui, le chef des philosophes de son siècle. Il rencontre en chemin le cardinal *de Polignac*, & croit que ce prélat va du moins lui donner quelques éloges, en reconnoissance de la place honorable qu'il lui a donnée dans le Temple du goût ; mais son attente est trompée. Le cardinal ne lui parle qu'avec indifférence de ses chef-d'œuvres littéraires, & lui fait les plus vifs reproches des éloges outrés qu'il a donnés à l'épicurien *Lucrèce*; il se plaint surtout de ce qu'il l'a en quelque sorte associé avec cet athée, dont il a confondu les erreurs, en supposant qu'ils s'étoient reconciliés ensemble. Puis il le quitte brusquement, & *Voltaire*, déjà bien dégoûté de son voyage, arrive auprès de *Socin*.

Ce novateur, qui, comme *Voltaire*, avoit commencé, dès l'âge de vingt-un ans, à dogmatiser, & à sapper les fondemens du christianisme, qui, comme lui, avoit voulu soumettre les mystères de la religion aux foibles lumières d'une raison orgueilleuse, traite *Voltaire* comme son disciple; il lui montre que la philosophie moderne est entée sur le socinianisme, & finit par prouver que *Voltaire* & ses sectateurs, qui ne cessent de crier au fanatisme, sont eux-mêmes les plus aveugles & les plus emportés des fanatiques. » Moi, fanatique, s'écrie *Vol-* » *taire*! il n'y a qu'une ombre qui » puisse me faire impunément un

» reproche auſſi noir. Point d'humeur, » reprend tranquillement *Socin*, & » raiſonnons. Etablir un tribunal de » deſpotiſme d'où vous jugez avec » empire & orgueil la religion même, » ſes miniſtres & ſon culte. Mépriſer » comme des imbécilles & des idiots » quiconque n'adore pas vos arrêts ; » vous encenſer mutuellement, & re- » garder le reſte du genre humain » comme fait pour ramper devant » vous ; donner les ſyſtêmes les plus » faux & les plus biſarres pour des » oracles de lumières & de ſageſſe, » n'eſt-ce pas là, ſous le manteau de » la raiſon, un véritable fanatiſme ? . . . » Il eſt de fait que vous parlez tous en » légiſlateurs enthouſiaſtes ; il eſt de » fait que vous adorez votre raiſon, » & que vous la propoſez avec empire » comme la règle des hommes ; il eſt » de fait que vous êtes dévorés de la » fureur de faire des proſélytes, que » vous multipliez les écrits audacieux » pour arracher les chrétiens à leur » foi, & leur inſpirer vos ſyſtêmes » contagieux ; & ce n'eſt pas là un » fanatiſme, &c. ?

Plein de dépit & de rage de se voir ainsi traité par un misérable théologien qu'il avoit toujours méprisé, *Voltaire* prie l'ombre qui le conduit de lui permettre d'aller converser avec quelques savans honnêtes dont la douceur & l'aménité puissent calmer l'agitation de son ame. L'ombre l'envoye vers *Fontenelle*. *Voltaire* en abordant ce *Nestor* de la littérature françoise, qui a vécu plus heureux & est mort plus vieux que lui, le félicite sur le bonheur & la paix dont il a joui pendant sa longue carrière. » Votre étoile, lui dit-il, n'a versé sur » vous que de douces influences ; la » mienne m'a souvent inondé d'amer- » tume. Mon étoile, dites-vous, re- » partit *Fontenelle* ? savez-vous que » souvent nous la formons nous- » même ? J'ai conservé ma paix, mes » amis, ma considération jusqu'à » l'âge le plus décrépit ; je crois en » trouver la source dans un carac- » tère sous lequel vous m'avez dé- » signé, le *discret Fontenelle*, comme » j'apperçois la source des chagrins de » bien des littérateurs dans le carac-

» tère opposé . . . . . Je fus *discret* dans » la société & la littérature ; je ne voulus point y dominer. Je protégeai » les jeunes auteurs, mais sans empire. J'encourageai les talens naissans ; je ne méprisai point, je ne » déchirai point les médiocres ; je » n'attaquai ni ne déprimai mes rivaux ; j'applaudis à leurs succès ; je » fis taire mes critiques par ma douceur & mon silence, souvent par » mes bienfaits . . . . Je fus *discret* avec » les grands, je ne les cultivai qu'avec » réserve & respect, je ne les flattai » jamais bassement, mais aussi je ne » leur manquai jamais, je connus les » bornes qui séparoient le poëte & » l'homme de lettres des princes & des » grands : aussi éprouvai-je toujours » leurs bontés . . . J'ai connu des littérateurs, qui, s'écartant de cette » route, avoient perdu, irrité de » puissans protecteurs ». *Voltaire* s'apperçoit bien ici qu'on veut lui donner une leçon, il en témoigne son mécontentement, ce qui n'empêche pas *Fontenelle* de continuer. » Je fus » *discret* sur la religion ; je ne crus point

» qu'on ne pouvoit acquérir de la » gloire sans l'attaquer, sans déchirer » ses ministres ; de-là mon repos, de-» là l'estime que..... Et moi, ré-» pliqua avec feu *Voltaire* en l'inter-» rompant, je ne crus jamais qu'un » philosophe dût être dissimulé en » cédant par politique & par intérêt, » aux préjugés. Vous prouvez bien, » répondit doucement *Fontenelle*, » l'aigreur qui toujours anima vos » procédés & vos disputes, je pourrois » vous humilier, mais je serai encore » *discret*. Je vous le répete, *Voltaire*, » c'est ma douceur & ma réserve qui » ont fait la tranquillité de mes jours. » C'est votre vivacité & votre impru-» dence en tout genre qui vous ont » attiré tant de justes critiques, & » tant de dégoûts amers ».

Des mains du discret *Fontenelle*, *Voltaire* tombe entre celles du bon *la Fontaine*, qui, n'ayant point oublié la petite malice de l'auteur du Temple du goût qui l'avoit représenté *déchirant les trois quarts d'un gros recueil d'œuvres posthumes, imprimées par les éditeurs qui vivent des sottises des morts*; mais bien loin d'en vouloir à *Voltaire*, il lui donne au contraire un conseil d'ami, en l'exhortant à déchirer une bonne partie de ses œuvres, qui n'est faite que pour le deshonorer. En effet, si des quarante volumes qui composent l'édition des œuvres de M. *de Voltaire* on retranchoit toutes les pièces indignes de lui, si on supprimoit une foule d'ouvrages ou licentieux, ou frivoles, ou foibles, qui ne sont point faits pour passer à la postérité, à peine resteroit-il quatre volumes qui contiendroient sa *Henriade*, ses belles tragédies, ses pièces fugitives, & quelques morceaux de prose pleins de goût & d'élégance: cependant convaincu de l'excellence & de la supériorité de ses moindres productions, *Voltaire* reçoit fort mal le sage conseil de *la Fontaine*: l'on concevra aisément quel dût être son dépit & son indignation, si l'on songe que sa vanité naturelle, déjà excessive par elle-même, avoit été fortifiée & nourrie par les adulations basses & serviles de la plupart des gens de lettres. Les théâtres, les académies, les cercles retentissoient de ses éloges, & le fanatisme avoit été poussé si loin, qu'on ne croyoit pas possible qu'il sortît quelque chose de médiocre de la plume de M. *de Voltaire*. Il n'y avoit pas de préface où l'auteur ne mêlât à ses propres louanges celle de M. *de Voltaire*. On n'imprimoit point d'ouvrage où il ne fût préconisé & cité comme un modèle dans tous les genres. Un écrivain gâté jusqu'à ce point par la flatterie, devoit être sans doute vivement irrité de la franchise du fabuliste François. Pour l'adoucir & le consoler, on le conduit devant un homme moins flatteur encore que *la Fontaine*, devant *Pascal*.

Pascal, grand écrivain, profond géomètre, subtil métaphysicien, a perdu aux yeux de M. *de Voltaire* une partie de son mérite, parce qu'il a joint à ses rares talens beaucoup d'amour & de zèle pour la religion; ne pouvant mordre sur ses autres ouvrages, il s'est jetté sur ses pensées & en a fait une critique très-amère, sans considérer que ces pensées écrites à la hâte, sans liaison & sans suite, & qui ne ſont que les matériaux d'un ouvrage que *Paſcal* préparoit, ne devoient pas être jugées à la rigueur. Il repréſente un philoſophe eſtimable, comme un miſantrope farouche, comme un rêveur attrabilaire & fanatique qui ne prêche la vertu que pour la faire haïr. En abordant un homme qu'il avoit ſi maltraité, & dont il connoiſſoit le caractère mâle & ferme, *Voltaire* eſt ſaiſi de crainte, & en effet ſa ſéance avec *Paſcal*, *Abadie*, *Huet* & quelques autres ſavans défenſeurs de la religion, n'eſt rien moins pour lui qu'une ſéance académique; ſa métaphyſique y eſt tournée en ridicule, on y montre l'abſurdité de ſes idées ſur l'ame, ſur la liberté, ſur la nature de l'homme; & pour mettre le comble à ſa confuſion, on récite en ſa préſence pluſieurs de ces ſaillies indécentes & bouffonnes, de ces facéties groſſières qui font rire le peuple & les ignorans, & qu'il donnoit hardiment pour des raiſons & des argumens invincibles dans ſes diatribes philoſophiques.

Ainſi berné dans cette aſſemblée

respectable, *Voltaire* continue sa route & rencontre l'abbé *de Chaulieu*. La conversation de cet aimable épicurien étoit bien propre à dissiper la sombre mélancolie où l'avoit jetté l'austère raison de *Pascal*. En effet, quoique l'*Anacréon* du Temple du goût le persiffle un peu sur sa morale relâchée & trop favorable aux passions, il le fait avec tant de graces, que *Voltaire* ne s'en apperçoit pas. Voici quelques traits de cet entretien qui m'ont paru piquans & agréables. » Une chose » m'étonne, dit l'abbé, en me louant » sur ma gaîté, sur ma poësie épicu- » rienne, moi, abbé *de Chaulieu*, » pourquoi avez-vous critiqué si amè- » rement de pauvres moines, dès lors » que vous les soupçonniez de suivre » quelque point de notre douce mo- » rale? La belle demande, répartit » *Voltaire*! un moine voluptueux est » un coquin, un débauché; un phi- » losophe, qui, par aménité, & par » principe, suit les desirs de la nature, » est un homme aimable..... Je suis » enchanté de l'exception, dit *Chau-* » *lieu*; & je crois qu'elle n'est ni

» moins nécessaire, ni moins favo-
» rable aux philosophes qui m'ont
» succédé...... A propos, est-il bien
» vrai que vous ayez écrit : *la carrière*
» *de* Ninon *qui ne fit point de vers*, *&*
» *qui eût & donna beaucoup de plaisir*,
» *est absolument préférable à la mienne*?
» Ç'a été ici l'objet d'une conversa-
» tion animée entre des poëtes & des
» laïs; ceux-là n'étoient pas contens,
» & les laïs rioient de tout leur cœur.
» Elles osèrent, d'après votre auto-
» rité, se préférer aux *Homères* & aux
» *Sophocles*. Tous avoient tort, dit
« *Voltaire*, en cachant son embarras
» sous un air riant; la préférence ne
» portoit pas sur l'état, mais sur les
» dégoûts des poëtes. Après bien des
» veilles & des succès, ils sont sou-
» vent déchirés par des critiques ».

Jusques-là la conversation prenoit un tour assez agréable, & *Voltaire* s'applaudissoit d'avoir enfin trouvé une ombre raisonnable avec qui l'on pût rire & plaisanter, lorsque le malicieux abbé s'avise de demander à *Voltaire* s'il avoit prétendu le louer en disant qu'il étoit mort avec intrépidité? *Voltaire* lui répond qu'il avoit cru lui faire honneur en le plaçant parmi les grands hommes qui n'avoient donné, à la mort, aucune marque de foiblesse qui démentît les principes dans lesquels ils avoient vécu. » Mais, reprend l'abbé *de Chaulieu*, pourquoi vanter en moi un » courage que vous n'avez pas eu » vous-même? Etant en danger de » mort au mois de mars 1769, non-» seulement vous avez eu recours » aux sacremens de l'église catholique, » mais craignant qu'on ne vous les » refusât, vous remîtes entre les » mains de votre curé, une décla-» ration authentique, où, parmi la » légende de vos titres d'honneur, » *gentilhomme ordinaire de la chambre* » *du roi, l'un des quarante de l'Académie françoise, seigneur de Ferney,* » *Tourneix, Preigny, Chambesi,* &c. » vous insérez celui de catholique » romain. Même déclaration parde-» vant le notaire *Raffo* à Geix, du » 31 mars 1769; autre déclaration du » premier avril; autre profession du » 15 avril, & toujours pardevant

» notaire, & duement contrôlées.
» Là, en exposant les dogmes de la
» foi, vous jurez & promettez de la
» professer. Vous avouez, contre tous
» les principes de votre tolérance,
» que *hors de cette foi véritable & catho-*
» *lique, on ne peut être sauvé*.....
» Est-ce là mourir *en sage?* Et pour-
» quoi me donner un éloge que vous
» n'avez pas voulu vous assurer »? A
ces mots *Chaulieu* le quitte brusquement & le laisse tout étourdi de cette
plaisanterie imprévue. *Voltaire* pouvoit dire alors comme *Antiochus*
dans *Rodogune*:

Il fuit, mais en Parthe, en me perçant le cœur.

Cependant il commence à respirer
lorsqu'il arrive auprès de *Bayle*, &
croit enfin avoir trouvé un ami.

Bayle, raisonneur plus profond &
meilleur dialecticien que *Voltaire*,
mais ennemi d'autant plus dangereux
de la religion qu'il est plus adroit, &
qu'il la détruit réellement en parois-
sant la respecter; *Bayle* plus ingénieux
à colorer des sophismes qu'à défendre

la vérité, & qui semble n'avoir fait usage de ses lumières & de sa vaste érudition que pour obscurcir les notions les plus claires, & porter atteinte aux principes les plus solides ; en un mot le sceptique *Bayle* devoit naturellement faire un accueil favorable à un écrivain avec lequel il avoit tant de rapport, & qui lui avoit donné un magnifique éloge en l'appellant l'homme de la raison ; mais dans ce séjour de la vérité, les ombres éclairées sur leurs erreurs, condamnoient elles-mêmes les opinions qu'elles avoient soutenues autrefois avec le plus de chaleur. *Voltaire* est bien surpris d'entendre *Bayle* s'élever contre cette tolérance religieuse que les philosophes voudroient établir, & dont il avoit été le plus zèlé partisan, lui reprocher vivement ses déclamations injustes contre l'intolérance catholique, & lui prouver invinciblement que ce système spécieux qui égale toutes les religions & admet tous les cultes, n'est en effet qu'une indifférence criminelle pour la véritable religion. . . . .

Confondu par les raisonnemens de *Bayle*, *Voltaire* est conduit devant le fondateur de la secte des Quakres qui lui offre un rang parmi ses disciples. L'illustre membre de tant d'académies est un peu scandalisé qu'on veuille l'aggréger à une société grossière & non lettrée ; mais *Guillaume Pen* lui fait voir qu'il a des titres incontestables à cette place. « Vos écrits, lui » dit-il, présentent une foule d'opi» nions si hardies, si singulières, si » fausses, qu'on ne peut y mécon» noître l'enthousiasme & l'illumina» tion qui est la base de notre secte. » Voyez *Micromégas*, *Candide*, *Scar» mentado* ; voyez vos *Sermons Juifs* » & vos *Homélies* ; voyez *le Caloyer*, » *le Douteur*, *l'Ingénu* ; voyez *les trois* » *Empereurs en Sorbonne*, *&c.* si ce ne » sont pas là des sermons Quakres, il » n'y en eut jamais ni à Londres ni » dans la Pensilvanie. A ces mots » l'assemblée décida que *Voltaire* méri» toit d'être aggrégé aux Quakres, & » malgré lui on alloit l'inscrire à la » tête des plus fameux prédicans ». On sent bien que le récipiendaire ne ſut point auſſi enivré des ſuffrages flatteurs de ce ſénat ignorant, qu'il le fut des honneurs qu'on lui rendit à l'académie Françoiſe, & de l'inauguration de ſon buſte faite en plein théâtre à ſon dernier voyage à Paris; mais heureuſement pour lui un ancien Quakre s'oppoſe à ſon élection. Nos prédicans, dit-il, au milieu même de nos folies, reſpectoient la religion, ils n'outrageoient point le prochain, *Voltaire* a déchiré ſes frères, a blaſphêmé la religion, il eſt indigne de notre ſecte décente & tranquille. Tout le monde ſouſcrit à cet arrêt, & *Voltaire* chaſſé de l'aſſemblée des Quakres eſt traduit au tribunal de *Boſſuet*.

Le ſublime auteur de l'Hiſtoire Univerſelle relève avec ſa force & ſa ſolidité ordinaires, les erreurs répandues dans l'Eſſai ſur l'Hiſtoire Générale, il fait voir que cet ouvrage vanté dernièrement par M. *Paliſſot* comme un chef-d'œuvre, eſt rempli de bévues, de jugemens haſardés, de ſatires injuſtes; que l'auteur n'eſt ni inſtruit ni impartial, & qu'il manque abſolument des deux qualités les plus essentielles à un historien.

Dans les entretiens de M. *de Voltaire* avec les ombres de plusieurs gens de lettres qu'il rencontre sur son chemin; tels que *Molière*, *Racine*; il n'est presque pas question de littérature; c'est toujours un point de morale que l'on discute; & *Voltaire* qui croit trouver dans ces grands hommes des admirateurs & des panégyristes de ses talens, n'y trouve jamais que des railleurs impitoyables, des censeurs austères de sa conduite, sur-tout de ses principes & de sa philosophie. *Aristophane*, par exemple, tourne en ridicule sa vanité avec beaucoup de sel & de finesse. *Voltaire* débute avec le poëte comique par de grands complimens; il lui rappelle la gloire dont il a joui autrefois dans une ville aussi polie & aussi florissante qu'Athenes. Cette gloire, réplique *Aristophane*, vous l'avez partagée, & même vous avez réuni au titre de grand poëte celui de littérateur & de philosophe. Aussi dans la nouvelle Athenes, dans le siècle des ſciences & des beaux-arts avez-vous été comblé de dons & d'éloges. Accueilli par les grands, les princes & les rois, peu de citoyens ſont parvenus par les ſciences à ce point de conſidération. Je l'avoue, répartit *Voltaire*, les ſciences ont formé la gloire de mon ſort. Par une faveur rare on a couronné de lauriers mon buſte en plein théâtre, & on m'a élevé une ſtatue. Je ne vous en parlois point, dit *Ariſtophane*, la manière m'a paru en diminuer la gloire : l'honneur de la ſtatue auroit dû vous être décerné par la nation. Des amis vous l'ont élevée par ſouſcription ; elle eſt encore dans l'attelier de l'artiſte, on ne ſait même ſi on la placera, ni en quel endroit ; à de telles conditions nous n'aurions point accepté cet honneur.

En conſidérant *Voltaire* comme homme de lettres, & en le faiſant raiſonner ſur la littérature avec les meilleurs écrivains des ſiècles paſſés, il étoit poſſible de former des dialogues également utiles & piquans, dans leſquels l'auteur de la *Henriade* eut exposé, non pas les vrais principes de l'art, qu'il connoissoit fort bien, & qu'il n'a point pratiqués par impuissance ou par politique; mais la méthode nouvelle dont il s'est servi pour séduire le public & en imposer aux ignorans. Les hommes de génie avec qui on l'eut mis en scène lui eussent fait sentir le faux & les dangers des innovations, & par-là on eût vu combien *Voltaire*, malgré ses rares talens dans les différens genres, est resté au-dessous des grands modèles qu'il avoit sous les yeux. *Virgile* & le *Tasse* auroient relevé la foiblesse du plan de la *Henriade*, & la puérilité des petits ornemens dont *Voltaire* s'est efforcé de couvrir le vice du fond; *Racine* lui eût reproché les fables romanesques, les petits moyens, les invraisemblances, qui défigurent ses plus belles tragédies; il se fût mocqué de ces tirades à prétention, de cette emphase uniforme de tous les personnages, qui tous parlent comme autant de *Voltaire*. *Molière* se fût égayé aux dépens de ses drames; *Rousseau* eût ridiculisé

ridiculisé ses odes; *Quinaut* ses opéras; *Boileau* eût blâmé sévèrement la monotonie, l'affectation, la négligence, la vaine pompe de ses vers souvent vuides de sens, mais gonflés de mots & d'épithètes; il se fût élevé avec force contre les antithèses continuelles, les faux brillans, les beautés déplacées que tant de jeunes gens admirent dans ses ouvrages. Enfin il lui eût fait les plus vifs reproches d'avoir contribué le premier à corrompre ce goût pour le vrai & le naturel, que ses satires & ses exemples avoient autrefois établi en France. Mais, comme je vous l'ai déjà dit, Monsieur, l'auteur de cet ouvrage s'est proposé un autre objet plus utile, sans doute, & plus intéressant pour la société, & il n'a voulu envisager *Voltaire* que comme un philosophe.

Il seroit trop long de le suivre dans les visites qu'il rend aux différentes ombres: à chaque séance, nouvelles avanies, nouvelles tribulations pour M. *de Voltaire*. Ici, on lui prouve que ſa politique eſt plus fauſſe & plus dangereuſe que celle de *Machiavel*; là, il entend dire que ſes déclamations continuelles contre les prêtres & les moines devoient lui attirer le même ſort qu'au fameux *Arnaud de Breſſe*, jadis brûlé pour avoir ſoulevé les peuples contre le clergé. *Rabelais* prétend que *Voltaire* n'eſt pas moins bouffon, ni moins licentieux que lui dans ſes contes & dans ſes parodies de l'écriture. Le juif *Tryphon* le fait rougir des calomnies & des injures qu'il a vomies contre le peuple de Dieu, *Spinoſa* lui montre que les philoſophes avec leur déïſme prétendu ſont de véritables athées.

Le dialogue de *Voltaire* avec l'empereur *Julien* eſt ſur-tout intéreſſant. Vous ſavez, Monſieur, que les philoſophes, dans leurs déciſions tranchantes, font & détruiſent des réputations, & ſe plaiſent ſur-tout à juger les rois, non d'après la juſtice & la vérité, mais ſuivant leurs opinions particulières. C'eſt ainſi qu'ils ſe ſont efforcés d'obſcurcir la gloire de *Louis XIV*, parce que ce prince, pendant toute sa vie, sur-tout dans les dernières années, a toujours montré beaucoup de zèle & de respect pour la religion; c'est une tache qui fait disparoître à leurs yeux ses grandes qualités, & leur fait même oublier les bienfaits dont il a comblé les gens de lettres. Ils n'ont point pardonné à *Constantin* d'avoir établi dans l'empire la religion chrétienne sur les ruines du paganisme; ils lui ont cherché des crimes, ils l'ont peint des plus noires couleurs, & ont essayé de le faire passer pour un autre *Néron*. « Il avoit » un beau-père, dit M. *de Voltaire*, » & il l'obligea de se pendre; il avoit » un beau-frère, & il le fit étrangler; » il avoit un fils aîné, & il lui fit cou- » per la tête; il avoit une femme, & » il lui fit couper la tête ». Mais M. de *Voltaire* ne dit pas que le beau-père de *Constantin* avoit été surpris deux fois prêt à l'assassiner; que son beau-frère avoit deux fois excité une guerre injuste; que son fils avoit été la victime d'une noire calomnie; & que sa femme avoit mérité la mort par ses forfaits. Il est clair que le véritable crime de *Constantin*, aux yeux de l'historien philosophe, est l'établissement de la religion chrétienne. *Julien* au contraire, déserteur du christianisme, partisan fanatique de l'idolâtrie, est pour lui un grand homme, un héros, en un mot le modèle des princes. Il déclame avec chaleur contre l'injustice de la postérité, qui lui a donné l'odieux surnom d'*Apostat*, & met en œuvre toute la subtilité de son esprit pour donner à l'apostasie de ce prince des couleurs spécieuses. Après des services de cette importance, *Voltaire* avoit droit d'attendre quelque reconnoissance de *Julien*; cependant bien loin de lui faire des remercîmens, cet Empereur lui reproche assez vivement la fausseté des éloges qu'il lui a donnés. Vous m'avez, dit-il, représenté comme un grand prince, habile dans l'art de gouverner, & uniquement occupé du bonheur des peuples. Vous auriez dû savoir que ma cour étoit remplie de ſophiſtes, de devins, de charlatans, d'hiérophantes, d'augures & de magiciens. Je marchois environné de ce ridicule cortège, & même accompagné de femmes proſtituées. Le manteau philoſophique, & une longue barbe, me tenoient lieu des ornemens impériaux. Je n'étois occupé, nuit & jour, que de cérémonies magiques; les magiſtrats & les généraux n'oſoient m'interrompre dans ces fonctions auguſtes pour me parler des affaires d'état. Dans la malheureuſe guerre contre les Perſes, je conſultai plutôt les entrailles des victimes que les règles de l'art militaire, & mon imprudence cauſa la perte de l'armée. Vous avez vanté ma douceur à l'égard des chrétiens; mais cette douceur étoit un rafinement de cruauté, & malgré ma fauſſe modération, il y eut ſous mon règne un nombre prodigieux de martyrs dans les provinces; vous avez prétendu que mon idolâtrie étoit toute ſpirituelle; que c'étoit un emblème ſous lequel j'adorois le véritable Dieu: c'eſt me faire trop d'honneur, jamais homme ne fut plus superstitieux que moi. Je fis relever les temples & rétablis tous leurs privilèges ; je consultai tous les oracles ; je célébrai toutes les fêtes, même les plus licentieuses ; je m'initiai à tous les mystères, & je sacrifiai à tous les dieux une telle multitude de victimes, qu'on disoit que bientôt je dépeuplerois l'empire d'animaux ; je soufflois moi-même le feu ; je trempois mes mains dans le sang. Que dites-vous de ces hommes que je faisois immoler, & dont les cadavres étoient jettés dans l'Oronte, de cette femme dans les entrailles de laquelle je cherchai les signes de la victoire en marchant contre les Perses ? *Voltaire* n'ayant rien à répliquer à un homme qui s'accusoit de si bonne grace, se retira tout confus des éloges qu'il avoit donnés à *Julien l'apostat*.

On voit avec surprise, Monsieur, dans ces différens entretiens, combien M. *de Voltaire*, cet écrivain si élégant & si agréable, dans les ouvrages d'imagination, est foible &

frivole quand il s'agit de penser & de raisonner. Cette fiction est plus propre que les réfutations les plus étendues & les plus frapantes, à faire sentir le faux & le ridicule de sa philosophie. L'agrément du dialogue & la variété des scènes répandent un certain intérêt sur les raisonnemens & les discussions. L'embarras & la contrainte de M. *de Voltaire* vis-à-vis de chaque interlocuteur ont quelque chose de plaisant. Cet homme si fier & si emporté, que la moindre contradiction enflammoit, accoutumé depuis long-temps aux hommages & aux adorations de l'empire littéraire, mis en quelque sorte sur la sellette, devant des juges graves & sévères, qui dévoilent l'absurdité de ses sophismes, & réduit à dévorer leurs censures & leurs reproches, offre une situation tout-à-fait comique.

Je suis, &c.

LETTRE XIII.

La Manie des Drames sombres, comédie en trois actes & en vers, représentée à Fontainebleau devant LEURS MAJESTÉS, *par les comédiens François, sous le nom du* DRAMATURGE, *le 29 octobre 1776. A Paris, chez* Ruault, *libraire, rue de la Harpe.*

LE peu de succès que cette pièce avoit obtenu à Fontainebleau, m'avoit engagé à n'y faire aucune attention; mais dans ces jours de stérilité j'ai voulu fouiller avec un peu plus de courage le tas d'insipides brochures dont mon cabinet regorge, & voir si dans ce vaste gouffre de l'oubli il n'y auroit pas quelque production digne de surnager & de reparoître aux yeux du public. Je suis tombé sur *la Manie des Drames sombres*, & j'ai reconnu qu'elle méritoit un accueil plus favorable qu'elle ne l'a reçu. Je ne prétends pas cependant accuser le goût de la cour. L'auteur a fait à ſon ouvrage des changemens, des additions, des développemens conſidérables, & qui en font preſqu'un ouvrage nouveau. La pièce fut repréſentée en un acte à Fontainebleau. Aujourd'hui elle en contient trois, & je ſuis perſuadé qu'elle ſeroit à peine reconnue de ceux qui y ont le moins applaudi dans l'état où elle ſe trouvoit à la première repréſentation.

D'abord on doit ſavoir gré à l'auteur de s'oppoſer aux ravages de ces barbares qui voudroient dévaſter l'empire de la poëſie, détruire toutes les règles, confondre tous les genres, anéantir les modèles. Il a pris encore le parti le plus ſage en les combattant avec les armes du ridicule; plus puiſſantes encore que celles de la raiſon; & comme de tous les ridicules le plus durable eſt celui qui part de la ſcène, c'eſt un vrai ſervice rendu aux lettres que d'y livrer à la riſée publique cet eſſaim de prétendus réformateurs, d'autant plus à craindre, que leurs leçons & leurs exemples ſont ſaiſis avec avidité par l'impuissante médiocrité.

Le ridicule passager, qui fait le sujet de cette comédie, & qu'il étoit important de *saisir sur le temps*, ne pouvoit guères prêter à une intrigue bien forte ; il ne faut pas juger un pareil badinage avec la même rigueur qu'une comédie du grand genre. Un plan raisonnable, un dialogue aisé, un style simple sans bassesse, des saillies spirituelles & gaies, voilà ce que l'on doit desirer dans un pareil ouvrage, & tout cela s'y trouve réuni.

Prousas ou le *Dramaturge* a une fille aimable qu'il pense à marier. *Sainfort*, jeune homme d'une naissance distinguée, doué des qualités du cœur & de l'esprit, recherche *Sophie*, fille de *Prousas* ; il a le suffrage de *Dorimene*, tante de *Sophie*, & sur-tout celui de la jeune personne ; mais un obstacle qui paroît insurmontable s'oppose à son bonheur ; il admire *Corneille* & *Racine* ; il a la rage d'être gai ; il fait peu de cas des drames lugubres ; il a osé rire, dit *Prousas*,

. . . . aux endroits pathétiques
D'un drame le plus noir de mes drames tragiques,
Tandis qu'il est d'un beau vraiment si sépulchral
Que même des Anglois, par fois, s'y trouvent mal.

Prousas a ressenti vivement cet outrage fait à son génie dramatique : en conséquence il a fait choix d'un autre gendre. C'est le fils d'un bourgeois obscur de Lyon, sans esprit, sans bien; mais qui a le bonheur d'admirer, ou plutôt l'adresse de paroître, ainsi que son père, adorateur enthousiaste des drames de *Prousas* qu'ils font jouer & applaudir à Lyon. *Sombreuses* est le nom du gendre futur, nom illustre, fait pour relever l'éclat de la dramaturgie.

Dorimene a connu à Lyon ce jeune homme, qui lui fit une déclaration perfide de tendresse; mais le voyant plus épris de ses trésors que de ses attraits, elle le congédia. Le portrait désavantageux qu'elle en fait ne peut ébranler la résolution de *Prousas*, qui veut uniquement un gendre pour le progrès de ses opinions & le succès de ses drames, comme *le Malade imaginaire* en vouloit un qui pût avoir soin de sa santé, peu inquiet s'il feroit le bonheur de sa fille.

Dorimene concerte avec *Sainfort* les moyens de faire échouer le mariage résolu par *Prousas*. On convient d'abord que *Sainfort* & *Dorimene* témoigneront plus de goût pour les drames sombres, qu'ils feindront d'écouter avec plus d'intérêt les sublimes horreurs de *Prousas*. Cette conversion est trop brusque; leur aversion pour la dramaturgie a été trop forte pour avoir pu se changer tout-à-coup, sans nouveau motif, en une belle passion pour le genre lugubre; & *Prousas*, à moins d'être entièrement dépourvu de bon sens, n'a pu se laisser tromper à leurs grossières ironies. Aussi ce n'est pas le stratagême sur lequel on a compté le plus.

On a fait déguiser le valet de *Sainfort*, on l'a fait habiller en bourgeois honnête, afin qu'il pût se faire passer pour *Sombreuses* le fils, qui n'est pas connu de *Prousas*, non plus que le laquais déguisé. Celui-ci arrive, au moment où *Prousas* lisoit un de ses plus noirs drames, il attribue à cet *ouvrage fatal* la tristesse qu'il voit peinte sur tous les visages. Ce début fait soupçonner à *Prousas* que ce n'est pas le fils de *Sombreuses* qui parle avec tant d'irrévérence des drames dont il avoit toujours paru l'admirateur le plus sincère. Mais une lettre supposée, au nom de *Sombreuses* pere, dissipe ses soupçons. Cependant il n'y reconnoît pas l'écriture de son ami. On lui persuade que ce changement d'écriture de *Sombreuses père*, *est l'effet d'une fistule lacrymale qu'il a gagnée à force de pleurer à la représentation des drames de Prousas*. *Sombreuses* lui-même l'écrit ainsi ; il n'y a que lui capable d'avoir de pareils sentimens, de recevoir de pareilles impressions, & *Prousas* est convaincu. Mais il ne peut revenir de l'étonnement que lui cause la haîne subite que fait éclater le faux *Sombreuses* contre les drames ; il se résout en conséquence à ne le pas choisir pour gendre, & à préférer le *nouveau converti*.

Mais comme tout réussissoit au gré des amans & de ceux qui favorisoient leurs amours; le vrai *Sombreuses* arrive de Lyon pour célébrer l'hymen tant désiré. Il paroit avec un habillement bien propre à lui gagner le cœur de *Prousas, en habit noir & en pleureuses.* On croit qu'il a perdu son père. Point du tout, c'est un compagnon de voyage qui a été assassiné en chemin par son propre fils qui ne le connoissoit pas, dont il a pris deuil; en racontant cette histoire, des larmes coulent en abondance de ses yeux, on lui demande si ce compagnon de voyage étoit un de ses parens. *Non*, dit-il, mais son *titre d'homme en avoit fait mon frère.* Une philosophie si sublime, tant de sensibilité arrache aussi des larmes à *Prousas* qui gronde en larmoyant, *Dorimene* sa sœur, qui rioit & de la fourberie de *Sombreuses* & de la crédulité de *Prousas*. Enfin, le mariage de *Sombreuses* avec *Sophie*, paroit irrévocablement conclu.

Cependant Saintfort arrive, accablé de tristesse. Après s'être fait longtemps prier pour raconter le malheur terrible, épouvantable, qui a changé sa gaîté naturelle en pleurs amères, il dit enfin que le feu à pris à la boutique du libraire de *Prousas*; que c'est un étranger, en habit noir, qui a causé cet incendie. Au même moment, *Dorimène* tire de sa poche un billet que *Sombreuses* le jeune lui écrivoit dans le temps où il lui faisoit la cour, & dans lequel non-seulement il témoignoit le plus profond mépris pour les drames de *Prousas*, mais où il annonçoit que si jamais le hasard le conduisoit chez le libraire du *Dramaturge*, il se vengeroit par le feu de l'ennui que lui causoit cet *auteur funéraire*. Il n'en faut pas davantage pour le regarder comme atteint du crime de lèze-dramaturgie au premier chef; en conséquence, il est condamné, même sans être entendu. *Saintfort*, pour achever sa conquête, tire de sa poche deux brochures à demi brûlées, qu'il a arrachées aux flammes, au péril de sa vie; ce sont deux drames de *Prousas*, *Cartouche repentant*, *Barbebleue & ses femmes*. Une action aussi héroïque, étoit bien capable d'expier les anciens mépris de *Saintfort* pour la dramaturgie, & est une preuve bien éclatante de la sincérité de sa conversion au genre lugubre; la main de *Sophie* en devient le prix.

Telle est la fable de cette petite comédie, je n'entrerai pas dans un plus grand détail sur la conduite de la pièce, vous sentez qu'il ne faut pas trop chicaner l'auteur sur la vraisemblance du dénouement. Qu'un homme en son bon sens, vienne à la vue de tout le monde, mettre au centre de Paris, le feu à la boutique d'un libraire, uniquement pour se venger d'un écrivain ennuyeux, c'est une chose incroyable, & par conséquent l'accusation intentée par *Saintfort* ne devoit pas réussir, sur-tout étant faite en présence de *Sombreuses*. On ne conçoit pas comment celui-ci n'a pas cherché à se disculper. A cela près, la fable de ce drame est naturelle & ingénieuſe. Mais c'eſt dans les détails que l'auteur brille.

Vous trouverez, par exemple, au premier acte une ſcène très-agréable entre *Prouſas* & *Cornet*, ſon ſecrétaire, chargé de compulſer toutes les gazettes & journaux politiques pour y trouver quelque fait bien atroce, qui puiſſe fournir matière à quelque beau drame bien noir, bien horrible. Il entre, tout conſterné de n'avoir pas un petit tribut de noirceurs à offrir à M. *Prouſas*. Celui-ci ſe flattoit que la moiſſon ſeroit des plus abondantes. *Cornet* lui répond :

Hélas ! non : on n'y voit que des contes plaiſans.

PROUSAS.

Une telle diſette a lieu de me confondre,
Quoi ! rien de remarquable à l'article de Londre ?
Les Anglois cependant.....

CORNET.

Hélas ! les pauvres gens !
Ont bien dégénéré depuis un certain temps.

PROUSAS.

Qu'est-ce à dire ?

CORNET.

Ah ! Monsieur, l'altière politique
Remplace tout à fait leur manie héroïque.
Tous des crimes bourgeois viennent de se lasser ;
Aucun d'eux ne se tue, ils aiment mieux penser.

PROUSAS.

Et l'article Paris ?

CORNET.

Quelle idée est la vôtre ?
Il est en accidens moins fertile qu'un autre.
Le François vit au sein des plaisirs & des jeux,
Voulez-vous qu'on se tue alors qu'on est heureux ?

PROUSAS.

Eh ! quoi, pas seulement un petit suicide ?

CORNET.

Pas le moindre.

PROUSAS.

Tant pis. Quelque beau parricide

M'auroit fait grand plaisir. Point de rapt, de viol,
Pas un assassinat?

CORNET.

Pas seulement un vol.

PROUSAS.

Les temps sont bien mauvais.

CORNET.

Jadis pour leurs maîtresses
Qui ne leur rendoient pas tendresses pour tendresses,
Les amans se tuoient, & les maris jaloux,
Autour de leur logis, rodant comme des loups,
Plus d'une fois, suivant leur noire phrénésie,
D'immoler leurs moitiés avoient la fantaisie;
Tout est changé. Les mœurs font des progrès affreux,
Tout dégénère enfin dans ces temps malheureux;
Autant que les amans les maris sont paisibles.

Cependant *Cornet* a bien déterré un petit fait; mais il n'ose en parler, craignant qu'il ne soit pas digne de figurer dans le répertoire d'atrocités de M.

Proufas. C'eſt ſimplement un pâtiſſier qui, pour ſe venger d'un juge qui ne lui avoit pas été favorable, lui avoit envoyé un pâté empoiſonné, qui a fait périr le juge & tous ſes enfans. *Proufas*, à cette nouvelle, s'écrie avec enthouſiaſme :

. . . . , Pâtiſſier déteſtable,
Que tu vas inſpirer de ſublimes terreurs!
Que ce fond peut prêter à de belles horreurs!
Ah! comme avec plaiſir dans un drame tragique,
Je m'en vais l'habiller d'une proſe énergique!
Figurez-vous ce juge armé d'un long couteau,
Entr'ouvrant le pâté qui lui ſert de tombeau!
Quel ſujet! Béni ſoit le ciel qui me l'octroye!
Ce ſublime pâté vaut le cheval de Troye.
Il vaut ſeul l'Enéïde. Allez, Monſieur *Cornet*;
Ne perdez pas de temps, allez me mettre au net
Une hiſtoire à la fois ſi neuve & ſi touchante
Allez.

Suit une thèſe ſur la dramaturgie vivement débattue entre *Proufas* & *Saintfort* qui, chacun de leur côté, allèguent les raisons pour & contre le genre lugubre & populaire.

PROUSAS.

Que m'importent à moi les Grecs & les Romains?
Savez-vous si des mœurs de ces peuples antiques,
Nous avons des tableaux fidèles, authentiques?
Croyez-vous ces menteurs qu'on nomme historiens?
Quant à moi, j'aime mieux, laissant les anciens,
Et de leur mauvais goût méprisant les apôtres,
Peindre ce que je vois que ce qu'ont vu les autres.

SAINFORT.

Ainsi donc, chaque objet qui frappera vos yeux
Vous prêtera le fond d'un drame sérieux?
Tout vous paroîtra bon.

PROUSAS.

Oui, bravant le scandale,
Je veux aller chercher mes héros à la halle;

Et si l'on me chicane, armé de mes pinceaux;
Je ferai plus, j'irai jusqu'en des hôpitaux.

SAINFORT.

Cela sera touchant! .....

PROUSAS.

Aveugles que nous sommes!
Et les pauvres, Monsieur, ne sont-ils pas des hommes?
Pourquoi n'oseroit-on peindre ces bonnes gens?
Il n'est rien ici bas de vil que les méchans.

Ne vous semble-t-il pas entendre le *Dramaturge* par excellence? à cela près, cependant, que *Prousas* parle en vers élégans, & que le *Dramaturge* est ennemi par principe & par prudence de la poësie.

Cette scène, quoiqu'en forme de dissertation, est cependant plaisante, par la seule exposition des principes de la dramaturgie, qu'il suffit de rapporter pour exciter le rire.

Je conseille néanmoins à l'auteur, s'il a dessein de faire jouer sa pièce, de changer la fin de cette scène, dans laquelle *Prousas* au plus fort de la diſpute, s'écrie, comme l'on dit à *propos de botte* :

> A propos, *en dépit de tant de viſions*,
> Eſt-il bien vrai, Monſieur, que vous *aimez ma fille ?*
>
> . . . .

Ce paſſage eſt trop bruſque ; de plus, n'eſt il pas plaiſant que *Prouſas* ne trouve pas *Sainfort* digne *d'aimer Sophie*, parce qu'il n'a pas le bonheur d'admirer ſes drames ſublimes? La charge eſt auſſi trop forte, & d'ailleurs le ſtyle de ce morçeau eſt trop proſaïque & trop commun. Vous ſerez plus content de la ſcène ſuivante, où l'auteur perſifle très agréablement les reſſorts du pathétique mis en uſage par nos dramatiſtes, les grands mots ampoulés, les exclamations, les *hélas*, & ſurtout les ſublimes *points*, invention nouvelle dans laquelle conſiſte tout le mérite de la dramaturgie. *Prouſas*, en liſant une épreuve qu'il vient de recevoir :

> . . . . C'eſt inintelligible.

Le ſang coule. Animal! je n'ai pas dit cela.
Le ſang en longs ruiſſeaux couloit par-ci par-là;
Cette phraſe du moins fait image. *Les crimes*,
La foudre, *le trépas*, *les enfers*, *les abîmes* :
Tous ces mots ſont omis; & cependant c'eſt d'eux
Que naît tout l'intérêt: cela n'eſt pas douteux.
Il n'aura pas encore retranché, je l'eſpère,
Les *Dieux!* les *ah!* les *ciel!* les *mon fils!* les *mon père!*
Il ne peut ignorer qu'on peint les paſſions,
Sur-tout en variant les exclamations.
Comment! Je n'en vois point? S'eſt-il mis dans la tête
De me corriger, moi! . . Peſte ſoit de la bête.
Et les points, où ſont-ils? . . . Quoi! malgré tous mes ſoins,
N'apprendra-t-il jamais la ſcience des points?
Les points au ſentiment ſervent de thermomètre,
Par les points on le fait diminuer ou croître,
Après cette tirade il en eût fallu neuf . . . . .
Sans les points ferions-nous quelque choſe de neuf?
Tout eſt dit. . . Mais les points avec leurs couleurs noires

Rajeuniſſent

Rajeunissent encore les plus vieilles histoires.
Il faut que de ce pas j'aille chez l'Imprimeur.
Me retrancher des points! ..... Oh! je suis
d'une humeur.........

Vous distinguerez dans le second acte une longue scène, très-bien écrite, ou *Sainfort* & *Dorimène* affectent d'avoir changé de sentiment à l'égard des drames, afin de capter les bonnes graces de *Prousas*, qui a la simplicité d'être dupe de leur ingénieux persifflage. *Prousas* étoit venu pour lire à sa fille un drame nouveau; mais trouvant avec Sophie, *Dorimène* & *Sainfort*, ennemis de la dramaturgie, il craint de s'exposer à leurs railleries. *Dorimène* & *Sainfort* le rassurent en ces termes:

Nous sommes revenus de ces vieux préjugés
Qui nous faisoient aimer & *Regnard* & *Molière*.
Il faut que de la scène on fasse un cimetière,
Que d'un crêpe *Thalie* enlace ses atours,
Qu'elle mette un poignard dans la main des
amours.

. . . .

De grands crimes suivis d'édifians remords ;
Des cercueils, des tombeaux, & des têtes de
morts.
Voilà ce qui me plaît & doit toujours me
plaire,
Oh ! j'aime à pleurer, moi !

PROUSAS.

Je pense qu'il s'éclaire
Depuis qu'il me fréquente.

SAINFORT.

Et si l'on me croyoit,
L'on renverroit aux Turcs leur triste *Bajazet* ;
Et disciples d'*Young*, nos auteurs dramatiques
Mettroient toutes les nuits en opéra comiques.

PROUSAS.

Puisque vous le voulez, il faut vous procurer,
Par ce drame nouveau, le plaisir de pleurer.
C'est-là qu'on voit régner & le triste & le
tendre.

SOPHIE.

Pour moi, j'ai le desir le plus vif de l'entendre.

PROUSAS.

Antoine, *André*, *Clément*, *Cornet* ; accourez
tous ;

Il n'eſt point d'auditeurs que je préfère à vous ;
Venez tous vous ranger auprès de votre
maître.

(*Aux femmes*)

Ce que je fais ici vous étonne peut-être.
Je ne reſſemble point à certains beaux-eſprits
Qui ne liſent jamais qu'en des cercles choiſis.
J'aime beaucoup le peuple & crois que ſon
ſuffrage
Eſt ce qui prouve mieux la bonté d'un ou-
vrage.
D'ailleurs c'eſt pour lui ſeul que ſont faits mes
écrits.
La haute compagnie en connoît peu le prix.

On s'aſſied, tous les valets de Prouſas *ſe rangent pittoreſquement autour de lui.*

Allons, paix ; je commence. Un mouchoir
tout-à-l'heure,
Car je m'en vais pleurer.

ANDRÉ *allant chercher un mouchoir.*

Et moi déjà je pleure.

PROUSAS *liſant.*

Le Brigand vertueux, &c.

Ceci a l'air d'une charge théâtrale ;

c'eſt cependant à la lettre, la pure doctrine de nos dramatiſtes. Ne pouvant compter ſur le ſuffrage des hommes, *gâtés par Molière & Racine*, ou, comme ils diſent, *des Raciniens*, ils n'ont eû, pour conſoler leur amour-propre, d'autre reſſource que d'enlever aux gens de lettres le droit de juger des ouvrages d'eſprit, & d'attribuer ce privilége excluſif au peuple, ſuivant eux, juge en dernier reſſort, ſeul juge infaillible des convenances théâtrales.

Vous trouverez encore dans cette pièce pluſieurs autres ſcènes très piquantes; par exemple, celle où *Paſquin* vient déguiſé, & veut ſe faire paſſer pour *Sombreuſes*, celle où le véritable *Sombreuſes* paroit pour la première fois devant *Prouſas* ſont très-comiques.

En général, cette pièce m'a paru digne d'un meilleur ſort que celui qu'elle a éprouvé. Je ſuis perſuadé qu'avec des retranchemens, & quelques corrections dans le ſtyle qui n'eſt pas toujours aſſez pur, aſſez noble, elle ſeroit reçue avec applaudiſſement sur le théâtre de la capitale. Je puis du moins répondre que le role de *Prousas* dans la bouche de M. *Bouret* feroit beaucoup rire ; il est à souhaiter que MM. les comédiens s'en occupent. Ce seroit un excellent moyen de dissiper ces vapeurs sombres que la *dramomanie* a répandues sur le caractère national, que de livrer en plein théâtre au ridicule ces monstres dramatiques nés de l'impuissance d'écrire, & qui, s'ils devenoient plus communs, nous replongeroient dans l'enfance de l'art & dans la barbarie.

Je dois en finissant, relever un petit plagiat ; car il faut rendre à chacun ce qui lui appartient. *Sainfort*, en racontant l'incendie arrivé chez le libraire de *Prousas*, dit que le feu trouvoit une pâture analogue à sa substance, dans les ouvrages de *Molière* & de *Voltaire*, qui furent consumés en un instant, mais que les drames de *Prousas* sembloient, *par leurs glaces*, incombustibles, *comme si un Dieu les eût mis à couvert des atteintes du feu*. Cette idée plaisante, dont l'auteur tire un grand parti, appartient à *Pope*. Il étoit naturel qu'elle fût d'abord transportée dans la *Dunciade françoise*. M. *Palissot* ne s'est fait aucun scrupule de piller à *Pope* tout le fond du chant du bûcher; & son graveur même voyant la Dunciade angloise ainsi au pillage, s'est, de son côté, emparé de la gravure charmante qui se trouve dans la Dunciade angloise. Ces petits larcins pouvoient être nécessaires pour égayer un peu la triste & froide Dunciade de M. *Palissot*. Mais M. le Marquis de *Cubières* a assez d'esprit pour se passer de celui des autres.

Je suis, &c.

LETTRE XIV.

Lettre de Madame de la Motte *à l'Auteur de ces feuilles, au sujet d'un avis imprimé dans le Mercure du 25 novembre 1778, concernant un Recueil de Musique de chambre composée par* Jean-Jacques Rousseau.

La cause de *Jean-Jacques Rousseau* devient la cause commune d'un sexe aimable, qui semble reconnoître les obligations qu'il lui doit, par la chaleur avec laquelle il défend & venge sa mémoire. Vous avez lu dans un de mes derniers N^os une lettre éloquente de Madame *Duriez-Genest*, touchant cet illustre écrivain; en voici maintenant une autre non moins bien écrite, non moins solidement pensée, de Madame *de la Motte*. Il est bon que je vous mette sous les yeux *l'avis* qui a donné lieu à ce morceau intéressant.

« Toutes les productions du célè» bre *Rousseau*, publiées pendant sa

» vie ont toujours été reçues avec
» une ſorte d'enthouſiaſme; celles qu'on
» annonce aujourd'hui, obtiendront
» ſans doute un accueil encore favo-
» rable. On a vu dans *le Devin du Vil-
» lage*, & *dans le Dictionnaire de Mu-
» ſique* à quel degré cet homme ex-
» traordinaire poſſédoit la pratique &
» la théorie du plus raviſſant des
» beaux arts; il eſt à préſumer qu'on
» trouvera la même ſource de plaiſir
» dans les nouvelles productions mu-
» ſicales que ſa veuve vient offrir au
» public.

» On aime à ſe repréſenter l'élo-
» quent & profond auteur du *contrat
» ſocial*, modulant ſur un clavier des
» airs champêtres, des Vaudevilles
» & des Romances; mais on s'étonne
» de voir ce véhément écrivain, ce
» génie libre & fier, accoutumé à mé-
» diter ſur les intérêts des ſouverains
» & des peuples, & né ce ſemble,
» pour leur faire adorer la juſtice,
» oubliant tout à coup ſa deſtinée glo-
» rieuſe, pour embraſſer la profeſſion
» des mercenaires, & devenir un ſim-
» ple copiſte de muſique. Celui qui
» conſacra des hymnes à la vertu, qui

» sut réveiller en nous l'instinct sublime de la liberté, qui fait encore retentir la voix de la nature dans le cœur des mères n'a-t-il donc pu subsister du produit de ses chefs-d'œuvres ? La langue françoise entre ses mains, n'est-elle pas devenue un instrument aussi mélodieux que celle du *Tasse*, aussi riche que celle *de Pope*, aussi expressive que celle des orateurs de *Rome* & *d'Athènes* ? L'homme enfin qui devoit tenir un des premiers rangs parmi ses semblables, à qui tôt ou tard on élevera des monumens publics, étoit-il donc fait pour vivre & mourir au sein de l'indigence ? Est-ce-là le sort du bienfaiteur de l'humanité ? Proscrit par ses concitoyens, fugitif au milieu des *Alpes*, toléré chez une nation hospitalière ; mais obligé d'imposer à son génie un silence absolu, il ne laisse pour héritage à sa respectable veuve que des *mémoires* dont elle ne peut tirer aucun parti, parce que des convenances sociales en arrêtent la publicité. L'unique ressource de Madame Rousseau con-

» siste en un recueil de *petits airs* com-
» posés par l'auteur *d'Emile & d'Hé-*
» *loïse* : elle offre ce recueil au public
» moyennant une souscription d'un
» louis, &c. »

Cet avis a excité la juste indignation de Madame *de la Motte* ; elle a cherché mais inutilement à en deviner l'auteur, & dans son incertitude elle m'a fait l'honneur de s'adresser à moi pour lui donner là-dessus quelques éclaircissemens.

Monsieur,

« Je n'ai point l'honneur de vous connoître, ni même d'être liée avec personne qui le soit avec vous : mais une lecture de *l'Année littéraire*, où j'ai vu la sagesse de vos jugemens, & la touchante persévérance avec laquelle vous avez défendu la mémoire de feu Monsieur votre père, contre les antagonistes que sa critique aussi sûre que sévère, lui avoit suscités, m'a inspiré autant de confiance en votre honnêteté, que de déférence pour vos lumières. Permettez donc, Monsieur, qu'entraînée par mon estime, je vous supplie de me tirer d'embarras, sur un point qui ne laisse pas que de m'en causer : le voici, est-ce dans la classe des amis, ou dans celle des ennemis de *J. J. Rousseau*, qu'il faut placer l'auteur de *l'avis* qui se trouve dans le *Mercure* du 25 Novembre *concernant un recueil de musique de chambre*, composée par ce grand homme ? En sollicitant votre complaisance, je crois devoir vous déduire les motifs de la perplexité où me jette cet *avis*. Peut-être sera-ce d'ailleurs, en donner un fort bon à MM. les Rédacteurs du *Mercure* : car enfin, quoique par sa nature ce journal soit autorisé à tout admettre, privilège dont M. *de la Harpe*, & ses dignes coopérateurs usent bien amplement, quand ils nous donnent des logogriphes ; encore faut-il qu'ils nous les donnent pour ce qu'ils sont.

» L'*avis* dont il est ici question, Monsieur, a sans doute pour objet d'engager le public à grossir l'avantage que Madame *Rousseau* espère retirer de la souscription qu'elle propose, & dont le *prospectus* est dans les mains de tout le monde. Si on pouvoit s'assurer que cet *avis* fut de

M. le Marquis *de Gérardin*, la question que j'ai l'honneur de vous faire seroit décidée ; mais contre deux raisons, de croire qu'il en est, j'en trouve quatre de croire qu'il n'en est pas. Par exemple, l'épithète de *respectable*, adressée à Madame *Rousseau*, indique bien M. *de Gérardin* : cette veuve n'est certainement aussi respectable pour personne que pour lui, à qui les dernières dispositions de *Jean-Jacques* imposent envers elle les devoirs les plus étendus & les plus sacrés. L'intérêt que l'auteur de l'*avis* prend à elle, annonce bien encore un ami de l'homme célèbre qui l'avoit élevée au rang de son épouse. Mais à côté de ce qui prouve cet intérêt, il y a des choses qu'il est impossible d'attribuer à l'amitié. Comment cet *avis* seroit-il donc de M. *de Gérardin* ? Quant à moi, je ne puis le penser.

1°. M. *de Gérardin* dont la vaste érudition est si connue, & qui se nourrissant habituellement de la lecture des anciens, ne sauroit ignorer que rien n'est beau, estimable, touchant, que ce qui est naturel & simple, n'auroit pas fait un puérile étalage de phrases bien froides, bien recherchées, bien emphatiques, bien entortillées, bien alambiquées, & sur-tout bien déplacées, qui ne signifient pas grand chose, & qui n'aboutissent à rien, si ce n'est à présenter *Jean-Jacques*, sous le jour le moins propre à lui attirer la considération de ceux qui ne l'ont pas personnellement connu. . . . . . .

» 2°. M. *de Gérardin*, si digne d'être comparé à *Aristée*, n'auroit pas dit de la veuve de *J. J. Rousseau*, que ce nouvel *Eudamidas* lui a laissée à protéger, que *son unique ressource consiste en recueils de petits airs composés par l'auteur d'Emile & d'Héloïse*. Non, il ne l'auroit pas dit; & parce qu'il sait bien que cela n'est pas vrai; & parce qu'*Aristée* ne recommanda ni la mère ni la fille, ni les créanciers d'*Eudamidas* à la commisération des Corinthiens.

» 3°. On a beau, ainsi que M. *de Gérardin*, posséder la musique jusqu'au point d'avoir sur cet art agréable, des systêmes absolument neufs, & certainement sublimes, quand on fait des vers aussi pathétiques, aussi harmonieux, aussi poëtiques, aussi admirables en un mot, que ceux dont il décore le monument que sa magnificence érige à la mémoire de *Jean-Jacques*, on se garde bien de dire au détriment de la poesie, que la musique est le plus *ravissant* des beaux arts. J'avoue que les charmes de la musique agissent sur tel organe absolument insensible à ceux de la poësie : mais cela ne prouve pas que leur effet soit plus *ravissant* ; cela prouve seulement qu'il est plus général.

» 4°. M. *de Gérardin* à qui la reconnoissance assure la confiance de la veuve de *Jean-Jacques*, n'auroit pas dit de lui, *n'a-t-il donc pu subsister du produit de ses chef-d'œuvres ?* Question qui pourroit être prise pour un reproche d'inconduite. M. *de Gérardin* sait bien que ce n'étoit pas pour subvenir à ses besoins physiques, que *J. J. Rousseau* s'étoit abaissé à l'occupation mécanique de copier de la musique ; mais pour satisfaire au besoin le plus pressant de sa grande âme, celui d'aider d'estimables indigens, du produit de son travail ; la modicité de sa fortune n'en permettant pas le partage.

» Il faut donc, Monsieur, s'en tenir à cette opinion, *l'avis consigné dans le Mercure, n'est point de M. de Gerardin*........ mais, il n'appartient qu'à lui d'embrasser ouvertement les intérêts de Madame *Rousseau*. De qui l'auteur de cet *avis* tient-il donc une mission qu'il remplit avec tant de maladresse, ou de perfidie ? A quel titre fait-il les honneurs de *Jean-Jacques ?* lorsqu'on n'a, ainsi que moi, d'autres droits d'entretenir le public d'un grand homme qu'il vient de perdre, que ceux qu'on peut tirer du respect & de l'attachement dont on est pénétré pour sa mémoire, il faut au moins ne lui présenter l'objet de ses regrets, que sous un point de vue qui les justifie ; & cette obligation est doublement stricte, quand il s'agit de *J. J. Rousseau*, puisqu'on ne peut sans altérer la vérité, affoiblir l'idée qu'il a laissée de son mérite.

» Trouvez bon, je vous prie, Monsieur, que je jette encore un coup-d'œil sur ce petit écrit, fait avec une si grande prétention. On y dit en débutant, *toutes les productions du célèbre Rousseau publiées pendant sa vie, ont toujours été reçues avec une sorte d'enthousiasme.* Une sorte d'enthousiasme ! certes, c'est rendre une *sorte* d'hommage bien étrange au discernement du public, & aux talens d'un écrivain, qui joignoit aux graces propres à tous les styles, la profondeur des connoissances, l'élévation des idées, la majesté des images, la richesse des expressions, que de rappeller en ces termes l'accueil inouï, dont le public honora *toujours* ses ouvrages. Ce n'est pas tout. On y supprime des éloges qui sont dus au philosophe Genevois, & qui ne sont dus qu'à lui ; & on lui en adresse qu'il auroit sans doute mérités, s'il eût vécu au commencement du dix-septième siècle, mais qui me paroissent ne lui pas convenir. En effet, après le dégré de perfection, où la poësie & l'éloquence françoises ont été portées depuis cette époque, ne trouvez-vous pas, Monsieur, qu'il est ridicule de dire en parlant de *J. J. Rousseau*, comme s'il eût écrit du temps de *Ronsard*, *la Langue Françoise entre ses mains, n'est-elle pas devenue un instrument aussi mélodieux que celle du Tasse, aussi riche que celle de Pope, aussi expressif que celle des orateurs de Rome & d'Athènes ?* Quelle *sorte* de louanges ! Quelle *sorte* de sentiment peut les inspirer ?

» Je ne puis m'empêcher, Monsieur, de déplorer la destinée d'un homme, à qui ses vertus & ses talens devoient en procurer une si différente. Je gémis en voyant que la malignité de l'astre qui présida à sa naissance, n'a pu être corrigée par sa mort. Depuis que nous l'avons perdu, presque tous ceux qui ont parlé de lui, ont plus ou moins ouvertement insulté à sa cendre. Il semble qu'on ait pris à tâche d'avilir la mémoire d'un homme, dont la noble fierté osa lutter contre tous les genres d'infortunes. On a été jusqu'à se croire dispensé d'observer à son égard les loix de la décence & de l'honnêteté. Par exemple, Monsieur, est-il concevable que MM. les rédacteurs du Journal de Paris, qui ont la réputation d'être honnêtes, ayent consenti à se prêter aux desirs de la personne, qui a mis au jour *l'extrait* que l'on trouve dans le N°. 201 de ce Journal, *d'un Mémoire daté de Février 1777 ?* Si ce Mémoire est de J. J. Rousſeau, ſuppoſition qu'il faut bien adopter, puiſque ces MM. affirment qu'ils l'ont *entre leurs mains, entièrement écrit de ſa main, & ſigné de lui*, comment n'ont-ils pas ſenti que, ſoit qu'il ait été ſurpris à *Jean-Jacques*, ou confié par lui, à la perſonne qui le leur remettoit, on ne pouvoit le rendre public, ſans devenir coupable de la plus criante infidélité, ou du plus inſigne abus de confiance? L'ancienneté de la date de ce *Mémoire*, ne prouve-t-elle pas que l'auteur vouloit qu'il fût ignoré, puiſqu'il ne l'a pas fait paroître? A quelle fin le produire après ſa mort? Seroit-ce pour nous donner une idée de ſa manière d'écrire?........Quoique toutes ſes productions me ſoient chères, attendu la mépriſe où celle-là pouvoit entraîner, ſi elle avoit été en ma poſſeſſion, j'aurois cru, en la brûlant, faire un ſacrifice propitiatoire aux mânes de ſon auteur. Eh! quel eſt l'homme qui connoît aſſez peu les hommes, pour ne pas ſavoir, que la proſpérité eſt le tarif de leur eſtime, & que celui qu'on leur montre environné des horreurs de la misère, n'obtient d'eux qu'une pitié si outrageante, dût elle être prodigue de secours, que *Jean-Jacques* lui auroit préféré la triste situation qu'il peint avec tant d'énergie ? Mais cette situation n'étoit point la sienne : jouissez, Monsieur, du plaisir de le penser : il avoit sans doute fait ce *Mémoire* pour quelqu'un des infortunés que sa bienfaisance attiroit ; car il n'y avoit point de façon de les servir, qui ne fut à son usage. Voilà la seule hypothèse compatible avec les sentimens, & la position de *J. J. Rousseau.* Il n'étoit pas riche, il est vrai, parce que les moyens de le devenir, répugnoient à la dignité de son caractère ; il s'en est cent fois expliqué : mais il avoit à sa disposition des moyens honnêtes, je dirai même honorables, d'ajouter de l'aisance au nécessaire qu'il possédoit ; & s'il négligea de les employer, c'est que des motifs supérieurs à son propre intérêt dirigèrent toujours sa conduite. Je pense, Monsieur, qu'on doit conclure de tout ce qui s'est passé relativement à cet homme *extraordinaire*, tant durant sa vie, que depuis sa mort, qu'il a presque toujours eu des ennemis adroits, & des amis gauches; car il faudroit détester l'humanité, si on pouvoit croire que tous ceux qui ont nui au meilleur des hommes, en eussent eu l'intention.

» Je vous supplie, Monsieur, de vouloir bien donner place à ma lettre dans votre intéressant Journal, si vous jugez qu'elle en vaille la peine. Je serois bien flattée que vous daignassiez y répondre par la même voie. La saine partie du public qui s'occupe encore de *Jean-Jacques*, est sûrement dans la même incertitude que moi sur le problême que j'ai l'honneur de vous proposer, & me sauroit gré de lui en procurer la solution. Je n'ignore pas que vous avez une si invincible aversion pour les louanges, que vous n'en voulez point admettre, même en faveur de leur sincérité. Mais quelques vérités obligeantes que je me sens forcée de vous dire, seront-elles, pour moi, un titre d'exclusion? Les éloges d'une femme qui n'a, ne peut, ni ne veut avoir aucune espèce de célébrité, peuvent-ils allarmer votre délicatesse, & ne me trouverez-vous pas dans le cas de l'exception? je le souhaite vivement, Monsieur, je souhaiterois encore que vous crussiez me devoir quelque chose pour la justice que je vous rends, & qu'il vous parut digne de vous, de faire tourner votre reconnoissance au profit de mon sexe, en prouvant au public que Madame *du Riez-Genest* n'est pas la seule femme qui sache vous apprécier.

J'ai l'honneur d'être,

Monsieur,

Votre très-humble, & très obéissante servante,

DE LA MOTTE.

P. S. En commençant ma lettre, Monsieur, mon dessein étoit de risquer quelques observations sur le style de *l'avis*, inséré dans le *Mercure*; mais après y avoir bien pensé, j'ai cru que le rôle d'amie de *Jean-Jacques*, étant celui qui m'honoroit le plus, & me convenoit le mieux, je devois me borner à le remplir.

Ce 7 Décembre 1778.

Réponse de M. Fréron.

MADAME,

Si j'étois admis dans la confidence du messager des dieux de l'Encyclopédie, il me seroit facile de résoudre le problême que vous me faites l'honneur de me proposer. Mais j'ignore absolument ce qui passe dans le palais de *Mercure*, & ce qui se fabrique dans ses forges. Le cyclope qui a martelé l'avis dont vous vous plaignez, avec tant de raison, a pris soin lui-même de se dérober à votre vengeance, en se couvrant du manteau de l'anonyme. Comment donc vous livrer le coupable ? mes incertitudes sont égales aux vôtres. Mais ce qui me paroît prouvé d'après votre lettre, c'est qu'on auroit le plus grand tort d'attribuer un pareil *avis* à M. le Marquis *de Gerardin*. Vos raisonnemens sont faits pour dissiper tous les soupçons à cet égard.

N'en doutez nullement, Madame, *l'avis* en question est l'ouvrage d'un ennemi de *Rousseau*, ou d'une plume vendue à ses ennemis, d'autant plus cruels, qu'en le couvrant de blessures; ils feignent de caresser son ombre. Si c'étoit un ami de *Rousseau* qui eût publié cet *avis*, lui auroit-il fait les reproches que vous relevez avec tant de force dans cette lettre? Auroit-il choisi pour cela le moment où son ami est à peine descendu dans le tombeau? Auroit-il livré cet *avis* à l'impression, sans le communiquer auparavant à des gens de lettres liés comme lui avec l'illustre Genevois, qui en eussent fait disparoître les traits offensans pour ce grand homme, & qui eussent soufflé sur la boursoufflure du style dont il est écrit?

Je ne conçois pas qu'on ait pu soupçonner un seul instant M. de *Gerardin*, d'avoir mis au jour un *avis* de cette nature; lui qui a donné tant de preuves de son attachement à votre illustre ami? Est-il vraisemblable qu'il ait avancé que L'UNIQUE RESSOURCE de Madame *Rousseau*, *consiste en un recueil de petits airs composés par son mari?* N'auroit-il pas, s'il s'étoit exprimé ainsi, joint la maladresse à la cruauté? c'eût été désavouer en quelque sorte les services & les *ressources* que Madame *Rousseau* trouve dans son amitié, dans la sensibilité de son cœur. Je pense donc comme vous, Madame. On ne me persuadera jamais qu'il soit l'auteur d'un avis aussi méchant & aussi ridicule, & il doit se trouver fort offensé qu'on en ait eu même l'idée.

Quel qu'il soit, cet auteur ténébreux, il doit rougir de son ouvrage; qu'il continue d'ensevelir son nom dans l'obscurité pour laquelle il est fait. Cette précaution qu'il a prise, prouve qu'il a senti lui-même combien étoit indécent le rôle qu'il jouoit, & révoltant le ton qu'il osoit prendre en parlant d'un homme tel que *Rousseau*.

Je ne finirai point cette lettre, sans vous remercier, Madame, des choses obligeantes, que votre indulgence vous a dictées pour moi; votre manière de penser & d'écrire donne un nouveau poids à votre suffrage, & m'en font sentir tout le prix; puissé-je un jour m'en rendre digne!

Je suis, &c.

L'ANNÉE LITTÉRAIRE.

LETTRE XV.

Les Quatre Heures de la Toilette des Dames, poëme érotique en quatre chants, par M. de Favre, *de la Société Litéraire de Mets. A Paris, chez* Baſtien, *libraire, rue du Petit-Lion, fauxbourg Saint-Germain.*

L'ON ne peut, je penſe, qu'applaudir, Monſieur, au choix du ſujet de ce poëme. Chanter les *Quatre Heures de la Toilette des Dames*, c'eſt en effet, chanter les occupations les plus ſérieuſes dont la plupart des femmes d'aujourd'hui ſoient ſuſceptibles. Comme la moitié de leur vie eſt conſacrée aux ſoins de leur parure, il étoit naturel qu'il se trouvât quelque poëte, *à l'eau rose*, qui n'ayant rien de mieux à faire, perdît son temps à vanter celui que perdent nos petites-maitresses ; encore y a-t-il cette différence, que ce temps n'est pas absolument perdu pour elles, puisqu'il leur attire une foule d'adorateurs, au lieu que celui de M. *Favre* l'est entièrement pour lui, par la raison qu'il ne trouvera pas un seul lecteur. Il vous sera aisé de voir, dès les premiers vers du premier chant, que l'auteur eut beaucoup mieux fait de *rimer des vers utiles sur d'utiles sujets*, que d'inonder les toilettes & les quais d'un millier de vermisseaux qui n'attendent pour mourir qu'un coup-d'œil de la critique.

Quoique toutes les productions littéraires doivent avoir un but moral quelconque, vous n'exigeriez cependant pas cette condition dans un poëme du genre de celui-ci, & vous seriez satisfaits s'il renfermoit des peintures gracieuses, des détails piquans, un style fin, délicat, & même un peu coquet ; vous allez juger si celui de l'auteur a ces qualités. Voici son début.

Je chante l'heure du matin,
Où chaque belle à sa toilette,
Des cœurs méditant la défaite,
Colore ou rafraîchit son teint;
Et le réveil suivi du bain,
Et l'instant où sa main légère
Fait succéder avec gaîté
Au négligé d'une bergère
L'éclat d'une divinité.

Vous remarquez sans doute avec moi que *matin* & *teint* ne forment point une rime exacte. Vous observerez encore que ces trois *où* si près l'un de l'autre sont peu harmonieux, que l'on ne peut pas se faire à cette *main légère qui fait succéder avec gaîté l'éclat d'une divinité au négligé d'une bergère*. Pourquoi avec *gaîté*? Pour la rime, à la bonne heure, on ne peut rien répliquer à une aussi bonne raison; mais qu'est-ce que *le négligé d'une bergère* en parlant de femmes qui se lèvent à midi, qui se baignent, qui se parfument & se couchent à trois heures du matin? Certes, elles ne ſe ſeroient jamais doutées qu'on les prît pour des *bergères.* Pourſuivons ; les vers qui ſuivent immédiatement préſentent une invocation à l'Amour.

Amour, *doux charme de la vie!*
Prête-moi *tes pinceaux flatteurs*,
Viens embellir de *tes couleurs*.

Doux charme de la vie! C'eſt la dénomination que M. *de Favre* lui donne pour l'engager à lui prêter ſes pinceaux ; c'eſt comme ſi l'on diſoit à M. *Greuze* : *Gloire de la peinture*, *prête-moi ton pinceau*, &c. Vous voyez l'incohérence de ces expreſſions ; auſſi l'Amour, d'intelligence avec *Apollon*, ne s'eſt point rendu aux tendres inſtances de M. *Favre*, il l'a laiſſé travailler tout ſeul, & l'on s'en apperçoit bien. Voyons comment il décrit l'heure du matin.

Par-tout les fuſeaux, les aiguilles,
Précipitent leur mouvement.
Et l'or & la ſoie & l'argent,

Laſſent les doitgs des jeunes filles.
Tiſſus de brillantes couleurs
S'aſſemblent dans les mains *habiles*
Des induſtrieux artiſans.

Eſt-on poëte, eſt-on rimeur, verſificateur, proſateur, François même, Monſieur, lorſqu'on *aſſemble* de pareilles lignes? Ce ſont pourtant les vers les moins défectueux du poëme; car ſi l'on vouloit tout examiner avec rigueur, que ne diroit-on pas de ceux-ci, par exemple, adreſſés à la Beauté?

Morphée éloignant la lumière,
Malgré le jour & le *fracas*,
Au ſein de la *foule ouvrière*,
Sur le duvet étend *tes bras.*

Quel *fracas* de *T* qui s'entre-choquent! quelle dureté! quelle platte expreſſion que la *foule ouvrière!* M. *de Favre* eſt de la *foule ouvrière* des rimailleurs. Comment, après avoir lu les ouvrages de *Deſmahis* & du cardinal *de Bernis* ſur leſquels l'auteur dit dans ſa préface avoir pâli, comment, dis-je, ose-t-on faire imprimer des productions qui attestent ou l'impuissance absolue, ou la dépravation du goût la plus complette ?

Je suis arrivé malgré moi, & en *étendant les bras*, à l'endroit où M. *de Favre* parle de l'*Amour* & de *Psiché*; car il faut que vous sachiez qu'il a appellé la fable à son secours pour lier des épisodes à chaque chant de son poëme. Dans le premier, il feint *Psiché* endormie; s'il parloit de ses lecteurs, ce ne seroit point une fiction; dans cet état *Psiché* est *pressée par des songes qui lui prêtent leurs couleurs, qui la parent de fleurs, qui lui peignent le plaisir, &c. &c.* Elle parle, & si nous en croyons l'auteur, il *faut prêter l'oreille;* la loi me paroît dure; aussi je vous fais grace de toutes les *sottises* que profère sa belle bouche; elle rêve, c'est une excuse; mais l'Amour qui a la force de ne pas dormir, est assez complaisant pour s'approcher d'elle, ce qui paroîtra d'autant plus étonnant, qu'il n'a que des *sottises* & des fadeurs à lui répondre. L'auteur se lasse enfin de le faire *jargonner*, & conduit son lecteur, *pressé par des songes*, au second chant rempli par l'histoire, toute nouvelle, de *Diane* & d'*Endymion*.

Diane veut se baigner dans les eaux du fleuve *Scamandre*; elle revient de la chasse, avec ses chiens *haletans*. Là,

> *Diane* approche & craint,
> Prend la main du dieu qui l'attire;
> *Mouille une jambe, la retire*,
> Et voudroit être dans le bain.
> Elle sent *se radoucir* l'onde,
> Et brisant le vaste miroir,
> *De toutes parts l'écume abonde*,
> *Grossit*, &c.

Quelle finesse dans les idées! Après bien des petites façons, comme vous avez vu, *Diane* s'est jettée dans le bain, lorsque l'onde, qui avoit d'abord pris de l'humeur, s'est *radoucie*: mais n'imaginez-vous pas, en lisant la fin de ce passage, que si l'auteur eût eu, comme *Virgile*, à peindre *Protée* descendant à la mer avec ses veaux marins, il n'eût pu s'exprimer avec plus d'énergie? L'*écume abonde*, elle abonde de *toutes parts*, elle *grossit*; l'insolente! Ce n'est pas tout; *Diane* est abandonnée par ses nymphes. Tous les tritons alors, gens sans façon, lui *prennent* & lui *rendent un baiser*, ce qui amène cette comparaison pleine de galanterie:

> Chacun d'eux caresse une *rose*;
> Et la *cueillir* & l'*arroser*
> N'est pour *eux* qu'une même chose.

Scamandre, qui est épris des attraits de la déesse, devroit au moins s'opposer à ces caresses tritonniènes; mais il a de bonnes raisons pour ne point les interrompre, & il dit confidemment à *Diane*,

> Rassurez-vous, chaste déesse;
> L'humide *essaim* qui vous caresse,
> Vous prépare à la volupté
> Sans offenser votre sagesse.

Avec un poëte comme M. *de Fayre*;

on eſt, à chaque vers, dans un nouvel étonnement ; par exemple, n'eſt-il pas tout-à-fait ſingulier qu'il applique le mot d'*eſſaim* à dès *tritons*? on dit un *eſſaim* d'abeilles. M. *de Favre* dit un *eſſaim* de tritons ; il diroit auſſi bien un *eſſaim* d'éléphans, & cela, pour montrer qu'il ſe diſtingue de l'*eſſaim* de nos jeunes verſificateurs.

Je vous avoue, Monſieur, que j'ai beaucoup ſouffert pour *Diane*, à qui le fleuve fait un crime *du triſte honneur de ſes vertus*, elle qu'il vient d'appeller *chaſte*, elle qu'il a voulu *raſſurer*? On eſt tenté de croire pourtant qu'il a voulu la perſiffler ; car il y a des perſiffleurs par-tout : il lui rappelle malignement ſes intrigues avec *Endymion* ; vous concevez, Monſieur, que ces propos font rougir la *chaſte* déeſſe. Pour toute réponſe, elle tourne le dos au fleuve, & s'amuſe à éclater en reproches contre le berger d'Arcadie ; elle l'appelle, & bientôt il va venir la trouver ſous des *berceaux de myrthe, de lilas, d'oranger, de jaſmin*, &c. Ne les attendons pas ;

Monsieur, hâtons-nous plutôt d'aller trouver *Europe* à sa toilette dans le troisième chant. Le sujet est le *petit pot de rouge dérobé à Junon*; d'abord, l'auteur fait la description d'une toilette . . . .

Où les dieux du *volage essaim*
Tiennent élevés sur ce trône
Des graces la *noble* couronne,

Une nymphe y apporte le fard divin de *Junon*. *Europe*, en le voyant, s'écrie modestement :

Que la nuance en est parfaite !
A mon *teint* il ressemble *tant* !
La *furtive* nymphe est discrette,
Le bien des jaloux est *tentant* . . . .
Europe vole à sa toilette.

Il faut rendre justice à l'auteur ; il a mis ici de la richesse dans ses rimes *tant*, *tentant*, cela rime triplement à l'oreille. Il y a une petite amphybologie dans les deux derniers vers : le sujet est un petit pot de rouge dérobé. Après ce vers : le *bien des jaloux est rentans.* .... On peut s'imaginer, sans peine, que l'auteur, en disant qu'*Europe* VOLE *à sa toilette*, s'est exprimé comme *arlequin*, qui dans la *Sylphide*, voyant qu'on enlève un procureur dans les airs par des machines, s'écrie : *Messieurs ne vous étonnez pas, c'est un procureur qui* VOLE.

Dès qu'*Europe* est devant son miroir :

> Léger transparent de linon
> Sur ses épaules se déploie,
> Linon charmant que l'art emploie
> Pour le coup-d'œil de la raison.

Quel fade gallimathias ! Entendez-vous, Monsieur, ce que veut dire un *linon charmant*, car tout est charmant aujourd'hui ; *que l'art emploie pour le coup d'œil de la raison.* Ces vers ne sont assurément point faits pour soutenir le *coup-d'œil de la raison* : au moins, y a-t il plaisir à lire les *Fardeau*, les *Ducoudray* ; ils s'expriment on ne peut pas plus clairement, & on devine tout de suite leurs pensées, QUAND ILS EN

ONT ; mais ceci eſt bon à renvoyer dans l'enclos des logogryphes dont M. *de la Harpe* eſt le ſeigneur ſuzerain.

Cependant la toilette avance ; les perſonnages y ſont en grand nombre ; au lieu d'abbés, on y voit les *grâces*, les *nymphes*, l'*amour*, les *attraits*, juſqu'à *Eſculape*, qui s'y trouve auſſi pour

Changer ſon art en l'art de plaire.

De longs diſcours faits pour amuſer *Europe*, ſont *lâchés* ici pour ennuyer les lecteurs ; ils ceſſent fort heureuſement. Alors,

Perinna, Cyrille, Arachné,
Apportent ces gazes *naïves*,
Ces blondes, ces rubans nués
Que le *bon goût* a façonnés.

Un moment après,

Paroît ce myſtérieux vaſe
Qui renferme ſeul le plaiſir.

C'eſt le pot de rouge qui va être employé. Soudain

Les aquilons ſemblent combattre,
Diſputer la place aux éclairs,
A cent carreaux près de s'abattre
Sur ce ſeul point de l'univers.

Voilà bien du fracas pour un petit pot de rouge! Mais dans quel ſiècle ſommes-nous donc Monſieur, pour être obligés de lire de ſi pitoyables écrits! L'auteur *jargonne* quand il nous dit que *les aquilons diſputent la place à des carreaux près de s'abattre.* Ne vous ſemble-t-il pas voir deux confréries qui ſe rencontrent & qui ſe diſputent le pas? Savez-vous quelle eſt la de tout ce tintamare céleſte? c'eſt *Junon* qui donne tous les ſignes d'une vengeance prochaine, parce qu'elle a ſur le cœur le larcin de la nymphe *furtive*; mais *Jupiter*, toujours diſpoſé à narguer ſon épouſe, ſouſtrait *Europe* à ſes coups, & la tranſporte en des climats éloignés, ce qui amène heureuſement pour nous la fin du troiſième chant.

Souffrez que je reſpire, Monſieur, avant de vous parler du quatrième.... L'auteur le commence ainſi:

Si ma muse, en vantant le fard,
Fit une indiscrette peinture,
Zélis, d'une aimable imposture,
Ne rougissez point à l'écart.

Je souhaite pour M. *de Favre* que l'on se contente de *rougir à l'écart* de ses *peintures indiscrettes*, pour moi, j'ai trouvé jusqu'ici ses gazes un peu trop *naïves*; peut-être me raccommoderai-je avec lui en voyant les *gazes décentes* qu'il laissera tomber sur *Thétis*. L'heure du coucher est arrivée, & cette déesse est prête à recevoir *Apollon*. Le dieu du jour arrive, & comme l'auteur a le sécret de faire parler ses personnages lorsqu'ils ne sont pas en action, il emploie cinq pages entières à les faire discourir. Enfin après avoir fermé la bouche à *Thétis*.

Elle dit: & sur l'horison,
Une main *douce* & *caressante*
Que la pudeur *lui rend* tremblante,
A saisi la main d'*Apollon*.

Thétis plus touchante est *plus* belle,
Ses transports sont *plus* vifs, *plus* doux;
Apollon redouble pour elle
Tous les feux qu'il éteint pour nous.

Si je voulois faire une mauvaise plaisanterie, je dirois qu'il est fort heureux pour nous que *Thétis* ne puisse lire ce poëme au dieu du jour, parce qu'à coup sûr, il ne se leveroit pas demain.

Convenez donc, Monsieur, qu'il n'y a rien de *plus* froid, de *plus* fade, de *plus* insipide que cette production. Je crois que le meilleur conseil qu'on puisse donner à son auteur, seroit de renoncer à la poësie.

J'oubliois de vous dire que chaque chant est décoré d'une estampe digne des vers. Vous connoissez ce rondeau: *tout en est beau, papier, dorure, caractères, hormis les vers qu'il falloit laisser faire à la Fontaine*; ici on peut dire au rebours, *tout en est laid, papier, gravures, rimes*, &c. &c. &c.

Je suis, &c.

LETTRE XVI.

Lettre de M. l'abbé Royou, *professeur de philosophie au collège de Louis-le-Grand.*

MONSIEUR,

JE viens de lire, dans le N°. 29 des *Annales Politiques*, &c. un éloge de *l'Année Littéraire*, d'autant plus honorable pour les auteurs de ce Journal, qu'aucun d'eux n'a la moindre relation avec M. *Linguet*. Cet écrivain célèbre regarde *l'Année Littéraire* comme *la mieux écrite des feuilles périodiques, sans exception, comme le seul asyle qui reste au bon goût & aux vrais principes en plus d'un genre.* Il ne me convient ni de contredire ni d'approuver ces éloges : mais M. *Linguet* m'attribue toute la gloire qui doit revenir aux auteurs du Journal ; & sur cet article il s'est malheureusement trompé, sans doute, parce que, ayant sçu que j'avois fait quelques articles auxquels le public avoit eu la bonté de sourire, il aura pensé que j'étois aussi l'auteur de ces extraits, qui sont de vrais ouvrages, qui supposent un goût exquis, une littérature immense, une érudition rare.

De tous les éloges dont M. *Linguet* me gratifie, je n'en reçois aucun que celui qu'il fait de mon zèle contre les ennemis de la religion, soi-disans philosophes; aussi est-ce uniquement à les combattre que j'emploie mes foibles talens, & je déclare que je ne travaille guères qu'à la partie polémique du Journal, comme plus analogue à mon état & à mes connoissances. Si j'ai quelquefois égayé le public aux dépens des *la Harpe*, des *Palissot*, &c. quel mérite y a-t-il à cela,

Puisque leur nom suffit pour exciter le rire.

Mais ces articles importans de littérature qui ont mérité les éloges si flatteurs de M. *Linguet*, je proteste que je n'y ai aucune part, & qu'ils sont l'ouvrage de M. *Fréron* & de l'habile

LETTRE XVII.

Compliment adressé à M. de la Harpe *au sujet de son extrait de l'Ode sur la guerre présente, après le combat d'Ouessant.*

OUI, Monsieur *de la Harpe*, c'est pour vous féliciter que je prends aujourd'hui la plume. Vous avez galamment imprimé que, *pour avoir du pain des prêtres, la famille Fréron* parsemoit l'*Année Littéraire* d'invectives contre votre hautesse. Eh bien! pour prix d'une si agréable gentillesse, je vous sacrifie jusqu'à ma subsistance, &, renonçant *au pain des prêtres*, je vais, seul contre tous, me déclarer votre champion. Tout le monde avoit cru jusqu'ici, que vous étiez un critique injuste, un ennemi implacable, un homme incorrigible. Moi, je vais apprendre à l'univers étonné, que personne n'est plus docile que vous à la correction. En effet, dès qu'on vous a reproché d'avoir critiqué l'*Apologie de M. Gil-*

bert avec une partialité révoltante, de n'avoir pas même pris ſoin de déguiſer votre reſſentiment, n'avez-vous pas profité de cet avis, & ne faites-vous pas aujourd'hui les plus grands efforts pour cacher votre reſſentiment, & donner, s'il ſe peut, quelque poids à vos vives cenſures, en y mêlant quelques éloges indiſpenſables? Si l'on m'objecte l'injuſtice du plus grand nombre de vos critiques je répondrai que les bleſſures profondes que vous a faites le ſatirique ne pouvoient vous laiſſer cette tranquillité d'eſprit néceſſaire pour juger froidement l'ouvrage de votre détracteur, qu'il faut bien accorder quelque choſe à votre juſte douleur, & qu'on doit applaudir du moins aux bonnes diſpoſitions que vous témoignez. C'eſt afin de les fortifier que je prends la liberté de vous donner encore quelques conſeils ; je ſuis perſuadé qu'ils ſuffiront pour conſolider votre converſion, pour faire de vous un modèle d'impartialité, & que déſormais toutes vos critiques, également dictées & par le goût & par l'équité, seront autant de petits chef-d'œuvres. Parcourons donc ensemble votre nouvelle *Anti-Gilbertine* : en voici le défaut.

« De la même plume dont M. *Gil-*
» *bert* attaque les plus grands talens
» qui aient illustré notre littérature,
» il célèbre la gloire de nos succès
» militaires & politiques ».

Quel grand homme, vous excepté, la muse de ce poëte a-t-elle voulu dégrader? L'a-t-on vu se déchainer contre les *Corneille*, les *Racine*, les *Crébillon*, les *Malherbe*, les *Rousseau*, les *Boileau*, les *Molière*, les *Bossuet*, les *Pascal*, les *Bourdaloue*, les *Buffon*, les *Jean-Jacques*? N'est-ce pas au contraire pour châtier leurs détracteurs qu'il s'est armé du fouet de la satire? Combien sont heureux les *Saint-Ange*, les *Gudin*, les *Fréville*, les *Durosoi*, les *Mercier*, les *Suard*, les *Gaillard*, &c. d'avoir été associés à vos tourmens dans les satires de M. *Gilbert*. Le public les releguoit parmi la populace des écrivains médioeres, & parce qu'ils ont eu le bonheur d'être nichés dans une satire, à vos côtés, les voilà gratifiés d'un brevet d'immortalité, & mis au rang *des plus grands hommes qui aient illustré notre littérature.*

« Il (M. *Gilbert*) change de caractère » en changeant de sujet ». Il a tort, en effet, de ne pas imiter ces poëtes dont les tragédies sont écrites du style familier d'une épitre; dont les odes ressemblent à une suite de madrigaux, dont tous les écrits sont imprégnés du fiel de la satire.

« Il passe de l'amertume de la satire, » à l'enthousiasme de la louange: CAR » enfin *Hesiode* a dit: le chanteur » porte envie au chanteur; mais il » n'a pas dit que l'homme de lettres » portât envie au guerrier ». M. *Gilbert passe de l'amertume de la satire à l'enthousiasme de la louange: CAR* Hésiode *a dit que le chanteur porte envie au chanteur.* Ce *car*, en son genre, me paroît aussi plaisant que celui de l'*intimé* dans les *Plaideurs*. J'ai relu plusieurs fois ce morceau pour découvrir, la liaiſon des deux membres de cette phraſe. Elle échappe à ma foible intelligence ; peut-être eſt-ce l'apparition ſubite & ineſpérée d'*Héſiode* qui a troublé mes idées ! Dépouillons donc cette période, à la manière de *Petit-Jean*, du luxe d'érudition dont elle eſt ſurchargée. Ecartons *Héſiode* qui n'avoit pas beſoin en cette affaire. Alors tout ce fatras ſe réduit à dire que M. *Gilbert* fut porté par l'envie à vous ſatiriſer ; mais qu'il ceſſe d'être envieux dès qu'il célèbre des guerriers. Quelle eſt donc cette noire manie, qui, troublant votre cerveau, vous repréſente l'envie, ſans ceſſe aux aguets, toujours prête à déchirer vos écrits & votre perſonne ? Que pourroit vous envier un poëte dont tous les écrits ont été couronnés du ſuccès le plus brillant ? Vous envieroit-il le biſarre honneur d'avoir rempli le parnaſſe François du bruit de vos chûtes & du ſcandale de vos querelles ? Vous envieroit-il le rare privilège d'être périodiquement célèbré dans tous les Journaux étrangers,

étrangers & nationaux, qui se disputent, comme à l'envi, la gloire de vous rappeller au souvenir du public? Vous envieroit-il l'avantage d'avoir entassé dans le magasin d'un libraire six gros volumes, qui y sont enfermés comme dans un dépôt inviolable? Vous envieroit-il enfin la pompe comique de ce convoi funèbre *, que tout Paris honora de sa présence & de ses applaudissemens? Eh! quoi, se pourroit-il que les fureurs de l'envie ne fussent pas encore appaisées par cette multitude de victimes que vous lui sacrifiez depuis si long-temps pour expier les fautes d'autrui **, le succès

* La pantomime ingénieuse de la tragédie des Barmécides, représentée sur le théâtre d'*Audinot*, se terminoit par l'inhumation d'une *harpe*, image naturelle de l'oubli profond où sont ensevelis dès le berceau tous les ouvrages de M. *de la Harpe*.

** Ceci fait allusion au manuscrit du père *Kirly*, jésuite, intitulé *tragédie de Varwick*, manuscrit que M. *de la Harpe* a reçu, il y a environ vingt ans, d'un marchand Bonnetier de *Saint-Germain*, qui avoit joué dans la tragédie du père *Kirly*. Les choses s'éclaircissent tous les jours! Bientôt il ne restera plus de nuage.

de *Varwick*. Guérissez-vous donc de cette maladie imaginaire. Soyez sûr que l'envie ne rode que dans les lieux où habite la gloire, & que l'une & l'autre n'ont rien de commun avec vous. Jouissez donc en paix du bonheur attaché à la médiocrité, & gravez bien dans votre esprit ce qu'on vous à dit cent fois, *que vous n'avez que des ennemis domestiques, votre amour propre & vos écrits.*

Voilà les réflexions que j'avois à faire sur votre exorde. Examinons à présent les critiques que vous hasardez sur l'ouvrage de M. *Gilbert*.

Vous citez les deux premières strophes que vous daignez juger *poëtiques*; mais bientôt, comme si vous vous repentiez d'avoir laissé tomber de votre plume cet éloge trop indulgent, vous relevez magistralement un vers qui commence par deux *p* : *à peine*, *pour*, *combattre*, &c. Critique vraiment profonde! C'est néanmoins une chose fort heureuse que cette délicatesse d'oreille ne vous soit survenue que depuis peu; de combien de vers admirables nous eussions été privés, si vous eussiez forcé votre génie à éviter la répétition des mêmes consonnances! Quel bonheur que les suivans ne nous aient pas échappé!

Mais, *dis-tu*, que *de* temps, que *d'étude* & *de* soin,
*P*our *p*laire à des *esprits* dont je me sens si loin.

Cet autre vers, *il laisse au loin la mer déserte*, vous paroît aussi *manquer d'harmonie*. Il n'est pas possible de vous contredire sur l'harmonie après les doctes leçons que vous a données l'anonyme de Vaugirard. Mais sera-t-il permis de vous représenter qu'il seroit ridicule de sacrifier une belle image pour quelques *sons harmonieux*, & que d'ailleurs ce vers, presque tout composé de monossyllabes, peint, par la longueur de la prononciation qu'il exige, l'étendue des plaines liquides. Oserois-je encore vous faire remarquer l'adresse du poëte qui brise sa phrase après le mot *déserte*, afin que l'esprit s'arrête sur cette expression & sente mieux l'image qu'elle présente. Si vous connoissez ces artifices de l'art, vous deviez admirer ce vers bien loin de le critiquer.

Vous regardez comme une *hyperbole froide, ridicule, digne d'un déclamateur amoureux de paroles*, l'épithète *jadis célèbres*, donnée par le poëte aux ports d'Angleterre dans un moment d'enthousiasme où il retrace la fuite de nos ennemis. Je ne dirai pas que *Longin* regarde l'hyperbole comme la figure favorite des poëtes, que *la Bruyère* dit *que les grands esprits ne peuvent s'en rassasier*; ces autorités ne pourroient, en effet, contrebalancer la vôtre ; mais j'observerai que la vérité *poëtique* ne suppose presque jamais la vérité *réelle*. Ce n'est pas la fuite seule des Anglois qui autorise le poëte à nommer *jadis célèbres* les ports ennemis, c'est le présage d'autres défaites qu'il tire de cette fuite. Ainsi l'heureuse exagération qu'il s'est permise est justifiée par la passion qui l'anime, & il n'y a qu'un froid rimailleur, qui puisse se permettre cette exclamation. Quoi ! *parce que les Anglois ont eu du désavantage dans une action, leurs ports ont ils cessé d'être célèbres ?* . . . .

La troisième strophe de l'ode de

M. *Gilbert* vous a déplu singulièrement. Vous y remarquez trois fautes épouvantables. *Publioit nos vaisseaux prisonniers* vous paroît une expression séche & *prosaïque*. Cependant, en prose, on diroit *publioit que nos vaisseaux étoient prisonniers*, & *publioit nos vaisseaux prisonniers* forme une ellypse, qui est une véritable beauté en poësie; mais qu'on pardonneroit difficilement à la prose.

Dans la même strophe vous condamnez encore ce beau vers, *qu'ils enchaînoient dans leur pensée*; il vous semble *une espèce d'amphigouri*. Cependant *Corneille* répète sans cesse, *vainqueur en idée*, *chef en idée*, &c. Le grand *Rousseau* dit, en parlant de l'Ottoman, *il renverse en espérance le siege de l'empire*. Mais peut-être *Corneille* & *Rousseau* ne sont que des poëtes amphigouriques. Du moins vous respecterez *Racine* dont vous êtes le successeur. Eh bien! *Racine* a dit en parlant d'*Alexandre*, *Dans son avide orgueil je sais qu'il nous dévore*.

La même strophe vous fournit encore une autre critique. *Braver des périls aussi grands que son nom*, *forme*, suivant vous, *une phrase vuide de sens*. Le sens de cette phrase me paroît cependant fort clair, néanmoins je ne l'approuve point ; mais c'est uniquement parce qu'elle renferme un madrigal indigne de la majesté qui règne dans l'ode de M. *Gilbert*. Mais vous, M. *de la Harpe*, qui trouvez aujourd'hui ce vers *vuide de sens & ridicule*, vous ne vous en êtes pas douté, lorsque dans cette sublime épitre au *Tasse*, accordée enfin aux voeux de *l'Europe qui l'attendoit* avec impatience, vous vous êtes écrié,

O toi, que le destin, complice de l'envie,
Accabla d'un *malheur égal à ton génie* !

Qui vous a donc appris que la grandeur *d'un péril* (ou *d'un malheur*) *n'a aucun rapport avec la grandeur d'un nom ?* C'est l'Année littéraire, tom. V, p. 295 dont vous avez emprunté ces paroles. Vous lisez donc, parjure, cette maudite *Année littéraire*, malgré le serment que vous avez fait de ne la lire jamais. Je ne vous pardonne pas d'avoir relevé avec tant d'aigreur une faute où votre autorité seule a précipité M. *Gilbert*. Pouvoit-il hésiter quand il a vu le *Racine* nouveau employer la comparaison de *la grandeur du malheur avec la grandeur du nom?*

Craint-on de s'égarer sur les traces d'*Hercule?*

Après un court éloge de la superbe strophe de *Dunkerque*, vous annoncez que vous allez enfin passer à l'énumération des défauts que vous vous croyez obligé de relever pour l'instruction publique : mais avant d'entrer en matière vous faites une longue sortie contre les *nouveaux critiques*, qui n'applaudissent que les expressions boursoufflées, & qui *méprisent le style de Racine*. Je crois que vous créez ici un monstre pour le combattre, & que, nouveau *don Quichotte*, vous vous battez contre des moulins à vent. Qui a jamais blâmé le style de *Racine*? Parce qu'il a plu à M. *de Voltaire* de vous appeller, par dérision sans doute, le successeur de *Racine*, avez-vous pensé qu'on ne pouvoit critiquer vos poësies, sans devenir ennemi de l'auteur d'*Athalie.* Ah! Mr *de la Harpe*, on vous invite à croire que la gloire de *Racine* n'est pas tout-à-fait liée à la vôtre, & que ce n'est pas *mépriser le style de Racine* que de rire de l'*Ode à la Navigation*, de l'*Epitre au Tasse*, *des Conseils à un jeune Poëte*, &c.

Le plus grand défaut que vous reprochez à l'ode de M. *Gilbert*, c'est l'excès *des apostrophes*. Vous en comptez jusqu'à quinze dans dix-neuf strophes. Il est vrai que dans ce nombre il en est quelques-unes qui ne sont que des exclamations, figure bien différente de l'apostrophe, comme celles-ci, *ô tendresse*, *ô transport*, par la gloire permis; *couple heureux*; &c. D'ailleurs j'ai relu, suivant votre conseil, plusieurs odes de *Malherbe* & de *Rousseau*, & j'ose dire qu'il en est qui abondent plus en apostrophes que celle de M. *Gilbert*, & je n'en suis pas surpris.

N'est-ce pas en effet cette figure qui anime, vivifie le style lyrique, & le distingue d'une froide narration; mais ce qui donne à votre critique un caractère de mauvaise foi, c'est que la même apostrophe vous la répetez deux fois, pour en grossir la liste; enfin la forme & le but de cette ode ne permettoient-ils pas d'accumuler cette figure beaucoup plus que dans tout autre ouvrage? C'est un discours direct adressé à nos guerriers pour les exhorter à soutenir l'honneur de leurs premières armes. Un pareil discours n'est-il pas nécessairement une apostrophe continuelle?

Après cette censure générale vous descendez dans les critiques de détail. Cette strophe admirable sur l'Amérique, pleine de mouvement & de rapidité vous paroît pitoyable. Il faut la rapporter.

Peignez votre univers, *où leur pouvoir expire*,
De leur domaine ingrat, retranché pour jamais,
La liberté transfuge, opposant à l'Anglois
Empire élevé contre empire,
Leurs climats épuisés d'hommes & de trésors;
Les champs Américains dévorant leurs armées;
Leurs *flottes en vain consumées*,
Leur triple état courant s'engloutir sur vos bords.

Dans cette strophe vous mettez en italique ces mots: *où leur pouvoir expire, de leur domaine ingrat*, c'est une maniere de critiquer fort aisée. J'ignore ce qui a pu vous choquer dans ces expressions, & je ne sais que répondre à un caractère italique; mais vous demandez *ce que veulent dire des flottes envain consumées.* Ah! la réponse est fort aisée, elles veulent dire des flottes consumées inutilement, sans en avoir retiré le moindre profit; circonstance qui n'est rien moins qu'inutile. *Leur triple état courant s'engloutir*; *est une expression boursoufflée.* Il est vrai que c'est une grande image, une métaphore hardie, mais qui n'est pas plus boursoufflée que cette autre toute semblable qu'il vous à plu d'épargner; *de nouveau sur les mers tout Albion s'avance.* Enfin *opposant empire élevé contre empire* renferme, suivant vous, *un solécisme inexcusable, qui rend la phrase barbare*, & il faudroit, à votre gré, *opposant empire contre empire.* Je sais qu'il n'est personne de plus énergique que vous sur les qualifications qu'il faut donner aux prétendues fautes de vos rivaux; *enflure, galimathias, bouffissure, barbare, baroque, &c.* Vous avez un tiroir bien garni de semblables gentillesses que vous vuidez en leur faveur, mais vous devriez songer à faire une plus heureuse application de ces notes précieuses. En effet, vous reprochez un solécisme à M. *Gilbert* qui n'en a point commis; car où est le solécisme dans ces mots, *opposer empire élevé contre empire*? On dit très-bien, *empire élevé contre empire*. C'est donc dans la suppression de l'article *un*, que *gît* cette faute énorme qui anime votre courroux critique, vous desireriez donc qu'on eût dit, *opposer un empire élevé contre un empire*; mais ce ne peut pas être là votre idée; puisque vous dites, *s'il eût mis opposant empire contre empire, la phrase eût été correcte, le verbe élevé mis entre les deux la rend barbare*. Daignez nous expliquer comment ce verbe *élevé* retranché de la phrase peut dispenser de mettre après le verbe *opposer*, l'article *un*; & comment par l'addition postérieure du mot *élevé* cet article devient nécessaire après le verbe. Expliquez-moi cela, M. *de la Harpe*; *Et eris mihi magnus Apollo*. Ainsi, M. *Gilbert* n'a commis aucun solécisme. Mais en voulant lui reprocher une faute imaginaire, vous en commettez une bien réelle. Vous dites que la phrase eût été correcte si le poëte eût mis *opposant empire contre empire*; vous vous trompez. On ne dit point *opposer batterie contre batterie*, *opposer la force contre la force*; mais *opposer batterie à batterie*, *opposer la force à la force*. Voyez le Dictionnaire de l'Académie. Ainsi votre correction est aussi maladroite que votre critique étoit injuste. Il faudroit non-seulement, quand on critique, être bien sûr qu'on a raison; mais du moins ne pas tomber soi-même dans les fautes qu'on reproche injustement aux autres.

Je ne m'arrête plus qu'à la strophe qui vous paroît *tout-à-fait inintelligible*, où M. *Gilbert* exhorte éloquemment nos guerriers & leur dit :

Triomphons ou mourons. Quel opprobre éternel,
Si la plus noble paix, digne prix de nos armes,
Ne suit les premières alarmes
Dont Louis voit troubler son règne paternel!

Vous avez eu beau rapporter ces vers en caractère italique, ils n'en paroîtront pas plus mauvais. Qu'y a-t-il donc là de si obscur? Je vous plains si le sens de ces vers vous échappe. Aussi après les avoir cités, vous ne les trouvez plus si obscurs, mais plutôt bien risibles. « Si *Tyrthée*, après » avoir dit aux Spartiates, *triomphons* » *ou mourons*, eût ajouté, *quel opprobre*, si nous ne faisons *la plus noble* » *paix!* On peut croire que les Spar» tiates, qui ne rioient guères, au» roient répondu *par un éclat de rire* ». Je suis donc un homme bien triste, car pour moi je ne vois pas là le plus petit mot pour rire, & j'admire la gaîté de M. *de la Harpe*, dont ces vers font épanouir la rate. Quoi! dire à des guerriers, » il faut vaincre ou mou» rir, n'allons pas deshonorer, par une » paix honteuse, nos premiers succès & » les premières armes du meilleur des » princes », *c'est-là une manière bien étrange de terminer une strophe!* En vérité, je suis tout ébaubi de l'étonnement, du rire convulsif que cette strophe excite chez M. *de la Harpe*. Si ces vers eussent produit de si grands éclats chez les Spartiates, peu enclins à la gaîté, quelle sensation ne doivent pas produire chez une nation vive & badine un millier de vers répandus dans vos œuvres, qui ressemblent à la peinture de l'*Amant de la Nature, assis entre ses bras*, au bord de la fontaine de Mendon. . . . .

Vous lui parlez, à peine il entend vos discours,
A peine il vous répond. L'onde est LA *qui murmure;*
Il compte les cailloux qu'elle effleure en son cours.
. . . .
Cruels! n'approchez point, ne l'interrompez pas.

Je me lasse de relever de pareilles bévues. Toutes vos autres critiques sont aussi injustes, à l'exception de celles que vous faites sur les quatre vers qui terminent la dernière strophe, *ici sont les Anglois; &c.* sur les *cités enceintes de guerriers*; sur *le trône des états humiliés*; sur l'épée qui doit *la mer pour appanage*; je n'en excepte que celles-là, & vous vous êtes trompé sur tout le reste, puisqu'il vous a plu, pour avoir l'air d'un profond critique, d'admirer l'image de la *guerre inteſtine qui tient une ruine pendante ſur le front du tyran des eaux*, image qui a le bonheur de vous plaire, parce qu'elle déplait à tout le monde.

Mais ſi vos critiques ne décèlent pas un goût bien délicat, vous avez au moins fait parade d'une vaſte érudition. *Héſiode*, *Quintilien*, *Pétrone*, *Voltaire*, cités à propos, prouvent que vous avez étudié les bons modèles. Il n'y a que ces vers d'*Horace* qui vous ont échappé & que je vous prie de méditer.

. . . . Sectantem lævia nervi
Deficiunt animi que; . . . .
Serpit humi tutus nimium timidusque procellæ.

Je vous prie encore de vous rappeller ce paſſage de *Quintilien*, où cet arbitre immortel du goût a ſi bien caractériſé votre génie & votre averſion pour les figures hardies, en parlant de ces auteurs *dont la compoſition n'a ni ſuc, ni force, ni nourriture*, qui traitent la maigreur de ſanté.

« Il y en a au contraire qui regar» dant cet aſſaiſonnement, ces délices, » comme un amorce dangereuſe, les » craignent, les évitent & n'aiment que

» ce qui est tout uni, tout simple, pour
» ne pas dire plat, sans sel & sans force.
» Ainsi la crainte qu'ils ont de tomber
» quelquefois, fait qu'ils sont toujours
» rampants ». Liv. 8, chap. 5.

Je vous conseille sur-tout d'être désormais plus prudent dans le choix de vos citations. Vous terminez savamment votre sublime extrait par ces vers de *Voltaire*.

> L'ame est un feu qu'il faut nourrir,
> Et qui s'éteint s'il ne s'augmente.

Comment n'avez-vous pas senti qu'on se diroit ; mais depuis *Varvick*, qu'a produit M. *de la Harpe* ? *Timoleon* qui a été sifflé & qu'il a brulé ; *Pharamond* qui a été berné & qui a péri dans le commun incendie ; *Gustave* qui a été conspué & qu'il refait ; *Mélanie*, *Mensikoff*, les *Barmecides* qui ont été honnis ; l'Ode à la *Navigation* ; les *Conseils à un jeune Poëte*, *&c.* qui ont fait la risée de tout Paris. Le feu de son génie ne s'est donc pas *augmenté* il s'est donc *éteint*, il est mort :

> Dieu fasse paix au pauvre trépassé.

Je suis, &c.

LETTRE XVIII.

Suite des Epreuves du Sentiment par M. d'Arnaud, *tome V, seconde anecdote*, Henriette & Charlot, *prix 3 livres broché. A Paris, chez* Delalain, *libraire, rue de la comédie Françoise.*

ON voit tous les jours des pères barbares qui, dans les liens dont ils enchaînent la destinée de leurs filles, immolent la nature à l'orgueil du rang ou à l'éclat de la fortune; les dégoûts, les peines, la langueur & l'indifférence, sont les tristes fruits de ces unions formées sans l'aveu du cœur: mais quel enchaînement de malheurs, quelle suite de chagrins, d'amertumes, de crimes & d'opprobres, si un amour criminel s'empare d'une ame neuve & sensible, qui a juré aux pieds des autels le serment de fidélité; quels reproches ne mérite pas l'ambition du père? Il est encore plus coupable que sa fille; elle inspire la pitié, & lui l'indignation : car c'est lui qui a poussé la victime dans le précipice ; pour peu que la tendresse paternelle se réveille, quelle douleur, quel désespoir empoisonneront ses derniers jours ? M. d'*Arnaud* a envisagé ce but moral dans l'anecdote dont je vais vous tracer l'analyse, & il y a répandu le fonds inépuisable de sensibilité qui le distingue de tous nos romanciers modernes.

Aglaé, fille du comte de *Valencey* & de la fameuse *Diane de Poitiers*, avoit épousé, avant sa quinzième année, le prince *d'Henneberg*. Elle rassembloit tous les charmes. Son extrême jeunesse ayant empêché la consommation de son mariage, son époux étoit parti pour l'Allemagne, où les intérêts de sa maison le retenoient depuis deux ans. *Aglaé* s'ignoroit encore elle-même, & languissoit dans le néant de l'indifférence, lorsque le comte *d'Orsemon* parut à la cour. Il y venoit pour tâcher de s'attirer la faveur du prince. Sa famille étoit pauvre, & son père s'étoit flatté que les grandes qualités de son fils lui ouvriroient le chemin de la fortune. Une première vue fit sentir à *d'Orsemon* & à la jeune princesse qu'ils étoient nés l'un pour l'autre.

Une des graces les plus séduisantes d'*Aglaé* étoit cette ingénuité, le partage d'une ame que la dissimulation & l'abus de la société n'ont point encore altérée. Elle étoit dans le cercle chez Madame *Marguerite de Valois* : *d'Orsemon* entre. Il est charmant, s'écrie Madame *d'Henneberg*, emportée par un mouvement de naïveté déplacé. Vous imaginez bien l'effet que produisit cette exclamation. *Aglaé* rougit; on sourit malignement. Rentrée chez elle, & livrée à ses réflexions, elle voit arriver son père, le comte *de Valencey*, qui lui reproche son indiscretion. « De pareils aveux ! à la » cour ! apprenez les usages, vos de» voirs les plus absolus. Il est défendu » de révéler ses goûts, ses sentimens ; » c'est une liberté impardonnable que » votre sexe sur-tout doit s'interdire, » souvenez-vous que dans la société » la franchise est regardée comme un » manque d'esprit, & qu'on excuse-

» roit plutôt un vice qui auroit l'adresse » de se cacher ».

Ce trait critique des mœurs de la cour a le mérite d'être amené naturellement & sans effort.

Le comte *d'Orsemon*, après tous les signes d'une passion véritable, arrache de la bouche de son amante le tendre aveu qu'il sollicitoit. Sermens, transports, confidences mutuelles ; ils sont dans l'enchantement. Mais l'arrivée du prince *d'Henneberg* dissipe le prestige. *Aglaé* ne se présente à son époux que sous les traits de la tristesse & de l'accablement. Cet accueil a lieu de le surprendre. Le père d'*Aglaé* qu'il en instruit, paroît devant sa fille. Cette scène est traitée avec la chaleur éloquente dont M. d'*Arnaud* anime ses productions. *Valencey* met d'abord sur le compte de la vertu & de la timidité, la répugnance que sa fille lui témoigne ; mais le nom de d'*Orsemon* échappe à la princesse. Aussitôt *Valencey* envoye un cartel à d'*Orsemon*.

Le lendemain matin, l'amant d'*Aglaé* se trouve au rendez-vous. Il ignoroit que ce fût *Valencey* qui l'eût provoqué au combat; dès qu'il le voit, il jette son épée à ses pieds, se decouvre la poitrine, & le conjure de lui donner la mort. La fraîcheur du matin & une douce rêverie conduisent *Diane de Poitiers* à l'endroit où cette scène se passoit. Témoin du trouble que sa présence occasionne elle interroge tour à tour d'*Orsemon* & *Valencey*. Le premier expose tous les progrès, toute la force d'une passion qui l'asservit. Madame *de Valentinois* ordonne à *Valencey* de se retirer. Il obéit. Alors, elle exige de d'*Orsemon* qu'il oublie Madame d'*Henneberg* A ce prix, elle se charge de sa fortune & de celle de sa famille; mais s'il ne renonce pas à son amour, son père & sa mère continueront de languir dans les horreurs de l'indigence. Cruelle alternative! Elle devient encore plus embarrassante par l'arrivée du père de d'*Orsemon* qui apprend à son fils que sa mère est mourante & qu'elle succombe sous le poids de l'adversité. Instruit de tout ce qui se passe dans le cœur de son fils, il lui parle, avec toute l'éloquence de la raison & de la nature.

D'un autre côté, Madame *de Valentinois* expose à la princesse d'*Henneberg*, qu'en se séparant de d'*Orsemon*, elle peut faire son bonheur, qu'il lui devra sa fortune & son élévation. Aussitôt la princesse n'hésite point à jurer au comte un éternel adieu, & assure à Madame *de Valentinois* qu'elle est obéie. *Diane* la comble de caresses & d'amitiés. *Aglaé* retourne chez elle s'abandonner à sa douleur profonde. A ce sujet, M. *d'Arnaud*, qui connoît si bien le cœur humain, fait une réflexion inspirée par le sentiment, & dont toutes les personnes qui ont éprouvé l'infortune reconnoîtront la vérité.

» Hélas! les malheureux ne doivent » point chercher d'autres amis qu'eux- » mêmes; ce n'est que dans leur propre » cœur qu'ils peuvent trouver ce » fonds inépuisable de sensibilité & de » compassion nécessaire à leur soula- » gement. Eh! qui est capable de res- » sentir nos peines avec la même viva- » cité que nous les ressentons? Qui

» peut s'approprier nos chagrins ? In» fortunés, je le répète, c'est de vous » seuls que vous devez attendre des » consolations; apprenez à vous suf» fire, parce que tout ce qui vous » entoure vous est étranger, ou, si » vous avez la force de sortir hors de » vous, ne tournez plus vos yeux sur » la terre, levez-les vers le ciel; c'est» là qu'est votre unique ressource; » jettez-vous dans le sein de l'être des » êtres; Dieu seul, voilà tout ce qui » reste à l'homme qui souffre ».

D'*Orsemon* commençoit à s'applaudir des bontés du roi; le moment est arrivé où la princesse est remise entre les bras de son époux. Quel est l'étonnement de *Valencey*, lorsqu'il apprend que sa fille a disparu ! Il court chez d'*Orsemon* qu'il croit coupable d'un enlevement; il rend bientôt justice à son innocence. Toutes les perquisitions sont inutiles. Plaintes de l'époux, désespoir de l'amant, douleur du père. Quelques jours s'écoulent sans qu'on entende parler de Madame d'*Henneberg*. D'*Orsemon* reçoit un billet par lequel on lui apprend qu'elle touche au dernier moment de sa vie ; & que la personne chargée de la lettre le guidera vers les lieux où elle se tient cachée. D'*Orsemon* brûle d'y voler. Quel spectacle s'offre à ses yeux ? Son pere, soutenu par un domestique, le visage couvert de la pâleur de la mort. La perplexité du comte ne sauroit s'exprimer. Son ame est partagee entre son père & son amante ; je ne connois pas de situation plus pathétique. Enfin, il est decidé que la maladie du vieillard est mortelle ; d'*Orsemon* sacrifie l'amour à la nature : il renvoye le messager de Madame d'*Henneberg* avec une lettre pour elle. Le vieux d'*Orsemon* meurt dans les bras de son fils qui lui rend les derniers devoirs. Il trouve le moyen, quelque temps après, de se rendre auprès de sa maîtresse. Il la trouve mourante. Le nom de d'*Orsemon* erre sur ses levres décolorées » Hélas ! peut-être, » dit elle, d'une voix foible, m'a-t-il » donc oubliee ! Je suis bien certaine, » répond une femme de chambre affi» dée, que vous lui êtes toujours » présente, jusqu'ici vous n'avez point

» point voulu l'instruire de votre » destinée ; s'il savoit où nous sommes, il voleroit à vos genoux.— » Il est vrai, *Rosalie*, que si je le » croyois, je mourrois avec moin d'amertume.—Vous ne mourrez point! » vous ne mourrez point ! c'est moi » qui perdrai la vie à vos pieds. — » *Dorsemon!* Lui-même, qui ne cesse » de vous adorer, de vous idolâtrer » plus que jamais ».

La princesse revient à la vie. Les deux amans forment le projet séduisant de ne se plus quitter. Après avoir parcouru l'Italie, ils se rendent en Provence. Ils échangent leurs vêtemens contre des habits de paysan & de paysanne. La princesse prend le nom d'*Henriette*, & *d'Orsemon* celui de *Charlot*. Ils s'annonçoient pour le frère & la sœur. Leur pauvreté les force de demander de l'emploi à un fermier nommé *Thénot* qui les accueille. Ils passent des jours assez tranquilles, mais souvent troublés par les remords & le souvenir d'un pere & d'un époux. Un jour *Henriette* voit arriver *Thenot* conduisant un étranger par la main. Elle fait quelques pas pour savoir qui étoit cet inconnu. Elle tombe sans connoissance aux pieds d'un arbre, en proférant ces mots: Mon père ! — Ma fille ! ma fille sous cet habit ! s'écrie à son tour le comte *de Valencey*. Arrive *Charlot* dont la présence excite l'indignation du père. La fille, revenue à elle-même, pleure & se jette à ses pieds ; elle lui ouvre son ame. *Valencey* attendri, plaint ces malheureux amans ; mais l'honneur exige qu'elle se sépare de *d'Orsemon* ; elle lui fait les adieux les plus touchans. *Valencey* l'entraîne dans une maison religieuse, & la laisse en proie à ses regrets.

D'Orsemon qui étoit resté auprès du bon *Thénot*, reçoit bientôt après une lettre de son amante. Elle contient l'expression de l'amour le plus tendre & le plus fidèle. Le comte est au comble de la joie. Sur ces entrefaites *Valencey* vient au couvent annoncer à sa fille qu'elle peut reparoître à la cour, & qu'elle va revoir son époux,

Henriette s'évanouit. Elle ne reprend l'usage de ses sens que pour déclarer au prince d'*Henneberg* la malheureuse passion qui la consume. Le prince sort furieux & renonce aux droits qu'il pouvoit avoir sur elle. *Valencey* indigné accable sa fille de reproches sanglans, & la quitte en ordonnant qu'elle soit plus resserrée que jamais dans sa prison.

D'Orsemon ne recevant plus de ses nouvelles, découvre le lieu de sa retraite, & vient à bout d'instruire *Henriette* qu'il n'est pas loin d'elle. Celle-ci tâche de s'échapper, mais elle est arrêtée au moment de son évasion. Elle tombe très-dangereusement malade. Le père arrive. *D'Orsemon* se déguise en médecin. Il saisit la main de son amante. Il est reconnu par elle & par *Valencey* qui éclate en reproches. L'amant arrose ses pieds de ses larmes & lui fait le serment de ne plus paroître à ses yeux ni à ceux de son adorable fille.

La princesse convalescente quitte l'asyle religieux & reparoît à la cour.

Après avoir paſſé quelques mois dans la plus ſombre mélancolie, elle apprend la mort du prince d'*Henneberg* ſon époux. *Valencey* réunit les deux amans, & *Charlot*, dont il a découvert la retraite, lui doit le bonheur de recevoir la main d'*Henriette*.

Peut-être l'auteur a-t-il trop multiplié les incidens ; il n'eſt guères vraiſemblable que ce père retrouve ſa fille au fond de la Provence ; on voit trop clairement que M. *d'Arnaud* a ménagé cette reconnoiſſance pour amener une ſituation intéreſſante. L'apathie du prince d'*Henneberg*, devant qui ſa femme ſe trouve toujours *mal*, eſt peu naturelle : il doit ſavoir qu'elle aime *d'Orſemon*, puiſque cet amour eſt public ; un mari jaloux eſt plus pénétrant qu'un autre ; avec ce caractère, il devoit arracher la vie à ſon rival, il devoit amener ſon épouſé au fond de ſes terres ; mais il la laiſſe partir. Il voit diſparoître quelque tems après *d'Orſemon*, & cependant il ne ſoupçonne pas encore que l'amour ſoit la cauſe de cette fuite ; il faut que son épouse le lui dise à lui-même, en termes fort clairs, pour qu'il le sache ; & puis, sa mort qui arrive peu de temps après pour réunir les amans, tout cela m'a paru trop romanesque ; mais ces défauts sont rachetés par une foule de situations pathétiques & par un intérêt qui va toujours en croissant. On suit avec attendrissement *Charlot* & *Henriette* en Italie & en Provence : on aime à les voir en habits champêtres, oublier la dignité de leur naissance pour se livrer aux douces effusions de l'amour. On accuse *Valencey* du malheur de sa fille. Pour le père d'*Henneberg*, il n'inspire aucun intérêt ; l'arrivée du père de *d'Orsemon* donne lieu à des scènes vives & touchantes. Le moment où ce fils se trouve entre son père & son amante, & ne peut porter du secours & des consolations à l'un qu'en abandonnant l'autre, est vraiment dramatique. Le stratagême de *d'Orsemon* qui se déguise en médecin & qui prend la main d'*Aglaé* mourante est ingénieux & dans la passion ; mais M.

d'Arnaud ne s'eſt pas rappellé qu'il appartient à M. l'abbé *Prevoſt* qui, dans *Cléveland*, introduit pareillement le duc *de Monmouth* auprès d'une femme expirante qu'il idolâtre; mais ce qui n'appartient à perſonne, c'eſt la chaleur, le pathétique, le langage de l'ame & des paſſions, les ſentimens de vertu qui caractériſent les écrits de M. *d'Arnaud.* J'oubliois de vous dire qu'on lit dans cette anecdote trois ou quatre pièces de vers charmantes, & une entr'autres intitulée *la Colombelle*, dont le fonds ingénieux & les détails naïfs vous feront le plus grand plaiſir; l'auteur a très-bien attrapé le ton & le ſtyle qui convenoient au temps où il tranſporte ſon action; vous croirez lire une pièce de *Saint-Gelais* ou de *Marot.* Pourquoi avec des talens ſi variés, avec cette facilité de créer, de féconder un ſujet, de le diviſer en ſcènes, de l'intriguer, M. *d'Arnaud* ne court-il pas la carrière du théâtre? C'eſt un reproche qu'on eſt en droit de lui faire, mais que peut-être il ne mérite pas. Il a dans ſon porte-feuille des tragédies qu'il aime mieux y enſevelir que d'aller baſſement ſe morfondre dans l'anti-chambre d'un comédien, en attendant qu'il puiſſe obtenir audience & les ſoumettre à ſon tribunal. Ce rôle n'eſt point fait pour M. *d'Arnaud* ni pour les auteurs qui ont un peu de nobleſſe & de fierté dans les ſentimens. D'un autre côté, il eſt très-probable que les comédiens ne viendront pas chez lui ſe préſenter & lui demander ſes pièces, quoique cette démarche de leur part envers les auteurs leur conviendroit mieux que ce qui ſe pratique aujourd'hui; ainſi M. *d'Arnaud* court grand riſque de ne point voir jouer ſes tragédies ſur le théâtre de la nation, à moins qu'un ordre ſupérieur ne lève tous les obſtacles, & n'étende par là le cercle des plaiſirs du public.

Je ſuis, &c.

LETTRE XIX.

Histoire Naturelle des Glacières de Suisse, traduction libre de l'allemand de Grouner, *par M.* de Kéralio, *premier capitaine aide major de l'Ecole royale militaire, & chargé d'enseigner la tactique aux élèves de cette école*, in-4°. *avec beaucoup de figures. A Paris, chez* Merigot *le jeune, libraire, quai des Augustins, prix rel.* 17 *liv.*

On ne connoissoit encore cette partie si intéressante & si curieuse de l'histoire naturelle que par des descriptions informes ou trop abrégées qu'en avoient données çà & là quelques historiens ou quelques voyageurs. Ces légéres esquisses d'un si grand tableau étoient insuffisantes pour le faire connoître, & ne pouvoient qu'inspirer le desir d'apprendre quels sont la position, l'enchaînement, la nature, la formation, toutes les circonstances de ces masses énormes de glace & de neige. C'est ce qu'a entrepris & exécuté M. *Grouner* par la description générale des glacières de Suisse. Il a joint à ce qu'il a pu en voir par lui-même, les relations que lui ont fournies plusieurs de ses compatriotes, & a trouvé des secours dans tous les cantons. Son ouvrage est le plus étendu & le plus complet qui ait paru sur cet objet. Il l'est, pour ainsi dire, autant qu'il peut & doit l'être. Il peut se trouver dans ces glacières des parties qui n'ont été vues que par des hommes dont l'esprit & les yeux sont peu exercés, & dans lesquelles un naturaliste trouveroit encore des objets dignes d'attention : mais ce qu'on en connoît est suffisant pour donner une idée juste du tout ensemble, & de ses parties principales.

L'ouvrage est divisé en trois parties. Les deux premières contiennent une description historique & géographique des glacières, des fossiles, des fontaines remarquables, des eaux minérales, des autres productions naturelles que ces monts renferment, & la comparaiſon de ces monts de glaces avec ceux du nord.

Dans la troiſième, qui eſt la plus étendue & la plus intéreſſante, il explique la formation des monts de glace, leurs changemens, leur accroiſſement, leur diminution, leurs déſavantages, & il y parle en général de la formation des montagnes. Nous allons donner une idée de ſa manière en préſentant quelques morceaux de ſon ouvrage.

L'auteur décrit d'abord les glacières du canton de Berne. » La partie mon» tagneuſe, dit-il, eſt remarquable » par ſes beaux & gras pâturages, par » ſes minéraux nombreux & riches, » mais ſur-tout par ſes remparts tou» jours couverts de neiges & de » glaces....... On trouve du côté » du nord la fameuſe caverne de Saint» Beat, à qui la Suiſſe doit, dit-on, » la connoiſſance de la foi chrétienne. » L'entrée en eſt ſpacieuſe; il en ſort » un ruiſſeau dont l'eau eſt extrême» ment claire & très-froide. Le fond

» est une concrétion de la nature du
» tuf. Elle a été formée par les eaux
» & consiste en lits disposés en ondes
» d'une manière assez agréable. La
» voûte est revêtue de stalactiles cy-
» lindriques & en grappes.

La petite vallée nommée *Inhab-kern* est montagneuse, étroite, couverte de saules, remarquable par plusieurs mines d'argent, de cuivre & de vitriol : elle renferme une grande quantité de petites cornes d'ammon minéralisées. Il est extraordinaire qu'il y ait, soit dans ce pays, soit ailleurs, tant de cornes d'ammon minéralisées, tandis que les autres coquillages le sont rarement.

M. *Grouner* continue ainsi la description géographique en y marquant les principaux traits d'histoire naturelle. Parvenu aux glacières, il en donne la division en différentes espèces, & les dénominations qu'il emploie pour les désigner. Il en présente d'abord la situation générale, & entre ensuite dans les détails qu'il faut suivre dans l'ouvrage même. Ils deviennent sur-tout très-intéressans par le grand nombre des planches jointes à l'ouvrage, & qui en représentent différentes vues. Ces planches, au nombre de huit, sont très-bien exécutées. Elles offrent ces glacières, leur forme, leurs principales chûtes d'eau : on y voyage, pour-ainsi-dire, comme dans le pays même. On y a joint deux grandes cartes, qui font voir la position & l'enchaînement général des glacières, ces cartes étant celles-là même qui ont été faites pour l'original allemand ; tous les noms propres y sont en allemand ; & pour qu'un lecteur François puisse s'y reconnoître, on a laissé subsister les mêmes noms allemands dans la traduction : mais on y a suppleé par une explication françoise & italienne de ces mêmes noms, qui se trouve à la tête de l'ouvrage, & qui est de M. le baron de *Zurlauben*.

M. *Grouner* expose, dans sa troisième partie, la nature des montagnes qui renferment les glacières. « Si les » montagnes, dit-il, sont en effet

» l'ouvrage de la mer; si elle couvre
» des chaînes pareilles à celles que
» nous voyons sur la terre, & si ses
» flots bornés par les plus hautes par-
» ties de ces chaînes, n'en dérobent
» à nos yeux que les plus basses; il
» est vraisemblable que les plus hautes
» montagnes de la Suisse ont été au-
» trefois des rivages, & que la mer
» a couvert les moins élevées. On
» trouve sur celles-ci beaucoup de co-
» quilles pétrifiées; mais sur les som-
» mets les plus hauts elles sont très-
» rares. Pourquoi les parties les plus
» exhaussées sont-elles presque en en-
» tier de pierres dures & vitrifiables?
» Pourquoi ne trouve-t-on de crys-
» taux que dans cette espace, & de
» coquilles marines que sur les parties
» les plus basses? Je laisse à d'autres
» le soin de chercher la cause de ces
» faits, qui n'appartiennent pas à mon
» sujet».

On ne peut assez admirer la structure de ces montagnes; des cimes
informes, brillantes, arides; des
masses de rochers de plusieurs lieues

d'étendue, tant en longueur qu'en hauteur, entassées les unes sur les autres, & dont les côtés escarpés se plongent en des abîmes ténébreux, où ils paroissent tout prêts à tomber; une longue suite de tours éclatantes comme l'argent, qui sont jointes par les glaces & semblent soutenir les cieux, tel est le spectacle qu'offre ce pays plein de beautés & d'horreurs. *Autant que le gouffre du pâle tartare s'étend de la surface de la terre jusqu'aux demeures inférieures, jusqu'aux eaux croupissantes du noir marais, autant cette terre s'élève dans l'air, & couvre le ciel de son ombre. On n'y voit nul printemps, nuls ornemens de l'été; l'hiver difforme occupe seul les cimes de ces monts terribles, il y fait un séjour éternel, y pousse de tous côtés les nuages noirs, les pluies, les grêles subites,* (Sil. Ital.) Il revêt de glaces immenses les vastes flancs de ces monts; il en comble les vallées. Les eaux des neiges coulent sur les cimes, se précipitent dans les vallons, & fertilisent les champs & les pâturages. Le pasteur découvre, du sommet voisin, cet admirable spectacle; *élevé au-dessus des mers, il entend sous lui les bruyans orages, & foule aux pieds la foudre éclatante.* (Sil. Ital.) A ces passages du poëte Latin, l'auteur joint un morceau de M. *Haller*, qu'on lira sans doute avec plaisir dans l'ouvrage même. Sa longueur ne permet pas de l'insérer ici.

M. *Grouner* donne ensuite la comparaison de la hauteur des plus hautes montagnes du midi & du nord, avec celles des montagnes de Suisse, & il prouve que celles-ci sont des plus hautes de la terre. Il explique ensuite avec beaucoup de sagacité comment se forment les monts & les amas de glace. Cependant comme il a semblé au traducteur que M. *Grouner* s'éloignoit quelquefois des vérités découvertes par nos grands observateurs, & sur-tout par M. *de Buffon*, à l'égard du sejour & de l'effet de la mer sur les terres; il a cru devoir le faire observer dans quelques notes placées au bas des pages. M. *Grouner* ayant rapporté qu'on trouve dans presque toute la Suisse de grands lits d'ardoise, dont quelques-uns sont perpendiculaires : on tenteroit vainement, ajoute-t-il, d'expliquer ce fait par des tremblemens de terre ; puisqu'aucune tradition historique ne nous apprend que le pays d'Ourne ait éprouvé des secousses aussi terribles. Ici le traducteur fait cette observation. Nous ne savons point historiquement que le *Puy de Dom* en Auvergne ait été un volcan ; nous ne savons point historiquement que l'Océan ait rompu la digue de Gibraltar, & formé la Méditerranée : nous ne savons point, &c. &c. Mais il existe des monumens de ces faits plus certains que toutes nos histoires. C'est ainsi qu'en même temps qu'il rend justice au mérite & au travail de son auteur, il y reprend les petits défauts qu'il croit y appercevoir. En général il a traduit avec liberté ; il a supprimé tous les détails qui n'auroient pas intéressé les lecteurs François, & n'a conservé que les descriptions qui peuvent instruire les naturalistes. Quant à l'exécution typographique, elle est très-soignée & très-belle. On peut assurer qu'à tous égards, cet ouvrage mérite l'attention des amateurs de l'histoire naturelle; qu'ils en trouveront une des branches les plus curieuses considérée en grand, & bien exposée, & qu'il est le seul où ils puissent en prendre une idée juste & précise.

Je suis, &c.

Indications des Nouveautés dans les Sciences, la Littérature & les Arts.

Un jeune homme de dix-neuf ans m'a confié une épitre adressée par lui à Madame *Vestris*. C'est son coup-d'essai; il annonce beaucoup de talent, & mérite d'être encouragé. Ce jeune homme se destine au théâtre; il sollicite maintenant son début. Il joint au mérite de faire des vers l'art de les déclamer. J'ose lui prédire les succès les plus flatteurs sur le Parnasse & sur la scène, pour peu qu'il s'occupe à règler la verve & l'eſſor de ſon imagination. Voici un morceau de cette épitre, qui, je crois, juſtifiera cet éloge. L'auteur rappelle la mort du célèbre *le Kain*.

Sous la faulx du trépas le grand acteur ſuccombe,
Il expire, il n'eſt plus, & Melpomène en deuil
De ſes larmes de ſang arroſe ſon cercueil.
. . . .
A jamais deſcendu dans les royaumes ſombres,
Aſſis près de *Voltaire*, il enchante les ombres;
Il leur fait éprouver, par de nobles efforts,
La pitié, la tendreſſe inconnue à ces bords;
Souvent je crois le voir, ſur ces *rives* funèbres
Errer, les yeux en pleurs, au milieu des ténèbres;
Il demande *Zaïre*, il pourſuit *Idamé*,
Des tourmens de l'amour il paroît conſumé.

Cette idée eſt vraiment poëtique; vous trouverez encore de très-beaux vers dans cet autre paſſage.

Le jour vient. Mon bonheur fuit ſur l'aile des ſonges,
Que dis-je? mes plaiſirs ne ſont point des menſonges.

Pourquoi m'anéantir sous le poids des douleurs?
Melpomène a tari la source de ses pleurs;
Enfin elle a quitté le triste mausolée,
Dans les bras de *Vestris* la muse est consolée....
C'est assez contempler les horreurs de la mort.
Si l'homme est au tombeau, le talent vit encor.
C'est en toi qu'il respire, ornement de la scène,
Parois souvent aux yeux des peuples de la Seine;
Ton art fait succéder, par ses brillans succès;
Les larmes de l'amour aux larmes des regrets;
Tu pleures ton rival.... Exempt de jalousie,
Le génie en tout temps adora le génie.

Il faut avouer, Monsieur, que peu de nos poëtes modernes eussent été capables, à dix-neuf ans, de mettre dans leurs productions autant de mouvement, d'images & de pensées.

Vous êtes peut-être curieux de savoir le nom de ce poëte-acteur, il se nomme *Alexandre*. Il se flatte de débuter après Pâques prochain, dans les jeunes rôles de la tragédie, tels que *Britannicus*, *Hyppolite*, & même *Achille*. Il réunit l'intelligence & la chaleur au plus bel organe, & à la figure la plus intéressante.

TABLE DES MATIÈRES CONTENUES DANS CE HUITIEME VOLUME.

Fin de la Table des matières contenues dans ce huitième Volume de 1778.

Lightning Source UK Ltd.
Milton Keynes UK
UKHW022255011218
333216UK00008B/376/P

9 780260 502483